强监管环境
大资管产品
法律设计与政策边界

Asset Managements: Structures and Regulatory Compliance

周天林
石　峰
贾希凌

著

上海远东出版社

图书在版编目(CIP)数据

强监管环境:大资管产品法律设计与政策边界/周天林,石峰,贾希凌著.—上海:上海远东出版社,2018
ISBN 978-7-5476-1386-3

Ⅰ.①强… Ⅱ.①周…②石…③贾… Ⅲ.①金融监管-金融政策-研究 Ⅳ.①F830.2

中国版本图书馆 CIP 数据核字(2018)第 142529 号

责任编辑　程云琦
封面设计　张晶灵

强监管环境:大资管产品法律设计与政策边界
周天林　石　峰　贾希凌　著

出　版	上海遠東出版社
	(200235　中国上海市钦州南路 81 号)
发　行	上海人民出版社发行中心
印　刷	浙江临安曙光印务有限公司
开　本	710×1000　1/16
印　张	21
插　页	1
字　数	354,000
版　次	2018 年 8 月第 1 版
印　次	2018 年 8 月第 1 次印刷

ISBN 978-7-5476-1386-3/F・619
定　价　58.00 元

前 言

金融是现代国家的核心竞争力。中国金融界处于大变革的时代。

习近平总书记强调,"金融活,经济活;金融稳,经济稳",要求将"维护金融安全作为治国理政的一件大事"。第五次全国金融工作会议强调要加强金融监管协调、补齐监管短板。中共十九大报告中提到要深化金融体制改革,增强金融服务实体经济能力,并且要健全金融监管体系,守住不发生系统性金融风险的底线。这些对金融法治建设提出了更艰巨的任务和紧迫的要求,包括律师在内的金融法律工作者深感任重道远,亟需衔枚疾进,紧跟时代步伐。

2017年以来的金融治理运动逐渐形成了以防范风险、服务实体经济、健全监管体制为主导的强监管环境,起到了重塑金融环境、改良金融气候、改变监管逻辑的重大作用。一切金融业务要纳入监管被奉为圭臬,而资产管理业务亦莫能外。

资产管理业务是银行、信托、证券、基金、期货、保险资产管理等金融机构接受投资者委托,对受托的投资者财产进行投资和管理的金融服务。这是金融创新的活跃地带,也是金融调控和金融监管的重点区域。

2018年3月28日中央全面深化改革委员会第一次会议精准发力,审议通过《关于规范金融机构资产管理业务的指导意见》(业内俗称"大资管新规")。会议指出,规范金融机构资产管理业务,要立足整个资产管理行业,坚持宏观审慎管理和微观审慎监管相结合,机构监管和功能监管相结合,按照资产管理产品的类型统一监管标准,实行公平的市场准入和监管,最大限度消除监管套利空间,促进资产管理业务规范发展。中国人民银行、中国银行保险监督管理委员会、中国证券监督管理委员会和国家外汇管理局2018年4月27日联合发布《关于规范金融机构资产管理业务的指导意见》（银发〔2018〕106号）。大资管新规影响到百万亿元规模资管业务的方方面面，引起了开展这项业务的各类金融机构和相关各方的普遍关注。

政府之手与市场之手的有机互动成为金融资产管理市场的常态。

一方面，以信托、基金、合伙、公司、代理、证券化等"资管商事制度"为纽带的资管业务创新已经成为当代中国金融市场的一个重要标志和发展趋势，资管业务在满足居民财富管理需求、优化社会融资结构、支持实体经济等方面发挥了积极作用。但另一方面，也存在部分业务发展不规范、监管套利、产品多层嵌套、刚性兑付、规避金融监管和宏观调控等问题。因此，金融监管越来越强调实质重于形式、实质穿透、统筹协调等监管原则。信托等"资管商事制度"是服务实体经济的重要金融制度资源，具有不可替代、不可缺少的独特金融价值。信托等"资管商事制度"的内在特质和广泛的法律外延，要求我们必须谨慎运用、适当发掘"资管商事制度"的工具性价值。信托、代理等所具有的非理性的避法功能，和它们的制度优势同为金币之两面，均为资管产品设计应该加以重视的方面。

金融安全是国家安全的重要组成部分，这是政府之手重点发挥作用之处。从事金融活动均要持牌经营，所有金融业务都要纳入监管。为实现金融稳定发展的总目标，成立金融发展稳定委员会，以及"一行二会＋财政部＋发改委＋地方政府"的协调行动，可以说动用了中国当下最精锐的行政资源，对金融泡沫、金融风险以及相关的债务杠杆进行系统清算，为供给侧结构性改革创造更好的环境，为迎接可能来自国际、国内的风险做好准备，确保改革大业稳定推进。

本书在强监管环境下研究和探讨了大资管产品法律设计与政策边界，内容涵盖金融信托、券商及基金子公司资管、资产证券化、互联网金融。本书对资管产品的监管背景、交易结构、监管要点、合规边界、法律可行性和可能存在的风险加以分析、总结、提升，为资管产品的创新设计和规范运行提供法律分析路径，注重现实性、前瞻性和操作性，以期达到抛砖引玉的目的。

本书可作为金融从业者操作借鉴，可供监管部门案头参考，还可供学习研究的学者、学生阅读参考。

著者
2018年7月

目 录

前言 / 1

第一章　强监管环境与资管新政 / 1
　　第一节　金融业强监管政策：背景、框架与环境 / 3
　　第二节　大资管新规要点及实务分析 / 15
　　第三节　委托贷款及其监管：兼从资产管理角度对委贷新规解读 / 42

第二章　信托产品的法律设计与政策边界 / 63
　　第一节　信托公司合规风险管理的发展趋势 / 65
　　第二节　信托公司"非标准化理财资金池"业务的法律界定 / 75
　　第三节　信托公司专业子公司的治理问题 / 79
　　第四节　对赌协议在股权投资类信托中的法律实务 / 83
　　第五节　"股加债信托"中次级债权的法律风险及防范 / 87
　　第六节　"股加债信托"项目下的"双重刚兑"风险 / 95
　　第七节　国内家族信托实务操作中的法律问题 / 99
　　第八节　信托计划参与新三板投资的法律实务 / 105
　　第九节　个人保险金信托产品的法律实务 / 109
　　第十节　信托公司契约型私募基金的法律实务 / 116
　　第十一节　"名股实债"的司法校验及对信托业务的启示 / 122
　　第十二节　监管风暴下房地产信托产品的政策边界及法律实务 / 131
　　第十三节　信托受益权质押问题法律研究 / 142

第三章　资产证券化产品的法律设计与政策边界 / 161
　　第一节　融资租赁资产 ABS 的法律操作要点 / 163

第二节　票据资产证券化产品模式的法律分析 / 167
第三节　双SPV模式信托受益权ABS问题分析和法律实务 / 173
第四节　人寿保单质押贷款ABS的法律实务 / 180
第五节　信托公司参与信托型ABN业务的法律实务 / 186
第六节　PPP项目资产证券化政策分析及实务操作 / 195
第七节　消费金融ABS的政策前景、核心价值与交易结构 / 207
第八节　强监管环境下消费金融ABS风险及防范 / 221

第四章　资管产品的法律设计与政策边界 / 245

第一节　金融投融资产品的红线——非法集资问题 / 247
第二节　基金子公司"资金池业务"的法律界定 / 253
第三节　去杠杆化背景下结构化资管产品的监管规则 / 260
第四节　资产管理产品中的收益权法律实务 / 269
第五节　对接上市公司员工持股计划的资管产品的若干问题 / 292
第六节　资管产品增值税政策分析及对策 / 297

第五章　互金产品的法律设计与政策边界 / 305

第一节　从P2P业务的视角对民间借贷司法解释的解读 / 307
第二节　全国首例众筹融资案评析及对互联网众筹业务的影响 / 310
第三节　互联网金融之开放式定向受托投资管理业务的风险分析 / 321

后记 / 326

第一章
强监管环境与资管新政

第一节　金融业强监管政策：背景、框架与环境

一、背景观察

从 2017 年开始的金融治理运动逐渐形成了以防范风险、服务实体经济、健全监管体制为主导的强监管环境。本次强监管风暴不是修修补补的局部性、条线性、临时性措施，而是一场有组织、有纪律、有宣导、有措施、有决心、跨时较长的"三大战役级别"的组合式统筹监管运动，起到了重塑金融环境、改良金融气候、改变监管逻辑的重大作用，为 2018 年开始的监管体制的结构性改革创造了条件，可以说是金融领域的供给侧结构性改革。

（一）中央最高层对当前金融监管进行了战略总部署

2017 年 4 月 25 日，中共中央政治局就维护国家金融安全进行第四十次集体学习，习近平总书记强调"金融活，经济活；金融稳，经济稳"，要求将"维护金融安全作为治国理政的一件大事"，并提出六项任务。其中，会议提出要深化金融改革，完善金融体系，加强金融监管。金融监管部门随之进一步提出维护金融安全的多项举措，进一步加强金融监管。7 月 14 日至 15 日，习近平总书记在第五次全国金融工作会议上强调：要加强金融监管协调、补齐监管短板。设立国务院金融稳定发展委员会，强化人民银行宏观审慎管理和系统性风险防范职责，落实金融监管部门监管职责，并强化监管问责。坚持问题导向，针对突出问题加强协调，强化综合监管，突出功能监管和行为监管。地方政府要在坚持金融管理主要是中央事权的前提下，按照中央统一规则，

强化属地风险处置责任。金融管理部门要努力培育恪尽职守、敢于监管、精于监管、严格问责的监管精神，形成有风险没有及时发现就是失职、发现风险没有及时提示和处置就是渎职的严肃监管氛围。健全风险监测预警和早期干预机制，加强金融基础设施的统筹监管和互联互通，推进金融业综合统计和监管信息共享。对深化金融改革的一些重大问题，要加强系统研究，完善实施方案。2017年10月18日，习近平总书记在中国共产党第十九次全国代表大会上作的题为《决胜全面建成小康社会夺取新时代中国特色社会主义伟大胜利》的报告中强调："深化金融体制改革，增强金融服务实体经济能力，提高直接融资比重，促进多层次资本市场健康发展。健全货币政策和宏观审慎政策双支柱调控框架，深化利率和汇率市场化改革。健全金融监管体系，守住不发生系统性金融风险的底线。"

尤其要注意到，2018年3月28日中央全面深化改革委员会第一次会议审议通过《关于规范金融机构资产管理业务的指导意见》(业内称"资管新规")。会议指出，规范金融机构资产管理业务，要立足整个资产管理行业，坚持宏观审慎管理和微观审慎监管相结合，机构监管和功能监管相结合，按照资产管理产品的类型统一监管标准，实行公平的市场准入和监管，最大限度消除监管套利空间，促进资产管理业务规范发展。

(二)监管动向和行业反馈

1. 中国面临的金融风险点多：乱世用重典

近年来企业杠杆率大幅攀升，影子银行规模过于庞大，信贷资金大多进入房地产与收益较低、期限较长的地方政府投资项目，资产价格超出合理水平，僵尸企业、预算软约束企业扭曲银行的定价机制，民间集资与P2P等游离于监管之外，汇率政策缺乏灵活性等都是中国金融系统潜在的风险点。

监管连发"金牌"，为何采取运动式撒网、组合拳贴身监管？原因概括起来如下：(1)金融配置资源的效应减弱，金融坐地收钱，自娱自乐，社会形象变差、向高利贷者靠拢；(2)金融风险集聚，从金融到实业的链条太长，同业之间彼此嵌套，类似互保，形成相互连接的多米诺骨牌；(3)宏观审慎监管有可能失灵，主要是货币政策鞭长莫及；(4)资产泡沫大潮中金融免疫力降低，有毒资产泛滥成灾。

拨乱反正，正本清源，乱世须用重典。如此一来，金融安全与金融自由之间，在经济下行以及国际经济局势不稳(美联储缩表)的情况下，监管价值端必须选择金融安全，随之，金融创新的空间极度缩小。这是一场金融供给侧结构性改革，金融去产能，金融业过度膨胀、过度繁荣的景象不再，监管部门坚决排查市场乱象。中国金融市场以及监管体制需要彻底变革,这些变化的根本在于去金融之虚火,回归实业。

2. 金融监管风暴的级别超预期

金融监管风暴级别超预期表现在以下方面:

(1) 全面风暴:央行、银监、证监、保监全面开火,形成交叉火力,不留死角。

(2) 力度超预期:剑指泡沫,去杠杆,旗帜鲜明反过度金融自由化,普遍采用穿透原则和实质重于形式的监管原则。为确保风险防控取得实效,本次监管采取的机制包括:强化落实,实行"一把手负责制";强化问责,"各级监管机构守土有责",对有问题的机构要"严肃问责";强化督导。

(3) 监管细节非常专业:业内人士称,看这些通知正文不过泛泛之谈,继续喝茶饮酒赏清风明月,再细看附件,招招对死穴。

(4) 监管维度多元:三违反、三套利、四不当、风险指导意见等,指向风险控制一件事,不厌其烦,重要的事情说七遍,纵横交错,回头看再回头看,百看不厌。

3. 监管动向

(1) 同一个声音

2017年2月4日,尚福林在银行业监督管理工作会议上指出:"今年要开展监管套利、空转套利、关联套利的'三套利'专项治理,严肃查处一批违法违规问题,使查处真正成为监管的利剑。"

银监会党委书记、主席郭树清在2017年4月21日召开的银监会一季度经济金融形势分析会上表态:"如果银行业搞得一塌糊涂,我作为银监会主席,我就要辞职。"

(2) 金融圈现在处处都是带电的高压线

2017年4月10日,银监会在公布《关于银行业风险防控工作的指导意见》的同时,一口气公布了25项行政处罚信息的详情。

5月5日,据财新报道,"要发挥'钉钉子'精神,紧盯不放、一查到底,查处一个、警示一片。"上海银监局局长韩沂在2017年一季度上海中资银行业金融机构监管情况通报会议上作出如上表述。

(3) 地方银监局通报"类资产证券化产品"问题,策应本次监管风暴,成为新痛点

北京银监局通报辖内某法人银行投资"类资产证券化产品"143.75亿元;江苏银监局通报辖内2家法人银行发起设立此类产品102.55亿元,投资此类

产品386.86亿元(2016年初为48.12亿元)。

"类资产证券化产品"的交易结构与资产证券化产品相似,但是这些产品发行不在监管部门备案,采用的发行机构或SPV与资产证券化产品有差异,也不在银行间市场和交易所市场交易,缺乏有效的信息披露。这些产品的发行流程简化,发起人主导业务,无独立资金保管机构、无承销商和簿记管理人、无登记托管和支付代理机构,同时发起人职责明显强化,实质承担产品设计、产品销售、资金托管、基础资产后续管理等职责,发行人仅发挥设立SPV的"通道"功能。基础资产选择较资产证券化产品相对"灵活"。很多基础资产为地方融资平台融资形成的其他债权类资产。如果比照资产证券化业务,其他债权类资产的证券化监管事权由证监会负责,按照证监会"负面清单"规定,地方融资平台类资产则不能作为资产证券化产品的基础资产。

北京银监局和江苏银监局(以下简称"两局")分析认为,商业银行与非银行金融机构合作,设计和发行此类"类资产证券化产品"这一行为本身并不违规,但值得关注的是,考虑到其特征,这类产品不是资产证券化产品,不能作为资产证券化产品对待,只能作为非标金融产品对待,但在实践中,发起银行和投资银行普遍混淆概念,将其作为资产证券化产品对待,从而产生以下违规行为,包括:投资方混淆概念,仅根据其产品名称中有"资产证券化"字样,就将其作为资产证券化产品看待,套用资本管理办法相关规定,进行资本套利;发起人资产出表,但风险不真实转移。

下一步,两局计划:一是明确银行投资此类产品优先级部分的风险权重为100%,不得混淆概念;二是对以本行理财资金承接此类产品劣后级的发起银行,要求按基础资产"证券化"前情况计算资本。

(三)监管风暴的利器:穿透原则

穿透原则和实质重于形式监管原则反映了我国分业监管对分业经营的治理不相适应,是过渡性措施。分业监管体制下不同类型机构开展同类业务的行为规则和监管标准不一致,且在机构监管理念下很难实现对资产管理业务的全流程监控和全覆盖监管。在混业监管趋势下,监管协调更加重要,是应对分业监管和混业经营制度性错配的基本政策,是防范金融强监管叠加衍生新风险的基本保障。

穿透式监管就是透过金融产品的表面形态,看清金融业务和行为的实质,将资金来源、中间环节与最终投向穿透连接起来,按照"实质重于形式"的原则甄别金融业务和行为的性质,根据产品功能、业务性质和法律属性明确监管主体和适用规则,对金融机构的业务和行为实施全流程监管。资产管理业务的穿透式监管,通常包含两层含义:一是在有多个通道或多层产品嵌套时穿透识别最终投资者是否为"合格投资者";二是从产品功能和行为性质的角度,穿透识别最终投资标的是否符合投资范围、监管比例及风险计提等监管标准。

资产管理领域通道业务、产品嵌套盛行。从每段嵌套看,似乎并无明显违规之处,但从整体业务模式看,实质就是利用这种分段式监管的漏洞突破现有监管要求,达到规避金融监管的目的。这些通道和嵌套产品,有的是为了延长资金链条,规避监管部门对底层资产的核查,将资金投向资质较差、无法通过正规渠道申请到贷款的企业,或者是房地产、地方政府融资平台和"两高一剩"等限制性行业,或者为了规避200人上限及合格投资者要求以及投资范围约束。一些产品存在多层嵌套,每层嵌套时都有可能加杠杆,以至于整个链条叠加后杠杆水平极高,造成金融机构资产规模虚增,资金体内循环,融资成本提高;同时"通道"机构尽职调查能力不足,发生风险时容易出现法律纠纷和互相推诿,显著扩大风险传递范围,加大系统性金融风险。

二、银监会重要监管政策概览

2017年以来,银监会监管的各类金融机构迎来史上最严的监管规定,被业界人士简称为"两加强、三违反、四不当、七号文、十风险、三套利、双十禁、回头看、再回头",具体规定详见表1-1:

表1-1　2017年中国银监会发布的监管政策概览

名称	实施日期	文号	要点提示
《中国银监会办公厅关于开展银行业信用风险专项排查的通知》	2017年2月23日起实施	银监办发〔2017〕23号	在银行业金融机构中全面开展信用风险专项检查工作
《中国银监会办公厅关于开展银行业"违法、违规、违章"行为专项治理工作的通知》	自2017年3月28日起实施	银监办发〔2017〕45号	违反金融法规、违反监管规则、违反内部规章行为专项整治
《中国银监会办公厅关于开展银行业"监管套利、空转套利、关联套利"专项治理工作的通知》	自2017年3月28日起实施	银监办发〔2017〕46号	"监管套利、空转套利、关联套利"专项整治

续 表

名称	实施日期	文号	要点提示
《中国银监会办公厅关于开展银行业"不当创新、不当交易、不当激励、不当收费"专项治理工作的通知》	自2017年4月6日起实施	银监办发〔2017〕53号	"不当创新、不当交易、不当激励、不当收费"
《中国银监会关于提升银行业服务实体经济质效的指导意见》	自2017年4月7日起实施	银监发〔2017〕4号	服务实体经济
《中国银监会关于集中开展银行业市场乱象整治工作的通知》	自2017年4月7日起实施	银监发〔2017〕5号	整治十大乱象
《中国银监会关于银行业风险防控工作的指导意见》	自2017年4月7日起实施	银监发〔2017〕6号	防范十大风险
《中国银监会关于切实弥补监管短板提升监管效能的通知》	自2017年4月10日起实施	银监发〔2017〕7号	完善各项制度

从上述文件来看，本次监管风暴的重要内容是反嵌套。监管利器就是"穿透＋实质重于形式"。

2018年继续从紧监管，银行业监管政策细化并密集出台。针对银行股权乱象，如违规使用非自有资金入股、代持股份、滥用股东权利损害银行利益等，切实弥补监管短板，2018年1月5日发布《商业银行股权管理暂行办法》(1号文)自发布之日起正式实施。3月9日，银监会发布《商业银行股权管理暂行办法》配套文件，包括：《中国银监会办公厅关于做好〈商业银行股权管理暂行办法〉实施相关工作的通知》《中国银监会办公厅关于规范商业银行股东报告事项的通知》。

监管部门认为金融风险高发多发态势依然复杂严峻，银行业股东管理、公司治理和风险防控机制还比较薄弱，市场乱象生成的深层次原因没有发生根本转变，打赢银行业风险防范化解攻坚战的任务仍很艰巨，2018年1月13日银监会公布了《关于进一步深化整治银行业市场乱象的通知》(4号文)，系统明确了对2018年深化整治市场乱象的重点。突出"监管姓监"，将监管重心定位于防范和处置各类金融风险，而不是做大做强银行业，强调对监管履职行为进行问责，严肃监管氛围。注重建立长效机制，弥补监管短板，切实解决产生乱象的体制机制问题。针对深化整治银行业市场乱象的总体思路，银监会表示,在政策设计安排上,注重处理好"稳"和"进"的关系、短期化和常态化的关系、合规发展和金融创新的关系、防范金融风险和服务实体经济的关系。根据4号文,重点整治公司治理不健全、违反宏观调控政策、影子银行和交叉金融产品风险、侵害金融消费者权益、利益输送、违法违规展业、案件与操作风险等。为进一步规范银行业金融机构从业人员行为,加强银行业金融机构从业人员行为管理,银监会发布了《银行业金融机构从业人员行为管理指引》。

银监会2018年1月6日发布《商业银行委托贷款管理办法》,明确商业银行作为受托人,不得参与贷款决策,对委托资金来源、用途等也做了要求。

三、监管风暴的行动逻辑图

纵观本次监管风暴,体现的行动逻辑关系是:提出问题—分析问题—解决问题。

(一)提出问题

首先,决策部门认为中国金融体系隐含系统性危机,不要让潜在风险变成现实风险,必须标本兼治,奉劝不要搞猫鼠游戏,大家亮明底牌。基本的判断:乱象丛生。《中国银监会关于集中开展银行业市场乱象整治工作的通知》即是对现有乱象的自查总结,更多侧重从组织架构和人员管理角度切入,寻求从业务乱象的根源切除制度和人员病灶。

(二)分析问题

其次,为什么出现乱象?原因是:金融机构违法+套利=不当创新。哪里最突出?嵌套。怎么嵌套?主要是同业理财、同业投资。根源在哪里?治理机制出了问题。

于是先查清问题:查违法情况,查套利情况,查不当情况,查管理层与治理机制。

"三违反"、"三套利"、"四不当"主要是针对当前的违规、绕监管和灰色地带的做法进行总结,根据现行监管规则,银行进行自查自纠。值得注意的是,原来的这些红线、底线散落在不同文件中,侧重点不同,相互之间缺乏勾稽,现在把所有禁止性、限制性行为如同大锅熬中药,疗病效果自然与原来零散文件不可同日而语。

其中"三套利""46号文"和"三违反""45号文"列举了近100种套利手法,将目前同业、理财、代销等平时绕道手法列举详尽,包括监管套利、空转套利、关联套利。"四不当""53号文"第一条就是"不当创新",对银行业金融机构而言意味着在创新和保守之间,把创新的步子守住。

43号文即《关于开展商业银行"两会一层"风险责任落实情况专项检查的通知》(银监办发〔2017〕43号文)主要针对两会一层,即董事会、监事会、高管层存在的问题,包括授权体系、信息报告、履职情况的检查。

(三)解决问题

该怎么解决问题?一方面,对金融机构来说,必须正本清源,脱虚向实,这就是关于服务实体经济的指导意见;另一方面,对监管来说,跳出监管看监管,分两块:第一,重新开题,如何监管风险,当然这一块监管者和被监管者都有份;第二,解决"灯下黑",解决监管自身短板问题。

6号文和7号文都是审慎规制局起草的文件,影响重大。6号文提出了很多全新的监管要求,并不是根据以往文件内容要求自查自纠。审慎规制局负责所有非现场监管报表数据统计,资本充足率、不良统计、集中度指标、流动性风险管理、各项指标的压力测试由审慎规制局牵头制定。6号文更加体系化地提出监管意见,主要从风险角度分别从信用风险、流动性风险、债券业务、同业业务和交叉金融、理财和代销业务、房地产调控、地方政府债务切入。6号文的监管思路,不是被具体的创新模式牵着鼻子走,而是按照银行面临的风险梳理监管。

切实弥补监管短板,提升监管效能。监管也需要创新,这是不同于以往的监管思路,以前都是眼睛盯住下面,现在是眼睛360度全面观察,既要监督金融机构,也要自身反省监管差距,弥补短板,提高监管效能,不搞走过场,一阵风过后一地鸡毛,要标本兼治。

四、金融与地方财政领域展开看

本次监管风暴恐怕不只有银监会一个"风暴眼",而是连环式风暴群,从金融整个格局以及地方财政监管,可以从宏观层面更加深刻领会本次监管的总趋势。

(一)强监管风暴绝不限于银行业

2017年注定成为金融业强监管年。一行三会集体出动,对各领域的风险进行排查整治,同业业务风险、理财业务风险、互联网金融风险、交叉金融风险成为监管整治的重中之重。

1. 保监会同步出击

保险业"上房山下股海"的英雄壮举到了收官时刻:正如媒体评价的那样,过去几年,保险行业乱象纷呈,有不少"野蛮人"突破了持股限制,把一些保险公司完全变成了"门客",通过发行一些打擦边球的高回报产品,拉起一支"资金队伍";这些钱闯入股市,进行杠杆收购,给实体经济带来巨大困扰,给股市带来巨大波动。还有些钱去参与土地拍卖,为"地王"的产生推波助澜。

保监会2017年发布的两个文件《中国保监会开展保险资金运用风险排查专项整治工作》《中国保监会关于弥补监管短板构建严密有效保险监管体系的通知》和银监发4号、5号、6号和7号文内容高度相似;主要提及要强化监管力度,治理市场乱象;补齐监管短板,尤其在创新业务和交叉金融领域。交叉金融领域资金方需要负责风险管控,若出问题,相应的监管机构需要担负主要责任。《中国保监会开展保险资金运用风险排查专项整治工作》主要任务是摸排和查找保险资金运用风险隐患,完善市场规则,规范市场行为,防范化解风险,进一步引导保险资金服务供给侧结构性改革、"三去一降一补"等战略方针,更好地服务实体经济。监管个案方面:安邦人寿收到中国保监会下发的首张监管函。《中国保监会印发关于弥补监管短板构建严密有效保险监管体系的通知》指出,有些制度违背了金融规律,给不良资本控制公司提供了可乘之机;要以保护保险消费者权益为根本,以风险防控为核心,以推动保险业强化保障功能、服务实体经济发展为主线,全面检视和梳理完善保险监管各方面的制度措施,真正将监管导向贯穿其中,将"保险业姓保、保监会姓监"落到实处。

2018年保监会继续密集发文。为了促进险资运用规范化,保监会于2018年1月26日发布《保险资金运用管理办法》并于2018年4月1日起生效并施行。中国保监会出台《保险经纪人监管规定》和《保险公估人监管规定》,于2018年5月1日施行,结合近年来特别是2014年保险中介市场清理整顿以来市场出现的新情况以及监管面临的新环境,完善了相关制度。中国保监会修订发布《保险公司股权管理办法》,于4月10日生效。中国保监会还发布了《中国保险监督管理委员会关于修改〈中华人民共和国外资保险公司管理条例实施细则〉等四部规章的决定》。

2. 证监会:精神打击的背后实际上是持续的制度管控

证监会主席刘士余强调:证监会的首要任务是监管,第二任务是监管,第三还是监管。我在证监会花了较长时间了解资本市场的乱象。资本市场的乱象,让我开了眼界,很受震惊。有人在资本市场上巧取豪夺。

监管部门向券商发送的《证券公司分类监管规定》显示,2016年开始执行的"全面风险管理"首次被写入评价指标中,同时还新增了七大加分项和四大减分项,恶意规避监管直接降级为D级。

2017年5月5日,清理整顿各类交易场所"回头看"工作交流会在福建召开。经过半年时间集中整治规范,基本解决地方各类交易场所存在的违法违规问题和风险隐患。会议要求,各地区各部门坚持全国一盘棋,守土有责,既要"回头看",又要"扎实干"。

2018年3月30日《证券期货市场诚信监督管理办法》出台,并于7月1日起实行。这是适应新时期资本市场发展和监管执法需要,强化资本市场诚信建设的基础性制度举措,对于增强资本市场参与各方诚信意识,提高诚信水平,维护资本市场持续稳定健康发展具有重要的意义。为落实依法、全面、从严的总体监管思路,督促证券公司提高投行类业务内部控制水平、完善自我约束机制,压实主体责任、防范化解风险,证监会3月23日发布《证券公司投资银行类业务内部控制指引》,于7月1日起实行。

在此,我们不必重述八条底线、底线的细则以及由此纲举目张所连带的有关制度设计,总之,把监管落实在制度上,制度落实在逻辑上,逻辑落实在国情上,证监会的监管脉络比较符合法治的稳定、可预期的本质要求。

可以对2017年一行三会进行如下粗略评价:央行运筹帷幄,在合意贷款之后推出MPA,把控全局;2015年股市大幅波动其实在很大程度上释放了证券业风险,证监会未雨绸缪,从精神打击开始,打"害人精",持续进行八条底线管理,可以说掌握了主动权,有了一定提前量;银监会任务最重,银行业过去金融创新亮点最多,但剧情反转,需要"动手术"的地方也不少,本次监管治理任务最重、最紧张;保监会曾失之过宽,有些忽视保险的长期保障功能,反思最彻底(例如提到:有些制度违背了金融规律)。

(二)地方政府债务与金融风险的相关性纳入决策层视角

2017年5月3日,财政部、发改委、司法部、人民银行、银监会、证监会联合发文,进一步规范地方政府举债融资行为,即《财政部、发展改革委、司法部、人民银行、银监会、证监会关于进一步规范地方政府举债融资行为的通知》(财预〔2017〕50号,以下简称"50号文")。

发布50号文的宗旨为:"个别地区违法违规举债担保时有发生,局部风险不容忽视。为贯彻落实党中央、国务院决策部署,牢牢守住不发生区域性系统性风险的底线,现就进一步规范地方政府举债融资行为有关事项通知如下……"

此次文件,将地方政府债务管理上升到了维护总体国家安全的高度。具体措施上,对融资平台公司、PPP模式等做了进一步规范,严格剥离融资平台的政府性融资职能,不得借道PPP模式变相举债。对地方政府举债融资的监管,从单兵作战进入"协同监管"模式。50号文是财政部、发改委、司法部、人民银行、银监会、证监会六部门联合发布,目标和方向一致,同时要求"跨部门联合监测和防控机制",这就意味着对地方政府的举债融资行为已经由原来的单兵作战进入了"协同监管"的模式,监管趋严是非常明确的。财政部会同发展改革委、人民银行、银监会、证监会等部门建设大数据监测平台,对地方政府各类融资工具进行联合监测和协调管理。需要注意的是,司法部也是联合发文机构之一。律师不得违法违规为融资平台公司出具法律意见书。司法部表态,违法违规出具法律意见书的,要依法依规追究法律服务机构及相关从业人员的责任。联合监测杜绝监管真空,减少了堵正门、走偏门的困扰。

《关于规范金融企业对地方政府和国有企业投融资行为有关问题的通知》(财金〔2018〕23号),规定篇幅虽短但规范全面及时、用语严厉,提出国有金融企业应严格落实《预算法》和《国务院关于加强地方政府性债务管理的意见》(国发〔2014〕43号)等要求,除购买地方政府债券外,不得直接或通过地方国有企事业单位等间接渠道为地方政府及其部门提供任何形式的融资,不得违规新增地方政府融资平台公司贷款。不得要求地方政府违法违规提供担保或承担偿债责任。不得提供债务性资金作为地方建设项目、政府投资基金或政府和社会资本合作(PPP)项目资本金。就资产管理业务而言,国有金融企业发行银行理财、信托计划、证券期货经营机构资产管理计划、保险基础设施投资计划等资产管理产品参与地方建设项目,应按照"穿透原则"切实加强资金投向管理,全面掌握底层基础资产信息,强化期限匹配,不得以具有滚动发行、集合运作、分离定价特征的资金池产品对接,不得要求或接受地方政府以任何方式提供兜底安排或以其他方式违规承担偿债责任,不得变相为地方政府提供融资。

《财政部关于做好2018年地方政府债务管理工作的通知》要求严格落实属地管理责任,将防范化解地方政府债务风险作为当前财政管理工作的重中之重,依法健全规范的地方政府举债融资机制,既要开好"前门",稳步推进政府债券管理改革,强化政府债券资金绩效管理,提高政府债券资金使用效益,发挥政府规范举债的积极作用,支持补齐民生领域短板,又要严堵"后门",守住国家法律"红线",坚守财政可持续发展底线,加大财政约束力度,硬化预算约束,坚决制止和查处各类违法违规或变相举债行为。

可见,现在我国对于地方政府举债担保的容忍度进一步降低。今后金融风险的监管和财政金融风险的整顿将互相交织。

五、监管体制的变革

(一)设立金融稳定发展委员会:监管者的监管者

2017年11月8日,经党中央、国务院批准,备受关注的国务院金融稳定发展委员会成立(下称"金委会"),作为国务院统筹协调金融稳定和改革发展重大问题的议事协调机构。"金委会"肩负5大职责,包括落实党中央、国务院关于金融工作的决策部署;审议金融业改革发展重大规划;统筹金融改革发展与监管,协调货币政策与金融监管相关事项,统筹协调金融监管重大事项,协调金融政策与相关财政政策、产业政策等;分析研判国际国内金融形势,做好国际金融风险应对,研究系统性金融风险防范处置和维护金融稳定重大政策;指导地方金融改革发展与监管,对金融管理部门和地方政府进行业务监督和履职问责等。"金委会"统领全国金融业的稳定、研究、规划与发展,并对金融行业监管者进行监管,成为监管者的监管者。

(二)强化地方金融监管机构的职责

第五次全国金融工作会议明确指出,地方政府要在坚持金融管理主要是中央事权的前提下,按照中央统一规则,强化属地风险处置责任。金融管理部门要努力培育恪尽职守、敢于监管、精于监管、严格问责的监管精神,形成有风险没有及时发现就是失职、发现风险没有及时提示和处置就是渎职的严肃监管氛围。类金融业态繁多,监管职能又分散在各处,金融监管空白与重复并存,一些风险事件的暴露更是凸显当前地方金融监管格局内在的矛盾。一场地方金融监管改革正在进行。各地金融办加挂金融监管局牌子,增强监管职能,在辖区和授权范围内承担审批备案、监管职能,与一行二局(地方人行、银监保监局、证监局)形成补位、补充格局。

(三)从"一行三会"到"一行两会"

中共十九大报告提出要"健全货币政策和宏观审慎双支柱调控框架,健全金融监管体系",2018年国务院机构改革方案出台后,"一行三会"被"一委一行两会"取代,形成新的金融监管格局。金委会负责宏观审慎,从更高的层次,从金融、产业、贸易等政策方面做统一的协调,考虑金融稳定和实体经济发展的协调。央行的职能偏中观,从货币政策方面入手,对于金融领域协调,包括利率政策制定、市场流动性调节。而两会的监管偏微观,也就是行为和功能监管,更多地监管单一企业或者单一产品。

综上所述,金融安全是国家安全的重要组成部分。金融与财政的风险交织,显示了今后金融业风雨如晦、风雨兼程的开始。成立金融发展稳定委员会,以及"一行二会＋财政部＋发改委＋地方政府"的协调行动,可以说动用了中国当下最精锐的行政资源,对金融泡沫、金融风险以及相关的债务杠杆进行系统清算,为供给侧结构性改革创造更好的环境,为迎接可能的来自国际、国内的风险做好准备,确保改革大业稳定推进。这正是我国政体集中力量办大事的优势所在。正如中央深改委第一次会议所强调的,要坚持问题导向,补齐监管短板,明确企业投资金融机构服务实体经济的目标,强化股东资质、股权结构、投资资金、公司治理和关联交易监管,加强企业与金融业的风险隔离,防范风险跨机构跨业态传递。例如,除了出台金融机构资产管理业务指导意见、非金融企业投资金融机构指导意见外,也要出台金融控股公司监管办法等审慎监管基本制度,根本目的是尽快实现金融监管全覆盖,避免监管空白,搞金融的都要持牌经营,所有金融业务都要纳入监管。

第二节　大资管新规要点及实务分析

一、大资管新规概述

大资管新规是指中国人民银行、中国银行保险监督管理委员会、中国证券监督管理委员会与国家外汇管理局 2018 年 4 月 27 日联合发布的《关于规范金融机构资产管理业务的指导意见》(银发〔2018〕106 号)(以下简称"《指导意见》"),《指导意见》共 31 条,按照产品类型制定统一的监管标准,实行公平的市场准入和监管。

《指导意见》影响到百万亿元规模资管业务的方方面面,引起了开展这项业务的各类金融机构和相关各方的普遍关注。

资产管理业务是指银行、信托、证券、基金、期货、保险资产管理机构、金融资产投资公司等金融机构接受投资者委托,对受托的投资者财产进行投资和管理的金融服务。资产管理业务是金融机构的表外业务,金融机构开展资产管理业务时不得承诺保本保收益。出现兑付困难时,金融机构不得以任何形式垫资兑付。金融机构不得在表内开展资产管理业务。

(一) 大资管新规制定的背景

近年来,我国金融机构资产管理业务(以下简称"资管业务")快速发展,规模不断攀升,截至 2017 年末,不考虑交叉持有因素,总规模已达百万亿元。其中,银行表外理财产品资金余额为 22.2 万亿元,信托公司受托管理的资金信托余额为 21.9 万亿元,公募基金、私募基金、证券公司资管计划、基金及其子公司资管计划、保险资管计划余额分别为11.6万亿元、11.1万亿元、16.8万亿元、13.9万亿元、2.5万亿元。同时,互联网企业、各类投资顾问公司等非金融机构开展资管业务也十分活跃。

资管业务在满足居民财富管理需求、优化社会融资结构、支持实体经济等方面发挥了积极作用。但由于同类资管业务的监管规则和标准不一致,也存在部分业务发展不规范、监管套利、产品多层嵌套、刚性兑付、规避金融监管和宏观调控等问题。在党中央、国务院的领导下,人民银行会同银保监会、证监会、外汇局等部门,坚持问题导向,从弥补监管短板、提高监管有效性入手,在充分立足各行业金融机构资管业务开展情况和监管实践的基础上,制定《指导意见》,通过统一同类资管产品的监管标准,促进资管业务健康发展,有效防控金融风险,更好地服务实体经济。

（二）《指导意见》的总体思路和原则

《指导意见》的总体思路是：按照资管产品的类型制定统一的监管标准,对同类资管业务做出一致性规定,实行公平的市场准入和监管,最大限度地消除监管套利空间,为资管业务健康发展创造良好的制度环境。

《指导意见》遵循以下基本原则：规范金融机构资产管理业务主要遵循以下原则：

（1）坚持严控风险的底线思维。把防范和化解资产管理业务风险放到更加重要的位置,减少存量风险,严防增量风险。

（2）坚持服务实体经济的根本目标。既充分发挥资产管理业务功能,切实服务实体经济投融资需求,又严格规范引导,避免资金脱实向虚在金融体系内部自我循环,防止产品过于复杂,加剧风险跨行业、跨市场、跨区域传递。

（3）坚持宏观审慎管理与微观审慎监管相结合、机构监管与功能监管相结合的监管理念。实现对各类机构开展资产管理业务的全面、统一覆盖,采取有效监管措施,加强金融消费者权益保护。

（4）坚持有的放矢的问题导向。重点针对资产管理业务的多层嵌套、杠杆不清、套利严重、投机频繁等问题,设定统一的标准规制,同时对金融创新坚持趋利避害、一分为二,留出发展空间。

（5）坚持积极稳妥审慎推进。正确处理改革、发展、稳定关系,坚持防范风险与有序规范相结合,在下决心处置风险的同时,充分考虑市场承受能力,合理设置过渡期,把握好工作的次序、节奏、力度,加强市场沟通,有效引导市场预期。

(三) 适用范围与过渡期安排

《指导意见》主要适用于金融机构的资管业务，即银行、信托、证券、基金、期货、保险资管机构、金融资产投资公司等金融机构接受投资者委托，对受托的投资者财产进行投资和管理的金融服务。金融机构为委托人利益履行诚实信用、勤勉尽责义务并收取相应的管理费用，委托人自担投资风险并获得收益，金融机构可以收取合理的业绩报酬，但需计入管理费并与产品一一对应。资管产品包括银行非保本理财产品，资金信托，证券公司、证券公司子公司、基金管理公司、基金管理子公司、期货公司、期货公司子公司、保险资管机构、金融资产投资公司发行的资管产品等。依据金融管理部门颁布规则开展的资产证券化业务、依据人力资源社会保障部门颁布规则发行的养老金产品不适用《指导意见》。

当前，除金融机构外，互联网企业、各类投资顾问公司等非金融机构开展资管业务也十分活跃，由于缺乏市场准入和持续监管，已经暴露出一些风险和问题。针对非金融机构违法违规开展资管业务的乱象，《指导意见》也按照"未经批准不得从事金融业务，金融业务必须接受金融监管"的理念，明确提出除国家另有规定外，非金融机构不得发行、销售资管产品。为此，《指导意见》明确提出，资管业务作为金融业务，必须纳入金融监管，具体要求包括：一是非金融机构不得发行、销售资管产品，国家另有规定的除外。"国家另有规定的除外"主要指私募投资基金的发行和销售。私募投资基金适用私募投资基金专门法律、行政法规，其中没有明确规定的，适用《指导意见》，创业投资基金、政府出资产业投资基金的相关规定另行制定。二是依照国家规定，非金融机构发行、销售资管产品的，应当严格遵守相关规定以及《指导意见》关于投资者适当性管理的要求，向投资者销售与其风险识别能力和风险承担能力相适应的资管产品。三是非金融机构和个人未经金融管理部门许可，不得代销资管产品。针对非金融机构违法违规开展资管业务的情况，尤其是利用互联网平台分拆销售具有投资门槛的投资标的、通过增信措施掩盖产品风险、设立产品二级交易市场等行为，根据《互联网金融风险专项整治工作实施方案》进行规范清理。非金融机构违法违规开展资管业务并承诺或进行刚性兑付的，加重处罚。

《指导意见》适用于所有持牌金融机构发行的资管产品，也适用于所有类型的私募基金；但不适用于财产权信托和ABS。未备案的有限合伙企业不适用，但理论上未备案的有限合伙就不能实质上从事"资产管理业务"。

《指导意见》实施后，金融监督管理部门在本《指导意见》框架内研究制定配套细则,配套细则之间应当相互衔接,避免产生新的监管套利和不公平竞争。按照"新老划断"原则设置过渡期,确保平稳过渡。过渡期为本《指导意见》发布之日起至 2020 年底,对提前完成整改的机构,给予适当监管激励。过渡期内,金融机构发行新产品应当符合本《指导意见》的规定;为接续存量产品所投资的未到期资产,维持必要的流动性和市场稳定,金融机构可以发行老产品对接,但应当严格控制在存量产品整体规模内,并有序压缩递减,防止过渡期结束时出现断崖效应。金融机构应当制定过渡期内的资产管理业务整改计划,明确时间进度安排,并报送相关金融监督管理部门,由其认可并监督实施,同时报备中国人民银行。过渡期结束后,金融机构的资产管理产品按照本《指导意见》进行全面规范(因子公司尚未成立而达不到第三方独立托管要求的情形除外),金融机构不得再发行或存续违反本意见规定的资产管理产品。上述规定充分考虑了存量资管产品的存续期、市场规模,同时兼顾增量资管产品的合理发行,使资管业务按照《指导意见》平稳过渡,有序规范。

(四)监管分工与监管原则

加强监管协调,强化宏观审慎管理,按照"实质重于形式"原则,实施功能监管和行为监管,是规范资管业务的必要举措。

监管分工方面,中国人民银行负责对资产管理业务实施宏观审慎管理,会同金融监督管理部门制定资产管理业务的标准规制。金融监督管理部门实施资产管理业务的市场准入和日常监管,加强投资者保护,依照本《指导意见》会同中国人民银行制定出台各自监管领域的实施细则。

本《指导意见》正式实施后,中国人民银行会同金融监督管理部门建立工作机制,持续监测资产管理业务的发展和风险状况,定期评估标准规制的有效性和市场影响,及时修订完善,推动资产管理行业持续健康发展。

对资产管理业务实施监管遵循以下原则:

(1) 机构监管与功能监管相结合,按照产品类型而不是机构类型实施功能监管,同一类型的资产管理产品适用同一监管标准,减少监管真空和套利。

(2) 实行穿透式监管,对于多层嵌套资产管理产品,向上识别产品的最终投资者,向下识别产品的底层资产(公募证券投资基金除外)。

(3) 强化宏观审慎管理,建立资产管理业务的宏观审慎政策框架,完善政策工具,从宏观、逆周期、跨市场的角度加强监测、评估和调节。

(4) 实现实时监管,对资产管理产品的发行销售、投资、兑付等各环节进行全面动态监管,建立综合统计制度。

金融监督管理部门应当根据本《指导意见》规定,对违规行为制定和完善处罚规则,依法实施处罚,并确保处罚标准一致。资产管理业务违反宏观审慎管理要求的,由中国人民银行按照法律法规实施处罚。

二、基本内容解析

(一)资管产品的界定与分类监管

对资管业务进行分类,明确何为同类业务,是统一监管标准规制的基础。《指导意见》从两个维度对资管产品进行分类。一是从资金募集方式划分,分为公募产品和私募产品两大类。公募产品面向不特定的社会公众,风险外溢性强,在投资范围、杠杆约束、信息披露等方面监管要求较私募严格,主要投资标准化债权类资产以及上市交易的股票,除法律法规和金融管理部门另有规定外,不得投资未上市企业股权。公募产品可以投资商品及金融衍生品,但应当符合法律法规以及金融管理部门的相关规定。其中,现阶段银行的公募产品以固定收益类产品为主,如发行权益类产品和其他产品,须经银行业监管部门批准。私募产品面向拥有一定规模金融资产、风险识别和承受能力较强的合格投资者,对其的监管要求松于公募产品,更加尊重市场主体的意思自治,可以投资债权类资产、上市或挂牌交易的股票、未上市企业股权(含债转股)和受(收)益权以及符合法律法规规定的其他资产,并严格遵守投资者适当性管理要求。二是从资金投向划分,根据投资资产的不同分为固定收益类产品、权益类产品、商品及金融衍生品类产品、混合类产品四大类。固定收益类、混合类、权益类产品的投资风险依次递增,分级杠杆要求依次趋严,根据所投资资产的不同,各类产品的信息披露重点也有所不同。

对产品依据以上两个维度进行分类的目的在于:一是按照"实质重于形式"原则强化功能监管。实践中,不同行业金融机构开展资管业务,按照机构类型适用不同的监管规则和标准,导致监管套利等问题,因此,需要按照业务功能对资管产品进行分类,对同类产品适用统一的监管标准。二是贯彻"合适的产品卖给合适的投资者"理念:一方面公募产品和私募产品分别对应社会公众和合格投资者两类不同的投资群体,体现不同的投资者适当性管理要求;另一方面,根据资金投向将资管产品分为不同类型,以此区分产品风险等级,并要求资管产品发行时明示产品类型,避免"挂羊头卖狗肉"、损害金融消费者权益。

(二)金融机构开展资管业务的资质要求和管理职责

资管业务是"受人之托、代人理财"的金融服务,为保障委托人的合法权益,《指导意见》要求金融机构须符合一定的资质要求,并切实履行管理职责。

一是规定金融机构开展资管业务,应当具备与资管业务发展相适应的管理体系和管理制度,公司治理良好,风险管理、内部控制和问责机制健全。二是要求金融机构建立健全资管业务人员的资格认定、培训、考核评价和问责制度,确保从事资管业务的人员具备必要的专业知识、行业经验和管理能力,遵守行为准则和职业道德。三是规定对于违反相关法律法规以及本《指导意见》规定的金融机构资管业务从业人员,依法采取处罚措施直至取消从业资格。

(三) 非标资产的限制和要求

以前出台的《中国银监会关于规范商业银行理财业务投资运作有关问题的通知》(以下简称"8号文")和《关于规范金融机构同业业务的通知》(以下简称"127号文")都已经对商业银行理财资金投资非标资产这一块有过监管要求。主要规定包括:(1)每个理财产品与所投资资产(标的物)对应,做到每个产品单独管理、建账和核算;(2)商业银行理财资金投资非标准化债权资产的余额在任何试点均以理财产品余额的35%与商业银行上一年度审计报告披露总资产的4%之间孰低者为上限;(3)商业银行不得为非标准化债权资产或股权资产融资提供任何直接或间接、显性或隐性的担保或回购承诺;(4)单家商业银行对单一金融机构法人的不含结算性同业存款的同业融出资金,扣除风险权重为零的资产后的净额,不得超过该银行一级资本的50%。同业融入资金余额不得超过该银行负债总额的三分之一;(5)按照"实质重于形式"原则,根据所投资基础资产的性质,准确计量风险并计提相应资本与拨备。

部分金融机构发行的资管产品主要投资于非标准化债权类资产,具有期限、流动性和信用转换功能,形成影子银行特征。这类产品透明度较低、流动性较弱,规避了资本约束等监管要求,部分投向限制性领域,大多未纳入社会融资规模统计。为此,《指导意见》规定,资管产品投资非标应当遵守金融监督管理部门有关限额管理、流动性管理等监管标准,并且严格期限匹配。作出上述规范的目的是,避免资管业务沦为变相的信贷业务,减少影子银行风险,缩短实体经济融资链条,降低实体经济融资成本,提高金融服务的效率和水平。与此同时,增强服务实体经济能力,需要深化金融体制改革,提高直接融资比重,促进多层次资本市场健康发展,健全货币政策和宏观审慎政策双支柱调控框架。

(四) 流动性风险与资金池

部分金融机构在开展资管业务过程中,通过滚动发行、集合运作、分离定价的方式,对募集资金进行资金池运作。在这种运作模式下,多只资管产品对应多项资产,每只产品的预期收益来自哪些资产无法辨识,风险也难以衡量。同时,将募集的低价、短期资金投放到长期债权或者股权项目,加大了资管产品的流动性风险,一旦难以募集到后续资金,容易发生流动性紧张。

《指导意见》在明确禁止资金池业务、提出"三单"(单独管理、单独建账、单独核算)管理要求的基础上,要求金融机构强化资产管理产品久期管理,封闭式资产管理产品期限不得低于90天,以此纠正资管产品过于短期化倾向,切实减少和消除资金来源端和资产端的期限错配与流动性风险。

此外,对于部分机构通过为单一融资项目设立多只资产管理产品的方式,变相突破投资人数限制或者其他监管要求的行为,《指导意见》明确予以禁止。同时,同一金融机构发行多只资产管理产品投资同一资产的,为防止同一资产发生风险波及多只资产管理产品,多只资产管理产品投资该资产的资金总规模合计不得超过300亿元。如果超出该限额,需经相关金融监督管理部门批准。

(五)资管产品的资本和风险准备金计提要求

资管产品属于金融机构的表外业务,投资风险应当由投资者自担,但为了应对操作风险或者其他非预期风险,仍需建立一定的风险补偿机制,计提相应的风险准备金。目前,各行业资管产品资本和风险准备金要求不同,银行实行资本监管,按照理财业务收入计提一定比例的操作风险资本;证券公司资管计划、公募基金、基金子公司特定客户资管计划、部分保险资管计划按照管理费收入计提风险准备金,但比例不一;信托公司则按照税后利润的5%计提信托赔偿准备金。综合现有各行业的风险准备金计提要求,《指导意见》规定,金融机构应当按照资产管理产品管理费收入的10%计提风险准备金,或者按照规定计量操作风险资本或相应风险资本准备。风险准备金余额达到产品余额的1%时可以不再提取。风险准备金主要用于弥补因金融机构违法违规、违反资产管理产品协议、操作错误或者技术故障等给资产管理产品财产或者投资者造成的损失。金融机构应当定期将风险准备金的使用情况报告金融管理部门。需要明确的是,对于目前不适用风险准备金或者操作风险资本的金融机构,如信托公司,《指导意见》并非要求在现有监管标准外进行双重计提,而是由金融监督管理部门按《指导意见》的标准,制定具体细则进行规范。

(六)打破资管产品的刚性兑付与实行净值化管理

刚性兑付严重扭曲资管产品"受人之托、代人理财"的本质,扰乱市场纪律,加剧道德风险,打破刚性兑付是金融业的普遍共识。为此,《指导意见》要求,金融机构对资产管理产品应当实行净值化管理,净值生成应当符合企业会计准则规定,及时反映基础金融资产的收益和风险,让投资者明晰风险,同时改变投资收益超额留存的做法,管理费之外的投资收益应全部给予投资者,让投资者尽享收益。作出这一规定的原因在于,从根本上打破刚性兑付,需要让投资者在明晰风险、尽享收益的基础上自担风险,而明晰风险的一个重要基础就是产品的净值化管理。实践中,部分资管产品采取预期收益率模式,基础资产的风险不能及时反映到产品的价值变化中,投资者不清楚自身承担的风险大小;而金融机构将投资收益超过预期收益率的部分转化为管理费或者直接纳入中间业务收入,而非给予投资者,自然也难以要求投资者自担风险。为此,要推动预期收益型产品向净值型产品转型,真正实现"卖者尽责、买者自负",回归资管业务的本源。

《指导意见》还规定,根据行为过程和最终结果对刚性兑付进行认定,包括资产管理产品的发行人或者管理人违反真实公允确定净值原则,对产品进行保本保收益、采取滚动发行等方式,使得资产管理产品的本金、收益、风险在不同投资者之间发生转移,实现产品保本保收益、资产管理产品不能如期兑付或者兑付困难时,发行或者管理该产品的金融机构自行筹集资金偿付或者委托其他机构代为偿付。对刚性兑付的机构分别提出惩戒措施:存款类金融机构发生刚性兑付的,认定为利用具有存款本质特征的资产管理产品进行监管套利,由国务院银行保险监督管理机构和中国人民银行按照存款业务予以规范,足额补缴存款准备金和存款保险保费,并予以行政处罚。非存款类持牌金融机构发生刚性兑付的,认定为违规经营,由金融监督管理部门和中国人民银行依法纠正并予以处罚。

(七)资管产品的杠杆水平

为维护债券、股票等金融市场平稳运行,抑制资产价格泡沫,应当控制资管产品的杠杆水平。资管产品的杠杆分为两类:一类是负债杠杆,即产品募集后,通过拆借、质押回购等负债行为,增加投资杠杆;一类是分级杠杆,即对产品进行优先、劣后的份额分级。此外,持有人以所持资管产品份额进行质押融资或者以债务资金购买资管产品的加杠杆行为也需要关注。

在负债杠杆方面,《指导意见》进行了分类统一,对公募和私募产品的负债比例(总资产/净资产)分别设定140%和200%的上限,分级私募产品的负债比例上限为140%。为真实反映负债水平,强调计算单只产品的总资产时,按照穿透原则,合并计算所投资资管产品的总资产。为抑制层层加杠杆催生资产价格泡沫,要求金融机构不得以受托管理的资产管理产品份额进行质押融资,投资者不得使用贷款、发行债券等筹集的非自有资金投资资产管理产品。

在分级产品方面,《指导意见》充分考虑了当前的行业监管标准,对可以进行分级设计的产品类型作了统一规定:公募产品以及开放式私募产品均不得进行份额分级。对可分级的私募产品,《指导意见》规定,固定收益类产品的分级比例(优先级份额/劣后级份额)不得超过 3∶1,权益类产品不得超过 1∶1,商品及金融衍生品类产品、混合类产品不得超过 2∶1。为防止分级产品成为杠杆收购、利益输送的工具,要求发行分级产品的金融机构对该产品进行自主管理,不得转委托给劣后级投资者,分级产品不得对优先级份额投资者提供保本保收益安排。

(八) 多层嵌套和通道业务

资管产品借通道多层嵌套,不仅增加了产品的复杂性,导致底层资产和风险难以穿透,也拉长了资金链条,增加资金体内循环和融资成本。为此,《指导意见》首先从根本上抑制多层嵌套和通道业务的动机,要求金融监督管理部门对各类金融机构开展资管业务平等准入、给予公平待遇,不得根据金融机构类型设置市场准入障碍,既不能限制本行业机构的产品投资其他部门监管的金融市场,也不能限制其他行业机构的产品投资本部门监管的金融市场。其次,从严规范产品嵌套和通道业务,明确资产管理产品可以再投资一层资产管理产品,但所投资的资产管理产品不得再投资公募证券投资基金以外的资产管理产品,并要求金融机构不得为其他金融机构的资管产品提供规避投资范围、杠杆约束等监管要求的通道服务。

《指导意见》充分考虑了金融机构因自身投资能力不足而产生的委托其他机构投资的合理需求,明确金融机构可以将资管产品投资于其他机构发行的资管产品,从而将本机构的资管产品资金委托给其他机构进行投资,但委托机构不得因委托其他机构投资而免除自身应当承担的责任,该受托机构应当为具有专业投资能力和资质的受金融监督管理部门监管的机构。公募资产管理产品的受托机构应当为金融机构,私募资产管理产品的受托机构可以为私募基金管理人。受托机构应当切实履行主动管理职责,不得进行转委托,不得再投资公募证券投资基金以外的资产管理产品。

三、大资管新规对信托公司的重大影响及调适思路

《指导意见》将对整个信托行业带来巨大的影响,已引起信托业的普遍关注,为信托公司主动调整适应监管规则的变革,厘定了边界,指明了方向。

(一) 关于行业发展方向的调适

信托行业和各个信托公司应转变发展方向,深刻领会《指导意见》,以

"强"受托人责任正面回应"强"监管的本质要求,回归服务实体经济和服务于投资者的本质要求。贯彻并突出受托机构主动管理的行为准则,果断坚持回归"受人之托、代人理财"的信托本源,并提前按照《指导意见》的精神和原则及时转换业务模式和优化业务结构。在打破刚性兑付的市场环境下,信托机构要精通信托原理,切实执行《信托法》和其他审慎监管规则,把握受托人的忠实义务和善良管理的核心义务内涵,从各个环节树立并履行为受益人的最大利益而谨慎行事的责任理念。

实际上,通道业务对信托整个行业营业收入的影响并不如想象的那样大。《指导意见》还明确了"新老划断"原则,因此通道业务的有序退出对行业营收和利润的影响有限。值得一提的是,短期内那些以通道业务和债权融资类业务为主的信托公司不可避免会受到《指导意见》的不利影响。因此,此类信托公司要立即转换思路,调适发展方向,首当其冲要迅即改变通道思维和赚快钱、套利思维,尽快从通道配角中清醒过来,从内心深处牢牢树立主动管理的展业思路,扎实培养主动管理能力和专业投资能力。

对整个信托行业而言,鉴于大资管行业的中心任务有所调整,应主动调适发展方向:

第一,回应我国增大股本权益投资比重的重大战略部署,降低债权融资类业务占比,降低名股实债等违背穿透核查、实质重于形式监管要求的规避型产品,加大证券投资、并购投资、项目股权投资、PE 投资、投贷联动等资金运用方式为股权类资产管理业务的比重,更多地对接标准化债权资产、权益类资产的投资,尽力摆脱影子银行色彩。

第二,重视并积极参与资产证券化等标准化业务。鉴于资产证券化业务不适用《指导意见》,在非标准化债权类资产收缩的压力下,预计资产证券化市场将会超预期扩张,信托公司不能因为短期内受托人在资产证券化业务板块赚钱少、业务占比少而在战略上轻视、短视资产证券化业务的战略价值,这一领域实际上有较大潜力,例如,可以开展受托管理和投资银行业务的联动、融资业务和私募股权投资的联动、PRE－ABS 业务等。

第三,重视高净值客户的定制化、个性化财富管理需求,给高净值客户提供财富安全保障、财富传承、产品配置、全球配置资产、生命周期风险管理、遗嘱健康和教育咨询等综合需求。此类业务基本为单一信托,信托当事人自由协商的空间大,而且时间长、比较复杂,具有一旦拥有终生托付的特点,信托公司可充分发挥信托制度优势,提供个性化服务。

第四,主动拓展符合我国产业转型升级、"一带一路"等新业务领域的信托业务。《指导意见》鼓励金融机构通过发行资产管理产品募集资金支持国家重点领域和重大工程建设、科技创新和战略性新兴产业、"一带一路"建设、京津冀协同发展等领域,鼓励金融机构通过发行资产管理产品募集资金支持经济结构转型和降低企业杠杆率。

(二)关于产品创新的调适

类型化划分构成认识和监管资管产品的逻辑起点,《指导意见》从原来产品的分业监管到分类监管,对同一类产品制订统一的监管标准,对不同类的产品施以不同的监管要求,体现了从机构监管到功能监管的模式转换。

资管产品分类的标准和监管脉络是比较清晰的。《指导意见》明确从两个维度对资管产品进行分类。一方面,资管产品依据募集方式的不同,分为公募产品和私募产品,而公募与私募的区别依据则是《证券法》关于公开发行的法律规范。另一方面,资管产品依据投资性质的不同,分为固定收益类产品、权益类产品、商品及金融衍生品类产品、混合类产品四类。对不同的产品,投资者、投资范围、分级杠杆、信息披露的要求各有不同。

《指导意见》实质上把金融创新分成友好型金融创新和规避型金融创新。《指导意见》明确:"对金融创新坚持趋利避害、一分为二,留出发展空间。"资管产品借通道多层嵌套,不仅增加了产品的复杂性,导致底层资产和风险难以穿透,也拉长了资金链条,增加了资金体内循环和融资成本。为此,《指导意见》明确要求,金融机构不得为其他金融机构的资管产品提供规避投资范围、杠杆约束等监管要求的通道服务。《指导意见》要求金融监督管理部门对各类金融机构开展资管业务平等准入、给予公平待遇,不得根据金融机构类型设置市场准入障碍,既不能限制本行业机构的产品投资其他部门监管的金融市场,也不能限制其他行业机构的产品投资本部门监管的金融市场。其次,从严规范产品嵌套和通道业务,明确资管产品可以投资一层资管产品,这些已投资资管产品的产品不得再投资公募证券投资基金以外的资产管理产品。

《指导意见》中,资管产品包括了"资金信托",未提及财产权信托以及单一资金信托,是不是监管层"故意"为财产权信托和单一资金信托预留了嵌套的空间?如果就此认为,在嵌套和结构化产品设计层面上,通过财产权信托仍有一些"创新"空间,这种理解是文意上的,并没有从《指导意见》的监管原则和出发点来理解。原因在于:对于资金信托的范围如何解释,目前并不确定;遵循"实质重于形式"原则进行监管,如果是本质上嵌套,形式上为财产权信托和单一资金信托,很可能仍会被纳入资金信托计划监管。通过扩大解释资金信托计划或者进行窗口指导"补白",监管意图恐怕不会是拘泥于字面,关一扇门开一扇窗的监管恐怕难以解释恰当。

大资管新规的核心是对资管业务统一监管,防止发生系统性风险,这对于整个金融行业的稳健、长远发展是有积极意义的。因此,信托公司在业务转型中不应像过往那样只盯着监管套利,而应关注主动管理能力的提升。信托产品创新仍然是信托公司竞争力的重要组成部分,以前信托公司会不自觉地运用信托公司的灵活性,在不同监管中利用监管冲突和漏洞进行监管套利,嵌套性创新大行其道,而大资管新规正本清源、祛邪扶正,信托公司应该顺应监管形势,及时推进产品设计创新和产品模式升级。例如,适应于刚性兑付这一风险缓冲机制的打破,投资于非标债权的信托产品要考虑转型公募化、基金化产品,通过组合投资在空间上分散风险,通过长期化运作在时间上分散风险,避免"一对一"产品带来的过度集中风险。又如,改变过去的思路设计集合信托计划,要体现信托公司收取管理费、投资者享有全部投资收益的原则,设计信托产品的收入分配机制,改变以往在刚性兑付语境下,给投资者分配固定收益后,由信托公司享有全部剩余收入的做法。再如,信托公司要在标准化债权资产和权益性资产的产品方面加大产品创新力度;加快运用金融科技和智能投顾,开发高智能化创新产品;响应服务实体经济的号召,积极拓展业务范围,包括解除多层嵌套的直接型家族信托、消费信托、保险金信托等。尤其要注意到,《证券法》规定,向不特定对象发行证券的、向特定对象发行证券累计超过 200 人的,即为公开发行;《信托公司集合资金信托计划管理办法》则规定单笔委托金额在 300 万元以上的自然人投资者和合格的机构投资者数量不受限制,可以推论,统一监管后欲妥善协调,可能允许信托公司经证监会批准后按照一定的信息披露、流通登记、权属认定和风险管理规则发行公募产品。如果这样的话,整个信托行业的生态环境和监管环境将发生根本改变。

(三)关于打破刚兑、预期收益率与净值管理的调适

资管业内普遍认为,打破刚性兑付与实施净值管理是《指导意见》对信托公司和其他资管公司影响最大的顶层设计。其实,打破刚兑是金融业的普遍共识,因为刚性兑付严重扭曲资管产品"受人之托、代人理财"的本质,扰乱金融市场纪律,加剧道德风险,而推动预期收益型产品向净值型产品转型,是打破刚性兑付,真正实现"卖者尽责、买者自负",回归资管业务本源的前提条件,也是资管产品的最终走向。据此,《指导意见》第十九条明确要求"打破刚性兑付"并提出网络化、立体化、社会化监管举措,要求金融机构按照公允价值原则对资管产品进行净值化管理,及时反映基础资产的收益和风险,还详细列举了认定为刚性兑付的各种行为(注意:最后一条为兜底规定,可能包括通过购买或转让、替换资管产品受益权、收益权等行为),而且将刚性兑付行为根据不同机构的业务范围认定为或者属于监管套利,或者属于违规经营,均需进行规范或纠正,并由监管部门或人民银行分类予以处罚,为发挥群防群治力量同时鼓励投诉举报刚性兑付行为。信托公司属于非存款类持牌金融机构,依照《指导意见》,如发生刚性兑付的情况,应被认定为违规经营,由金融监督管理部门和中国人民银行依法纠正并予以处罚。可以说,这次监管当局对打破刚兑动真格:"你不打破刚兑,我来打破你。"

信托受益权分级、预期信托收益(率)、最大预期信托收益(率)等在资金端等类似存款、债券的产品设计,过去十几年的信托实践,以及监管取向,将信托受益权"债权化"进而"债券化"的集体有意识行为,几乎形成了不敢打破刚性兑付的行业惯例。而且,信托公司由于自有资金和信用的注入,还自认为具有分享超额收益或者说把超过预期收益的收益归入固有的似乎相当充分的逻辑合理性,殊不知,此种安排已经把自己作为管理人、受托人的法律角色定位变形为共同投资人的角色。刚性兑付作为信托公司对投资者尤其是优先级投资者提供的"隐性保证",在积累信托行业信誉、信托公司拓展信托业务、强化竞争优势等方面起到了巨大的不可否认的作用。但是,刚性兑付并不符合金融规律,尤其违背了资产管理的本质要求和法律关系的性质,掩盖了真实的金融风险,同时把众多投资者的风险意识以及选择受托机构的理性判断能力严重弱化了,投资者逐渐将信托产品淡化成无风险固定收益产品,反而一旦出现风险就感到倒霉、"踩雷",无比惊诧。资产管理的实相变成虚幻,把虚幻当成实相,发生了整体上的误解、误判和错位。过度保护投资者造成了整体行业风险的无限度积累、粉饰、后移,一家信托公司的不同信托项目实际上并没有自负盈亏和单独管理,而是通过信托公司的固有资金、关联资产注入以及信用和信誉的各种保障刚兑的安排,将风险不同的信托项目像铁链子一样连缀起来,彼此却并没有防火墙,一旦发生宏观经济下行超过压力区间可能形成火烧连营之势。实际上,根据《信托法》及信托原理,信托项目单独管理、独立核算、自负盈亏、投资者承担正常经营的风险和收益,受托人因负有受托义务发生的赔偿责任并不能无限度地扩大为受托人只能成功、不许失败。信托业本就没有刚性兑付的义务,长期来看,打破刚性兑付将有助于获取承担风险的收益。不刚性兑付并不意味着信托公司可以不去控制风险随便做业务,反而更要严格控制投资风险、资产管理风险,扎扎实实地为投资人利益最大化角度从项目源头控制风险。当然,打破刚兑需要以时间换空间,投资者的成熟以及"口味"转化需要时间,不宜操之过急,否则可能引起行业剧烈震动。例如,要充分评估信托公司在打破刚兑方面遇到的两难境地:如果信托公司以自有资金刚性兑付投资者,则损害到股东的利益和其他信托的利益并违反不得刚兑的规定;如果信托公司打破刚兑,又不符合现有客观市场环境"综合酿造"的投资者预期,投资者可能要求信托公司把所有的尽调、决策、投资、管理的信息全部披露,把原来投资端的"黑箱"、"灰箱"变成"玻璃柜"追求阳光化、透明化,在"放大镜"之下细细"回归分析"(俗称事后诸葛亮),寻找信托公司是否有失误或不当之处进而要求索赔。而实际上信托公司义务边界并不是泾渭分明,尽调的标准以及决策的科学程度、投资的动态化、管理的边界以及中间的各种博弈,并非只是进行详细的信息披露就可以把责任推得一干二净,这无疑会使信托公司沦入两难处境。

与简单的预期收益率相对应的是净值的管理,正如《指导意见》要求,金融机构对资管产品实行净值化管理,净值生成应当符合企业会计准则规定,及时反映基础金融资产的收益和风险,让投资者明晰风险,同时改变投资收益超额留存的做法,管理费之外的投资收益应全部给予投资者,让投资者尽享收益。这是一个时代对另一个时代的替换,净值管理"敢叫日月换新天",不推行净值管理,打破刚性兑付只是纸上谈兵,只是无源之水、无本之木。但是,净值管理是一个需要系统解决的问题,而且解决问题依赖市场的发育程度以及相对科学的技术手段。原来的《指导意见》草案曾要求对全部资管产品实行净值化管理,但是正如行业专家指出的,由于缺乏活跃市场的价格信息,无论是以摊余成本法为主计量非标债权的公允价值,还是采用市场法、成本法、收益法计量非上市公司股权的公允价值,一来方法不易统一,估值存在差异,二来及时反映收益易,精确反映风险难,因此,对于是否一刀切要求投资非标资产的资管产品必须披露净值,应该充分探讨。实际上,产品净值化管理从顶层设计为打破刚性兑付替代,总体方向是对的,但要分步实施,对于投资非标资产的产品来说,如果通过增强其流动性、形成风险暴露、评估、分担的市场机制,从而为打破刚性兑付创造有利的过渡环境和条件,不失为过渡期的一个可选项。《指导意见》采取实事求是、循序渐进的态度,规定金融资产坚持公允价值计量原则,鼓励使用市值计量,并且规定了在特殊情况下可以采取摊余成本法,即符合以下条件之一的,可按照企业会计准则以摊余成本进行计量:

(1)资产管理产品为封闭式产品,且所投金融资产以收取合同现金流量为目的并持有到期。

（2）资产管理产品为封闭式产品，且所投金融资产暂不具备活跃交易市场，或者在活跃市场中没有报价，也不能采用估值技术可靠计量公允价值。

《指导意见》对采用摊余成本计量金融资产净值提出了三点要求：

第一，金融机构以摊余成本计量金融资产净值，应当采用适当的风险控制手段，对金融资产净值的公允性进行评估。

第二，当以摊余成本计量已不能真实公允反映金融资产净值时，托管机构应当督促金融机构调整会计核算和估值方法。

第三，金融机构前期以摊余成本计量的金融资产的加权平均价格与资产管理产品实际兑付时金融资产的价值的偏离度不得达到5%或以上，如果偏离5%或以上的产品数超过所发行产品总数的5%，金融机构不得再发行以摊余成本计量金融资产的资产管理产品。

（四）关于对非标资产和资金池的调适

如何对非标资产进行准确界定曾经是业内一大难题，此次《指导意见》定义"非标准化债权资产"的方式颇有新意，但并非基本否定并废止8号文。根据8号文第一条规定："非标准化债权资产是指未在银行间市场及证券交易所市场交易的债权性资产，包括但不限于信贷资产、信托贷款、委托债权、承兑汇票、信用证、应收账款、各类受（收）益权、带回购条款的股权性融资等。"据此，8号文对非标准化债权资产做出了解释。所谓标准化资产，是指产品的标准化，即指可在银行间市场、证券交易所等市场交易的金融产品。由于在上述市场进行交易，产品得以用公允的价格去衡量、流通及交易。而与此相对应，凡是不在上述公开市场交易的产品，则为非标准化资产。

《指导意见》先直接从正面定义何为"标准化债权类资产"，然后明确除此之外全部是非标准化债权类资产。其实这只是定义方式不同而已，内涵和外延并无根本变化。值得关注的是，《指导意见》提及"标准化债权类资产"的具体认定规则由中国人民银行会同金融监督管理部门另行制定，因此，当前对于非标类资产的认定需等待后续相关细则的出台。对于银登中心、票据交易所以及信托登记中心等有一定流动性安排的金融资产流转系统其产品属于非标资产还是标准资产，依赖各方博弈，有待今后具体细则出台。

为降低影子银行风险，《指导意见》规定，对于资管产品投资非标债权，实行限额管理、流动性管理。这些规定将直接适用于此类信托产品。据此，可以推论：信托产品直接或者间接投资于非标准化债权类资产的，非标准化债权类资产的终止日不得晚于封闭式信托产品的到期日或者开放式信托产品的最近一次开放日。信托产品直接或者间接投资于未上市企业股权及其受（收）益权的，应当为封闭式信托产品，并明确股权及其受（收）益权的退出安排。未上市企业股权及其受（收）益权的退出日不得晚于封闭式信托产品的到期日。信托公司不得违反相关金融监督管理部门的规定，通过为单一融资项目设立多只资产管理产品的方式，变相突破投资人数限制或者其他监管要求。同一信托公司发行多只信托产品投资同一资产的，为防止同一资产发生风险波及多只信托产品，多只信托产品投资该资产的资金总规模合计不得超过300亿元。如果超出该限额，需经相关金融监督管理部门批准。上述规定实际上对非标债权信托产品设计构成了诸多限制，需要特别注意。至于一个信托计划分期发放的情形，则要看监管部门是否按照"实质重于形式"原则结合商业目的、交易结构的设计，不排除认为变相违反资金池或者突破"多对一"限制；当然，对于确实是一个项目需要分期投资或融资，如无规避故意的应在审批时适当认可其合理性。

《指导意见》明确规定：金融机构不得将资产管理产品资金直接投资于商业银行信贷资产。商业银行信贷资产受（收）益权的投资限制由金融管理部门另行制定。为了防止各种形式的表外资产表内化，也防止不具备贷款资质的主体或类主体（如非贷款资格的各类资管计划）通过受让银行信贷资产变相办理实质金融业务，本规定对非标信贷投资进行严格限制，这是很有必要的。信贷资产出表的正途就是规范的ABS。非标受压制后，可能会对标准的ABS需求有所上升，也是监管"非标转标"的监管政策之一。这为信托公司展业提供了市场机会。

"商业银行信贷资产受（收）益权的投资限制由人民银行、金融监督管理部门另行制定"表明对银登中心等平台的功能定位仍然需要由将来的规定加以规范。从服务实体经济和非标转标的趋势出发，建立多层次规范的ABS市场势在必行，不宜简单用一句"类资产证券化"就无视巨大的客观需求。我们注意到《指导意见》中"标准化债权类资产是指在银行间市场、证券交易所市场等经国务院同意设立的交易市场交易的，同时满足等分化，可交易；信息披露充分；集中登记，独立托管；公允定价，流动性机制完善条件的债权性资产，具体认定规则由中国人民银行会同金融监督管理部门另行制定"。这里的"等"表示了是开放的外延而不是仅仅限于银行间市场、证券交易所市场。由此，应对银登等平台发行的符合标准化要件的产品例外规定，建议在银登发行的基于底层信贷资产的某些产品、在票交所、信托登记中心等发行的符合标准资产的要件（要件由监管部门会同财政部规定）的产品，则包括信托计划在内的资管产品可投资该标准化产品也无需穿透底层的信贷资产来论证是否非标;或者说信贷资产及"或"收益权通过银登平台以设立财产权信托并受(收)益权流通,监管上将其视为标准资产(目前不出会计表,出监管表,谓之"非非标"),也符合非标转标的大方向。

《中国银行业监督管理委员会办公厅关于信托公司风险监管的指导意见》(银监办发〔2014〕99号)规定:"信托公司不得开展非标准化理财资金池等具有影子银行特征的业务。对已开展的非标准化理财资金池业务,要查明情况,摸清底数,形成整改方案,于2014年6月30日前报送监管机构……"但是在实践中,部分信托公司仍或多或少保留了部分资金池业务,并通过为资金池项目设置开放期等方式延续存续期限。为防范期限错配导致的流动性风险,《指导意见》对资金池进行统合强力规制。金融机构应当做到每只资产管理产品的资金单独管理、单独建账、单独核算,不得开展或者参与具有滚动发行、集合运作、分离定价特征的资金池业务。金融机构应当合理确定资产管理产品所投资资产的期限,加强对期限错配的流动性风险管理,金融监督管理部门应当制定流动性风险管理规定。为降低期限错配风险,金融机构应当强化资产管理产品期限管理,封闭式资产管理产品期限不得低于90天。据此,信托行业的资金池业务将受到强力规范,信托公司应该主动调适,根据上述规范和监管部门的要求妥善处置资金池业务。

(五)关于降杠杆、除嵌套、去通道的调适

资管产品杠杆率过高,可能推高资产泡沫,不利于金融市场平稳运行。《指导意见》对公募产品和私募产品分别设置了负债比例的上限,并要求金融机构不得以受托管理的资产管理产品份额进行质押融资,放大杠杆;同时,不允许公募产品以及开放式私募产品进行份额分级,对可分级的私募产品,依照其投向设定了不同的分级比例。例如,《指导意见》第二十一条规定:分级私募产品的总资产不得超过该产品净资产的140%。分级私募产品应当根据所投资资产的风险程度设定分级比例(优先级份额/劣后级份额,中间级份额计入优先级份额)。固定收益类产品的分级比例不得超过3∶1,权益类产品的分级比例不得超过1∶1,商品及金融衍生品类产品、混合类产品的分级比例不得超过2∶1。发行分级资产管理产品的金融机构应当对该资产管理产品进行自主管理,不得转委托给劣后级投资者。值得注意的是,不得超过是对劣后级而言,例如对于90%资金投资于租赁债权的信托计划而言,由于按照《指导意见》固定收益类产品投资于存款、债券等债权类资产的比例不低于80%,因此该产品属于固定收益类产品,又固定收益类产品的分级比例不得超过3∶1，因此，设计此类信托产品时劣后级的厚度最少为25%。

上述关于降杠杆、除嵌套、去通道的规定将对现行信托产品造成直接影响，信托公司应主动调适，在设计信托计划时，充分考虑监管部门态度，避免出现资金杠杆安排。

第一，信托公司依据银监会《关于加强信托公司结构化信托业务监管有关问题的通知》，设立结构化信托计划；但是，根据《指导意见》，开放式信托计划将不能进行结构化安排。

第二，提供规避投资范围、杠杆约束等监管要求的信托通道业务不得从事。信托公司要充分利用过渡期主动自我调适，千万不要以为这是规避型创新的窗口期，"顶风作案"，扩大不符合监管精神和要求的信托产品，而是要加强自身的主动管理能力，寻找符合监管方向的业务增长点，并尽早降低对通道业务的依赖和占比。

第三，根据《指导意见》，信托产品只能再嵌套一层资管产品（下层被嵌套的资管产品只能投资公募证券投资基金，不能再投资其他资管产品）。因此，多层嵌套的信托产品将不合规。

第四，限制了信托受益权质押融资业务的开展。此规定有因噎废食的弊端，其合理性值得商榷。

（六）关于投资者和投资端的调适

关于合格投资者，《指导意见》要求，对个人来说，其家庭金融资产不低于500万元或者近3年本人年均收入不低于40万元，且具有2年以上投资经历；对法人单位来说最近1年末净资产不低于1 000万元。与现行的《信托公司集合资金信托计划管理办法》相比，《指导意见》将合格投资者的门槛大幅度提高。可以预见的是对高净值客户的争夺将更加白热化，信托公司应未雨绸缪。"最近1年末净资产不低于1 000万元的法人单位"，这里的法人单位是指普通工商类企业，还是包括基金子公司及通过SPV募集资金的情形并不明确。《指导意见》规定资产管理产品可以再投资一层资产管理产品，但所投资的资产管理产品不得再投资公募证券投资基金以外的资产管理产品。如果结合《指导意见》的降杠杆、除嵌套、去通道的宗旨，原则上只能有两层资管（1资管+1资管），例外是（1资管+1资管+公募证券投资基金），由于资管产品只能一层嵌套，而且下层被嵌套的资管产品再投资资管产品的话，只能投资公募证券投资基金，不能再投资其他资管产品，因此，基金子公司及通过SPV募集资金可以投资一层信托产品（信托产品是主动管理还是事务类，是单一还是集合并无限制，但是其再投资信托及其他资管产品的话只能投资公募证券投资基金)。据此推论,此处的法人单位如果包括基金子公司及通过SPV募集资金,也只能是在不违反降杠杆、除嵌套、去通道规定条件下的合格投资者。

《指导意见》坚持服务实体经济的根本目标,充分发挥资产管理业务的功能,切实服务实体经济的投融资需求。根据《指导意见》规定,资产管理产品不得直接或者间接投资法律法规和国家政策禁止进行债权或股权投资的行业与领域。据此,通过迂回、规避等方式设计的信托计划如最终投资的标的是被限制的投资领域,则一旦穿透监管,将可能被叫停整改。相反,信托计划如投资于国家重点领域和重大工程建设、科技创新和战略性新兴产业、"一带一路"建设、京津冀协同发展等领域,或者信托计划用于支持经济结构转型和降低企业杠杆率,则此类信托产品将得到监管层的鼓励。

根据《指导意见》规定,金融机构可以聘请具有专业资质的受金融监督管理部门监管的机构作为投资顾问,而投资顾问提供投资建议指导委托机构操作。此要求明显高于《信托公司证券投资信托业务操作指引》关于投资顾问资格的规定,因此,信托公司一方面要主动适应,另一方面要面对现实,不得选聘不具备资质的机构作为投资顾问,而这种情况目前还较多。

(七)关于监管机制的调适

目前,信托行业受银监部门监管,除《中华人民共和国信托法》外,如《信托公司管理办法》、《信托公司集合资金信托计划管理办法》(下称"《管理办法》")等行业内规范性文件均为银监会颁布。

根据《指导意见》,中国人民银行负责对资产管理业务实施宏观审慎管理,会同金融监督管理部门制定资产管理业务的标准规制;金融监督管理部门实施资产管理业务的市场准入和日常监管,加强投资者保护,依照指导意见会同中国人民银行制定出台各自监管领域的实施细则。《指导意见》实施后,中国人民银行会同金融监督管理部门建立工作机制,持续监测资产管理业务的发展和风险状况,定期评估标准规制的有效性和市场影响,及时修订完善,推动资产管理行业持续健康发展。《指导意见》实施后,金融监督管理部门在本意见框架内研究制定配套细则,配套细则之间应当相互衔接,避免产生新的监管套利和不公平竞争。因此,资管行业面临多头统筹监管的局面,信托公司应彻底摒弃过去谋求监管套利的思维,逐步适应多部门统筹监管的新机制。

第一,主动适应通用的资管监管原则。主要是:机构监管与功能监管相结合;实行穿透式监管;强化宏观审慎管理;实现实时监管。

第二,将合规经营的审慎规则扩大为相关监管机构发布的所有规范。《指导意见》规定:"中国人民银行负责对资产管理业务实施宏观审慎管理,会同金融监督管理部门制定资产管理业务的标准规制。金融监督管理部门实施资产管理业务的市场准入和日常监管,加强投资者保护,依照本意见会同中国人民银行制定出台各自监管领域的实施细则。本意见实施后,中国人民银行会同金融监督管理部门建立工作机制,持续监测资产管理业务的发展和风险状况,定期评估标准规制的有效性和市场影响,及时修订完善,推动资产管理行业持续健康发展。"

第三,高度重视并履行统一报告制度。《指导意见》要求:建立资产管理产品统一报告制度。中国人民银行负责统筹资产管理产品的数据编码和综合统计工作,会同金融监督管理部门拟定资产管理产品统计制度,建立资产管理产品信息系统,规范和统一产品标准、信息分类、代码、数据格式,逐只产品统计基本信息、募集信息、资产负债信息和终止信息。中国人民银行和金融监督管理部门加强资产管理产品的统计信息共享。金融机构应当将含债权投资的资产管理产品信息报送至金融信用信息基础数据库。

第四,及时关注后续细则以及高度重视过渡期。按照"新老划断"原则设置过渡期,确保平稳过渡。过渡期为《指导意见》发布之日起至2020年底,对提前完成整改的机构,给予适当监管激励。过渡期内,金融机构发行新产品应当符合《指导意见》的规定;为接续存量产品所投资的未到期资产,维持必要的流动性和市场稳定,金融机构可以发行老产品对接,但应当严格控制在存量产品整体规模内,并有序压缩递减,防止过渡期结束时出现断崖效应。金融机构应当制定过渡期内的资产管理业务整改计划,明确时间进度安排,并报送相关金融监督管理部门,由其认可并监督实施,同时报备中国人民银行。过渡期结束后,金融机构的资产管理产品按照《指导意见》进行全面规范(因子公司尚未成立而达不到第三方独立托管要求的情形除外),金融机构不得再发行或存续违反本意见规定的资产管理产品。因此,信托公司应持续关注银监会和其他监管部门后续发布的实施细则,并在过渡期内主动适应新规,而不是把过渡期当成顶风作案的"窗口期"不收敛、不收手,明知故犯将面临严厉问责。

四、大资管新规对银行理财、ABS、PE市场的影响及调适

我国资管行业是一个横跨银行、证券、保险、基金、信托、互联网金融等多个领域的大金融产业,协调一行三会的金融稳定发展委员会成立之后,《指导

意见》针对过去缺乏协调的分业监管格局冲突协调,出台统一的监管规则,对各个资管子行业必然产生各种影响。下文以大资管新政对银行理财、资产证券化以及私募基金行业的影响为例展开说明。

(一)大资管新规对银行理财的影响及调适

大资管新规对银行理财具有多方面的深刻影响,主要体现在以下方面。

1. 银行发行公募资管产品的影响

当前多数银行理财产品5万元起售,规模大多超过200人,而根据《指导意见》的要求,未来只要是符合《证券法》对公开发行的要求就属于公募类产品,因而,银行资管产品向不特定对象发行或者面对特定对象但超过200人,即属于公募资管产品。公募银行资管产品与证监会公募基金产品在市场竞争方面将出现短期错位、长期同质化的局面。

短期错位竞争是指证监会的公募基金,无论是股票型基金还是混合型基金,都可以投资股票市场,而短期内银行公募基金可能主要投资于非标转标资产、银行间市场、债券市场以及发行货币市场基金。长期同质化竞争主要是因为市场开放和统筹监管之下,交易所市场、银行间市场全面互联互通,银监会对证监会公募基金开放非标转标、证监会向银行公募基金发放公募基金牌照。从货币市场基金的同质化开始,最终形成不论证监会公募基金还是银监会公募资管都可以投资相同类别的金融产品;如果实施正面准入清单和负面清单的话,二者应无本质差别。

值得注意的是,我国银行理财的投资者基本将理财看成是存款的替代品,风险意识淡薄,在经济上行期以及房地产市场长期牛市环境下,风险尚未爆发,但银行理财产品公募化后,我们应当强化金融知识教育,着力培育投资者的风险管理意识,同时,加强信息披露的管理,强调公募产品信息的可得性、规范性、通俗性。

2. 银行系资产管理子公司的影响

银行系新设资管专属机构将带来资管增量市场变革,并最终改变存量市场的结构。规模较大的银行设立资产管理公司之后,资产管理子公司自己可以销售本公司产品。同样,子公司将与股东银行协同销售,即由银行代理销售其子公司的产品。此外,A银行设立的子公司还可以代理销售B银行的子公司的资管产品,反之亦然,从而资产管理行业的销售渠道将更加网络化。代理销售的产品除了公募产品外,还可以包括私募产品。

3. 对非标资产和委外资产的影响

银行是非标资产的主要供给方,此前非标转标是为了符合非标银行理财余额不超过限额(商业银行理财资金投资非标准化债权资产的余额在任何试点均以理财产品余额的35%与商业银行上一年度审计报告披露总资产的4%之间孰低者为上限),但是从《指导意见》的规定看,非标转标和期限错配以及资金池清理密切相关。从逻辑上看,由于非标资产期限长且缺乏流动性,而对接非标资产的资金端则期限短,形成错配,被迫利用资金池和银行信用不断接龙来解决短借长用的问题。非标转标之后,标准化产品流动性好,错配的驱动力和基础没有了,风险较小。因此,将来政策鼓励的方向就是非标转标。当然,不能说非标资产就没有存在的必要和价值,我国多层次资本市场建设还不够完善,短期内很多融资不可避免地还是要通过非标准化债权的方式来完成,支持实体经济的资金来源也不可能仅仅是银行表内资金。因此《指导意见》对期限错配采取了"规范"而不是"禁止"的态度。这是一个进步。只不过从政策走向上说,能够标准化的资产就尽量标准化。将来某项资产转化为标准化产品,则公募和私募资管产品均可配置。业内人士乐观估计,未来3年非标转标市场的数量级很可能是十万亿元级别。

根据《指导意见》,银行将理财产品投资于其他机构发行的资产管理产品,从而将本行理财资金委托给其他机构进行投资的其实是允许的,但是为了消除嵌套和减少杠杆,该受托机构应当为具有专业投资能力和资质的受金融监督管理部门监管的机构。公募资产管理产品的受托机构应当为金融机构,私募资产管理产品的受托机构可以为私募基金管理人。受托机构应当切实履行主动管理职责,不得进行转委托,不得再投资公募证券投资基金以外的资产管理产品。银行作为委托机构应当对受托机构开展尽职调查,实行名单制管理,明确规定受托机构的准入标准和程序、责任和义务、存续期管理、利益冲突防范机制、信息披露义务以及退出机制。银行作为委托机构不得因委托其他机构投资而免除自身应当承担的责任。

4. 对银行理财业务的影响

第一,《指导意见》对银行理财业务的影响是全面的,主要影响是原来的通道越来越受限。

银信合作方面,2017年《银监会关于规范银信类业务的通知》(以下简称"55号文")即贯彻了《指导意见》的精神。其值得关注的要点如下:

(1) 55号文扩大了银信类业务及银信通道业务的定义,将表内外资金和收益权同时纳入银信类业务的范畴;根据2010年银监发72号文《中国银监会关于规范银信理财合作业务有关事项的通知》,银信合作是指商业银行将客户理财资金委托给信托公司管理的业务,55号文将银信类业务的定义扩大到表内外资金和收益权,体现了表内外统一管理、防范监管套利的整体方向。

(2)贯彻"谁出资谁负责"的监管逻辑。从资金控制权上明确委托人和通道方的权责界定。55号文在银信通道业务定义中明确"商业银行作为委托人设立资金信托或财产权信托,信托公司仅作为通道,信托资金或信托资产的管理、运用和处分均由委托人决定,风险管理责任和因管理不当导致的风险损失全部由委托人承担"。该定义从资金控制权上明确,由于资金或资产的管理、运用和处分均由委托人决定,即由委托人控制,所以风险全部由委托人承担,这与银监会提出的"谁出资谁负责"的监管逻辑一脉相承。

(3)禁止通过银信通道规避监管,明确不得绕道信托将信托资金违规投向限制或禁止领域,不得利用信托通道掩盖风险实质,规避资金投向、资产分类、拨备计提和资本占用等监管规定,不得通过信托通道将表内资产虚假出表。商业银行需按照实质重于形式原则,穿透管理、风险管控。《指导意见》主要针对资管业务和资管资金的多层嵌套和通道业务,并未规范表内资金。55号文要求银信合作无论是否通道业务,需按照实质重于形式原则进行监管,且不区分表内外业务,只要银行实质承担信用风险就要穿透计提资本和拨备,且不能通过通道规避监管指标或虚假出表。《指导意见》对目前很多银信合作的通道类业务造成影响,地产融资和平台融资难度增加,或引发部分企业再融资风险,加大银行各项考核指标压力,限制银行资产扩张规模。

(4)回归资产管理本质,打破刚兑。55号文要求信托公司不得接受委托方银行担保,或抽屉协议,对于部分通过信托通道开展的非标项目、名股实债、非标转标等业务造成影响,最终方向是逐步打破刚兑,这和《指导意见》的调整方向一致。

(5)实施名单制管理,塑造行业核心竞争力。鼓励银信合作过程中机构发挥各自特长,建立以专业管理能力和风险控制能力为核心的竞争优势,避免简单依赖牌照资源扩大规模的业务现象。

从55号文透露的监管思路看,强调实质重于形式原则,在穿透监管、实质风险控制、防范监管套利、加强监管落实方面提出具体要求,与当前监管大方向匹配。监管细则落地速度加快,各类资管行业的业务规范将逐步统一。

第二,理财业务不得保本保收益、产品向净值型转化。

金融机构开展资产管理业务时不得以任何形式承诺保本保收益,打破刚兑,实行净值化管理。可以预见,目前银行理财广泛采用的预期收益率模式的产品将被净值化管理的产品所取代。银行应积极开展这方面的人才储备和产品研发,银行内部各条线协同作战,共同应对监管政策和市场环境的剧烈变革。

《指导意见》列举了刚性兑付行为：资产管理产品的发行人或者管理人违反真实公允确定净值原则，对产品进行保本保收益；采取滚动发行等方式，使得资产管理产品的本金、收益、风险在不同投资者之间发生转移，实现产品保本保收益；资产管理产品不能如期兑付或者兑付困难时，发行或者管理该产品的金融机构自行筹集资金偿付或者委托其他机构代为偿付；金融管理部门认定的其他情形。由于统筹监管和穿透原则以及谁出资谁负责的监管逻辑，银行投资资管产品以及银行主导、参与的资管产品均不得违背不得刚兑的要求，监管部门拥有自由裁量认定之权力。

资管产品本身是风险和收益不确定的产品。资管产品的投资者不得以风险和收益的完全确定为前提条件谋求投资行为的债权化即获得本金和收益的完全的担保，这是不合理的，他应该承受市场不确定的风险，也就是说，资管产品的资金募集端不应该被设计成存款或者债权类产品，而把市场风险不恰当地剥离或者被隐藏。另一方面，除非被投资的产品本身是资管产品，资管产品的资产端如果属于债权，则可以附件担保或者增信措施，因为一般认为此类担保或者增信措施是市场正常博弈的结果，是市场、法律和监管允许的行为。不论现实中担保和保障措施有多少变形，如果拟在资管产品端进行担保和补偿，很容易被认定为保本保收益。例如，资管产品的管理人、受托人不能为优先级、劣后级提供保本保收益的承诺，同样，劣后投资人、其关联人或受委托的第三人也不能给优先级投资人提供担保、承诺保本保收益、对优先级份额远期回购、差额补足、份额认缴（常见于私募基金）、优先级优先分配（优先和劣后未同亏同赢）、劣后级原状返还等在产品端提供不符合"资管产品自负盈亏逻辑"的担保或者类担保。然而，如果资管产品本身附件符合市场规则的对冲、避险或者被投资的资产按照法律和商业惯例提供担保或者增信，则属于合理，例如：通过金融衍生品等工具相互结合，如收益互换，对冲未来风险；证监条线管理人以自有资金提供有限风险补偿，并且不享受超额收益的分级产品；资产的债权，附加的各类担保或者增信措施。

第三，保本理财方面需关注后续监管细则。

《指导意见》第三条提到"资产管理产品包括但不限于人民币或外币形式的银行非保本理财产品……"，但是，对于保本理财产品如何规范，语焉不详。但考虑到打破刚兑以及存款关系和资管关系的法律基础关系不同，所有市场上的保本类资管产品前景不乐观。例如，证监会2016年底将"保本基金"改为"避险策略基金"，其中的相关保障机制允许基金管理公司向符合条件的保障义务人支付一定的费用,由保障义务人在基金份额出现亏损时负责差额补足。这其实就是附条件的变相保本,其基本思路并不符合《指导意见》的原则。

因此,应关注银行保本理财的进一步规范方向:一方面,《指导意见》要求金融机构开展资产管理业务时不得以任何形式承诺保本保收益,包括禁止资管产品不得为优先级保本保收益,这是对银行保本理财产品的否定,因此保本理财产品的设计理念与《指导意见》的基本精神违背,所以应该废除。另一方面,存款类产品与理财类产品应该严格划分,目前结构性存款中非保本的结构性存款尽管发生在负债端但理论上属于资产管理的范畴,由于非保本的比例一般是有一个限度,比如说最低可以按照90%的比例对本金进行保障,那么结构性存款划入存款端管理,还是分解结构性存款把偏向非保本的结构性存款纳入资管产品管理,把偏存款类的结构性存款归入传统存款体系呢?由于结构性存款产品具有资产管理产品和存款产品的两面性,需要后续监管细则对此准确定位和监管。

(二)大资管新规对资产证券化市场的影响及调适

我国资产证券化产品在实务中包括标准ABS产品和类ABS产品。总体而言,大资管新规利好标准ABS产品,而抑制类ABS产品。依据金融监督管理部门颁布规则开展的资产证券化业务为标准ABS,目前包括依据《信贷资产证券化试点管理办法》开展的银行间信贷ABS、依据《非金融企业资产支持票据指引(修订稿)》开展的银行间ABN、依据《证券公司及基金管理公司子公司资产证券化业务管理规定(修订稿)》在基金业协会备案在交易所和报价系统开展的企业ABS、依据《资产支持计划业务管理暂行办法》开展的保险ABS。其他类似结构的品种暂时没有明确的监管文件支持业内称为类ABS如银登中心的结构化产品、北金所的结构化产品以及其他私募ABS产品等。

公募ABS产品面临市场机遇。《指导意见》第三条规定:"依据金融管理部门颁布规则开展的资产证券化业务,依据人力资源社会保障部门颁布规则发行的养老金产品,不适用本意见。"这一规定明确了ABS产品不受资管新规规范。对于标准ABS产品来说,由于其流动性好、市场价值发现功能较好、信息披露机制较为完善,不受新规对资管产品杠杆、嵌套、期限错配、信息披露等约束,可以说正好与非标资产构成鲜明对比,属于资管产品中受鼓励一族。当非标转标的渠道打开后,像银行间、交易所ABS将获得快速而巨量发展,当然这也依赖监管层的节奏控制和风险预估。但不管怎么说,ABS作为标准化资产的重要一族,对非标资产具有强烈的替代作用。同样,由于各类资产管理的资金对非标投资、股票配资等领域受限,ABS产品将成为资产配置的重要对象。在嵌套认定上,ABS产品的载体虽然也是资管产品。但新规对其进行了豁免,因此并不计入嵌套。

对于原始权益人来说,除了提高知名度,标准的ABS产品兼具融资工具和报表美化工具作用。资管新规对资管产品的杠杆、投向、嵌套等进行限制后,传统非标等产品的设计灵活度明显低于不受限的ABS产品,ABS产品能更大限度地满足发行人的需求。此外,对非标投资的严管也使其能获得的资金源明显减少,发行人也有动力选择通过ABS进行"非标转标",以更标准化、透明化的方式来换取更多的资金。出表方面,我国金融机构历来一直存在资产出表、改善监管指标等的目标。过去这一目标主要通过资管产品的层层嵌套、利用穿透监管的难度来实现。正本清源,大资管新规封死这些管道后,打开了ABS这扇门,成为更可行的、更合规的出表方式。

资管新规规定资管产品最多二层嵌套,但一些传统非标资产在交易结构中本身就有一些嵌套,资管产品对其进行投资就会违反嵌套规定。而标准的ABS产品得到豁免,与公募基金一致,不计入嵌套中。毫无悬念的是,通过资产证券化产品实现非标转标的产品将是今后一大创新热点。

如果银登中心结构化产品、北金所结构化产品未被认定为标准化产品,则资管新规对于类ABS产品的发展构成较多限制。此限制是双向的,包括设立端和产品对外投资端,也包括被投资端。类ABS产品由于采用了信托、资管等作为载体,至少在结构上属于资管产品;如果类ABS不认定为标准化产品而是当作一般资管产品对待,大资管新规对设立此类资管产品及类ABS对外投资,以及投资者在投资此类产品时,均需要满足各种限制性规定。例如,在发起设立和类ABS产品对外投资端,关于投资对象、嵌套、杠杆等方面都有限制性规定。关于投资对象,《指导意见》规定:"金融机构不得将资产管理产品资金直接投资于商业银行信贷资产。商业银行信贷资产受(收)益权的投资限制由金融管理部门另行制定。"有些银行信贷资产通过类ABS产品形式打包发行,投资此类产品很可能被认定为"间接投资于商业银行信贷资产"。关于嵌套,如果类ABS交易结构中嵌套层数超过二层,新规执行后此类产品不合规;如果二层则不能继续投资非标资产,因为《指导意见》明确规定"资产管理产品可以再投资一层资产管理产品,但所投资的资产管理产品不得再投资公募证券投资基金以外的资产管理产品"。而对于杠杆约束来说,劣后级产品最少厚度为25%,这是因为《指导意见》规定"分级私募产品应当根据所投资资产的风险程度设定分级比例(优先级份额/劣后级份额,中间级份额计入优先级份额)。固定收益类产品的分级比例不得超过3:1"。新规发布之后如果类 ABS 产品（固定收益类产品）劣后级厚度少于 25%，则属违规。如果从被投资一端看，类 ABS 产品的空间具有极大的不确定性，就是说，如果某些类 ABS 产品能够认定为标准化产品，则豁免计入嵌套层数；否则，类 ABS 当成一般的资管产品被计入一层嵌套，鉴于一般的类 ABS 结构中多有一层信托或资管嵌套，则其他机构的资管产品不能对其进行投资。

（三）大资管新规对私募基金业务的影响及调适

狭义上的私募基金，仅指在基金业协会登记的私募基金管理人发行的私募基金产品，不包括信托计划、券商资管、基金专户、期货资管、保险资管等私募性质的资产管理计划。业内讨论的主要问题是私募基金是否适用《指导意见》以及哪些方面适用指导意见。

1. 私募基金不是本次《指导意见》列举的规制要点

《指导意见》主要规范的对象是"金融机构"的资产管理业务。《指导意见》定义的资产管理业务仅包含金融机构开展的资管业务，并且将"私募基金"从内审稿（2017年2月）列举的资产管理产品中剔除。实践中我们一般按照是否持有金融监管部门颁发的"牌照"进行区分金融机构与非金融机构，私募基金的牌照是备案获得，不是批准获得，在银行的同业业务中，也将私募基金作为非金融机构对待。

2. 私募基金适用第三十条指向"国家另有规定"

私募基金适用第三十条即"对非金融机构开展资产管理业务的要求"，人民银行在针对《指导意见》答记者问中也对此条款的具体要求做了解释，明确指出"国家另有规定的除外"主要指的就是私募基金。这里的"国家另有规定的除外"主要指私募投资基金的发行和销售。私募投资基金适用私募投资基金专门法律、行政法规，其中没有明确规定的，适用《指导意见》，创业投资基金、政府出资产业投资基金的相关规定另行制定。由此对私募基金适用《指导意见》的规则是：第一，私募基金的发行和销售，应当严格遵守《指导意见》关于投资者适当性管理的要求；第二，私募基金的发行和销售，国家法律法规没有规定的，适用本《指导意见》的要求。

其原因在于防止不同层级的立法冲突，因为国务院的《私募基金管理条例》是专门规定私募基金的，但迄今未出台；而新规只是央行等部委层面的文件，效力低于国务院的条例，如果新规对私募的各个方面作了详细的规定，一是将瓦解后续立法的灵活空间甚至导致后续立法重复，二是如果规定得过于详细则可能会导致和以后出台的私募条例发生冲突。

按照人民银行的解释，结合《指导意见》统一监管、防止监管套利的精神，我们认为私募基金监管尽管有一定特殊性,但无论如何特殊也不会给予私募基金违背"统一同类资产管理产品监管标准"和放任监管套利的特殊优待。"非金融机构不得发行、销售资产管理产品,国家另有规定的除外。"如果落脚到私募基金,则正确的理解是:《私募基金管理条例》和其他规定对私募基金有特别规定的,优先适用该特别规定,没有特别规定的适用《指导意见》;发行、销售私募基金显然是"另有规定"的规范重点,但是除此之外,《指导意见》的其他规定例如风险准备金或资本、产品分级及杠杆限制、产品分类、委外、嵌套、资金池、投资管理、信息披露等应适用私募基金。除了极特殊的规定外,《指导意见》绝大多数规定应适用——私募基金不是三不管的"飞地"。

当然,行政法规层面的《私募基金管理条例》和证监会的规章规定属于"另有规定"的范畴,而基金业协会的自律规则,系对证监会规则的具体实施和补充,此类规则也应对私募基金适用。为保持动态监管协调,证监会和基金业协会后续应会根据《指导意见》以及监管原则对相关规定加以修改、细化。

值得注意的是,目前有的证券投资基金管理公司和证券公司设立了"私募子公司",从事私募股权投资等业务,此类机构是否就是《指导意见》中规定的"证券公司子公司"、"基金管理子公司"?对此业内人士普遍认为,《指导意见》的规定指的应该是券商的资管子公司,以及证券投资基金管理公司的专户子公司,不包含此类私募子公司。此类私募子公司均是按照私募基金的规则进行监管,与普通私募基金无本质区别。例如,该类子公司在基金业协会办理私募管理人登记,发行的产品也在系统备案,所以这些机构应是按照私募基金对待。

第三节　委托贷款及其监管:兼从资产管理角度对委贷新规解读

2018年1月6日,银监会发布《商业银行委托贷款管理办法》(以下简称"委贷新规"),这是继2000年中国人民银行发布《关于商业银行开办委托贷款业务有关问题的通知》以及中国人民银行2014年发布《关于规范委托贷款统计相关事宜的通知》之后,银监会首次对委托贷款业务进行专门的系统规制。

委托贷款的监管反映了我国金融监管因客观条件变革的一个缩影。只有在对委托贷款的历史和本源两方面透彻理解之后,反观当前的委托贷款市场环境并从内部结构透视,我们方能对2018年1月委贷新规的内在监管逻辑和要点有一个相对完整与准确的把握。而对于以委托贷款为工具或者为基础资产进行的创新,尤其是基金子公司的委托贷款业务,以及商业银行以自有或者理财资金发放的委贷衍生的 ABS 业务为何突然被休克治疗,也只能以 2017 年至今愈烈的强监管为起点和归宿,才不至于迷惑。从委托贷款的内部结构透视,可以得知滥用此类金融产品的结构性优势已经不是体现个别商事主体的意志,而是异化为金融群体的集体失范和竞争性套利效应。委托贷款借助间接代理制度所具有的灵活性内核而产生的快速"核裂变",被过分扩大化运用于资产管理领域之后,以资金端的无序、资产端的失范为显著标志,表明滥用代理工具载体这种貌似巧妙的实用新型呈现出"一半是海水一半是火焰"的格局,有些人乐在其中,而在反金融自由化的空气中,更多人已经嗅到了潘多拉盒子被掀起的况味。由结果倒推动机,虽然不能获得从业者的普遍支持,但监管者并不是穿着新装的皇帝,这种情形已经逾越了监管层可以容忍的底线。这个时代的格局正在被重塑,且不再是一个随心所欲的阶段。

一、委托贷款的历史回顾

很多人并不习惯从纵向的时间轴来分析我国某些金融监管政策,因为在这些人看来,我国的很多金融监管政策本来就是随机的、缺乏前瞻性的,只是配合宏观经济政策的工具而已,因而呈现出碎片化和短期时效性,很难归纳出一以贯之的监管逻辑。然而,仔细分析监管政策的前后相继以及变革机理,我们至少可以发现:任何金融监管政策是嬗变而不是一夜骤成,变与不变的纲挈在客观环境和客观需要的手里,而不是金融监管者自我独断的意识里。所以,监管政策的形成和变革,自然也只是客观因素通过监管者有意识的特殊方式表达出来而已。委托贷款的历史其实就是如此。

我国委托贷款发展经历了三个阶段:

第一阶段是老委贷缓慢发展期,时间跨度长,从 20 世纪中叶延宕至 2000 年。以中国人民银行发布《关于商业银行开办委托贷款业务有关问题的通知》(银办发〔2000〕100 号)(以下简称"《通知》")为分界点,《通知》下发之前发放的委托贷款称为"老委贷"。与此后我国经济高速发展相比,这一阶段委托贷款发展确实有些缓慢。虽然发展缓慢但是其承担的经济和政治任务很重要,因为当时我国改革开放经历了计划经济—有计划商品经济—社会主义市场经济长期的过渡时期,国家对基建投资实行全面"拨改贷",国家与企业的拨款关系转化为贷款关系,发放的委托贷款主要是财政性和政策性委托贷款,委托人主要以中央和地方两级财政部门与政府主管部门委托办理的为主。1996 年《贷款通则》把委托贷款明确列为三大贷款种类,由此委托贷款的重要性和影响力可见一斑。

第二阶段是委托贷款初步发展期,从 2000 年至 2003 年,时间跨度并不长。2000 年发布《通知》之前,中国的企事业单位和个人逐渐积聚了不少闲散资金,有了直接投资债权的需要,但是对如何借助银行办理贷款的专业能力缺乏相应认知,另一方面,银行也在开拓委托贷款业务但是也不很规范,委托贷款的制度供给稀缺,出现了很多现在看来也比较奇怪的"手拉手"金融创新,奇怪之处在于提供资金的一方把资金提供给银行,银行出具了存单,这本来是存款关系;然而,接下来由银行或者出资人找客户或者出资人自己指定客户作为用资人,从而出现了异常复杂的意思—利益—风险配比关系。到底是存款关系还是委托贷款关系,还是其他复合的法律关系,无怪乎在 1997 年最高院就此专门出台《关于审理存单纠纷案件的若干规定(1997)》。

中国人民银行办公厅《关于商业银行开办委托贷款业务有关问题的通知》全文很短,主要内容如下:其一,委托贷款是指由政府部门、企事业单位及个人等委托人提供资金,由商业银行(即受托人)根据委托人确定的贷款对象、用途、金额、期限、利率等代为发放、监督使用并协助收回的贷款。商业银行开办委托贷款业务,只收取手续费,不得承担任何形式的贷款风险。其二,中国人民银行对商业银行开办委托贷款业务由审批制改为备案制。商业银行开办此项业务,必须制订严格的内部控制制度。商业银行分支机构办理此项业务,需持其总行的批准文件及其他有关材料,向人民银行当地分支机构备案。

今天回头来看,2000 年的《通知》虽然很短,但是恰逢其时,把委托贷款的法律关系界定清楚,强调了银行的中介角色,《通知》的出台终结了一段时间里银行的委贷业务事实上被窗口指导暂停的状态。结果,商业银行纷纷拓宽委托贷款业务范围,在传统的代理发放政策性和财政性委托贷款基础上,积极开发和续办企事业单位和个人委托贷款,以满足不同层次群体的个性化需求。

此阶段委托贷款业务和信托业务有了一个短暂的交叉或者说"正面较量",这就是 2002 年的个人多方委托贷款事件,这一事件具有深刻的时代背景。从 2000 年我国资产管理市场进入了一个新的发展阶段,2001 年 4 月 28 日《信托法》通过,2001 年 10 月 1 日生效施行。这是一部资产管理的民事基本法。有了民事基本法,人们急切希望与此配套的信托业法尽快发布,然而法律是现实的产物,信托业法无法整体推出从而"毕其功于一役",只能随着监管需要以一系列零散的信托业务规范的方式"零售"出炉。2002 年 7 月 18 日,中国人民银行颁布的《信托投资公司资金信托管理暂行办法》率先正式实施。在第六次信托整顿之后,人们希望真正体现信托灵魂和代客理财血统的信托产品出现。爱建信托于同日推出了全国第一个集合资金信托计划——"上海外环隧道项目资金信托计划"。募集5.5亿元资金的信托计划原定8月17日截止,结果在正式发售短短7天内被认购一空,募集场面十分火爆。该资金信托计划的推介成功,被誉为"信托业立春"的标志性事件。同日推出的信托产品看似巧合,其实酝酿已久,《解放日报》率先以《信托业今天立春》进行了报道,随后,上海电视台、中央电视台、新华社、人民日报等国内外近60家媒体,在近一个月的时间里进行了"地毯式轰炸"的宣传报道。2003年"上海外环隧道项目资金信托计划"入选上海吉尼斯纪录,并参加中央电视台的颁奖典礼。

上海外环隧道项目资金信托计划推出后,激发了人们投资的热情,也引起了集合类投资产品的开发冲动。信托圈的涟漪很快振荡到了银行领域。那时是一个鼓励创新的金融时代,银行理财正在向纵深发展,苦于一对一理财模式的束缚中,如同暗夜行走的旅客突然找到一盏明灯,银行从集合信托计划的火爆一下子联想到个人委托贷款可以嫁接一个集合投资计划。事实上,个人委托贷款已经不是新鲜的产品,但是个人多方委托贷款确实还是金融创新的风口,这一金融产品在2002年后随着集合信托计划产品出现并不是时间上的巧合。人们意识到:委托贷款虽然是委托关系,但在实务中和信托关系属于近亲血缘。2002年以来,各地商业银行先后开办了一种以个人委托贷款业务为创新基础的新业务——多方委托贷款。2002年12月底民生银行在南京开展的"多对一"个人委托贷款项目,短短3天内筹资上亿元。到2003年1月,人民银行认为这种"多对一"的多方委托贷款存在风险,而且与现行银行业务制度存在一定的抵触。由于委托贷款在中间业务监管模式上属适用备案制的业务,因此人民银行通过不予备案的方式暂停了这项业务。

2003年人民银行暂停个人多方委托贷款业务的监管举措在今天看来也是值得肯定的,这防止了委托贷款的"变性",维护了银行大类贷款品种的存续。一方面,委托贷款从信托原理来观察其实缺乏集合意志的聚合效果,因为委托贷款的委托人与受托人、受托人与借款人分别存在委托关系、贷款关系,而委托人与借款人表面上似乎不存在法律关系;但在实质上,委托人与借款人存在资金使用预约关系以及资金实际使用关系,换言之,委托人才是实际债权人,而金融机构作为名义贷款人且作为受托人必须恪守中介角色,绝不能介入交易和承担实质风险,而恰恰这个中介角色的定位使得银行在委托贷款中的被动管理与信托公司在信托贷款中的主动管理形成了本质的差异,并导致权利、义务、责任、风险、收益的不同。多方委托贷款与传统的"一对一"委托贷款最显著的差异在于委托人地位的不同,在传统委托贷款中,贷款的基本要素均由委托人确定,银行仅代为发放、管理并协助收回,而在多方委托贷款业务中,委托人只能根据事先确定的贷款条件,选择出资或不出资。这就使得多方委托贷款项目带有强烈的资金募集色彩。另一方面,多方委托贷款的投资色彩过于浓厚,成了一个资金募集性质的投资品,超越了委托贷款的容纳空间。从形式上看,受托人(即商业银行)和借款人在办理多方委托贷款业务时事先制定了贷款计划,确定了一个资金"募集期",这些设计和集合资金信托计划类似,这使得办理多方委托贷款业务的整个过程更像是在认购某种投资产品;从实质上看,与传统的委托贷款业务中委托人与借款人自主商谈,银行仅依据自身在信贷管理方面的专业优势提供中介服务相比,多方委托贷款项目中委托人只能在银行与借款人共同确定的贷款条件下选择出资与否,尽管名为"委托贷款",但并不具有实际意义上的委托代理关系,投资理财及募集资金色彩浓厚,商业银行事实上成了信托机构。退一步讲,如果是信托关系,那么,信托财产属于受托人所有,但是商业银行法明确禁止银行办理信托业务。

根据当时人民银行的有关专项调查分析发现,多方委托贷款主要存在以下风险和问题:①

第一,对现有法规形成挑战。商业银行开办委托贷款业务的主要依据为人民银行于 2000 年 4 月 5 日下发执行的《关于商业银行开办委托贷款业务有关问题的通知》(银办发〔2000〕100 号),该《通知》虽对委托贷款的性质、种类和商业银行的权利与义务作了描述,但过于笼统和简单,且缺乏规范操作和防范风险的具体指导意见。这就使得多方委托贷款业务在监管法规方面形成一定的法律空白与监管真空,造成在业务准入、退出上难以准确把握,也给日常性监管带来不少问题和难度。

第二,规范性问题需引起高度重视。从多方委托贷款业务的实际操作过程看,商业银行将此项业务视为投资理财业务,主动涉入意识较强,涉入程度明显较深,一定程度上背离了传统委托贷款的基本定义和操作流程,其不规范性主要体现在法律责任的承担上,传统的委托贷款业务属于商业银行一项较为单纯的中间业务,采用的合同形式符合《中华人民共和国合同法》(以下简称《合同法》)中"直接代理"所具备的各项特征,即以委托人的名义直接

---

① 《多方委托贷款央行叫停个人委托贷款不受影响》,《北京青年报》,2003 年 1 月 21 日。

与第三方(借款人)签订委托贷款合同,合同所涉及的权利义务关系直接指向委托人与第三方,银行作为受托代理方只提供中介服务,收取一定的手续费,承担的民事责任较轻。而多方委托贷款业务虽然形式上符合《合同法》中的"间接代理",由于合同文本中关于三方当事人的权利义务关系的约定不符合法律法规,商业银行承担的责任较大。一旦多方委托贷款业务因第三方原因发生纠纷时,商业银行很有可能要承担相应的民事责任。

第三,潜在风险不容忽视。风险的核心在于借款单位如不能按约偿付本息风险,银行将可能陷入其中,并被迫代为偿付。

该业务对信托业的资金集合信托产品冲击较大,有可能引发信托业产生一些新的违规行为,形成无序竞争。更主要是多方委托贷款业务的操作没有相应的规则来加以规范,存在潜在的业务风险。在这样的背景之下,监管部门暂停这项业务是有一定道理的。

我们在这里认真地回顾和反思多方委托贷款事件的一个重要原因在于:人民银行在当时的监管思路并不是简单地认为只要是市场需求的就是合理的,从而烈火烹油,也没有如人们猜想的那样仅仅是为了维护初出茅庐的信托公司的利益,而是站在了一个较高的层次客观冷静地分析了这种产品的本质性缺陷和市场偏好效应,从而中止该业务的大规模开展。从此,商业银行心无旁骛地本着委托贷款的本源,继续在传统但是正确的轨道上发展委托贷款业务,在中国经济"入世"之后的黄金发展期也顺理成章进入了快速发展阶段。

第三阶段是从2003年至今,委托贷款进入快速发展阶段。这个发展阶段是令人鼓舞的,也是令人担忧的,有五个显著的特点:一是企业、个人的投融资渠道更加多元化,委托贷款因其收益较高受到青睐。二是2003年前后基于现金池(Cash Pooling)的现金管理类业务开始进入中国并逐步被国内商业银行接受,现金管理类委托贷款发展很快。现金池的建立导致了不同法人实体账户间资金缺乏贸易背景下的转移,形成企业间直接借贷。为回避企业间直接借贷的禁止规定,现金池采用委托贷款的方式通过电子银行来实现一揽子委托贷款协议将资金在集团内部进行划拨,每笔资金划转采用委托贷款放款或委托贷款还款的方式进行,实现了集团资金的统一营运和集中管理。三是住房公积金委托贷款发展较快。住房公积金委托贷款起源于20世纪90年代中期,随着我国住房改革的深入和住房公积金管理的规范,住房公积金委托贷款逐渐发展起来,并成为委托贷款的重要组成部分。四是受信贷规模调控等因素影响,商业银行开始大力发展委托贷款,用理财资金对接委托贷款债权,以规避金融调控的限制。五是在资产管理多元化环境下,私募基金、券商、基金子公司甚至信托公司日益频繁地运用委托贷款的工具性价值，兼具金融创新、规避监管和套利的复合效果。我们对前三个特点没有过多的评论，但是对于后两个特点——委托贷款被金融机构用来挖掘其规避、嵌套的工具性价值，应该展开讨论。

理财产品与委托贷款对接模式本身并没有问题，但一旦滥用就问题很大。通过理财业务和委托贷款业务的结合，银行将募集的理财产品资金投资于委托贷款即理财产品购买委托贷款债权。本来，如果是银行募集的理财资金购买收益较高的委托贷款，也是两全其美的事情，但是，市场并不会存在如此巧合的事情，构造交易较为盛行，于是银行邀请第三方做形式委托人（不承担任何风险），做一个过桥性质的委托贷款然后以理财资金对接，而借款人和借款用途常常并不符合宏观经济政策或者信贷政策，房地产、股市、地方政府融资平台是其实际用款所在。此时，信贷风险在法律上似乎由理财资金承担，但是由于银行对理财产品的刚性兑付，所有风险又转回银行表内。银行的风险计量、宏观审慎监管、金融监管等等均被弱化，产业政策也被搁置。

2013年之后，由于银信合作产品日益受到强监管，银信通道业务转化为银证通道业务。2013年以来，商业银行为规避信贷额度控制，绕道"银信合作"规定，不断创新委托贷款业务操作模式，增加交易环节和交易对手，委托贷款逐渐演变为银行规避信贷规模控制的工具。在银行与资管公司合作类委托贷款操作模式中，证券公司或基金公司、子公司、私募基金仅仅作为一个资金通道，而商业银行则起到了主导作用，它不仅是资金的来源方，而且最终的资金使用方也是商业银行掌握的客户资源。由于此类委托贷款资金来源于商业银行向社会大众募集的理财资金，若委托贷款不能正常偿付将会影响社会稳定。如何在发挥委托贷款积极作用的同时规避系统性风险以保持金融稳定，这是我国央行等监管部门面临的新课题。另外，委托贷款还容易投向政府限制信贷投入的房地产行业以及其他产能过剩行业，这也给政府宏观经济调控提出新挑战。

监管部门出台委托贷款规定，进一步规范委托贷款的资金来源和投向，已经成为箭在弦上的紧迫之举。例如，严格控制商业银行募集的理财资金通过"银证合作"等方式以委托贷款形式进入高风险行业，严控大型企业挪用信贷资金发放委托贷款牟利，规避委托贷款违约所带来的社会信用风险。同时，明确规定委托贷款的资金投向，确保委托贷款投向与国家宏观调控政策保持一致，防止委托资金流入房地产、"两高一剩"等限制类行业，确保宏观调控政策的有效性。

二、本次委托贷款办法的背景解析

现实是历史的延续。委托贷款的规范早就在监管部门的料想之中。2015年1月16日,银监会就《商业银行委托贷款管理办法》向社会公开征求意见。在当时的环境下,各方反弹压力太大,银行担心业务模式会遭到重创。但是,监管趋势不容改变。2017年4月,银监会7号文重新将该办法纳入监管制度短板补齐项目。2018年1月5日,银监会正式印发了《商业银行委托贷款管理办法》(银监发〔2018〕2号),距离征求意见稿发布快三年。

在这三年当中,包括委托贷款在内的银行表外业务规模迅速扩大,影子银行畸形发展,嵌套产品、规避型创新大行其道,金融自娱自乐的特点日益明显,金融虚拟化离实体经济越来越远,尤其是资产管理行业已经脱离了为实体经济服务的主旋律。委贷新规出台之前,委托贷款已经由"民间借贷"演变为"通道业务"中的一环。委托贷款是商业银行的表外业务(代理投融资服务类),并且银行不承担信用风险。但是,由于此前对于委托贷款的资金来源方没有明确限制,实际业务操作中,有些金融机构或资管计划出资会采用委托贷款的形式,将委托贷款作为通道业务的一种形式,常见的目的包括:银行信贷资金通过多层嵌套,规避监管指标和资金投向限制;部分主体没有直接发放贷款资格(例如券商集合资管计划),借由"委托贷款"这一形式,行发放贷款之实。

资管行业系统整治终于在2017年底拉开帷幕。2017年11月17日,中国人民银行、银监会等五部门联合发布了《关于规范金融机构资产管理业务的指导意见(征求意见稿)》,资管行业迎来最严监管。在穿透式监管之下,监管层对资金的来源、资金的去向监管要求提升,减少中间环节,使资金流动更趋透明,同时降低实体的资金需求方的成本,使金融更好地服务于实体经济。随后各项配套措施相继展开,2018年1月5日银监会下发《商业银行委托贷款管理办法》、1月11日证券监管机构进行窗口指导,要求集合资产管理计划不得投向委托贷款资产或信贷资产。这些都是资管新政的配套举措。2018年4月27日,中国人民银行、中国银行保险监督管理委员会、中国证券监督管理委员会、国家外汇管理局联合发布《关于规范金融机构资产管理业务的指导意见》。

委托贷款作为商业银行的一项受托代理业务,为丰富金融市场、调剂企业资金余缺,曾发挥了积极的作用。随着金融市场的活跃,大量的资产管理机构或类金融机构进入金融市场,并利用灵活的募集优势和较高的资金收益优势,获取了大量的受托管理资金,需要合法地投向借贷市场。于是,银行委托贷款这一通道成为大量资产管理机构的资金出口,资管机构的放贷需求与市场的资金需求结合,利用银行委托贷款通道也就成为必然的选择。由于资产管理行业的快速发展,导致委托贷款规模的日益扩张,使得监管遵循的"分业经营"原则被间接突破,不同类型金融产品的风险被混同,银行信贷风险防控措施被绕过,在银行体系之外,存在着一个以资管为基础的规模庞大"影子银行"体系。截至2017年末,委托贷款已经接近14万亿元,占同期社会融资总额的8%左右。根据穆迪2017年11月发布的《中国影子银行季度监测报告》称,委托贷款与信托贷款和未贴现银行承兑汇票一起构成了"核心影子银行"。在整个宏观金融政策强调化解系统性金融风险,金融去杠杆的大背景下,监管针对商业银行委托贷款出台专门的管理办法,也就成了必然举措。

委贷新规在金融行业贯彻"服务实体经济、防控金融风险、深化金融改革"的中央经济工作会议精神与"统一资管行业监管标准,最大限度消除监管套利空间"的监管环境下出台。按照监管部门的解释,委贷新规的出台一是弥补监管短板,因为目前没有专门制度对委托贷款业务进行全面、系统的规范,委贷新规的出台填补了委托贷款监管制度空白,为商业银行办理委托贷款业务提供了制度依据。二是加强风险管理,委贷新规要求商业银行完善委托贷款业务内部管理制度和流程,严格风险控制措施,不得超越受托人职责开展业务,同时强化了相关监管要求。三是服务实体经济,委贷新规要求委托贷款资金用途应符合国家宏观调控和产业政策,有利于促进业务健康发展,防止资金脱实向虚,从而更好地发挥服务实体经济的作用。

三、司法视角下的委托贷款的法律本质

由于中国的金融改革甚至中国经济体制改革是一个逐渐发展的过程,尽管法律的演化追求相对稳定以妥善保护当事人的行为预期,然而,法律之树也必须扎根在现实的土壤中才能常青。委托贷款作为一种金融产品,最初是借用了信托关系的"人头"作用,为了满足企业之间借贷的合法性诉求,但是,随着中国金融市场尤其是资产管理市场的发展以及我国金融同业之间的套利型合作的泛滥,委托贷款逐渐成为金融创新的工具,反而离原来产生该产品形态的经济诉求越来越远。为了回归本源,我们有必要站在司法者的视角对委托贷款的法律关系进行一番审视。

关于委托贷款的司法认定,早在最高院1997年《关于审理存单纠纷案件的若干规定》(以下简称"《若干规定》")即确认了一项以实质关系为依据的观

点,即实际审理时应以存单纠纷案件中真实的法律关系为基础依法处理。存单纠纷案件中,出资人与金融机构、用资人之间按有关委托贷款的要求签订有委托贷款协议的,人民法院应认定出资人与金融机构间成立委托贷款关系。既然是委托贷款关系,那么,金融机构与存款人的关系和贷款关系是区分开来的,金融机构向出资人出具的存单或进账单、对账单或与出资人签订的存款合同,均不影响金融机构与出资人间委托贷款关系的成立;构成委托贷款的,金融机构出具的存单或进账单、对账单或与出资人签订的存款合同不作为存款关系的证明,借款方不能偿还贷款的风险应当由委托人承担。但是,有一种特殊情况是,如有证据证明金融机构出具上述凭证是对委托贷款进行担保的,金融机构对偿还贷款承担连带担保责任。由于当时对贷款利率是严格管制的,因此,委托贷款中约定的利率超过人民银行规定的部分无效。

值得注意的是,当时中国大陆信托制度尚未建立,《信托法》也是2001年出台的,因此,从当时的分类来看,由谁确定实际借款人则成为委托贷款和信托贷款的分界线,1997年的《若干规定》规定:"出资人与金融机构间签订委托贷款协议后,由金融机构自行确定用资人的,人民法院应认定出资人与金融机构间成立信托贷款关系……构成信托贷款的,按人民银行有关信托贷款的规定处理。"当然这里有关信托贷款的规定指的是当时的一些规定(例如《金融信托投资机构管理暂行规定》),并不是现在我们在金融信托关系中适用的在《信托法》公布之后由银监会制定的一系列信托监管规范。

那么,委托贷款的法律本质到底是什么?有人认为委托贷款是实质的信托关系,从学理上看有一定道理,但这种观点如果在实务上推论到信托关系,则与我国商业银行不得经营信托业务的法律规定相冲突;还有人认为,是"存款+贷款"的关系,但其存款只是为了在贷款前让银行保管资金,而且如果银行出具了存单就无法在存单支取前发放贷款,因为一笔资金不可能既是存款又是贷款,所以这种观点也不符合实际情况。

笔者认为,委托贷款的核心法律关系是一种间接代理关系。我们谈到委托贷款,一般会特别强调委托人和受托人、受托人与借款人的关系,并特别突出银行作为受托人的中介角色。例如,《商业银行委托贷款管理办法》(以下简称"委贷新规")对委托贷款业务进行了明确的定义,委托贷款系指委托人提供资金,由商业银行(受托人)根据委托人确定的借款人、用途、金额、币种、期限、利率等代为发放、协助监管使用、协助收回的贷款,不包括现金管理项下委托贷款和住房公积金项下委托贷款。根据该定义的内容,商业银行委托贷款业务项下,借款人、借款用途、借款金额、借款币种、借款期限、借款利率等借款交易的核心因素均应由委托人决定。根据委贷新规第八条的规定,商业银行应要求委托人自行委托贷款的借款人,并由委托人对借款人的资质、贷款项目的情况、担保人的资质和抵质押物等进行审查。同时,委托人应确保其委托资金来源合法且委托人有权自主支配,监督借款人按照合同约定使用贷款资金,并承担借款人的信用风险。根据委贷新规第十九条的规定,商业银行不得代委托人确定借款人,不得参与委托人的贷款决策,不得代委托人垫付资金发放委托贷款,不得代借款人确定担保人,不得为委托贷款提供各种形式的担保,不得存在其他代为承担风险的行为。该等规定体现了委贷新规让商业银行委托贷款业务回归本源的精神,并限定了商业银行在本业务的中介角色。我国监管部门对委托贷款的定义一贯坚持这种业务本源,避免与自营贷款相混淆,避免商业银行过多介入贷款的判断、交易和缘起,从《贷款通则》的委托贷款规定到最近的委贷新规,概莫能外。

委托贷款合同包含两个法律关系和三方当事人。法律关系包括委托人与受托人之间的委托关系和受托人与借款人之间的借贷关系;当事人包括委托人、受托人和借款人。在两个法律关系中,它们彼此既各自独立,又相互联系。委托人与借款人之间通过分别与受托人(贷款人)的联系而最终实现各自的经济目的。一般的委托合同以显名为必要,以委托人的名义办理委托事务,委托人直接与第三人之间产生权利义务关系;而委托贷款合同中的受托人是以其自身的名义代为委托人办理委托事务,委托人不直接与借款人之间发生权利义务关系。

在较早的司法实践中,我们可以理解为法院强调了两个法律关系的独立性,但对内外相互联系缺乏必要的关注。例如,1998年《最高人民法院关于如何确定委托贷款合同履行地问题的答复》规定:"委托贷款合同以贷款方(即受托方)住所地为合同履行地,但合同中对履行地有约定的除外。"这就是说在委托贷款关系中更加重视受托人的地位。此后的判例则更加认识到委托贷款关系的资金委托和资金运用之间的牵连关系,尊重了委托人的介入权。

我们来看委托贷款合同当事人的诉讼地位。在最高院早先的一个批复中强调了两个关系的区分性。最高人民法院于1996年5月6日在四川省高级人民法院《关于有委托贷款协议的借款合同如何界定诉讼主体问题的请示》的批复中指出:"在履行委托贷款协议过程中,由于借款人不按期归还贷款而发生纠纷的,贷款人(受托人)可以借款合同纠纷为由向人民法院提起诉讼;贷款人坚持不起诉的,委托人可以贷款协议的受托人为被告,以借款人为第三人向人民法院提起诉讼。"该批复列明了委托贷款合同纠纷的两个诉讼,即借款关系纠纷之诉和委托合同关系纠纷之诉。在前一个法律关系中,受托人转换为贷款人,贷款人与借款人之间是金融贷款关系。从合同相对性来说,委托人不能直接要求借款人对其履约或者承担违约责任。后一个法律关系,实际上是资金委托关系。这种观点,其实更加接近实质信托的观点,因为在信托关系中,委托人将资金交付给受托人转换为受益人,受托人根据信托文件的授权管理运用和处分信托财产,信托财产具有独立性。据此推论下来,即委托人与贷款人形成委托关系;贷款人与借款人形成借贷关系;委托人与借款人之间不发生直接法律关系。但是,实质性信托关系只是一种学理分析,实际上我国监管和司法实践接受的是间接代理关系。诚如委贷新规对委托贷款进行的界定,委托贷款业务是商业银行的委托代理业务。商业银行依据本办法规定,与委托贷款业务相关主体通过合同约定各方权利义务,履行相应职责,收取代理手续费,不承担信用风险。

在司法实践中,对于委托人介入权的前提是第三人,也就是借款人对委托贷款的间接代理关系是知悉的,这可以将其内在逻辑理解为一旦其知悉了委托代理关系,其实就将三方的意思联络成一个整体了。那么,订立合同时第三人知道委托人和受托人之间的代理关系,该合同则直接约束委托人与第三人。山东启德置业有限公司与山东鑫海投资有限公司、齐鲁银行股份有限公司济南城西支行等委托贷款纠纷案,即确认了委托人的介入权,在委托贷款合同纠纷中,第三人在订立合同时明知受托人与委托人之间的代理关系,且没有确切证据证明该合同只约束受托人和第三人,该合同直接约束委托人和第三人,委托人可以自己名义直接向第三人主张权利。《中华人民共和国合同法》第四百零二条规定:"受托人以自己的名义,在委托人的授权范围内与第三人订立的合同,第三人在订立合同时知道受托人与委托人之间的代理关系的,该合同直接约束委托人和第三人,但有确切证据证明该合同只约束受托人与第三人的除外。"法院认为,本案鑫海公司与齐鲁银行城西支行之间系委托法律关系,齐鲁银行城西支行与启德公司之间系借款法律关系,且启德公司在订立合同时知道本案借款的实际出借人为鑫海公司,鑫海公司也知道本案的实际借款人为启德公司,所以齐鲁银行城西支行作为受托人与启德公司签订的相关合同能够直接约束鑫海公司和启德公司,鑫海公司有权直接向启德公司主张权利。同时,鑫海公司作为本案原告,启德公司作为被告也有利于全面、高效地解决当事人之间的纠纷。故本案主体适格。由此可见,突破委托贷款合同的相对性,规定在一定条件下,受托人以自己的名义从事的活动,其活动后果直接由委托人承担,有利于平衡委托方、受托方及与受托方交易的第三方的利益,有助于全面、高效地解决当事人之间的纠纷。在办理委托贷款业务时,签订合同的方式可能分别由委托人与受托人签订委托合同、贷款人与借款人签订借款合同,也可能由委托人、受托人、借款人三方共同签订委托贷款合同,借款人均知晓委托人与受托人的真实身份,而借款人系由委托人确定的。在委托贷款法律关系中,当事人关于诉讼主体的约定主要有三种:一是约定以受托人的名义向借款人提起诉讼,相关费用和后果由委托人承担;二是约定由受托人协助委托人提起和参与诉讼,相关费用和后果由委托人承担;三是约定由委托人直接向借款人提起诉讼。应该说,基于委托贷款法律关系中委托与借款两种法律关系,以及三方当事人互相知晓的客观事实,基于意思自治原则、处分原则和权责利相统一的原则,当事人间关于诉讼主体的约定应认定有效,不能仅因其不符合《委托贷款纠纷诉讼主体资格批复》的规定而认定无效。①

司法实践对委托人的介入权的承认,成为将委托贷款关系从金融贷款关系回归到民间借贷关系的实质性的重要的逻辑衔接点。理解这个逻辑衔接点非常重要。委托人的介入权的本质是委托人对贷款行为的干预,介入权越深入则贷款人的责任和权力相对越小;事实上,在委托贷款关系中,委托人被赋予的介入权实在太大了,以至于委托人才是真正的贷款人,而受托人只是一个顶着帽子的名义贷款人而已。在原来设计的委贷的逻辑中,由金融机构充当贷款人是为了解决委托人放款资格的限制与金融贷款牌照严格管制之间的矛盾,是金融严格监管与现实需求冲突缓和的产物;但是,委托人的介入权的过多利用,就可能为委托人滥用委托贷款的避法性提供桥梁,于是A委托人或者A管理产品不能直接从事的金融活动通过委托给A受托人或者B管理产品就变得合法合规,这就是利益与资格分离的一个结果,俗称借资格、借通道、借牌照。委托贷款一度被滥用成规避宏观审慎和审慎监管的工具,这是本次委贷新规严格监管资金来源和资金用途的法律根源。委托贷款应该从金融神坛上被请到民间来,而过去委托贷款被披上金融产品甚至金融工具的外衣,被金融工具和金融机构扩大化使用了,从而在这一场嵌套成灾的金融活动中充当了极其重要的角色。我们可以将委托贷款的规范体系从金融贷款的一般性规范的迷思中解脱出来。对于委托贷款来说,与其强调委托贷款受托人的金融机构的色彩,不如回归民间借贷的本源,更加尊重委托人与借款人之间的资金使用关系。规范委托贷款的法律规范体系,委托贷款的

---

① 《合同案件审判指导》,最高人民法院民事审判第二庭编,法律出版社,2014年出版。

委托资金关系与资金运用关系,涉及委托人、贷款人、借款人,以及委托、借贷、担保等多种法律关系。这些关系中,除非委贷新规中有特别规定,例如对于委托资金来源和用途,其他的自由约定的空间应该交还给市场主体。概言之,委托贷款属于表外业务,其基础关系应该由《合同法》等民事法律规范调整,而不是等同于自营贷款的一系列金融监管规范。具体来说,相关法律、法规依据包括但不限于《合同法》及司法解释、最高人民法院《关于如何确定委托贷款协议纠纷诉讼主体资格的批复》、最高人民法院《关于审理民间借贷案件适用法律若干问题的规定》、《贷款通则》以及《中国人民银行关于规范委托贷款统计相关事宜的通知》(以下简称"《通知》")、委贷新规等。

现实经济中,委托贷款的情形相当复杂。有一个重要的问题就是如何看待委托贷款的实质。委托贷款一方面体现委托人的意思,另一方面受托人又是具有放贷资格的持牌金融机构,那么应该把委托贷款归入金融机构的贷款从而使用相关利率规定,还是归入民间借贷从而适用最高院关于民间借贷的司法解释?

2012年的一个案例中,山东启德置业有限公司与山东鑫海投资有限公司、齐鲁银行股份有限公司济南城西支行等委托贷款纠纷案,法院针对关于贷款利率的约定是否过高问题认为,本案当事人在合同中约定贷款年利率为15.6%,启德公司主张比照齐鲁银行城西支行的基准年贷款利率5.56%,该约定显失公平。因中国人民银行在2004年即发布通知取消了贷款利率上限的限定,明确实际合同利率可以由当事人在符合下限的情况下协商确定,故当事人在合同约定的利率可以高于银行基准年贷款利率标准。原审判决按合同约定利率支付合同期内利息正确,本院予以维持,但对于已经支付的利息647 834元未予扣除不妥,本院予以纠正。关于逾期利息的问题,根据中国人民银行于2003年发布的《中国人民银行关于人民币贷款利率的通知》的规定,自2004年1月1日起,逾期贷款利率调整为"逾期利率在借款合同载明的贷款利率水平上加收30%—50%"的标准,因该通知对逾期利率规定的是浮动范围,并未明确具体标准,原审判决按中国人民银行规定的逾期贷款利率计算,存在确定执行罚息不明确的问题,应予以纠正。鉴于本案系企业委托贷款合同,合同期内利息、罚息及复利等利息种类属于当事人自由选择约定的事项,本案当事人在第15-1和15-2号合同中未约定逾期罚息,对003号合同属于提前收贷,且其间约定的合同期内利息已经明显高于中国人民银行规定的同期贷款基准利率,因此对涉案款项不宜再单独确定新的标准计算逾期罚息,逾期利息仍宜按合同约定的期内利息标准执行。启德公司关于原审判决逾期利息过高等上诉主张成立,本院予以支持。

我们看到,最高人民法院在案例中认可了委托贷款属于民间借贷的观点,这可以看成是委托贷款回归本源的一个标志。2016年最高法民终124号关于长富基金委托贷款的案例,体现了司法机关的基本态度。本案说明,委托贷款合同实质是委托人与借款人之间的民间借贷,委托贷款合同的效力、委托人与借款人之间的利息、逾期利息、违约金等权利义务均应受有关民间借贷的法律、法规和司法解释的规制。在裁判中,最高院认为,本案中,长富基金、兴业银行武汉分行与中森华房地产公司三方签订《委托贷款合同》,由长富基金提供资金,兴业银行武汉分行根据长富基金确定的借款人、用途、金额、币种、期限、利率等代为发放、协助监督使用并收回贷款,兴业银行武汉分行收取代理委托贷款手续费,并不承担信用风险,实质是长富基金与中森华房地产公司之间的民间借贷,委托贷款合同的效力和长富基金与中森华房地产公司之间约定的权利义务内容均应受相关民间借贷的法律、法规和司法解释的规制。而最高人民法院《关于审理民间借贷案件适用法律若干问题的规定》第十一条规定:"法人之间、其他组织之间以及它们相互之间为生产、经营需要订立的民间借贷合同,除存在合同法第五十二条、本规定第十四条规定的情形外,当事人主张民间借贷合同有效的,人民法院应予支持。"第十四条规定:"具有下列情形之一,人民法院应当认定民间借贷合同无效:(一)套取金融机构信贷资金又高利转贷给借款人,且借款人事先知道或者应当知道的;(二)以向其他企业借贷或者向本单位职工集资取得的资金又转贷给借款人牟利,且借款人事先知道或者应当知道的;(三)出借人事先知道或者应当知道借款人借款用于违法犯罪活动仍然提供借款的;(四)违背社会公序良俗的;(五)其他违反法律、行政法规效力性强制性规定的。"在没有上述无效情形时,委托贷款合同有效。

在本案中,关于长富基金的诉讼主体资格体现了最高院坚持委托贷款的委托性质,关于长富基金是否系本案适格原告问题,中森华房地产公司在二审庭审中提交补充上诉状,依据最高人民法院《关于如何确定委托贷款协议纠纷诉讼主体资格的批复》主张原审法院不应受理长富基金作为原告直接对中森华房地产公司提起的诉讼。最高院认为,依据《中华人民共和国合同法》第四百零二条规定以及各方签署《委托贷款合同》的行为及合同内容,表明中森华房地产公司在签订《委托贷款合同》时明知兴业银行武汉分行与长富基金之间的代理关系,中森华房地产公司并未提供证据证明《委托贷款合同》只约束兴业银行武汉分行和中森华房地产公司,因此,《委托贷款合同》直接约束长富基金和中森华房地产公司,原审判决认定长富基金可以自己名义直接向中森华房地产公司主张权利,有事实和法律依据。最高人民法院《关于如何确定委托贷款协议纠纷诉讼主体资格的批复》对请示的相关问题答复规定委托人可以作为原告提起诉讼和对受托人的被告地位的明确,旨在对委托人权利的保护。中森华房地产公司依据前述约定和批复上诉主张长富基金不是本案适格原告,系对合同约定和批复的错误理解,不能成立。

在委托贷款或者说在信托贷款、民间借贷的债权债务安排中,作为增量贷款的债权人经常面临的一个问题是,如何保证自己的贷款债权优先于存量的债权,当然物权担保是一个选择;如果存量的债权人出具一个从属债权的承诺,即存量债权人的债权清偿顺序劣后于增量债款的债权,司法上如何认定呢?而在本案中,即有一个饶有兴味的细节是,徐东集团公司向长富基金出具《承诺函》称:本公司对中森华房地产公司的所有债权劣后于贵方因通过委托贷款方式对中森华房地产公司融资6.3亿元而享有的债权本息及其他相关权益。徐东集团公司在该《承诺函》亦承诺徐东集团公司对中森华房地产公司的所有债权劣后于长富基金的债权。从《承诺函》设置的义务内容看,系徐东集团公司对长富基金在《委托贷款合同》中的债权作出的一种担保性质的承诺,虽不具有物权法上的排他性物权效力,不能对抗第三人,但该承诺不违反法律、法规的禁止性规定,应属合法有效,在当事人之间具有约束力。

四、委贷新规的重点内容

首先提一下,关于委托贷款的分类,《通知》从统计角度做了比较系统科学的划分。委托贷款采用三层分类:首先,按业务性质,将委托业务划分为"现金管理业务项下的委托贷款业务"和"一般委托贷款业务"。其次,按交易对手将"一般委托贷款业务"划分为"金融机构委托贷款业务"和"非金融机构委托贷款业务"。最后按交易对手将金融机构和非金融机构的委托贷款业务进一步细分为"广义政府"为借款人的委托贷款、"金融机构"为借款人的委托贷款、"企业及各类组织"为借款人的委托贷款、"个人"为借款人的委托贷款及"境外"为借款人的委托贷款。委贷新规同样认可了现金管理和住房公积金项下的委托贷款,而把监控重点放在了滥用委托贷款的行为上。现金管理项下委托贷款是指商业银行在现金管理服务中,受企业集团客户委托,以委托贷款的形式,为客户提供的企业集团内部独立法人之间的资金归集和划拨业务。住房公积金项下委托贷款是指商业银行受各地住房公积金管理中心委托,以住房公积金为资金来源,代为发放的个人住房消费贷款和保障性住房建设项目贷款。

委贷新规针对的其实是滥用委托贷款的行为,这是行政视角下的监控着力点。委贷新规共33条,主要包括三方面内容:明确委托贷款的业务定位和各方当事人权利义务;规范委托贷款的资金来源和资金用途;加强商业银行加强委托贷款风险管理及委托贷款业务的监管。其中第二方面有关委托贷款的资金来源和资金用途的监管,正切中肯綮。委贷新规规定了通过委托贷款达到规避监管指标或资金投向限制,或无贷款资格却行贷款之实的通道业务行为将被严格禁止。

禁止具备贷款资质的机构作为委托人。委贷新规第十条规定,商业银行不得接受受托管理的他人资金、银行的授信资金、具有特定用途的各类专项基金(国务院有关部门另有规定的除外)、其他债务性资金(国务院有关部门另有规定的除外)以及无法证明来源的资金,用于发放委托贷款。因此,募集他人资金或接受投资人的委托成立的信托计划、资产管理计划项下资金均属于受托管理的他人资金。该规定对银信合作模式、资产管理计划非标业务以及通道业务产生巨大的冲击。委贷新规规定商业银行不得接受委托人为金融资产管理公司和经营贷款业务机构的委托贷款业务申请。由此,银行业存款类金融机构,信托贷款公司、企业集团财务公司、消费贷款公司等银行业非存款类金融机构,以及小额贷款公司均无法作为委托人向商业银行申请委托贷款。此前不少业务模式是银行不同分行作为委托人和受托人发放委托贷款,或者不同银行之间通过委托贷款发放资金。

禁止受托管理的他人资金作为委托方。任何资产管理产品募集的资金都不能再发放委托贷款。这等于封堵了当前很多资管产品非标投资的重要渠道。

同时,委贷新规还规范委托贷款的资金用途。委贷新规体现了金融服务实体经济的要求,明确委托资金用途应符合有关规定,并对资金用途进行了限定。贷款资金的用途一直是被监管的重点,委贷新规第十一条对商业银行受托发放的贷款资金用途进行约束。委托贷款资金用途不得为生产、经营或投资国家禁止的领域和用途;不得从事债券、期货、金融衍生品、资产管理产品等投资;不得作为注册资本金、注册验资;不得用于股本权益性投资或增资扩股(监管部门另有规定的除外)等。关于注册资本金和注册验资、股本权益性投资以及增资扩股相关用途的限制为此次委贷新规明确增加的要求。

五、委贷新规对泛资管行业的影响

商业银行委贷业务与资管业务广泛结合,委贷办法的出台对这些业务均将产生不同程度的影响。

委贷新规中对资管行业影响最大的两大红线如下：

一是金融资产管理公司和有贷款资格的机构，不得委托银行发放委托贷款。因此，金融资产管理公司包括但不限于券商、基金、保险及旗下各类资管，有贷款资格的机构包括但不限于信托公司、各类小贷、财务公司等，均不得通过银行发放委托贷款。

二是受托管理资金不得通过银行发放委托贷款，因此，信托计划、银行理财、私募基金、券商资管、基金专户等，这些都不能作为委托贷款的委托人，彻底堵上了募集资金走委贷的道路，直接封堵了当前很多资管产品非标投资的重要渠道。

（一）对银行理财与自营

银行理财和自营资金不得设立委托贷款。

（二）对券商基金子公司

银行体系内的资金（包括理财资金或表内资金等）可能选择借道证券公司或基金子公司，再对接到定向或者专项资产管理计划，以委托贷款的形式投向房地产、地方融资平台等领域。

与委贷新规相配合，上海证监局关于证券公司资产管理计划参与贷款类业务的监管规定，相关要求已经相当具体：不得新增参与银行委托贷款、信托贷款等贷款类业务的集合资产管理计划（一对多）；已参与上述贷款类业务的集合资产管理计划自然到期结束，不得展期；定向资产管理计划（一对一）参与上述贷款类业务的，管理人应切实履行管理人职责，向上应穿透识别委托人的资金来源，确保资金来源为委托人自有资金，不存在委托人使用募集资金的情况；向下做好借款人的尽职调查、信用风险防范等工作，其他监管机构有相关要求的，也应从其规定。已参与上述贷款类业务的定向资产管理计划发生兑付风险的，管理人应及时向监管部门及行业协会报告。管理人应切实履行职责，做好风险处置工作，不得刚性兑付，同时应避免发生群体性事件。要求集合资产管理计划不得投向委托贷款资产或信贷资产。定向投向委托贷款的资产或信贷资产需要向上穿透符合银监会的委贷新规。按照新老划断原则，已存续的业务自然到期，新增业务需满足上述要求。另外，集合类和基金一对多投向信托贷款的停止备案。

上述监管的理由在于：基金与信贷是两类不同性质的金融服务活动。从基金的本质出发，任何基金产品都不能对投资者保底、保收益，不能搞名股实债或名基实贷。监管部门或者协会对非标私募投资的监管思路，即私募基金应当回归本源,不能充当信贷资金通道,私募非标投资将受到限制。

(三) 对私募基金

私募基金是受托管理的他人资金,因此,私募基金不能作为委托方发放委托贷款。此前,委托贷款至少是一种合规、法律风险更低的选择,在实践中也是非常普遍。普通工商企业不能办理抵押而委托贷款有利于构建合法的主债权并可被登记部门接受办理抵押权。私募基金一般是为了特定项目而设立,如果直接借款给融资人易被认定为"以放贷为业",而我国放贷是特许经营资质。私募基金为了构建合法的债权债务关系,通过委贷实现借助银行的"牌照"向特定项目发放贷款。此外,通过商业银行发放的委贷,对于融资人而言有相应的付息凭证,其利息支出可以抵扣,可以节省一定的税收。

值得注意的是,对于一般合伙企业,并不能认为其具有创设委托债权的合法资格。表面上,一般合伙企业既不是"金融资产管理公司",也不是"经营贷款业务机构",如果其资金来源并非募集所得,似乎不受委贷禁令的限制。但是根据实质重于形式的监管原则,私募基金仍然是在募集他人的资金,由管理人代为管理运作,属于"受托资金"范畴,同样不符合委托贷款的要求,和是否在基金业协会备案没有关系。此时要结合监管意图来综合判断,私募投资基金是一种由基金和投资者承担风险,并通过主动风险管理,获取风险性投资收益的投资活动,基金业协会《备案须知》通过委托贷款、信托贷款等方式直接或间接从事借贷活动的,通过特殊目的载体、投资类企业等方式变相从事上述借贷活动的;认定的不符合"投资"本质的、不属于私募基金范围的经营活动。为促进私募投资基金回归投资本源,按照相关监管精神,中基协将于2月12日起,不再办理不属于私募投资基金范围的产品的新增申请和在审申请。

通过公司制基金配合有限合伙做股加债投资;公司制基金在主体性上属于独立法人,具有独立财产,能够实现股东出资和公司财产的分离,不构成委贷新规所限制的资金来源于"受托管理的他人资金"情形,能够成为委托贷款的委托人。

(四) 对信托公司

信托公司既属于"金融资产管理公司"又属于"有贷款资格的机构",其资金还绝大多数属于"受托管理资金",因此,委贷新规标志着信托与银行委贷的合作型产品不合规。

但是,委贷新规第三十一条规定"银监会依法批准设立的具有贷款业务资格的其他金融机构办理委托贷款业务适用本办法"。信托公司虽然是银监会依法批准设立的具有贷款业务资格的其他金融机构,但是其并不适用委贷新规的规定。委贷新规第四条规定"委托贷款业务是商业银行的委托代理业务",把委贷的法律性质定义为委托代理关系。但是信托公司办理的信托贷款业务是信托业务,信托与委托代理是完全不同的两种法律关系,最基本的区别是,委托代理的基本模式是受托人以委托人的名义行事,法律责任归属于委托人,而信托是受托人以自己的名义行事,法律责任归属于受托人。但如果信托产品作为委托贷款的委托人,则属于本次规则禁止的范围,总体上对信托贷款业务构成利好。

(五)对ABS

委贷新规对"受托管理的他人资金"和"银行的授信资金"做了明确的禁止性规定,均对涉及委托贷款的ABS必然产生影响。

在企业资产证券化过程中,有些时候通过委贷放一笔债权,把一些难以特定化的基础资产(比如物业管理费、学费等)转化为债权资产,相当于"委贷+专项计划"的结构。这种模式下,需要寻找一个过桥方去申办委贷,在委贷新规情形下如是资管产品的资金则受到影响。

在商业银行参与的委托贷款ABS业务中,比较常见的情形是原始权益人构建委托贷款债权作为基础资产,通常是原始权益人(融资人,一般是项目公司股东)对项目公司(借款人)发放委托贷款,由项目公司提供特定期间内的收费收益权作为质押,并根据ABS设计需要安排项目公司的还本安排和利率水平,ABS计划管理人成立专项计划,募集资金用于向原始权益人购买委托贷款债权,以此发行ABS产品。其原因主要是对原来不适合做基础资产的现金流进行转换,改造资产特定化程度较弱的收费收益权为贷款债权,例如底层现金流来源较为分散,付款频率不确定的学费、物管费等,或者对底层债权的转让有一定限制,或者底层债务人可能基于底层合同有抗辩权,通过创设委托贷款债权在委贷层面对本金利息支付进行人为切分和支付安排,形成较为稳定的有预期的现金流。银行参与的出发点是提供类似增量ABS的贷款支持,委贷资金可能有一部来源于资管产品、银行授信资金、其他债务性资金,在委贷新规之下则为不合法的委贷资金来源,需要以主动管理的信托贷款为委托贷款的替代。

另外一种情形"私募基金+委贷",则是股权过户型房地产ABS的常见交易结构。之前"类REITs"中常用的"股权+委托贷款"结构,是将资金分为股和债两部分,其中债的部分通过银行委托贷款的形式发放给项目公司或SPV。其目的是为了构造债务实现避税目的,且为资金回款的现金流提供一定程度的保障；私募基金通过委贷，将物业抵押给委贷银行，起到构造主债权的作用。当下观之，如果私募基金的资金来源是资管产品，按照委贷新规就不能发放委托贷款，需要用信托模式来替代委贷模式；或者干脆由私募基金购买存量应收账款，以"股权投资＋存量债权受让"方式解决基础资产问题，但该债权可能并无不动产抵押或者质押担保。

对上述两种情形，为避免瓜田李下，原始权益人设立事务管理型信托贷款或者信托公司通过设立"主动管理型信托计划＋发放信托贷款"的模式提供信托贷款不受委贷新规的直接规制，在一定程度上替代委托贷款，但由于目前监管从紧的环境，仍然受限监管机构的监管指导意见和操作理解。例如，通过信托构建信托受益权作为基础资产。原始权益人将资金委托至信托公司成立单一资金信托或信托计划，信托财产用于向项目公司发放信托贷款，并由项目公司提供特定期间内的收费收益权作为质押，按照还款计划和约定利率进行还款。原始权益人作为信托受益人持有信托受益权。或者反向操作，ABS计划管理人成立专项计划，募集资金向原始权益人购买信托受益权，以此发行ABS产品。但随着通道业务转化为类主动管理业务，收费率攀升很快，加大了融资成本。成本收益重组的本质就是风险的组合，让渡收益提高通道成本成为泛资管行业最直观的感受。

（六）对金融交易所

委贷新规出台后，给金融交易所带来了一定的潜在业务机会。有金融资产交易所向客户推出"委托债权投资＋定向投资工具"。"委托债权投资"的交易结构是指资管产品、单一法人客户已对融资人完成尽调并审批过会，但不能直接通过委托贷款放款，融资人在交易所挂牌，申请通过"委托债权投资"形式进行融资；资管产品、单一法人客户委托银行分支机构或者信托公司进行债权投资摘牌，银行分支机构或者信托公司办理抵质押，最后在交易所进行摘牌交易。由此，相当于构建了类似委托贷款的关系，可满足非标放款的需求。但是，债权融资计划此前被视为非标转标的新渠道，对于其是否不纳入非标，目前各地监管口径不一，积极增加债融计划的交易和流通，尽可能往非非标的范畴靠拢。

该类产品的优势在于可以形成合法有效的债权债务关系，能够办理抵质押，尤其适合银行授信客户表外融资需求，且有纳入非非标的潜力。劣势在于此类融资主体还是要符合银行的授信客户要求，在风控尺度上没有大的突破，同时此类工具也可能面临下一阶段的调控风险。

第二章
信托产品的法律设计与政策边界

第一节 信托公司合规风险管理的发展趋势

信托公司合规风险管理一直是信托行业老生常谈、常谈常新的问题：一方面合规风险管理是信托行业发展的重要支撑，是控制风险的重要抓手和不可缺少的环节；另一方面，信托产品复杂多变，合规风险管理适应市场需求热点转换和法律监管政策的变迁，需要在原则性和灵活性之间保持平衡。

一、金融混业"大资管"时代，信托公司有必要全口径思考合规风险的外延

近年来，我国规模庞大的储蓄存款逐步由银行转向金融理财市场，实现了我国金融理财市场的井喷式发展。开展以金融理财为导向的资产管理业务就成为各金融机构努力寻求的突破点。

随着各金融机构悉数参与其中，我国金融理财产品市场的监管面临着"政出多门"的乱象，并可能随着"资管新政"的实施呈愈演愈烈之势。2012年以来金融监管部门出台的诸多"资管新政"为金融业发展进一步"松绑"，证券公司、基金公司、保险公司、期货公司陆续入场，各金融机构开展的金融理财业务势必发生正面的竞争，以金融理财为主导的资产管理市场进入了"战国时代"。

在这种情况下，很多信托产品成为资产管理市场的一个环节，产品的法律结构越来越复杂。一方面，这种情形增加了监管的难度。从监管的政策依据看，商业银行个人理财产品主要受《商业银行个人理财业务管理暂行办法》

的约束；证券公司理财业务主要受《证券公司客户资产管理业务管理办法》、《证券公司集合资产管理业务实施细则》、《证券公司定向资产管理业务实施细则》的规制；基金公司的理财业务则受《关于基金公司开展委托理财业务办法》、《基金管理公司特定客户资产管理业务试点办法》的规制；信托公司开展理财业务主要受《信托公司集合资金信托计划管理办法》的规制；保险公司开展理财业务主要受《保险资产管理公司管理暂行规定》、《投资连接保险管理暂行办法》的规制；期货公司开展理财业务则受《期货公司资产管理业务试点办法》的规制。上述监管规则基本由各监管部门单独制定，这导致金融理财的监管"政出多门"、标准不一、体系紊乱。在监管的程度上，各监管部门对本质相同的金融理财设定了宽严不一的监管尺度与准入门槛。显然，大资管时代下金融理财会逐步使得分业经营被隐性打破，逐步出现的"混业经营"，可能存在监管的盲区与漏洞，不利于统一的金融理财市场的形成。另一方面，信托公司与上述各类机构的合作产品，尤其是客观存在的嵌套类产品可能存在监管套利之嫌，为减少违规的可能性需仔细考虑信托自身的合规以及资金来源、资金运用的合规性，在产品设计的本源性、本质上必须全口径思考合规风险的外延，而不能简单地采用各管一段的思维模式。

2016年3月发布的《中国银监会办公厅关于进一步加强信托公司风险监管工作的意见》（以下简称"58号文"）规定了对交叉产品风险防控，要求建立交叉产品风险防控机制，合同中落实各参与方的风险管理责任，建立相应的完整体系，对于交叉产品风险防控的核心是"穿透"原则，向上穿透客户，向下穿透产品。通过合同约定等各种披露方式，确保尽量提高产品的透明度，对于交叉产品和复杂信托产品要实现银、证、保、信监管协同。因此，该规范对信托合规性提出了更高的要求，应以系统化、全口径思维解析其中可能存在的风险隐患。

为规范金融机构资产管理业务，统一同类资管产品监管标准，有效防控金融风险，更好地服务实体经济，中国人民银行、中国银行保险监督管理委员会、中国证券监督管理委员会等部门发布了《关于规范金融机构资产管理业务的指导意见》（以下简称《指导意见》），这是包括信托公司在内的资管机构必须高度关注的政策。《指导意见》共31条，按照产品类型制定统一的监管标准，实行公平的市场准入和监管，主要内容包括：一是确立资管产品的分类标准。资管产品根据募集方式不同分为公募产品和私募产品两大类，根据投资性质不同分为固定收益类产品、权益类产品、商品及金融衍生品类产品、混合类产品四大类，分别适用不同的投资范围、杠杆约束、信息披露等监管要求,强化"合适的产品卖给合适的投资者"理念。二是降低影子银行风险。引导资管业务回归本源,资管产品投资非标准化债权类资产应当遵守金融监督管理部门有关限额管理、流动性管理等监管标准,避免沦为变相的信贷业务。三是减少流动性风险。金融机构应加强流动性管理,遵循单独管理、单独建账、单独核算的管理要求,加强资管产品和投资资产的期限匹配。四是打破刚性兑付。资管业务是"受人之托、代人理财"的金融服务,金融机构开展资管业务时不得承诺保本保收益,金融管理部门对刚性兑付行为采取相应的处罚措施。五是控制资管产品的杠杆水平。结合当前的行业监管标准,从负债和分级两方面统一资管产品的杠杆要求,投资风险越高,杠杆要求越严。对公募和私募产品的负债比例(总资产/净资产)作出不同规定,明确可以分级的产品类型,分别统一分级比例(优先级份额/劣后级份额)。六是抑制多层嵌套和通道业务。金融监督管理部门对各类金融机构开展资管业务公平准入,金融机构切实履行主动管理职责,不得为其他金融机构的资管产品提供规避投资范围、杠杆约束等监管要求的通道服务。七是切实加强监管协调。强化资管业务的宏观审慎管理,对同类资管产品按照统一的标准实施功能监管,加强对金融机构的行为监管,建立覆盖全部资管产品的综合统计制度。八是合理设置过渡期。充分考虑存量资管业务的存续期、市场规模,同时兼顾增量资管业务的合理发行设置过渡期,实施"新老划断",不搞"一刀切",过渡期自《指导意见》发布实施后至2020年底。

二、信托业面临经营拐点,开发家族信托等创新产品应有合规性作为先导

支撑信托业过去发展的私募投行业务模式在新的经济形势与经营环境下,已经遭遇到严峻挑战。可以说,信托业的"经营拐点"已经到来,但"成长拐点"尚未到来,信托行业总体面临一定困惑,急需以创新促转型,例如开发家族信托产品,其间信托合规性应放在先导位置。

靠牌照吃饭曾是信托公司一度繁荣的主要发展样态。支撑信托业过去几年快速增长的主导业务模式是非标准化的私募融资信托,而这种增长方式主要是依靠机会推动而非能力推动,近年来"泛资产管理"政策日益削弱了信托行业的制度红利,加上金融自由化的改革取向和经济下行周期的开始,使私募融资市场呈现出需求递减、风险递增、竞争加剧的中长期趋势,由此也动摇了信托业私募融资信托经营模式的市场基础。

因时制宜和灵活多变是信托的灵魂。经营环境的变化意味着信托业再

也不能简单依赖过去机会驱动的私募融资信托经营模式。信托业发展的理财市场基础依然雄厚,信托公司应当以开发具有财富管理性质的服务信托产品为例,大力开展适应市场变化的业务模式的探索。家族信托等产品获得青睐,就是市场需求和信托公司主动转向,主客观相统一的结果。

家族信托灵活的机制、显著的功能同样引起了我国财富管理市场的关注,从2013年始,境内信托公司、私人银行、第三方理财机构等先后推出该类产品,抢占市场先机。在信托公司近几年进行的多项创新探索中,家族信托成为目前业内争议最小,共识最大的业务方向,也由此引发无限遐想。中国私人财富市场蕴含着客观的增长潜力和巨大的市场价值。而私人财富管理正是信托公司转型方向之一。

目前,国内信托公司开展的家族信托尚处于起步阶段,相比欧美成熟市场的家族信托架构,境内受制于政策法规,发展家族信托业务仍存诸多障碍。主要的限制来自信托法治自身和信托行业配套制度的欠缺。一方面,我国信托法带有明显的强制法意味,与家族信托的"自由"价值理念产生冲突,主要表现为信托主体的权利义务失衡;另一方面,信托业长期以来专注于资金类财产管理,信托配套制度未能及时构建或完善,以至于房产类、股权类资产较难置入家族信托。例如,信托登记转移等配套制度不够完善,特别是对于信托财产的非交易性过户登记存在很多操作障碍,目前国内信托业务主要为资金信托业务,很多投资领域也受到限制,这为开展家族信托带来了障碍。家族信托中的信托持股面临较多不确定风险,如果家族信托采用信托持股的构架,如何对企业所有权、管理权进行清晰划分就考验信托公司的管理能力。再如,我国现行税收制度未针对信托设计专门的税收制度,从而在涉及信托的营业额、获得收益的个人所得税、房产转让的房产税、股权转让的印花税、增值税等征收方面产生了大量的重复征税现象,给推动家族信托设置了不少的障碍。信息披露与客户隐私需求冲突,由此导致的个人财富等隐私信息的曝光风险可能导致大量优质高净值客户不愿意设立国内家族信托。此外,家族信托属于自然人设定的他益信托,在信托设立与运作中必然涉及我国的婚姻家庭、外汇、保险、公司、证券、物权法、破产法等多个基本商事、民事法律的运用,总体说相当复杂、多变。

障碍犹存,信托仍要发展,信托公司必须在夹缝中寻找商机。在信托制度下,信托财产的所有权、受益权得以有效分离,信托财产的独立性等特征使得信托公司可以发展面向高净值客户的风险隔离、财富保值增值、财富代际转移、隔代转移、投资理财、公益捐赠、税务规划等业务。信托公司开展家族信托进行家族财富管理是一个具有创新色彩的系统工程,要求信托公司大胆假设、小心求证,通过详细的合规论证,使得信托产品与相关法律制度对接,甚至需要通过迂回措施规避其中的风险。尤其应该看到,不少超高净值客户已经移民海外,且资产实现了全球布局,但由于外汇监管政策,其资金在境内外之间的流动受到很大限制,因此境内金融机构推出的家族信托业务通常仅限于客户的境内资产,境外资产仍需要单独设立信托。信托公司充分利用QDII资格或者与境外信托机构进行合作,构建"境内信托＋境外信托"双信托架构,而其中如何协调两个信托实务,也需要大量开创性工作。

因此,信托公司在探索家族信托等新型业务,谋求创新转型过程中,要以业务合规性风险作为先导。

三、信托主营的大宗业务品种与宏观经济关系最为密切,受到持续缜密的监管,信托合规性应放在优先位置

房地产项目、政信项目以及证券项目,历来是信托公司的主战场,这些领域也正是宏观经济政策重点调控所在。除了银监会外,房地产管理部门、发改委、财政部以及证监会甚至地方政府对此类领域均频发政策,可以说,信托公司办理此类产品,需要考虑方方面面的规范要求,防止违反不断变动的法规政策,甚至希望先人一步,提前布局。然而整体观之,信托行业还处于亦步亦趋状态,用"步步惊心"来形容并不为过。对于此类大宗业务品种,信托公司应主动适应持续、缜密监管规则的要求,把产品合规性放在优先位置。以下以房地产信托为例加以说明。

房地产信托融资的监管将服从国务院对房地产的宏观经济政策的调整基调,随宏观政策的调整而相应调整。我国房地产信托业务增长快速,风险是否可控成为多方关注的问题。为了有效落实国家房地产调控政策,控制房地产信托业务风险,监管部门持续不断地出台了多项政策措施,房地产信托在逐步规范中发展。

针对实践中房地产信托融资大量"名为股权投资,实为债权投资"的产品设计结构,2009年监管部门对房地产信托融资实施"实质重于形式"的监管原则。银监会2009年2月发布《关于加强信托公司房地产信托业务监管有关问题的通知》,规定信托公司发放贷款的房地产开发项目,必须满足四证齐全、开发商或其控股股东具备二级资质、项目资本金比例达到国家最低要求等条件。通知还明确规定按照实质重于形式的原则,强化对房地产信托融资的监管,杜绝信托公司以各种方式规避监管的行为。2009年10月,银监会又下发

《关于信托公司开展项目融资业务涉及项目资本金有关问题的通知》,规定信托公司不仅不能将债务性集合信托计划资金用于补充项目资本金,以达到国家规定的最低项目资本金要求,此规定涵盖了基础设施类和房地产类项目。而且对于那些宣称资本金已经到位的企业,信托公司有义务去证实这一点,必要时还可以委托有资质的中介机构进一步核实认定。此举被认为是银监会在连续颁布《固定资产贷款管理办法》和《项目融资业务指引》之后规范信贷资金流向的重要举措,对业内通行的通过信托融资补充房地产开发项目资本金以撬动银行信贷的做法起了一定限制作用。

2010年2月11日,银监会发布了《关于加强信托公司房地产信托业务监管有关问题的通知》(银监通〔2010〕54号,以下简称"《通知》")。该《通知》的出台主要为了进一步规范信托公司开展房地产信托业务,防范房地产信托业务风险,提高信托公司风险防范意识和风险控制能力,进一步规定了商业银行个人理财资金投资于房地产信托产品的,理财客户应符合《信托公司集合资金信托计划管理办法》中有关合格投资者的规定。《通知》的这些规定,收紧了房地产企业的信托融资渠道,在当前我国楼市存在一定泡沫的情况下对于控制信托行业及房地产行业的风险有着不言而喻的积极意义。

中国银监会于2011年5月5日下发《关于逐月上报房地产信托业务风险监测表的通知》,强调房地产信托业务风险监测和判断。2011年9月5日,中国银监会下发《关于做好房地产信托业务风险监测工作有关事项的通知》,要求各地银监局密切监测信托项目的预期兑付情况,判断兑付风险,并采取相应的措施,做到对房地产信托项目兑付风险"早发现、早预警、早处置"。

房地产信托的风险化解仍然是监管部门的"心头大患"。2016年3月发布的58号文明确提出三个重点风控领域,包括房地产、地方政府融资平台、产能过剩行业。其中对于房地产信托,要求加强分区域、分业务类别的风险监测,控制业务规模、优化业务结构。对于政信合作信托,密切跟进地方政府性债务置换工作,做好存量业务风险防控,谨慎增量。对于产能过剩风险,落实国家相关政策,区别选择过剩行业中优质企业审慎开展业务。

中国银监会办公厅于2017年4月20日下发《关于印发〈2017年信托公司现场检查要点〉的通知》的附件《2017年信托公司现场检查要点》中规定,重点检查信托资金实际用于房地产开发建设的信托业务。包括:(1)是否以信托资金发放土地储备贷款,是否直接或间接向房地产开发企业发放流动资金贷款或用于缴交土地出让价款的贷款。(2)信托贷款的房地产开发项目是否满足"四证"齐全、开发商或其控股股东具备二级资质、项目资本金比例达到国家最低要求等条件。(3)是否存在以投资附加回购承诺、商品房预售回购等方式间接发放房地产贷款。(4)是否存在房地产集合资金信托计划的优先和劣后受益权配比比例高于3∶1的情况。(5)是否对房地产开发项目进行充分尽职调查,相关抵质押等缓释措施落实是否到位。(6)是否委托第三方非金融机构推介信托产品;是否在产品营销中严格执行"双录"制度,是否监控金融机构的代销行为;是否存在误导性销售等损害投资者利益的行为。(7)是否对投资者进行充分信息披露,是否及时、准确告知投资者相关信息、是否对项目风险充分揭示。(8)是否通过股债结合、合伙制企业投资、应收账款收益权等模式变相向房地产开发企业融资规避监管要求,或协助其他机构违规开展房地产信托业务。(9)"股+债"项目中是否存在不真实的股权或债权,是否存在房地产企业以股东借款充当劣后受益人的情况,是否以归还股东借款名义变相发放流动资金贷款。(10)是否严格审核投资者资质,如是否存在自然人集资、个人或企业代持、通过资管产品汇集等形式违反合格投资者规定的情况。

由此可见,对于信托主营的房地产信托、政信合作产品等与宏观经济关系最为密切,受到持续缜密的监管,信托合规性应放在优先位置,认真领会各类规定和通知以及窗口指导的精神,动态和精确把握监管原则和规则底线,防止因小失大,出现合规风险被暂停开展业务。

四、信托风险项目陆续出现,信托行业打破刚兑的趋势下,信托涉讼案例逐渐增多,对信托合规性要求提出了新的挑战

信托产品不能向投资者承诺收益。信托公司只是信托计划的受托人,没有保证投资收益的义务,信托计划的投资风险应当由投资者承担,只有在信托公司未按合同履行受托人的义务造成投资损失时,投资人才可以要求信托公司赔偿。但在实际运作中,信托计划到期时,即使信托计划本身遭受损失,目前信托公司仍是最终按预期收益将本息兑付给投资者,使得投资者与信托公司都接受了所谓"刚性兑付"的行业规则,而我国多数信托公司是国资控股的现状进一步强化了这一预期。

刚性兑付促进了中国信托行业发展初期的快速发展,但随着行业规模的不断扩大,它已日渐成为中国信托业发展瓶颈。

信托资产规模的快速增长引发了对信托纠纷的关注。以上海为例,上海二中院受理的信托公司商事案件的案由涉及借款合同类纠纷、证券类纠纷、信托类纠纷等。法律争议主要围绕资金信托贷款合同的效力展开。在案由

为借款合同的涉信托公司纠纷中,争议多围绕资金信托贷款合同的效力展开。主要原因在于资金信托贷款合同的借款人多采用迂回方式,将信托贷款用于股市投资或挪用以填补非法经营出现的资金漏洞,围绕信托资金违规挪用是否影响合同效力,当事人之间发生争议。这表明部分信托公司一味追求扩大资金信托的规模与数量,还有一些信托公司对信托项目疏于尽职调查与有效管理,以致引发纠纷、出现风险。

  在房地产信托、矿产信托领域,风险事件不断爆发。个案信托项目风险事件的发生,暴露出许多令人担忧的问题,为行业经营者敲响了警钟。这些兑付风波暴露出的最大问题是,对于一些项目信托公司尽职管理的意识比较淡漠,粗放决策,疏于管理。尽职管理意识与能力是信托法律关系中受托人信义义务的具体体现。无论是对受益人负责,还是对自身负责,信托公司合规风险管理的第一道防线乃是全面的尽职管理意识与能力,这是信托行业长期健康发展的生命线。

  近年来信托业获得了井喷式发展,成为金融行业的"轻骑兵",但其本身所隐含的法律风险却不容小觑,在一系列风险事件和诉讼项目出现后更应重视合规风险。首先,信托公司是受到强监管的金融机构,审慎监管包括机构监管和行为监管,无数的监管规定构成了信托公司审慎经营的底线,信托公司如违反底线,发行的信托产品不合规,则可能在发生诉讼时被司法机构直接认定为行为过错的理由,从而判定违反受托人责任,并承担相应的民事责任。其次,实践中信托公司的诸多创新能否经受司法的检验,尚存变数。例如,如何看待资产收益权的法律性质、其能否作为信托财产资产、收益权信托面临哪些法律风险、实践中这些风险应如何预防,此类法律风险依然是困扰信托业创新发展的问题。又如,伞形信托曾经作为突破证券账户合用以及变相证券融资的创新工具,但2015年证券市场杠杆问题集中爆发,伞形信托骤然被清理后,引发了投资者诉信托公司赔偿案,伞形信托合同的效力系该类案件的争议焦点。又如,2015年7月18日,十部委发布了《关于促进互联网金融健康发展的指导意见》,首次提到了"互联网信托"的概念,但业内立即提出的第一个问题就是互联网信托如何解决合格投资者合规问题。此外,相对于证券、基金、期货等投资市场,信托投资者缺少亏损的市场洗礼,对信托市场怀有较深的"刚性兑付"错误认识,在打破刚性兑付的过程中,必须要帮助投资者树立风险意识,提升风险判断能力。这种风险意识的树立,一方面要投资者经历市场的洗礼,而另一方面也需要监管机构及信托公司加强投资者教育及相应的机制建设。帮助投资者构建正确的权利认知,即理性并全面地看待信托受益权和监督权的关系。例如,2013年8月30日,银监会发布《银行业消费者权益保护工作指引》(以下简称"《指引》"),标志着我国银行业消费者权益保护工作体系逐步趋于成熟。其中,《指引》第二章针对侵害银行业消费者权益的行为提出了八项禁止性规定。在金融创新中遵守底线思维、保护和教育投资者等都是信托合规风险管理的新内容、新要求。

《指导意见》明确提出经金融监督管理部门认定,存在以下行为的视为刚性兑付:(1)资产管理产品的发行人或者管理人违反真实公允确定净值原则,对产品进行保本保收益;(2)采取滚动发行等方式,使得资产管理产品的本金、收益、风险在不同投资者之间发生转移,实现产品保本保收益;(3)资产管理产品不能如期兑付或者兑付困难时,发行或者管理该产品的金融机构自行筹集资金偿付或者委托其他机构代为偿付;(4)金融管理部门认定的其他情形。经认定存在刚性兑付行为的,区分以下两类机构加强惩处:(1)存款类金融机构发生刚性兑付的,认定为利用具有存款本质特征的资产管理产品进行监管套利,由国务院银行保险监督管理机构和中国人民银行按照存款业务予以规范,足额补缴存款准备金和存款保险保费,并予以行政处罚;(2)非存款类持牌金融机构发生刚性兑付的,认定为违规经营,由金融监督管理部门和中国人民银行依法纠正并予以处罚。

此外,任何单位和个人发现金融机构存在刚性兑付行为的,可以向金融管理部门举报,查证属实且举报内容未被相关部门掌握的,给予适当奖励。外部审计机构在对金融机构进行审计时,如果发现金融机构存在刚性兑付行为的,应当及时报告金融管理部门。外部审计机构在审计过程中未能勤勉尽责,依法追究相应责任或依法依规给予行政处罚,并将相关信息纳入全国信用信息共享平台,建立联合惩戒机制。

五、随着信托监管顶层设计的优化,溯本清源,监管体系重塑,监管措施不断细化,合规风险管理成为审慎监管、审慎经营的必选项

2010年9月7日,银监会正式颁布《信托公司净资本管理办法》,将信托公司的信托资产规模与净资本挂钩,自此,信托业"一法两规"升级为"一法三规"。净资本管理,将弥补信托监管工具的不足,通过净资本监管有效落实监管意图,可引导信托公司根据自身特点进行差异化选择与发展。但是,信托监管制度需要新的顶层设计,提升治理能力建设。银监会在2013年中国信托业年会明确表示,信托业下一步要从内部开始,研究完善信托业治理体系和现代治理能力建设。

2015年1月20日,银监会发文《依法监管、为民监管、风险监管银监会实行监管架构改革》,旨在改革其现有的监管组织架构,对其内设机构重新进行职责划分和编制调整。此次改革的亮点之一是设立信托监督管理部,专司对信托业金融机构的监管职责。我国监管机构将对信托业的监管从原来的非银行部剥离出来,单独设立专门的监管部门,这在一定程度上是对近年来信托产业蓬勃发展势头的正面回应,也体现了其金融服务意识的提升以及对监管专业性要求的提高。此次改革与我国从机构型监管向功能型监管转变,加强事中事后监管的金融监管理念一脉相承,是大势所趋。这不仅有助于进一步提升监管执法水平,也有利于信托业保持良好发展的态势。

2015年4月10日,银监会在同一时间发布了《信托公司条例(征求意见稿)》(以下简称"《条例》")和《信托公司行政许可事项实施办法(征求意见稿)》(以下简称"《许可办法》")。同年6月5日,《许可办法》正式通过,而《条例》至今仍在审议。2015年5月7日,信托业协会下发了《信托公司行业评级指引(试行)》(以下简称"《行业指引》"),征求各信托公司意见。同年12月15日,中国信托业协会正式发布关于行业指引及配套文件的公告。可以说,早在2007年,银监会就已颁布《信托公司管理办法》(以下简称"《管理办法》")和《信托公司治理指引》(以下简称"《治理指引》"),作为对信托公司的监督管理规范。因此,《条例》其实主要就是《管理办法》和《治理指引》的完善与创新,贯彻银监会提出的完善信托公司"八项机制",以及落实信托公司"八项责任"。"八项机制"分别为公司治理机制、产品登记机制、分类经营机制、资本约束机制、社会责任机制、恢复与处置机制、行业稳定机制、监管评价机制等;"八项责任"分别为受托责任、经纪责任、维权责任、核算责任、机构责任、股东责任、行业责任、监管责任等。此外,从顶层制度看,《信托法》正在酝酿修改,溯本清源,将进一步平衡信托关系当事人权利义务,明确受托人责任界定,细化受托人所须履行的责任和义务,真正发挥信托制度财产管理功能。

2015年9月,新修订版《中国银监会行政处罚办法》开始实施,新规要求银监会及其派出机构应当在其官方网站上公开行政处罚有关信息,多地银监局在网站上更新了相关信息,信托公司受到的行政处罚情况也浮出水面,至少有9家信托公司受到行政处罚,信托公司不合规问题暴露较多,具体原因如"尽职调查对劣后受益人资格审查不到位"、"用非委托人合法所有的财产设立信托"、"单个信托计划的实际投资人突破规定人数限制"、"违规委托非金融机构推介信托项目"、"将机构所持有的信托受益权向自然人转让或拆分转让"。信托公司连续出现接受处罚的现象,实质上反映的是我国金融行业的监管由过去整体宽松的风格开始逐渐收紧,金融监管不停留在内部通报、下不为例的层次。未来信托行业的监管将由粗放转向精细,信托公司必须在合规性方面提高对自身的要求。

合规经营是对信托公司最基本的要求。《信托公司监管评级与分类监管指引(2014年版)》明确提出,中国银行业监督管理委员会根据审慎监管原则,在综合市场发展情况的基础上,将适时调整信托公司监管评级的评价要素与标准。规定评级要素包括公司治理、内部控制、合规管理、资产管理和盈利能力等五个方面。合规管理要素主要评价信托公司合规管理体系的建设,对相关法律法规、公司制度和受托文件遵守的基本情况,以及案件治理和配合监管情况等方面,旨在引导信托公司履行诚实、信用、谨慎管理的义务,维护受益人利益。

最近几年,信托公司遭受监管部门处罚事项数量呈现增多趋势,这与以往监管部门仅窗口指导有较大差别,反映了监管部门对于信托业务规范执行力度的重视以及合规经营要求的提升。目前集合信托涉及投资者数量估计超过100万人。在如此规模的投资者群体下,此前定义为"私募性质"的集合信托产品在某种程度上已成了一种"类公募"的投资产品。信托产品投资范围广,牵涉利益相关者较多,并大量涉及非标准化资产。同时,其结构复杂,投资者很难根据招募说明书提供的信息准确判断其中蕴藏的风险。就此而言,明确、落实、强化信托公司作为受托人的信托责任是金融审慎监管、审慎经营的必然要求。

可以说,随着信托监管顶层设计的优化,溯本清源,监管体系重塑,监管措施不断细化,合规风险管理成为审慎监管、审慎经营的必选项,其与强化信托公司所承担的信托责任是一脉相承的。

第二节 信托公司"非标准化理财资金池"业务的法律界定

一、"非标准化理财资金池"的特征

由于"资金池"属于行业内对某一类特定信托业务的统称,并非法律概念,且目前并无相关法律、行政法规及部门规章对其下明确的定义,因此准确界定其法律概念难度较大。结合目前市场上已有的占主流数量的资金池信托产品,我们可以谨慎地认为,资金池业务是指发行时未明确具体的投资标的,允许委托人在开放期内申购或者赎回,在一次或多次发行信托计划后将

资金汇集成"资金池",由信托公司根据市场状况自主决定、自主管理,将池内的资金进行集合运作的信托产品。

据此,"非标准化理财资金池"主要有以下几个特征:

第一,在投资标的方面,对接非标准化资产且投资标的事先未明确。

非标准化理财资金池的首要特征是对接非标准化资产,即信托资金须投资于非标准化资产。由于资金池的投资范围较为宽泛,非标准化资产可能只是资金池的某一投资领域,因此,资金池中的资金全部或者部分投资于非标准化资产的资金池业务,均属于非标准化理财资金池。

投资标的事先未明确。资金池信托产品在发行时并不确定具体的投资标的,往往只规定一个宽泛的投资范围,而这一宽泛的投资范围通常包含多个投资领域。在汇集资金建立资金池后,信托公司可以在规定的投资范围内自行选择投资领域,筛选确定具体的投资标的。因此,在资金池业务中,汇集资金在先,确定投资标的在后。而其他一般的信托产品往往是先确定拟投资的具体项目,再发行产品募集资金。

第二,信托资金方面,池内信托资金的来源和规模不确定。

在资金池业务中,委托人的申购或赎回往往会导致资金池内的信托资金存在不确定性。这种不确定性主要表现在两个方面:(1)资金来源不确定;(2)资金的总体规模不确定。根据目前主流的两种资金池业务模式,做如下分析:

在TOT资金池业务中,信托公司独立发行多期子信托计划,将多期子信托计划募集到的资金汇集到母信托计划,视母信托计划的运营情况决定是否追加发行子信托计划,从而导致母信托计划的资金来源不确定,资金的总体规模也不确定。

在开放式基金模式资金池业务中,信托公司设置一定的开放期或者完全开放,委托人可在开放期内申购或者赎回信托单位。在约定开放或完全开放的资金池业务中,委托人得以申购或者赎回,导致资金池内的资金来源和总体规模均不确定。

第三,在信托资金和投资标的关系方面,投资标的与池内资金并非一一对应关系,且期限较长或者不确定。

投资于具体投资标的的资金来源于资金池,从投资结果反推的话,这部分资金与投资标的存在明确对应关系。但是,如果从资金端观察,由于资金池集合运作的特点,各期信托计划或者各类信托单位所对应的资金却难以与具体的投资标的一一对应。这使得委托人在投资当时难以知悉其认购的信托单位所对应资金的去向,导致在某一投资标的发生风险时有将风险传染给整个资金池的可能。

期限较长或者不确定。在资金池业务中,在资金来源端,各期信托计划或者各类信托单位的期限不一;在资金投向端,各个投资标的的到期时间不一,导致资金池的存续期限具有一定的不确定性。因此在实践中,资金池信托产品的存续期限往往较长,有的长达10年或以上。

第四,在投资管理方面,分离定价、集合运作、自主管理,构成资金池内的各个信托实质上不能独立核算。

(1) 分离定价、集合运作。资金池内的资金可以来源于多期信托计划发行募集的资金,也可以来源于委托人认购的不同类型的信托单位。信托公司独立发行的多期信托计划,或者委托人认购不同类型的信托单位,均可能因期限长短导致预期收益率的高低。但是无论各期信托计划或者委托人认购的信托单位的期限长短及预期收益率的高低,信托公司在实际管理、运用资金时并不作区别对待,均是统一管理、集合运作。简而言之,信托公司对各期信托计划或各类信托单位无法做到单独管理。正是由于集合运作的特征,资金池业务往往通过大额资金、分离定价的方式赚取更大的利差,因此,资金池内的资金数额往往较大。

(2) 自主管理。如前所述,资金池信托产品在发行时并未事先明确投资标的。信托公司在汇集不同定价的资金之后,得以在资金池的投资范围内,完全实现自主管理,自主决定投资标的、投资组合与投资比例。自主管理赋予信托公司较大的自主经营权,集合运作导致资金池具有一定的不透明性,若某一投资标的出现风险,信托公司可能存在"借新还旧"的可能,因此在资金监管上易出现真空。

(3) 实际上无法单独核算。鉴于资金池集合运作、自主管理的特点,资金池内的资金与投资标的之间并非一一对应关系,导致单个信托产品或者某一类型的信托单位实际上无法做到单独核算。这也导致了资金池信托产品具有一定的不透明性,而当某一投资标的发生风险时,可能将风险传染给整个资金池。

二、"非标准化理财资金池"判断标准有哪些?

"非标准化理财资金池"业务的判断标准应从以下两个方面加以分析:

1. 非标准化资产的判断

判断是否属于非标准化理财资金池业务,须核查信托资金是否投资于非标准化资产,包括但不限于非标准化债权资产、非标准化股权性资产及其他非标准化资产。

根据《中国银监会关于规范商业银行理财业务投资运作有关问题的通知》(以下简称"8号文")第一条的规定,"非标准化债权资产是指未在银行间市场及证券交易所市场交易的债权性资产,包括但不限于信贷资产、信托贷款、委托债权、承兑汇票、信用证、应收账款、各类受(收)益权、带回购条款的股权性融资等"。据此,8号文对非标准化债权资产做出了解释。所谓标准化资产,是指产品的标准化,即指可在银行间市场、证券交易所等市场交易的金融产品。由于在上述市场进行交易,产品得以用公允的价格去衡量、流通及交易。而与此相对应,凡是不在上述公开市场交易的产品,则为非标准化资产。因此,非标准化理财资金池业务的首要判断标准是信托资金是否全部或部分对接非标准化资产。例如开放式的证券投资信托产品,由于信托资金并非投资于非标准化资产,因此不属于非标准化理财资金池业务。

2. 资金池业务的判断

判断是否属于非标准化理财资金池业务,须核查是否属于资金池业务。非标准化理财资金池业务需具备资金池的全部特征,根据各特征进行综合判断,单独的某一特征或者部分特征并不构成其充分必要条件。这些特征包括:在投资标的方面,对接非标准化资产且投资标的事先未明确;信托资金方面,池内信托资金的来源和规模不确定;在信托资金和投资标的关系方面,投资标的与池内资金并非一一对应关系,且期限较长或者不确定;在投资管理方面,分离定价、集合运作、自主管理,构成资金池内的各个信托实质上不能独立核算。

《指导意见》对资金池进行统合强力规制。金融机构应当做到每只资产管理产品的资金单独管理、单独建账、单独核算,不得开展或者参与具有滚动发行、集合运作、分离定价特征的资金池业务。金融机构应当合理确定资产管理产品所投资资产的期限,加强对期限错配的流动性风险管理,金融监督管理部门应当制定流动性风险管理规定。为降低期限错配风险,金融机构应当强化资产管理产品久期管理,封闭式资产管理产品期限不得低于90天。

资产管理产品直接或者间接投资于非标准化债权类资产的,非标准化债权类资产的终止日不得晚于封闭式资产管理产品的到期日或者开放式资产管理产品的最近一次开放日。资产管理产品直接或者间接投资于未上市企业股权及其受(收)益权的,应当为封闭式资产管理产品,并明确股权及其受(收)益权的退出安排。未上市企业股权及其受(收)益权的退出日不得晚于封闭式资产管理产品的到期日。金融机构不得违反金融监督管理部门的规定,通过为单一融资项目设立多只资产管理产品的方式,变相突破投资人数限制或者其他监管要求。同一金融机构发行多只资产管理产品投资同一资产的,为防止同一资产发生风险波及多只资产管理产品,多只资产管理产品投资该资产的资金总规模合计不得超过 300 亿元。如果超出该限额,需经相关金融监督管理部门批准。

结合上文分析,在判断某一业务是否属于非标准化理财资金池业务时,应当参考《指导意见》以及 8 号文关于非标准化债权资产的定义,同时考虑资金池业务的全部特征,综合各方面要素加以判断。

第三节 信托公司专业子公司的治理问题

近年来,一些信托公司为了实现转型创新的需要设立了信托专业子公司,致力于为客户提供股权投资、资产管理、投资管理、投资顾问等各类综合金融服务。但在运营过程中,与母公司存在潜在利益冲突的情况。《中国银监会办公厅关于进一步加强信托公司风险监管工作的意见》(银监办发〔2016〕58 号)提出要重视架构复杂化带来的管理难度和潜在风险,完善内部交易管理。

一、行业内信托子公司发展的现状

(一)信托公司设立子公司的趋势

目前信托行业正面临转型和发展的新常态,传统业务结构和发展模式亟待变革和调整,整个行业需要在新的市场条件和新的政策指引下寻找发展新动力。2014 年 4 月,中国银监会下发的《中国银监会办公厅关于信托公司风险监管的指导意见》(银监办发〔2014〕99 号,以下简称"99 号文")中指出,大力发展真正的股权投资,支持符合条件的信托公司设立直接投资专业子公司。自此,信托公司设立子公司开始有了监管部门的明确支持。

自 2014 年以来,信托行业转型正式进入加快实施阶段,信托专业子公司也逐渐受到关注,包括中信信托、平安信托、中融信托、中诚信托、上海信托和兴业信托在内的多家信托公司,已经成立了信托专业子公司开展股权投资、资产管理等业务。目前信托公司设立子公司的业务范畴、运营模式和运作载体已呈多元化,主要为直投子公司、基金子公司、国际业务子公司和财富管理子公司四大主要业态。

可以说,信托公司子公司的设立,承载着信托行业转型发展、提高信托公司专业运作能力、信托业务创新发展和隔离风险等多重使命,信托公司子公司也被定位为信托公司战略转型平台。

(二)当前信托子公司发展中存在的问题

1. 监管政策尚未明确

自99号文明确鼓励信托公司设立子公司以来,当前针对子公司的具体政策一直处于缺位状态。《信托公司条例》(征求意见稿)和《信托公司行政许可事项实施办法》也未就信托子公司设立、监管、运作做具体规定,致使信托子公司设立与监管目前尚处于不明确的状态,间接延缓了信托公司转型的步伐。

2. 业务模式仍以通道类业务为主

从已经设立子公司的信托公司看,多数子公司仍缺乏明晰的战略定位和实际操作模式,多以通道业务和"类信托"业务为主导,专业人员配置不足,对于投资业务仍持观望状态,尚未能真正起到支持信托转型的战略作用。

3. 对母公司依赖程度较高

现阶段子公司在综合实力上与知名投资机构的差距较大,缺乏独立发展能力,对母公司的依赖程度仍然较高,集中表现在对客户资源、发行能力、品牌和人员的依赖性,短期内自主经营能力仍为发展短板。

二、母子公司治理问题

《中国银监会办公厅关于进一步加强信托公司风险监管工作的意见》(银监办发〔2016〕58号)提出,各银监局要将风险治理体系建设作为引导信托业务转型发展的监管重点,推动信托公司优化股权结构,深化治理体系改革。督促信托公司落实股东实名制,如实披露股东关联关系信息,推进实际控制人信息"阳光化",落实股东责任。督促信托公司董事会将风险战略纳入公司战略规划,明确风险偏好,建立风险挂钩的薪酬制度,培育良好风险文化,并根植于从董事会、高管层直至一线员工的经营管理各环节中。支持信托公司探索专业子公司制改革,增强资产管理专业能力,重视架构复杂化带来的管理难度和潜在风险,完善内部交易管理。

(一)统一内控合规与风险管理制度

第一,实施统一的合规与风险政策。首先,子公司初创期或依托母公司建立合规风控体系,在内控合规、风险、审计等方面实施统一管理;其次可以通过编制内控与风控手册、内部培训等方式明确合规与风险相关政策,并体现与母公司在相应政策上的协同。同时,要明确清晰地框定业务边界,参考母公司的制度,制定符合子公司现状的问责与薪酬延递制度。

第二,向子公司提供综合合规支持。子公司设立的前期,或由母公司派驻合规风控人员,并承担培养子公司队伍的职能。随着子公司人员慢慢成熟,可以逐步转为提供业务指导与咨询;当子公司队伍逐步独立时,母公司合规部门的角色则主要转到行使运行检查与监督职能。

第三,注重母公司对子公司的合规评估与检查。一是通过不定期评估与定期检查相结合的方法,深入了解子公司的内部管理、业务开展、财务安排、人事情况以及薪酬管理等方面内容。二是所有内部制度文件、业务资料和公司报表均可备案并且定期报送母公司存管。三是母公司需要安排合规人员参与子公司的项目评审会,担任第三方观察员的角色,可不介入具体业务决策,但可视情况行使否决权。根据子公司发展的阶段,选择事前报批、事中报告或事后报备的合规报告机制。建立定期报告与临时报告制度,日常业务定期报告,重大突发事件临时报告。减少流转环节,简化报告格式,提高效率。实现管理系统信息化,实时数据共享,母公司对于子公司的业务、财务、人事、薪酬等基础数据拥有一定的浏览权限,并可以根据相关制度,要求子公司提供详细数据或者资料备查。

(二)建立母子公司之间的风险隔离墙

信托公司应当与专业子公司之间建立人员、资金、业务、信息等方面的防火墙,避免风险由专业子公司传递到信托公司。

第一,加强母子公司之间的信息隔离墙建设。一是子公司的业务资料在子公司层面集中管理,母公司仅在合理的权限内进行查阅。二是保密信息分层隔离,尤其是母子公司各自享有的商业秘密,应各自独立保存,防止信息相互渗透。三是客户信息应独立管理,尤其是在子公司发展期和成熟期,随着自有品牌建设逐步步入轨道,子公司建立自身的客户信息系统,并与母公司前期投入的品牌支持、客户支持做好区分。

第二,加强母子公司之间的风险隔离墙建设。在具体操作上,一是在公司宣传材料、业务推介材料以及合同文本中明确业务主体,明确区分母公司与子公司的品牌、人员、产品,并且在风险揭示书与重要签字处进行反复提示。二是强调自身的专业性与独立性,通过对内部人员的行为管理,防止相关业务人员在展业过程中夸大母公司的担保或者兜底能力的情况出现。三是加强风险隔离,制定相应的问责追责制度,防止风险从子公司向母公司传播。四是信托公司应当定期对与专业子公司之间的防火墙、风险隔离情况进行评估,并根据评估情况持续改进。

(三)加强母子公司内部交易的规范管理

信托公司与专业子公司之间发生的资产、资金、服务等资源或义务转移的内部交易行为应有明确规范,避免利益输送。

第一,建立集团内部资源共享机制。作为一家新创立的专业子公司,在资产管理等市场领域面临来自不同方面对手的激烈竞争。信托公司应积极提供业务项目、客户、资金等支持,进行数据、研发、信息系统等资源的共享,输出管理团队等,加强协同运作,以利其生存发展,并确保其业务经营符合信托公司的整体战略和总体利益。

第二,完善内部交易审查程序。信托公司应当根据自身情况对内部交易的额度、交易形式、交易条件、风险暴露及风险影响等内容建立相应的内部审查程序,以审查内部交易的合理性、是否存在不当利益输送、是否侵害投资者或客户消费权益,是否造成规避监管或违规操作等。

第三,遵循商业化、市场化交易规则。信托公司母子公司之间内部交易应当按照市场化、商业化原则进行,严格遵守《信托公司管理办法》等有关监管规定,以公平的市场价格进行,健全和完善内部交易的定价机制。信托公司在内部交易中不得利用其母公司地位损害专业子公司和客户的合法权益。

第四,建立内部交易的报告和信息披露机制。信托公司与专业子公司之间开展内部交易,应严格按照《信托公司管理办法》等有关监管规定,逐笔向银监会事前报告,并按有关规定进行信息披露。信托公司根据年报等信息披露要求,应及时、完整、充分地披露内部交易情况。

三、信托公司子公司的监管

(一)关于私募基金管理人的监管

有些信托专业子公司作为私募基金管理人,按照中国证券监督管理委员会(以下简称"证监会")监管框架下的监管政策开展资产管理业务,已在基金业协会备案了多只私募基金产品。相应地,它们也应当受到证监会、基金业协会的监管。凑巧的是,有些信托公司也登记为私募基金管理人。母子公司均备案为私募基金管理人的情况下容易产生潜在利益冲突,故根据私募基金监管的要求,应当在法人治理结构、利益冲突防范、人员独立性、信息防火墙等方面规范管理,使母子公司作为私募基金管理人在资产、人员、业务等方面相互独立。从这种程度上来看,母子公司之间的独立性还应当符合证监会、基金业协会的监管要求。

同时,由于母子公司分属不同的监管部门,对于监管部门来说,为满足全面覆盖风险以及防范风险传递的需要,可能通过信托公司与其他金融监管机构之间的信息共享等,并对信托公司采取相应督促措施,从而实现间接监管目的,避免监管真空或重复监管。

(二)参照金融同业子公司的监管规则

信托业目前专业子公司已经普遍存在,但是,对于信托业专业子公司的监管规定尚未出台。由于金融行业的某些共性,信托专业子公司的监管办法基本可以参照金融同业专业子公司的相关规定,同时结合信托行业的特点进行完善。鉴于此,研究金融同业子公司的监管规则显得十分必要。

银监会于2008年颁布《银行并表监管指引(试行)》,并于2015年颁布了修订后的《商业银行并表管理与监管指引》;2014年7月银监会颁布了《金融租赁公司专业子公司管理暂行规定》,明确银监会对金融租赁公司专业子公司实施并表监管;2014年12月保监会颁布了《保险集团并表监管指引》,对保险集团的并表管理做出了规范。可见,随着金融综合化经营改革的深入,并表监管已成为金融监管的趋势。待信托公司子公司的监管政策明确后,监管机关或采用并表监管的方式。

当然,并表监管与子公司独立法人地位亦存在矛盾之处。专业子公司作为一个具有独立法人地位的公司,在公司治理、战略发展、经营决策、投资管理等方面具有法律所赋予的独立权力;而作为信托公司的一部分,则要接受信托公司的并表管理,在战略发展、业务协同、风险偏好上考虑集团的整体安排,可能造成对母公司的过度依赖甚至隐性担保,期待监管部门努力实现业务发展与风险管控的平衡。

第四节 对赌协议在股权投资类信托中的法律实务

对赌协议,亦称估值调整协议,系基于投资方与融资方在信息上的不对称,而由投资方与融资方订立的在将来发生约定的条件时,双方为或不为一定行为的协议。除了估值调整的作用外,对赌协议还可用于激励公司管理层,从而达到投资方与融资方双赢的局面。基于此,对赌协议具有广泛的市场需求,并经常被应用于股权投资领域。在目前中国金融法治不健全的大环境下,对赌协议缺乏明确的法律规定,由此导致了业内在对赌协议上的不同态度,甚至无法在某些问题上达成共识。本书拟从国内司法案例出发,结合

《合同法》、《公司法》、金融法及相关法律法规规定,综合阐述在目前法律环境中运用对赌协议需注意的若干问题。

一、对赌协议在股权投资类信托中的适用范围

在股权投资类信托业务中,对赌协议可以适用于信托公司与目标公司股东、管理层之间,但若对赌协议适用于信托公司与目标公司之间,则存在较大的法律风险。

这是由于,目前我国法律法规并未明确规定对赌协议可以适用于投资方与目标公司之间,而参考最高人民法院对"甘肃世恒有色资源再利用有限公司等与苏州工业园区海富投资有限公司增资纠纷再审案"的判决,投资方直接与目标公司的对赌违反了《中华人民共和国公司法》(以下简称"《公司法》")第二十条的规定。《公司法》第二十条规定:"公司股东应当遵守法律、行政法规和公司章程,依法行使股东权利,不得滥用股东权利损害公司或者其他股东的利益;不得滥用公司法人独立地位和股东有限责任损害公司债权人的利益。公司股东滥用股东权利给公司或者其他股东造成损失的,应当依法承担赔偿责任。公司股东滥用公司法人独立地位和股东有限责任,逃避债务,严重损害公司债权人利益的,应当对公司债务承担连带责任。"因此,投资方直接与目标公司的对赌损害了公司利益和公司债权人利益。此外,投资方直接通过对赌协议从目标公司获得财产可能违反《公司法》的原理及相关规定。根据公司资本维持原则,投资方作为股东,有权从目标公司获取财产的方式只能是通过减资程序退出公司或目标公司分配利润。据此,我们认为,在股权投资类信托业务中,信托公司与目标公司之间的对赌协议可能被法院认定为无效。

此外,应该注意:(1)若与信托公司进行对赌的目标公司股东为国家出资企业,则需按照法律法规的规定履行相关的程序,避免国有资产流失的情形;(2)若对赌协议项下的目标公司为拟上市企业,则需遵守证监会的相关规定。

二、对赌协议的法律效力

目前我国法律法规并未明确规定对赌协议的效力。参考最高人民法院对"甘肃世恒有色资源再利用有限公司等与苏州工业园区海富投资有限公司增资纠纷再审案"、北京第一中级人民法院对"北京某投资中心诉曹某某股权转让纠纷案"的判决,投资方与目标公司的对赌因损害了公司及公司债权人的利益而被认定无效。我们认为,在不违反《中华人民共和国民法通则》(以下简称"《民法通则》")、《中华人民共和国合同法》(以下简称"《合同法》")、《公司法》及金融相关法律法规规定的前提下,投资方与目标公司股东的对赌协议应当有效。

从《合同法》的角度看,对赌协议系射幸合同,结果具有或然性,实质上是通过一定条件下的估值调整达到风险再分配的特殊机制,如果设置合理、公平,则该约定系对双方权利和义务的一种对等约束,不违反法律行政法规的强制性规定,也未损害公共利益和债权人的合法权益。在股权投资过程中,对赌协议通常是在股权投资者以溢价方式增资的情况下作出的约定。在溢价方式增资的情况下,原股东因新股东的溢价增资而按其持股比例分享了溢价部分的股东权益,如果不能实现预期的盈利目标,则表示目标公司增资时的实际股权价值低于约定价值。股权投资方与原股东达成的估值调整机制,既可以降低投资方错误判断公司股权价值的投资风险,投资方还以此对融资方进行激励和约束。

当然,由于目前我国法律法规缺乏对对赌协议的直接规定,从审慎的角度来看,应当参考具体的对赌协议设置进而判断其法律效力。

三、有效对赌协议的构成要件

参考最高人民法院对"甘肃世恒有色资源再利用有限公司等与苏州工业园区海富投资有限公司增资纠纷再审案"的最终判决,投资方与公司股东的对赌协议并不损害公司及公司债权人的利益,不违反法律法规的禁止性规定,是当事人的真实意思表示,是有效的。据此我们认为,对赌协议若要具备完全的法律效力,除了需满足《合同法》的相关规定外,至少还应满足下列条件:

1. 对赌条件需构成法律上的"条件"

对赌协议,目的是进行估值调整,系基于投资方与融资方在信息上的不对称,而由投资方与融资方订立的在将来发生约定的条件时,双方为或不为一定行为的协议。据此,对赌协议属于附条件的民事法律行为。根据《最高人民法院关于贯彻执行〈中华人民共和国民法通则〉若干问题的意见(试行)》第七十五条的规定,"附条件的民事行为,如果所附的条件是违背法律规定或者不可能发生的,应当认定该民事行为无效"。因此,对赌协议设定的对赌条件应当是在约定时未发生的且不知道将来是否发生的事实。若对赌条件在设定时已经明确为不可能发生的事实,则不构成法律上的条件,该对赌协议可能因此被法院认定为无效。

2. 对赌失败的责任在实质上不得由目标公司承担

根据对赌协议,若目标公司的股东在对赌失败,需承担相应的责任。而实践中,若目标公司承担对赌失败的责任在实质上由目标公司承担,则违反了法人财产独立原则,同时损害了目标公司与目标公司债权人的利益,可能因此被法院认定为无效。

3. 谨慎设置保底条款

实践中,存在信托公司在股权投资类信托业务中设置对赌条款,无论成就何种条件,信托公司均将享有一定的收益,从而实现"假股实债"的目的。根据《最高人民法院关于审理联营合同纠纷案件若干问题的解答》第四条第二项:"企业法人、事业法人作为联营一方向联营体投资,但不参加共同经营,也不承担联营的风险责任,不论盈亏均按期收回本息,或者按期收取固定利润的,是名为联营,实为借贷,违反了有关金融法规,应当确认合同无效。"我们认为,信托公司具备贷款经营权,该类对赌条款并不因此而当然无效。但是,该类保底条款具有仅约定收益而不承担任何经营风险的特征,违反了股权投资领域的风险共担原则,在实践中可能被法院认定为无效。

此外,在不满足"四三二"条件的房地产信托项目中,若信托公司采取"股权加债权"的投资模式,在股权投资部分设置了保底条款,则项目的整体交易结构可能会被监管机关认定为债务性融资,进而存在被认定为变相突破"四三二"规定的可能。

4. 不得通过对赌协议掩盖非法目的

实践中,存在投资方与目标公司股东设置明显不能发生的条件、一方或双方阻止条件发生以达到其他交易目的的情形,如通过设置对赌协议实现企业间的借贷等。根据《合同法》第五十二条第三款的规定:"有下列情形之一的,合同无效:……(三)以合法形式掩盖非法目的。"因此,以对赌协议的方式实现其他非法的交易目的,可能将会被法院认定为无效。

5. 对赌协议的设计应当合理、公允、明确

对赌协议作为双方法律行为,在权利和义务的设计上应当体现双方的意志,以确保合理、公允。例如,投资方同意对目标公司进行再增资,是由于目标公司达到了对赌协议约定的公司业绩;目标公司的股东同意对投资方进行补偿,是由于投资方对目标公司进行一定倍数的溢价融资,而目标公司未达到对赌协议约定的公司业绩,等等。因此,若对赌协议在设置时即给一方设定过重的不合理义务,该方有权根据《民法通则》第五十九条的规定,请求法院予以变更或者撤销。

在对赌协议中明确估值调整的整体安排,列名股权投资时所依据目标公司的经营状况、财务数据、行业前景等因素、目标公司及其股东对业绩的承诺,并明确列明投资价款确定的方式或计算公式,有利于法院综合考量并认可估值调整条款的公平合理性。

6. 对赌协议的设计应当合法

对赌协议设计的初衷是估值的调整,若简单地设计对赌条件(如简单地以上市公司未来的股票价格为触发条件设置对赌),有可能落入非法赌博的范畴。因此,对赌协议的设计应当始终围绕估值,以估值的调整为设计的目的。

此外,为确保交易的顺利进行,信托公司在设计对赌协议时可以采取重复调整的方式:(1)在满足不同等级的条件时,实现相应的收益;(2)在项目推进的过程中,双方可协商对条件的设定进行适当变更。

总之,对赌条款的约定应注意不能违反中国法律、法规强制性规定,尤其要避免与目标公司对赌;在协议中明确估值调整的整体安排,注重体现对赌协议的公平合理性。

第五节 "股加债信托"中次级债权的法律风险及防范

由于企业间借贷被认定为无效的法律风险现实存在,股加债信托中的次级债权本金和利息能否得到司法机关的支持尚存在法律上的争议。最高人民法院在《最高人民法院关于审理民间借贷案件适用法律若干问题的规定》中指出法院应当有条件地认定企业间借贷有效,当前司法实践中开始出现有条件认定企业间借贷有效的司法判例。未来司法实践可能更倾向于认定次级委托人以其合法持有的次级债权认购次级信托单位的行为合法有效,且债权本息应当得到保护。基于目前的司法环境,股加债信托的交易结构在设计上可通过委托贷款、过桥资金划转、调整股债比例等方式进行优化,最大限度地降低法律风险。

一、股加债模式的产生背景

在房地产信托领域,信托公司向房地产开发企业提供资金融通,主要通过流动资金贷款、固定资产贷款以及买入返售等交易安排。然而,根据目前的监管规定,信托公司通过上述方式向房地产开发企业提供融资均存在相关的限制。

首先,信托公司不得向房地产开发企业发放流动资金贷款①,房地产开发企业所在的集团公司亦不得通过母子公司借款和其他各种关联交易将信贷资金违规流入房地产市场②。因此,监管机关在禁止信托公司向房地产开发企业发放流动资金贷款的同时,也要求信托公司在向建筑施工企业、集团公司等发放流动资金贷款时对资金用途进行监管,严格防范上述信贷资金违规用于房地产开发③。

其次,信托公司发放贷款的房地产开发项目必须满足"四证齐全"、开发商或其控股股东具备二级资质、项目资本金比例达到国家最低要求④等条件⑤,因此,信托向房地产开发项目提供融资必须满足"四三二"的监管要求。此外,对不满足"四三二"监管要求的房地产开发项目,信托公司不得以投资附加回购承诺、商品房预售团购等间接方式发放房地产贷款⑥。

基于上述监管环境,自 2010 年起,多家信托公司开始推出股加债信托业务模式。虽然各地银监局对股加债信托模式存在不同的监管态度,甚至同一地区的银监局在不同时期也存在不同的监管尺度,但部分监管机关对股加债信托的默许态度却是不争的事实。正是基于以上监管背景,股加债信托业务应运而生。

股加债信托模式,即优先级信托资金通过增资的方式全部投资于项目公司的股权,项目公司股东或关联方以其对项目公司的借贷债权(即"次级债权")认购次级信托单位,且优先级信托单位与次级信托单位的比例接近 1∶1。信托计划以项目公司偿还的次级债权本息向优先级信托单位分配信托利益,信托计划到期后,以剩余信托财产向次级委托人进行原状分配。

二、股加债信托模式存在的法律风险

股加债信托模式在特定的监管环境下产生,虽然部分地方监管局对股加

---

① 参见《中国银监会办公厅关于加强信托公司房地产、证券业务监管有关问题的通知》(银监办发〔2008〕265 号)第二条;《2017 年信托公司现场检查要点》第二条第二款。
② 参见《中国银监会关于进一步推进改革发展加强风险防范的通知》(银监发〔2011〕14 号)第一条第三款。
③ 参见《中国银监会办公厅关于加强信托公司房地产、证券业务监管有关问题的通知》(银监办发〔2008〕265 号)第二条。
④ 项目资本金最低必须达到 30%。
⑤ 参见《中国银监会办公厅关于信托公司房地产信托业务风险提示的通知》(银监办发〔2010〕343 号)第一条;《2017 年信托公司现场检查要点》第二条第二款。
⑥ 参见《中国银监会办公厅关于信托公司房地产、证券业务监管有关问题的通知》(银监办发〔2008〕265 号)第一条;《2017 年信托公司现场检查要点》第二条第二款。

债信托模式采取默许的态度,但是股加债信托本身在交易结构的设计上存在着诸多的法律风险,主要存在交易结构的违规风险和次级债权本息的法律风险。

(一)股加债信托交易结构的违规风险

1. 股加债信托模式的交易实质

在房地产开发领域,设立项目公司并以项目公司的名义对相关房地产开发项目进行开发建设是一种较为普遍的投资方式。项目公司的股东通过出资、股东借款等方式为项目公司提供开发资金,往往形成一笔或者多笔股东借款。项目公司的股东以股东借款形成的债权认购次级信托单位,通过向社会合格投资者募集优先级信托资金的方式为项目公司获得资金融通。在信托计划顺利退出的情况下,信托计划向项目公司的股东进行原状分配,由此项目公司的股东对项目公司持有的债权转变成股权;在项目公司违约的情况下,信托公司对项目公司同时持有股权和债权,信托公司可通过股权对项目公司实现控制或行使重大事项一票否决权,在按照合同约定处置相关资产并保证优先级信托利益的完全兑付后,信托公司向项目公司的股东进行原状分配。

无论信托计划是否顺利退出,股加债信托模式在交易目的上为房地产开发企业提供了资金融通,这是不争的事实。正是由于这个原因,股加债信托模式从一开始就引起了广泛的讨论。有观点认为,股加债信托模式是一个"假股真债"的交易结构,特别是信托计划对项目公司进行增资并取得项目公司的股权,由于该部分股权最终需向项目公司的股东进行原状分配,该部分股权可能不属于真正的股权投资,股权与债权同比例的安排实现了信托向房地产开发企业融通资金的目的,从而导致股加债信托模式的整体交易结构更倾向于债务性融资。

然而,信托行业内对此也存在不同的观点。有观点认为,股加债信托模式在各方面交易结构的安排上均有别于简单地向房地产开发企业提供项目融通资金(例如直接发放项目贷款)的行为,主要体现在:

(1)信托公司以优先级信托资金对项目公司增资并成为项目公司的股东,此种方式便于信托公司进行较深层次的管理干预和风险控制,有利于减少信息不对称,有利于实时把控项目的完工、销售、管理、财务等主要的实质性风险点,从而可在受托人尽职尽责的基础上从本质上体现"实质重于形式"的监管宗旨。

(2)信托公司增资持股成为项目公司股东之后,可以对项目公司的董事进行优化管理,包括向项目公司派出董事、对重大事项行使一票否决权等;可以对项目公司的财务进行管理,包括管理相关的财务账户等。

(3)信托公司成为项目公司股东后,可以对项目公司的印章进行管理,如公章与合同章的管理等,并可以对房地产开发项目实现有效的资金监管。基于以上原因,股加债信托模式不属于债务性融资。

2. 股加债信托模式的监管现状

自2010年起,多个信托公司开始推出股加债模式的信托项目。截至目前,监管机关并未认定该类业务违反相关监管规定。现阶段,监管机关对该模式属默许态度。现行监管规定尚未将该模式明确界定为债务性融资,但也正因为如此,未来并不能排除监管部门为了配合房地产宏观经济需要而出台限制性规定的可能性。如果监管部门将其明确界定为债务性融资的,信托公司应当遵守相关规定。

值得说明的是,对于"股加贷模式"(即信托计划向项目公司增资后存在向项目公司提供股东借款的交易安排),不同的监管局存在不同的监管态度,甚至同一监管局在不同的时点也存有不同的监管态度。例如,自2013年下半年之后,深圳银监局在对房地产信托项目的窗口指导中,对股加贷信托模式采取了不允许办理的态度。

(二)次级债权本息的法律风险

股加债信托模式存在次级债权本息的法律风险,主要体现在:(1)项目公司的股东对项目公司提供的股东借款是否合法有效;(2)股东借款的本金和利息是否均受法律保护;(3)项目公司股东持有的借贷债权能否认购信托单位。

1. 企业间借贷的法律效力

《贷款通则》第六十一条规定:"各级行政部门和企事业单位、供销合作社等合作经济组织、农村合作基金会和其他基金会,不得经营存贷款等金融业务。企业之间不得违反国家规定办理借贷或者变相借贷融资业务。"第七十三条规定:"行政部门、企事业单位、股份合作经济组织、供销合作社、农村合作基金会和其他基金会擅自发放贷款的;企业之间擅自办理借贷或者变相借贷的,由中国人民银行对出借方按违规收入处以1倍以上至5倍以下罚款,并由中国人民银行予以取缔。"《最高人民法院关于对企业借贷合同借款方逾期不归还借款的应如何处理的批复》(法复〔1996〕15号)规定:"企业借贷合同违反有关金融法规,属无效合同。"《中国人民银行关于对企业间借贷问题的答复》(银条法〔1998〕13号)规定,"借贷属于金融业务,因此非金融机构的企业之间不得相互借贷……企业间订立的所谓借贷合同（或借款合同）是违反国家法律和政策的，应认定无效。"

此外，实践中存在大量的企业间借贷被判无效的案例。因此，根据目前法律法规的明确规定和现存已有的相关判例，企业间的借贷因违反法律法规的强制性规定而无效。由于公司与股东均为独立的企业法人，股东借款的法律效力与一般企业间的借贷行为并无实质差异。据此，在股加债信托模式中，项目公司的股东对项目公司提供的股东借款构成企业间借贷，因违反强制性法律规定而当属无效。

2. 股东借款的本金和利息是否均受法律保护

企业间的借贷关系属合同关系。《中华人民共和国合同法》第五十八条的规定："合同无效或者被撤销后，因该合同取得的财产，应当予以返还……"由于企业间借贷因违反强制性法律规定而当属无效，借款人应当返还本金。在企业间的借贷合同被认定无效后，由于缺乏合法的依据，该部分本金对借款人而言属不当得利，应当予以返还。

《贷款通则》第七十三条规定："行政部门、企事业单位、股份合作经济组织、供销合作社、农村合作基金会和其他基金会擅自发放贷款的；企业之间擅自办理借贷或者变相借贷的，由中国人民银行对出借方按违规收入处以1倍以上至5倍以下罚款，并由中国人民银行予以取缔。"据此，企业间借贷被认定无效后，出借方的利息收入应当被收缴。因此，企业间借贷约定的利息并不受法律的保护。

3. 项目公司股东持有的借贷债权能否认购信托单位

由于目前法律法规规定企业间不得相互借贷，那么能否以企业间的借贷债权认购次级信托单位？

《中华人民共和国信托法》（以下简称"《信托法》"）第十一条规定："有下列情形之一的，信托无效：……（三）委托人以非法财产或者本法规定不得设立信托的财产设立信托……（六）法律、行政法规规定的其他情形。"所谓"非法财产"，是指以非法手段取得的财产，由于该财产不属于委托人合法所有，因此不得设立信托；所谓"不得设立信托的财产"，是指国家禁止流通的财产，由于该财产禁止流通，因此亦不得设立信托。

第一，所谓非法财产，是指不属于委托人合法所有的财产。在股加债信托模式中，项目公司股东（即"次级委托人"）以其对项目公司持有的借贷债权认购信托单位，该部分借贷债权的本金系次级委托人合法所有。但是，由于股加债信托模式中，次级债权的利息往往需在支付相关的信托税费、信托报酬后,保证优先级信托利益得到分配,因此实践中该部分利息往往约定得较高。由于次级债权的利息并不受法律保护,因此该部分利息并非属于次级委托人合法所有的财产。根据《信托法》的规定,以非法财产设立的信托无效。

第二,所谓"不得设立信托的财产",是指禁止流通的财产,因此信托财产应当是可以流通的财产。除法律有特别规定①外,应收债权是可以流通转让的。债权是一种财产权,从信托原理看,债权可作为信托财产。因此,在股加债信托模式中,债权可以作为信托财产。

综上所述,在股加债信托模式中,次级债权的本金应当受法律保护,次级债权的利息不受法律保护,因而次级债权利息不属于次级委托人合法所有的财产。在法律后果上,由于次级债权的利息不受法律保护,信托公司要求项目公司按时足额偿还次级债权利息的权利能否得到人民法院支持在实践中存在较大的疑问。进一步,由于次级债权利息往往用以支付优先级信托利益,因此若次级债权利息得不到人民法院的支持,则优先级信托利益得不到相应保障。即使是在次级债权存在抵押、担保、质押等担保措施的情况下,若次级债权利息得不到人民法院的支持,则上述抵押、担保、质押等担保措施仅仅只能确保次级债权本金得到优先受偿。

三、司法动向及效力认定

(一)企业间借贷的司法动向

2015年8月6日最高人民法院发布了《最高人民法院关于审理民间借贷案件适用法律若干问题的规定》,第一条规定:"本规定所称的民间借贷,是指自然人、法人、其他组织之间及其相互之间进行资金融通的行为。经金融监管部门批准设立的从事贷款业务的金融机构及其分支机构,因发放贷款等相关金融业务引发的纠纷,不适用本规定。"第十一条规定:"法人之间、其他组织之间以及它们相互之间为生产、经营需要订立的民间借贷合同,除存在合同法第五十二条、本规定第十四条规定的情形外,当事人主张民间借贷合同有效的,人民法院应予支持。"第十四条规定:"具有下列情形之一,人民法院应当认定民间借贷合同无效:(一)套取金融机构信贷资金又高利转贷给借款人,且借款人事先知道或者应当知道的;(二)以向其他企业借贷或者向本单位职工集资取得的资金又转贷给借款人牟利,且借款人事先知道或者应当知

---

① 根据《合同法》第七十九条的规定,以下三种债权不得转让:(1)根据合同性质不得转让,(2)当事人约定不得转让,(3)法律规定不得转让。

道的;(三)出借人事先知道或者应当知道借款人借款用于违法犯罪活动仍然提供借款的;(四)违背社会公序良俗的;(五)其他违反法律、行政法规效力性强制性规定的。"据此,最高人民法院对于企业间借贷的效力予以认可,但限制为法人之间、其他组织之间以及它们相互之间为生产、经营需要订立的民间借贷合同。

(二) 股东借款的效力认定

虽然股东与公司均为独立的企业法人,股东借款的法律效力与一般企业间的借贷行为并无实质差异。但是,在司法实践中,由于股东与公司的关联关系,人民法院往往对该等借款关系与一般的企业间借贷加以区别。

2012年1月11日重庆市高级人民法院在"烟台市福泰公司与重庆鼎泰公司企业借贷纠纷上诉案"中对股东借款的效力认定作出如下判决:"二、关于《还款协议》的效力问题。《还款协议》是鼎泰公司与福泰公司双方真实意思表示。从协议内容看,双方约定的是福泰公司向鼎泰公司借款的归还事宜。该借款是鼎泰公司作为持有福泰公司55%股权的股东,为福泰公司提供的借款。借款的用途是用于福泰公司热电项目的建设和发展。《还款协议》约定的资金使用费率,不高于人民银行同期贷款基准利率。该协议内容不违反法律、行政法规的强制性规定,应属有效。"据此,早在2012年,重庆市高级人民法院就作出有条件认定股东借款有效的判决。

结合重庆市高院的判决,我们可以谨慎地得出以下结论:在股加债信托模式中,认购次级信托单位的次级债权是项目公司股东与项目公司之间股东借款形成的借贷债权,虽然根据我国法律法规规定,企业之间不得互相借贷,但实践中,企业与其关联方之间的在该方面的违法性相对弱化,主要焦点是不正当关联交易导致的利益输送。为此,应重点关注关联交易是否支付合理的对价。一般而言,若股东借款约定的利息不高于人民银行同期贷款基准利率,人民法院在自由裁量上更倾向于认定该类借贷关系属合理范围之内,从而倾向于肯定其借贷的有效性。鉴于在股加债信托模式中,次级债权约定的利息往往较高,该等股东借款的效力能否得到人民法院的支持,可以从以下两个方面加以考虑:

1. 股加债信托模式是一项整体的交易安排

在股加债信托业务中,合格投资者认购优先级信托单位,项目公司股东以其对项目公司的借贷债权认购次级信托单位;受托人以项目公司偿还的次级债权本息向优先级信托单位分配信托利益,且每期优先级信托单位分别对应当期项目公司偿还的次级债权本息。因此,股加债信托模式系一项整体的交易安排,项目公司股东以借贷债权认购次级信托单位的时间节点与合格投资者认购优先级信托单位的时间节点往往保持一致,且在金额上接近1∶1,因此该等信托属集合信托,与仅仅以企业间的借贷债权设立财产权信托有着本质区别。

2. 股东借款是一种常规的房地产开发方式

项目公司股东通过借款的形式向项目公司进行投资的行为,该等行为在房地产开发领域是投资主体参与项目开发的一种普遍形式。在股加债信托模式中,若项目公司股东不以放贷为常业,为生产经营以及项目开发所需向项目公司提供临时性资金拆借,该等借款合同并不必然被认定为无效,该等利息并不必然被人民法院所收缴。根据重庆市高院关于股东借款的司法案例,在不违反法律、行政法规的强制性规定的前提下,次级债权的利息在央行同期同类贷款利率的四倍范围内应当受法律保护。

综上,结合重庆市高院关于股东借款的判决,都倾向于有条件认定企业间借贷的有效性,在一定程度上代表了司法态度的最新动向。

四、股加债信托模式的优化方案

虽然目前的司法态度在一定程度上代表了未来的改革动向,但是在股加债信托业务中,关于约定的次级债权利息的法律风险,主要系目前司法态度不明确的风险,即:经查询目前已有的司法案例,已经开始存在司法机关有条件承认企业间借贷合同有效的司法案例,且金融、司法的相关改革方向也在逐步向支持民间金融方向发展;但是与此同时,存在大量认定企业间借贷无效的案例。

为确保次级债权本息在司法实践中被认定为合法有效,股加债信托模式需按照以下几种方案进行优化:

(1)在股加债信托业务中,项目公司股东以委托贷款的方式向项目公司提供股东借款,将该企业间借贷的行为合法化;

(2)项目公司股东以对项目公司的借贷债权认购次级信托单位时,除了签订《债权转让及债权债务确认协议》外,还应当以《信托贷款合同》的方式将上述拟转让的借贷债权规范为信托贷款;为从根本上解决相应的问题,项目公司和信托公司需要一笔过桥资金按照上述的路径进行划转,使得《信托贷款合同》项下债权与原有债权彻底分离,以避免相应的风险;

(3)或者,在股加债信托模式中相应调整股债比例。目前市场上的股加债信托模式中,优先级信托单位与次级债权本金往往为1∶1,次级债权的利息与优先级信托单位的预期收益相匹配。由于次级债权的利息存在不受法律保护的风险,为确保优先级信托单位的预期收益,信托公司应当尽量将次级债权的本金设定为优先级信托单位本金和预期收益之和,在操作中,部分次级债权本金用于归还优先级信托单位本金,另一部分次级债权本金的归还与优先级信托单位预期收益进行匹配,从而将优先级信托单位的信托利益与次级债权的利息完全分离,最大限度降低相关的操作风险。

值得注意的是,不具备放贷资质、以放贷为常业的企业间借贷无效。而且,《最高人民法院关于进一步加强金融审判工作的若干意见》针对实践中存在的无金融资质的国有企业变相从事金融业务成为贷款通道的问题,要求对其变相从事金融业务,套取金融机构信贷资金又高利转贷的,应当依法否定其放贷行为的法律效力,并通过向相应的主管部门提出司法建议等方式,遏制其通道业务,引导其回归实体经济。在实务中,为确保项目公司按照借款合同的规定偿还本息,为避免因主合同无效而导致担保法律关系无效的情形发生,应当尽量确保企业间的借贷法律关系有效。据此,信托公司在股加债信托业务中,应确保项目公司股东不以发放贷款为常业或者变相从事信贷业务。

第六节 "股加债信托"项目下的"双重刚兑"风险

自2010年起,信托业开始加速推出股加债模式的信托项目,截至目前监管机关尚未将该模式明确界定为债务性融资,也并未认定该类业务违反相关监管规定。股加债模式与单纯的贷款相比具有很多优点,例如体现受托人主动管理的特点,不直接违反监管规则,有机会参与公司管理,可在一定程度上调整融资人资产负债比例等,但也应该清醒地认识到:股加债项目的信托公司实际承担着双重刚兑风险。作为信托计划的受托人,实际上承担了对投资者的兑付风险;作为项目公司股东,在特殊情况下,不得不承担对项目施工方和项目公司员工的讨债风险。诸如此类均应重视以便在风险发生时做好处置预案。

一、股加债信托项目的潜在不利面暗生风险因素

目前市场上对股加债房地产信托模式存在两种理解,即"股加贷模式"和"股加债模式"。典型的股加贷模式为:不特定的社会合格投资者以资金认购优先级信托单位,优先级信托资金一部分用于向项目公司增资持股,另一部

分以股东借款的形式发放信托贷款;项目公司的股东或其他关联方以其对项目公司的应收债权认购次级信托单位,到期原状分配信托利益,而优先级部分以信托贷款本息和次级债权本息分配信托利益。典型的股加债模式为:不特定的社会合格投资者以资金认购优先级信托单位,优先级信托资金一部分向项目公司增资持股,另一部分计入资本公积;融资方以对项目公司的应收债权认购次级信托单位,到期原状分配信托利益,而项目公司以项目的销售经营回款等还本付息,该部分资金用于向优先级信托单位分配信托利益。实践中,股加债模式往往会根据不同项目的不同情况进行变通,包括"项目公司增资+次级债权+股东借款"、"项目公司增资+次级债权转化为委托贷款"、"项目公司收购股权+增资+次级债权"等模式。

有些股加债信托项目,在实际操作中存在"名不副实,优点变弱项"问题,名义上这类项目结构一部分是股权投资,实际上却主要为债务融资性安排,股权债权化。结果,信托公司入股项目公司后,其对项目公司的经营管理等很难实际到位。股加债信托项目的潜在不利面暗中滋生相应的风险因素:

(1)在宏观上规避贷款规模控制。经过"股加债"式的包装,实际的债权融资脱离了贷款规模控制。

(2)脱离资金使用监控。由于包装成股权投资,因此融资资金的使用不像贷款资金一样受到严格限制。从对资金流向的检查情况看,融资方及其子公司可以在其账户之间任意划转,用于补充融资方流动资金或归还其他银行贷款,致使该类资金游离于资金用途监管体系之外。这样反而加大了具体项目的风险。

(3)虚假降低负债比例。项目公司收到融资款项后计入所有者权益科目,由于该类融资一般金额巨大,获取融资后可以显著降低项目公司的资产负债率。这样项目公司凭借融资以后的会计报表,可以更容易地向银行申请贷款。但虚降的资产负债率为新的融资埋下重大风险隐患。

股加债业务扩张的背后,潜在的风险在累积,可以说过大的规模、过于薄弱的风控、风险过高的投资标的,极有可能导致该类产品成为打破刚性兑付的炸弹。一旦出现大面积对投资者的兑付不能,必将引发信托业乃至金融业的强烈地震。

二、股加债信托项目的双重刚兑风险

(一)信托公司对投资者的刚兑风险

首先,我们考察信托公司作为受托人对投资者的刚兑风险。从法理上来看,除非信托公司具有管理失职和违背信托目的等违法行为,信托公司仅以信托财产为限承担信托利益支付义务。我们姑且不论行业内刚性兑付的潜规则是否合理。就受托人责任而言,受托人承担的责任在法理上属于专家责任,义务的标准非常高,且信托业监管规则繁多,信托公司作为金融机构必须履行审慎经营的义务。基于此,若信托公司违背上述规则,则直接具有违法的归责理由,构成违约的过错性。尤其应该看到,股加债信托的监管空白大,尽管监管部门对此持有默许的态度,但是,有的项目以规避"四三二"等监管规范为出发点,信托目的本身是否合理合法值得推敲。加上,为了满足主动管理的要求,在交易环节对融资人设置了很多义务,例如工程进度和销售进度考核指标,资金监管,董事会及股东会的否决机制,印信监管,等等。法律上权利和义务是对等的,从来没有只享受权利而不履行义务的合约机制。而这一点,信托更是完成了一个华丽转身,受托人的信托关系环节承担受托人义务,而在交易环节承担管理人职责——在交易环节中对交易对手的权利设置和义务约定,对受益人而言,全部而不是部分地转化成了管理义务。如果受托人怠于履行,则难辞其咎。

在实践中,信托公司和融资方对不少股加债信托项目设计产品的出发点或者说商业逻辑是"名股实债",但投资者对此并不知情,本身存在着对投资者误导的可能性。在这种商业逻辑之下,信托公司管得越少越好,或者说管理措施备而不用。信托公司怀着侥幸心理,疏于管理,或者放任原本属于自己的权利,或者在交易框架设计的时候没有重视细节和操作性,致使纸面上措施无法落地。在真正发生风险的时候,才发现当时对交易对手的宽容才是后来对投资者的过错。股加债信托项目在交易环节上股权投资和债权投资叠加在一起,法律关系比较复杂,不少信托项目在操作中不排除失当的可能性。

因此,此类项目一旦发生风险,信托公司将处于两难境地。一方面,此类投资类项目,受托人似乎更应该承担项目风险;另一方面,信托公司难免失察失当,不能完全脱离干系。部分信托公司考虑到其在行业内的清誉,不能第一个吃打破刚兑的"螃蟹",最终的选择可能还是刚兑。

(二)项目公司股东的风险

在股加债信托项目中,信托公司可能为名义上的大股东,这在风险处置时,具有一定谈判优势,在理论上也可参与公司管理,实时监测项目运营和销售。不过,因为在特殊情况下,实质的大股东和实际控制人身不由己,无法有效组织项目公司的运作。信托公司将重新考虑自己的定位,不得不"坐实"这个大股东的权利。例如：在发生项目风险时根据项目管理协议的约定，改组董事会和重新聘任经理，根据协议切实管理印信等，甚至直接面对项目公司工资支付以及承包合同款项的支付等问题。信托公司面临股权收购项目中的诸多难题，其中可能出现工程价款的支付及延伸开来的农民工欠薪，以及项目公司职工工资拖欠等出乎意料的棘手问题。

（三）关于优先支付农民工工资的问题

《建设领域农民工工资支付管理暂行办法》（劳社部发〔2004〕22号）第十一条规定："企业因被拖欠工程款导致拖欠农民工工资的，企业追回的被拖欠工程款，应优先用于支付拖欠的农民工工资。"《国务院办公厅转发建设部等部门关于进一步解决建设领域拖欠工程款问题意见的通知》（国办发〔2004〕78号）要求明确责任，优先解决拖欠农民工工资，"地方各级人民政府要采取有效措施，加强支付农民工工资保障制度建设，防止因建设单位拖欠施工企业的工程款，造成拖欠农民工工资问题"。《国务院办公厅关于切实解决建设领域拖欠工程款问题的通知》（国办发〔2003〕94号）则规定："……凡因工程项目业主拖欠建筑业企业工程款，致使建筑业企业不能按时发放农民工和工人工资的，要严肃追究业主的责任，责令其限期付清工程款，并向社会公布。已获得工程款的建筑业企业，要优先偿付拖欠农民工和工人工资。对恶意拖欠、克扣农民工和工人工资的建筑业企业，要严格按照国家有关规定进行处罚，通过媒体予以曝光，并追究有关责任人的责任；涉嫌犯罪的，移交司法机关依法处理。"这些规定显示了政府优先支付农民工工资的刚性的政策立场。

《合同法》第二百八十六条规定："……建设工程的价款就该工程折价或者拍卖的价款优先受偿。"《最高人民法院关于建设工程价款优先受偿权问题的批复》（法释〔2002〕16号）认定建筑工程承包人的优先受偿权优于抵押权和其他债权。《破产法》第一百一十三条认定破产人所欠职工的工资和医疗、伤残补助、抚恤费用等优先于普通破产债权。以上规定均体现了法律对施工价款和职工工资等的优先保护，信托计划对项目公司的债权需劣后于上述款项，当项目出现风险，非但信托计划到期时委托人投资收益可能无法保障，甚至连上述款项亦有可能无法支付。

信托公司入股项目公司，虽说其仅以出资额为限对公司债务承担有限责任，但其作为项目公司股东，一旦项目出现风险，建设施工单位及项目公司内部员工的讨债讨薪潮难免波及自身，不能幸免。此时，信托公司即将面临委托人收益兑付和施工价款及员工工资支付的双重风险。

值得注意的是，股加债信托模式就结构产品而言，是当下融合了投资者、信托公司、监管层各类要求的一种较好的产品模式,但仍应注意潜在的各类风险。当下,众多信托公司的房地产业务相关人士正集中精力,以力求目前存续房地产项目的正常运行和顺利退出。信托业应该早做准备,把各类风险摆上桌面,进行全方位压力测试,模拟信托产品的处置预案,建立起立体化风险全覆盖管理体系,完善缓释和化解机制。

第七节　国内家族信托实务操作中的法律问题

胡润2017年中国高净值人群报告显示：截至2016年,全国千万元级以上的高净值人群数量为134万人,亿万元级高净值人群数量为8.9万人。在2017年的中国富豪榜上,前十名上榜者的平均年龄在50岁左右,他们的长子、长女平均年龄超过35岁。以此推算,未来5至10年,中国家族企业将迎来历史上规模最大的一次家族传承。

一、家族信托概述

近年来,家族信托渐成信托业新宠,剔除所谓的"伪家族信托",比较典型的家族信托模式是：高净值的自然人客户委托信托公司设立单一资金信托,信托期限一般在20—50年,甚至还要长,或者一次性交付信托资金；或者,每满一个时间段设立一个开放期,委托人有权提前终止或修改信托合同条款。信托资金用于投资固定收益类产品及权益类产品。信托存续期间,委托人有权追加信托资金,有权向信托公司提供投资建议；同时,受托人有权参与信托财产的投资决策。

通常,在家族信托中,委托人指定其子女作为信托的受益人并按约定有权变更受益人。信托存续期间,如委托人死亡或者丧失民事行为能力,则委托人变更为其配偶；如其配偶死亡或者丧失民事行为能力,则由受益人决定是否继续本信托还是终止本信托；如受益人死亡,则委托人成为受益人；如委托人及受益人死亡,则受益人为委托人的配偶；如委托人及其配偶、受益人均死亡,则按法定继承进行。

由于很多委托人投保的保险额度很高,希望将家族信托与保险金的管理结合起来。

当然,国内高净值客户还多伴随移民需求和全球资产配置要求,本书仅讨论国内家族信托的法律问题。

二、家族信托中受益人的变更

在家族信托实务中,部分委托人希望在信托存续期间有权变更受益人。那么,在中国信托法律制度下如何评价这个问题呢?

(一)变更受益人的法理基础

首先,从一般民法法理上看,信托合同是民事合同的一种,民事合同可自愿变更,因此,信托当事人可自愿在信托合同中约定信托受益人的变更事宜。其次,从信托法理上看,信托是为了实现委托人的信托目的(意愿)而设立的财产管理关系。确定受益人以及约定信托受益权,本质上都是为了实现信托目的。因此,赋予委托人变更受益人及处分信托受益权的权利,正是为了实现信托目的的需要。即,信托目的决定信托受益人及受益权的变更,后者从属和服从于前者。尽管赋予委托人对受益人的变更权存在危害甚至剥夺受益人的信托利益的可能性,但信托法理在对尊重委托人意愿(实现信托目的)与保护信托受益人利益之间进行权衡后,天平偏向委托人一边。再次,在信托关系中,受益人和受益权的内容是由委托人指定的,因此,允许委托人通过信托合同保留受益人或受益权,也是符合法理逻辑的。

基于上述法理,《信托法》第五十一条[①]规定,在信托文件规定的情形下委托人有权变更受益人或者处分受益人的信托受益权。但是,《信托法》以及《信托法释义》[②]均未明确信托文件是以列举的形式或任意处分的形式就委托人变更受益人的权利进行约定。

据此,为保障信托公司作为受托人的利益,尽可能减少纠纷情形的发生,我们建议信托公司在家族信托项目的信托文件中采取"列举+兜底"的方式就委托人有权变更受益人的情形进行明确。同时,在信托合同约定委托人的变更权时,除了明确规定变更的事由外,还应注意变更的形式要件,包括:

(1)以书面形式做出;

(2)委托人书面通知受托人及受益人;

(3)由受托人书面通知其他关系人,例如托管行。

[①] 《信托法》第五十一条规定:"设立信托后,有下列情形之一的,委托人可以变更受益人或者处分受益人的信托受益权:(一)受益人对委托人有重大侵权行为;(二)受益人对其他共同受益人有重大侵权行为;(三)经受益人同意;(四)信托文件规定的其他情形。有前款第(一)项、第(三)项、第(四)项所列情形之一的,委托人可以解除信托。"

[②] 根据《信托法释义》关于对《信托法》第五十一条第(四)款的解释,委托人可以在信托文件中规定变更受益人或者处分受益人的受益权的其他情形,即委托人可以在设立信托的文件中保留变更受益人或者处分受益人的受益权的权利。

（二）变更受益人的限制

我们应当通过分析信托受益权的取得情形，从而判断保留变更权的公平合理性。实务中，信托受益权主要通过下列三种方式取得：其一，通过支付转让价款而取得，即通过交易关系获得了信托受益权；其二，通过对委托人履行约定的义务或者符合约定条件而获得，例如，通过履行赡养或者抚养义务而获得信托受益权；其三，通过单方受赠获得，该赠与不附加法定或约定的义务。

从理论上说，只有在第三种情形下，允许委托人保留对受益人或受益权的变更权，才较为公平合理。在第一种情形下，由于受益人通过支付对价而获得了信托受益权，若允许委托人变更受益权或受益人，则不但违反民法的公平原则，而且将使得受益人享有的受益权处于极其不稳定的状态，有违交易的安全，缺乏合理性。在第二种情形下，由于受益人通过履行法定或约定义务而获得信托受益权，在履行义务后即获得了要求委托人交付受益权的权利；如果此时还赋予委托人变更权，则有违权利义务对等的原则，缺乏公平合理性。当然，如果相对人在履行义务过程中，存在未履行义务或者履行瑕疵，或者约定的条件不具备，则委托人可根据约定不交付信托受益权，或者说相对人不享有信托受益权，这种情形下，相对人只是潜在的受益人，尚未成为受益人及取得受益权。

三、家族信托中的连续受益人问题

在实务中，很多家族信托会设置连续受益人，这种设计是否受到法律的支撑？

信托设立系民事行为，基于意思自治原则，委托人可在信托文件中规定受益人或其范围。《信托法》第四十四条规定："受益人自信托生效之日起享有信托受益权。信托文件另有规定的，从其规定。"据此，信托文件对受益人享有信托受益权的起始时间另有规定的，从其规定。信托文件系依委托人和受托人的意思表示而作成，原则上信托文件可以对受益人享有信托受益权的起始时间作出特别规定，在这种情况下，受益人并不是自信托生效之日起享有信托受益权，而是于信托文件规定的起始时间享有信托受益权。此外，因信托文件的性质和内容决定了信托生效时受益人不存在或者需要根据信托文件规定的范围予以确定的，只有等到受益人产生时，信托受益权才能确定归属，这种情形应当视为信托文件对受益人享有信托受益权的起始时间另有规定的情形。因此，委托人可以在文件中约定不同受益人取得受益权的顺序、时间、条件等。

根据目前各国法律、法规关于信托连续受益人制度的规定,信托连续受益人一般是指在享受信托利益方面,由信托设立者在信托文件中规定的存在两个以上并在信托利益享受上赋有前后顺序的受益人,即第一顺序受益人死亡后或条件实现后,由第二受益人享受信托利益,第二受益人死亡后或条件实现后,再由第三受益人享受信托利益。

(一) 英、美、日有关连续受益人制度的规定

以英国为例,基于双层用益制度(Use Upon A Use),英国制定了一系列的成文信托法律、法规,并通过判例法对保护信托中受益人进行了较为详细的阐述。如1925年《受托法》第三十三条规定:"(ii)如果前述信托在信托期限内失效或终止,那么,在信托的剩余期限内,前述收入应纳入一项新的信托,将收入用于抚养下列人士或维持他们的生活,或者以其他方式维护他们的利益——(a)主受益人、他(或她)的妻子(或丈夫)以及他(或她)的子女或者更远的后嗣;或者(b)主受益人如无妻子(或丈夫)或者后嗣,则指主受益人,以及假设主受益人死亡后有权享有信托财产或信托收入、年金基金或年金剩余额的人。"

以美国为例,可撤销的生前信托发源于美国,并于美国2000年出台的《统一信托法典》(Uniform Trust Code of 2000)予以明确,即委托人可根据自己的意愿随时撤销信托。这种可撤销信托主要表现在生前遗嘱代用信托方面。该制度规定了相继受益人和受托人对相继受益人负有义务,对他们的各自利益公平地予以适当的注意。为此,规定在指定的时间内将受益支付给一位受益人,最后再把本金支付给其他受益人。

以日本为例,日本《信托法》第九十一条规定:"信托中有因受益人的死亡,该受益人享有的受益权消灭,其他人取得新的受益权(包括因受益人的死亡,其他人按照顺序取得受益人)的规定的,在该信托设立已满三十年之后,在现存受益人根据该规定已取得受益权之情形下,到该受益人死亡时为止,或到该受益权消灭为止的期限内,拥有效力。"

(二) 关于信托受益权的继承

那么,在受益人死亡时其信托受益权是否为其遗产呢?

我国《信托法》第四十八条规定:"受益人的信托受益权可以依法转让和继承,但信托文件有限制性规定的除外。"信托受益权原则上可依法继承,但是要受信托文件中限制性规定的约束。一般来讲,信托文件对受益权继承的限制,主要包括以下两个方面:一是受信托文件受益权继承禁止条款的限制。委托人和受托人在设立信托的书面文件中可就信托受益权的继承作出禁止性的规定,信托文件还可以限制信托受益权继承人的范围。在信托文件对信托受益权的继承设定禁止条款的情况下,信托受益权不得继承,或者不得由禁止继承的人继承。二是受信托目的的限制。因信托是委托人为受益人的利益或者特定目的将其财产委托受托人管理和处分的制度,因此,信托受益权的行使应不违背信托目的,如果信托受益权的继承致使信托的存续违反信托目的或者导致信托目的不能实现,根据《信托法》第五十三条的规定,则该信托归于终止,信托财产将按照《信托法》第五十四条的规定确定归属人,信托受益权的继承人并不能从中取得信托受益权。因此,受益权的继承违反信托目的或者致使信托目的不能实现的,则该信托受益权不得继承。

此外,由于我国《信托法》未有连续受益人的制度设计,因此存在一定的法律风险,包括:

（1）缺乏设置合理信托期限的标准,以便契合信托法理上禁止永续的原则。

（2）作为一个不确定性因素,信托税制尤其是将来继承税可能对委托人及受益人产生影响。

（3）在司法实践中可能因对信托连续受益人理解的差异存在判决的不确定性。

四、家族信托中委托人变更

如前所述,实务中,家族信托的信托合同中常约定:在信托存续期间,如委托人死亡或丧失民事行为能力,则委托人变更为其配偶。

此种情形的本质是在特定条件（委托人死亡或丧失民事行为能力,且委托人的配偶同意）下,委托人权利和义务的概括转移,即委托人地位的变更。

在英美法系中,委托人在信托成立之后,与信托财产相脱离,基本上失去对信托财产的任何控制权,除非信托文件明示地为委托人保留了一定的权利。但是,基于文化传统和社会公众的心理预期,大陆法系却赋予信托委托人一定实质性权利:

第一,日本信托法在2006年新法之前,旧信托法并无规定,但日本学界通说认为委托人的权利具有身份专属性,财产性权利很少,因此,委托人地位不得转让。但日本2006年新信托法对此有突破,第一百四十六条明确规定在获得受托人与受益人的同意,或依信托行为所约定的方法,委托人的地位可转移给第三人。

第二,我国台湾地区信托法对委托人地位的移转未进行规定,学者认为,理论上应视其性质而回归民法的规定,如果是根据信托契约成立的信托,委托人的地位与契约当事人地位相当,所以委托人地位之移转与契约当事人之移转相同,应适用民法债权让与及债务承担之相关规定。

第三,我国大陆学者对此问题有两种基本观点。一种观点认为,委托人的权利既有人身性专属权利,也有财产性权利,对于财产性权利可转让;另一种观点认为,委托人的权利均为人身专属性权利,委托人的地位原则上不得转让,但信托法之所以赋予委托人这些权利,其目的在于委托人和信托之间存在事实上的利害关系。在特殊情况下,例如,受益人的受益权可转让、继承及偿债,如果发生转让、继承及偿债这些情况后,受益人发生了变更,委托人对信托已经失去了事实上的利害关系,应允许委托人的地位随之移转;否则,委托人保留的某些权利,而受益人根据《信托法》第四十九条的规定也同时拥有,双方行权时就可能发生冲突,届时通过法院裁定解决,既不便利也不经济,反不利新受益人。

鉴于委托人地位的变更,在理论及实践中存在各种争论,而我国大陆立法对此付之阙如,为保护信托受益人的利益,维护信托关系的稳定,原则上信托存续期间,信托的委托人不应发生变更;但可约定信托法发生修改而涉及委托人地位的变更的,则依法予以修改,以保留操作上的弹性空间。

五、关于保险金信托的设立问题

在此类家族信托中,保险受益人与信托公司签署《保险金信托合同》,约定保险受益人基于保险并由保险公司核保理赔后根据保险受益人的要求将保险金直接划付至信托公司,该保险金作为保险受益人向信托公司缴付的委托资金委托信托公司设立保险金信托。

《信托法》第七条规定:"设立信托,必须有确定的信托财产,并且该信托财产必须是委托人合法所有的财产。本法所称财产包括合法的财产权利。"第十一条规定:"有下列情形之一的,信托无效:……(二)信托财产不能确定……"

此类信托的委托财产为保险受益人在保险如约赔付时合法获得的保险金。由于保单属于射幸合同,保险公司支付赔付金须以发生保单约定的保险事故并经核保确认属于保险责任为前提。因此,在保险受益人与信托公司签署信托合同时,信托合同未生效,且信托尚未成立。该等信托合同的签署仅具备框架协议的地位,后续还待信托财产确定以及其他约定条件成就信托合同方可生效。

第八节　信托计划参与新三板投资的法律实务

全国中小企业股份转让系统(National Equities Exchange and Quotations)是经国务院批准设立的全国性场外市场,简称新三板。

一、关于新三板市场

2017年11月,新三板挂牌公司总市值合计为51 433.91亿元,挂牌数量已达到11 639家。近期市场规模增长明显提速。截至2017年11月12日,挂牌公司股票成交累计1 912.45亿元,累计发行股票金额1 091.16亿元。2015年3月18日,全国中小企业股份转让系统正式发布指数行情。新三板指数发布是市场建设的里程碑事件,将对提升市场关注程度、引导挂牌公司优化股票转让方式、吸引机构投资者参与等方面产生积极作用和深远影响。新三板指数发布,对接指数的投资理财产品将出现,从而增强新三板市场的吸引力。

政策的呵护、做市商制度的引入、转板制度的提出以及新三板指数发布都大幅提升新三板市场的吸引力,这些无疑有利于新三板各项功能的实现。新三板俨然成为新一轮经济体制改革中实现资源优化配置的重要制度举措,是涉及改革全局中的重要一环。这与新三板设置初期定位于解决退市后上市公司股份流通的职能截然不同,已经显示出独特的投资价值。多层次资本市场结构不平衡,即股票债券结构不平衡、主板和成长股估值相差较大、投资者结构失衡,当前中小微企业占全国企业绝大多数,创造的最终产品和服务超过国内生产总值的60%,但是中小企业却普遍面临融资难和融资贵等问题。新三板的推出旨在促进股权融资市场的健康发展,支持实体经济,促转型、调结构。

分层管理。随着市场规模不断增长,挂牌公司的差异逐步显现,单一的市场层次已逐渐不能满足新三板市场进一步发展的需要,挂牌公司进行分层管理成为必然。

转板机制。证监会多次提出加快推出从新三板向创业板转板政策,已挂牌企业到时可通过转板制度进入创业板特殊板块交易。

投资门槛降低。目前500万元投资门槛只是权宜之计。投资者准入门槛过高,导致参与者过少,市场交易不活跃。资本市场如果失去定价和融资功能,就没有存在意义。因此,应该降低门槛,提升交易活跃度。等到做市商制度全面铺开以后,投资门槛将可能会降低,个人投资者的参与将极大地提高交易活跃度。

二、关于新三板股份投资信托计划的定性分析

新三板股份投资信托计划是针对新三板市场的特殊股权投资信托,并非普通的"证券投资信托业务"。

《信托公司证券投资信托业务操作指引》(银监发〔2009〕11号)第二条规定:"本指引所称证券投资信托业务,是指信托公司将集合信托计划或者单独管理的信托产品项下资金投资于依法公开发行并在符合法律规定的交易场所公开交易的证券的经营行为。"根据该文件,信托公司应当根据市场情况以及不同业务的特点,确定适当的预警线,并逐日盯市;管理信托文件约定设置止损线的信托产品,应根据盯市结果和信托文件约定,及时采取相应措施。但这些措施在新三板股份投资信托计划中显然无法有效实施。

《证券法》第十条规定:"有下列情形之一,为公开发行:向不特定对象发行证券;向累计超过二百人的特定对象发行证券;法律、行政法规规定的其他发行行为。"第三十九条规定:"依法公开发行的股票、公司债券及其他证券,应当在依法设立的证券交易所上市交易或者在国务院批准的其他证券交易场所转让。"第四十条规定:"证券在证券交易所上市交易,应当采用公开的集中交易方式或者国务院证券监督管理机构批准的其他方式。"

而《非上市公众公司监督管理办法》第二条规定:"本办法所称非上市公众公司是指有下列情形之一且其股票未在证券交易所上市交易的股份有限公司:(一)股票向特定对象发行或者转让导致股东累计超过200人;(二)股票以公开方式向社会公众公开转让。"

因此,新三板公司为非上市公众公司,并非《信托公司证券投资信托业务操作指引》所说的投资标的。而且从实施时间上看,《信托公司证券投资信托业务操作指引》于2009年实施,《非上市公众公司监督管理办法》于2013年1月1日起施行,《信托公司证券投资信托业务操作指引》无法对此后出现的新事物进行规范。

三、关于新三板股份投资信托计划的定位分析

(一)客户群定位

按照新三板相关规定,个人投资者直接投资新三板的准入门槛高达500万元。通过信托产品投资新三板的门槛仅为100万元。

《全国中小企业股份转让系统投资者适当性管理细则》第五条修改为："同时符合下列条件的自然人投资者可以申请参与挂牌公司股票公开转让：（一）在签署协议之日前，投资者本人名下最近10个转让日的日均金融资产500万元人民币以上。金融资产是指银行存款、股票、债券、基金份额、资产管理计划、银行理财产品、信托计划、保险产品、期货及其他衍生产品等。（二）具有2年以上证券、基金、期货投资经历，或者具有2年以上金融产品设计、投资、风险管理及相关工作经历，或者具有《办法》第八条第一款规定的证券公司、期货公司、基金管理公司及其子公司、商业银行、保险公司、信托公司、财务公司，以及经行业协会备案或者登记的证券公司子公司、期货公司子公司、私募基金管理人等金融机构的高级管理人员任职经历。具有前款所称投资经历、工作经历或任职经历的人员属于《证券法》第四十三条规定禁止参与股票交易的，不得申请参与挂牌公司股票公开转让。"

信托公司发行针对新三板的产品，普通投资者可以在突破500万元高门槛的同时规避个人投资者新三板公司所带来的风险。

（二）目标公司定位

新三版、创业板、中小板和主板代表了不同企业在不同发展阶段的融资平台。企业在初创期之前，具有较大的不确定性，风险较大；而企业进入成熟期后，增长速度会逐渐放缓，投资效率下降。在初创期和成熟期之间的阶段是快速发展期，此时企业风险最小，是成长速度最快的阶段，也是信托的投资及退出的时段。在快速发展期的前期就是信托计划的最优投资时点，在该期间，信托的溢价能力更强，企业的估值低于实际价值，信托投资往往能获得超额的回报。而新三板就是为快速发展期的企业进行融资的非公开市场。寻找处于快速发展期前期阶段的目标公司是此类信托计划最有价值的一个环节。

随着扩容加速、做市商制度红利、流动性红利、高增长红利等因素集中释放，新三板将带来较大的市场投资机会，虽然新三板挂牌的公司多，但质地相差悬殊，投资风险较大，如何寻找优质的、便宜的投资标的，私募股权投资能力、投后管理等问题将成为创设产品的难点。

鉴于信托公司开展真正的PE投资的历史短，经验比较欠缺，为弥补目前的投研能力短板，仍需要借助投资顾问的力量。建议信托公司挑选有实力的投资顾问，通过产品合作，优势互补，逐步培养信托公司的投资能力。投资顾问发挥新三板标的研究/发掘和交易的能力，寻找目标公司，信托公司则发挥理财客户的基础和风控的优势，相互配合，相得益彰。

（三）模式定位

新三板的火热引得包括公募、券商资管和私募在内的各路机构纷纷抢滩布局，各类创新模式将会纷纷出现，其基本模式可分为通道类模式和投资类模式。

一是结构化/通道类/融资类模式。信托开展通道业务，为投资新三板市场的机构提供融资服务，为个人投资者提供配资服务，通过优先/次级结构化设计满足不同层次投资者需求。据此，通过结构化设计满足不同层次投资者需求不违反法律法规的规定。

二是投资类模式。信托计划不区分结构分层，可委托投资人代表或投资顾问提供投资或投资建议，信托计划投资于未挂牌新三板公司股权、已挂牌新三板公司定向增发产品，以及新三板公司优先股、期权、可转换公司债券等投资风险相对较低的产品。

《全国中小企业股份转让系统投资者适当性管理细则》第四条规定："《办法》第八条第二款、第三款规定的证券公司资产管理产品、基金管理公司及其子公司产品、期货公司资产管理产品、银行理财产品、保险产品、信托产品、经行业协会备案的私募基金等理财产品，社会保障基金、企业年金等养老金，慈善基金等社会公益基金，合格境外机构投资者（QFII）、人民币合格境外机构投资者（RQFII）等机构投资者，可以申请参与挂牌公司股票公开转让。"《信托公司集合资金信托计划管理办法》第二十六条规定："信托公司可以运用债权、股权、物权及其他可行方式运用信托资金。"

资管新规发布后，投资于新三板的模式逐渐趋向于投资类模式，而且鉴于新三板实际上是未上市股权（非上市公众公司），应为封闭式信托产品且明确股权退出安排，股权的退出日不得晚于信托到期日。信托公司可根据市场需要及法律法规，以及监管审核实践的操作要求，设计各类新三板股份投资信托计划。

四、退出方式分析

一是转板退出。新三板市场与 A 股主板市场进行联通的途径有以下几种：未来新三板挂牌公司直接转板至创业板单独层次市场；新三板挂牌公司摘牌后通过 IPO 登陆交易所市场；上市公司对新三板挂牌企业进行并购等。

二是新三板公开市场正常交易退出。

三是通过产业并购或重组（M&A）的方式退出。

四是通过管理层回购（MBO）退出。被投资公司无法通过新三板上市或股权转让的方式实现投资退出时,基金有权以事先确定的价格与方式,要求所投资公司大股东、管理层或公司自身回购基金所持股权。

五是同业接盘退出方式,信托计划可将所持股份通过新三板市场交易,转让给集合信托计划、资产管理计划、银行理财产品等金融产品。

六是信托计划份额转让退出。

第九节　个人保险金信托产品的法律实务

个人保险金信托产品是指自然人(作为投保人和被保险人)与保险公司签订人身保险合同(以下简称"保险合同"),约定由信托公司(代表保险金信托)作为保险合同项下的保险受益人;同时,该自然人(作为委托人)以保险合同项下的保险金请求权(包含将来获得的保险金)作为委托财产,委托信托公司设立财产权信托(即保险金信托)并签订信托合同,指定信托受益人。本书对此类信托产品国内外实践情况以及是否合法有效进行探讨。

一、境内外以保险金请求权设立信托的实践情况

在实践操作中,已存在以保险金请求权作为信托财产设立信托的案例。

(一)境内

2014年5月,中信信托与信诚人寿联袂推出国内首单保险金信托服务,具体交易结构为:投保人购买一款高端终身寿险,并以被保险人全残或死亡为给付条件;同时,投保人与信托公司签订信托合同,约定以保险金请求权作为委托财产设立信托,一旦触发保险事故,理赔金进入信托专户转化为信托资金,信托公司将按照信托合同的约定对信托财产进行管理运作。在保险事故发生前,投保人可以按照自己的意愿修改信托合同。

2017年保险金信托风起云涌:2月,中德安联与宜信博诚和长安信托携手合作,在经代渠道推出"保险金信托"服务;8月,友邦中国在保险金信托1.0模式基础上推出保险金信托2.0模式,信托公司同时作为投保人和身故保险金受益人,受托为被保险人投保并支付保险费和管理分配保险金;9月,中意人寿宣布与昆仑信托联合推出"臻传—保险金信托计划";10月,交银康联人寿与交银国际信托联合推出了针对高净值人群的"保险金信托"服务。[1]

---

[1] 《保险金信托悄然兴起三模式探路财富管理》,《证券时报》,2017年11月13日。

（二）境外

境外保险金信托模式较多，以下以美国、日本和我国台湾地区为例说明之[①]：

1. 美国模式：信托机构主导

人寿保险合同最早产生于19世纪中后期的英国与德国，于1902年传入美国并在美国盛行。初始的保险信托以到期支付和基金两种方式并存，由于投保人意志的延长及受益人短期内无法自主控制大额资金的可能，当时的保险信托方式主要以基金方式为主。而在美国法律框架的约束下，为了最大化程度获得可能的财富转移税减免，此类信托必须是不可撤销的。且委托人需放弃保单经济利益，如被中途解约时的退保金额。

美国普遍采取的方式是不可撤销保险信托。在不可撤销人寿保险信托（Irrevocable Life Insurance Trust，ILIT）合同中，委托人将保单所具有的一切权益转移给受托人，即受托人为保单的所有者。此时，受益人拥有不可撤销的、法律上已经确定的未来收益，实现了保单与被保险人的完全分离，达到了美国税法关于死亡保险金免征遗产税的规定。不可撤销人寿保险信托的建立要求：(1)投保人决定保险金额；(2)决定保险范围主体是单个人或者是夫妻双方；(3)起草并签署信托；(4)在新购买保险的情况下，受托人向保险机构申请保险。如果保单已经生效并且属于委托人，那么保单需要赠与受托人或者考虑另一种方式转移保单所有权；(5)当受托人收到费用通知后，就会告知委托人交付费用。委托人将会把在信托账户里的钱给受托人；(6)委托人告知受益人钱已经赠与信托，受益人在一段时间内对这部分钱拥有索取权（通常是30天）；(7)受托人用留在信托中的钱支付保费；(8)受托人监督保单并且不时地评估可行性；(9)一旦被保险人死亡，受托人集合收益并根据条款管理信托。

不可撤销人寿保险信托具有如下特点：

(1) 第三方所有者（ILIT）：被保险人不能成为保单的所有者。上升为所有权所附随的权力的保单的完全所有权甚至保单的有限权利将导致保单收益被包括在被保险人的遗产中。ILIT作为保单的所有者避免了这种情况，无论是在信托购买的新保险或者是已经存在的保险转移到信托，ILIT都被指定为人寿保险的受益者。

(2) 受托人：被保险人不能作为ILIT的受托人持有保单。另外，如果受

[①] 唐嘉伟：《境外保险信托业务的模式》，载《银行家》，2015年第11期。

托人是信托的受益人,应有独立的共同受托人被指定来监督任何可自由支配的支出。受托人代表 ILIT 申请被保险人的人寿保险。在被保险人死亡后,受托人分配收益给信托或者投资基金同时为受益人管理信托。通常来说受托人会由具有长期性及客观性的专业信托公司来负责。

(3) 保费的支付(分期＋一次性):保费的支付如果经过合理设计可以采用周期性的赠与来避免过多的税收,赠与不能超过免税金额。此类赠与税问题复杂,一般需要专业的顾问。另外,委托人也可以采用一次赠与信托的方式,这种方式由于覆盖了每年的支付导致额外的税收已不常采用。

(4) 保单的创立(转移＋新立):委托人可以通过转移现存的保单到 ILIT 或者新成立一个保单。如果现有的保险被转移到信托,那么被保险人必须在转移之日后存活至少三年,否则根据美国国内税收法规,保单收益会算进委托人的总财产。而如果采用新成立保单的方式,三年规则就不再适用,在 ILIT 合理运作的情况下,保单收益将会成功避税。

2. 中国台湾模式:保险、信托分离,受益人信托

中国台湾的信托业兴起于 20 世纪 30 年代,经过 60 多年的发展,基本进入完善期。1996 年《信托法》和 2000 年《信托业法》的颁布标志着台湾人寿保险信托业开始走向规范发展的道路。2001 年,万通银行首先向"财政部"申请开办人寿保险信托业务,此后,"中央信托局"与彰化银行等多家金融机构相继进入。2008 年后,信托公司和保险公司都可以开始经营人寿保险信托业务。

台湾的人寿保险信托是委托人以其本身为被保险人,第三人(通常是子女)为保险受益人签订保险合同,保险受益人再作为信托委托人与信托机构签订信托合约,以自身为信托受益人。当委托人身故发生理赔或者满期发生保险金给付时,由保险公司将保险金交付信托机构,并由信托机构按照信托约定将信托财产分配给受益人,于信托终止或到期时,交付剩余资产给信托受益人。此处所指的保险受益人、信托委托人和信托受益人是同一人。

台湾人寿保险信托的特点表现为:自益为主,他益为辅。

中国台湾《遗产及赠与税法》规定,若信托合同中的委托人与受益人不一致,则视委托人将享有信托利益的权利赠与受益人,该信托行为属于赠与行为,受益人应依法缴纳赠与税;若信托的委托人与受益人一致,则受益人无须缴纳赠与税。因此,与之前美国人寿保险信托明显不同的一点是,中国台湾人寿保险信托的委托人既是信托的委托人又是受益人。

3. 日本模式:生命保险信托

生命保险信托是指委托人与保险公司签订保险契约,同时与受托人签订

信托契约,在保险事故发生后,受托人领取保险金进行管理运用,受益人一般为委托人的家属子女。

日本生命保险信托与美国和中国台湾人寿保险信托在运营模式中的区别主要是委托人既与保险公司签订保险合同,又与信托机构签订信托契约。保险公司和受托人之间的联系仅仅是资金的划拨。可以看出,保险和信托的联系不如美国和中国台湾的那般紧密。

(1) 保险公司受托 VS 信托机构受托。日本的《保险业法》第五条规定允许经营生命保险事业的保险公司经营信托业务,因此日本的生命保险信托呈现出两种格局:保险公司为信托受托人和信托机构为信托受托人。

以保险公司为信托受托人是指信托委托人同时也是保险投保人,而保险公司在承保的同时又担任信托受托人的身份,在信托发生后,由保险公司按照契约管理经营信托资产。实际上,保险公司只是同时兼具了两个身份,真正的经营上依然是分离的。

以信托机构为信托受托人是比较普遍的运营模式。具体来说,当保险合同签订后,委托人将保险金债权让与信托机构,也就是在保险发生赔付后,保险金的领取权利让与了信托机构,之后信托机构按照信托契约管理经营信托资产。目前,日本有很多信托银行都作为信托受托人进行此类型的保险信托。

(2) 有财源生命保险信托 VS 无财源生命保险信托。根据生命保险信托保费的缴纳办法,可以将其分为有财源生命保险信托和无财源生命保险信托。财源就是保费交付的资金。

有财源生命保险信托是受托者代表委托者进行保险费用的支付,与代付相似。无财源生命保险信托是指委托者交付生命保险费,并把死亡保险金请求权作为信托财产。也就是说前者是当初的信托财产成为金钱等东西,受托者可以在管理运用这笔金钱的同时交付生命保险费,后者是信托财产的死亡生命保险金请求权。

二、我国大陆信托公司设立保险金信托的合法性分析

(一) 关于保险金请求权的权利属性

保险金请求权又称"索赔请求权",是指保险事故发生后,要求保险人赔偿或给付保险金的权利。《保险法》第二条规定:"保险是指投保人根据合同约定,向保险人支付保险费,保险人对于合同约定的可能发生的事故因其发生而造成的财产损失承担赔偿保险金责任,或者当被保险人死亡、伤残和达到合同约定的年龄、期限时承担给付保险金责任的商业保险行为。"可以说,

保险公司与投保人签订保险合同后,按约定的责任范围对被保险人负损失补偿或给付责任,属于附条件的给付义务。与此债务相对应,投保人和受益人即对保险公司享有保险金请求权,该等请求权在本质上属于一种债权,投保人对保险公司享有的债权具有财产性。此外,就人寿保险合同而言,其具有一定的储蓄性质。一般来说,人寿保险合同于保险费缴足两年后具有现金价值,通常表现为责任准备金减去退保手续费,并随着保险年限的增加而增加。若在保险期间内出现保险事故或以生存到一定期限为支付条件而条件满足时,保险公司应当支付保险金;如果在保险期间内保险合同终止或者出现其他原因解除合同时,保险人应当扣除相应的手续费后将退保金支付给投保人或被保险公司;此外,因为投保人可随时提出解除合同而无需任何理由,投保人也可向保险公司要求领取退保金,其数额为责任准备金扣除手续费的余额。据此,人寿保险合同项下的保险金请求权代表了将来可实现的财产权利,即保险金请求权除表现为一种请求权外,还具备一定的现金价值。

此外,《保险法》第六十二条规定:"被保险人或者投保人可以变更受益人并书面通知保险人……"被保险人或者投保人可以通过变更受益人的方式将保险金请求权予以转让,即保险金请求权具有可转让性。

(二)关于保险金请求权能否作为信托委托财产

根据项目方案,保险合同项下投保人将指定信托公司(代表保险金信托)作为受益人,同时,委托人(即投保人、被保险人)将以其持有的保险金请求权委托信托公司设立保险金信托。

《信托法》第七条规定:"设立信托,必须有确定的信托财产,并且该信托财产必须是委托人合法所有的财产。本法所称财产包括合法的财产权利。"第十四条规定:"受托人因承诺信托而取得的财产是信托财产。受托人因信托财产的管理运用、处分或者其他情形而取得的财产,也归入信托财产。法律、行政法规禁止流通的财产,不得作为信托财产。法律、行政法规限制流通的财产,依法经有关主管部门批准后,可以作为信托财产。"若以保险金请求权作为信托委托财产,则该保险金请求权需满足给付可确定、无转让限制且信托公司可以代表信托成为保险合同项下的受益人这三个基本条件。

1. 关于给付可确定

《人身保险公司保险条款和保险费率管理办法》(中国保险监督管理委员会令2011年第3号)第七条规定:"人身保险分为人寿保险、年金保险、健康保险、意外伤害保险。"第八条规定:"人寿保险是指以人的寿命为保险标的的人身保险。人寿保险分为定期寿险、终身寿险、两全保险等。定期寿险是指以被保险人死亡为给付保险金条件，且保险期间为固定年限的人寿保险。终身寿险是指以被保险人死亡为给付保险金条件，且保险期间为终身的人寿保险。两全保险是指既包含以被保险人死亡为给付保险金条件，又包含以被保险人生存为给付保险金条件的人寿保险。"第九条规定："年金保险是指以被保险人生存为给付保险金条件，并按约定的时间间隔分期给付生存保险金的人身保险。"第十一条规定："健康保险是指以因健康原因导致损失为给付保险金条件的人身保险。健康保险分为疾病保险、医疗保险、失能收入损失保险、护理保险等。……"第十二条规定："意外伤害保险是指以被保险人因意外事故而导致身故、残疾或者发生保险合同约定的其他事故为给付保险金条件的人身保险。"

据此，人寿保险又可分为生存保险、死亡保险及生死两全保险。但保险合同作为射幸合同，其财产具有不确定性，如：生存保险是以被保险人在一定期间内的生存为保险事故的发生而给付保险金的保险，若被保险人死亡则保险合同失效，保险公司不承担给付保险金的责任，也不退还保险费，因此，生存保险中保险公司的给付义务并非确定发生，其对应的保险金请求权不适于作为信托财产；死亡保险是以被保险人的死亡为保险事故的发生而给付保险金的保险，可以分为定期寿险与终身寿险，其中终身寿险对应的保险金请求权可以作为信托财产，而定期寿险中保险公司的给付义务并非确定发生，其对应的保险金请求权不适于作为信托财产；至于生死两全保险，无论被保险人生存或死亡，保险公司的给付义务均确定发生，其对应的保险金请求权可以作为信托财产。此外，健康保险和意外伤害保险中保险公司的给付义务均并非确定发生，其对应的保险金请求权不适于作为信托财产。

据此，可以作为信托财产的保险金请求权对应的人寿保险类型项下的给付义务必须是确定可发生的，从而保证信托财产的确定性。

2. 关于信托是否能成为保险受益人

就人身保险合同中的受益人，《保险法》第十八条规定："……受益人是指人身保险合同中由被保险人或者投保人指定的享有保险金请求权的人。投保人、被保险人可以为受益人。……"据此，受益人是人身保险合同中特有的概念。

《保险法》第十二条规定："人身保险的投保人在保险合同订立时，对被保险人应当具有保险利益。财产保险的被保险人在保险事故发生时，对保险标的应当具有保险利益。人身保险是以人的寿命和身体为保险标的的保险。财产保险是以财产及其有关利益为保险标的的保险。被保险人是指其财产或者人身受保险合同保障,享有保险金请求权的人。投保人可以为被保险人。保险利益是指投保人或者被保险人对保险标的具有的法律上承认的利益。"据此,投保人在投保时必须对被保险人具有保险利益,即具有法律上承认的利益。

《保险法》第三十一条规定:"投保人对下列人员具有保险利益:(一)本人;(二)配偶、子女、父母;(三)前项以外与投保人有抚养、赡养或者扶养关系的家庭其他成员、近亲属;(四)与投保人有劳动关系的劳动者。除前款规定外,被保险人同意投保人为其订立合同的,视为投保人对被保险人具有保险利益。订立合同时,投保人对被保险人不具有保险利益的,合同无效。"根据上述规定,投保人与被保险人之间除了本人、配偶、父母和子女关系,与投保人有扶养关系等的家庭其他成员、近亲属,及双方有劳动关系的劳动者外,在被保险人同意投保人为其订立合同的,投保人对被保险人具有保险利益。

此外,《保险法》第三十九条规定:"人身保险的受益人由被保险人或者投保人指定。投保人指定受益人时须经被保险人同意。投保人为与其有劳动关系的劳动者投保人身保险,不得指定被保险人及其近亲属以外的人为受益人。被保险人为无民事行为能力人或者限制民事行为能力人的,可以由其监护人指定受益人。"保险公司支付保险金,目的在于向被保险人提供保险救济或者保险保障,保险金请求权属于被保险人,但被保险人有权将属于其的保险请求权转让给受益人,因此被保险人有权指定受益人。投保人必须经被保险人同意后,才有权指定受益人。

据此,受益人作为人身保险所特有的合同关系人,任何自然人、法人和其他组织均可以成为受益人。相关法律法规并未就受益人资格作特别限制,只要经过投保人或者被保险人指定即可。在保险金信托框架下,一般被保险人即是投保人,投保人对被保险人具有保险利益,被保险人又指定信托公司为受益人。

由于《保险法》未对受益人做出特别的限制规定,保险合同及信托合同又是委托人(即投保人)与信托公司的真实意思表示,并未违反法律行政法规强制性规定,应当认定相关协议具有法律效力,即信托公司可以代表保险金信托成为保险信托框架里人身保险合同的受益人。实践中,存在保险理赔金受领人须为自然人的情形,建议信托公司合理安排理赔金受领授权等相关事宜,并在实施具体项目前就该等事宜与相关保险公司进行沟通。

此外,就保险金请求权是否存在转让限制这一事宜,信托公司应核查保险合同等文件的相关约定。若存在限制,则可能对以保险金请求权设立信托形成障碍。

3. 小结

综上所述，在保险金请求权满足给付可确定、不存在转让限制，且信托公司可以代表信托成为保险合同项下的受益人这三个基本条件的情况下，信托公司以其作为委托财产设立信托并未违反相关法律法规的规定。

三、单纯以理赔金设立信托的有效性

如前所述，根据《信托法》第七条规定，设立信托，必须有确定的信托财产。理赔金属于未来保险事故发生时保险公司支付的一笔资金，委托人在与信托公司订立信托合同之时，保险合同对应的理赔金并未形成，若信托合同中约定以理赔金作为委托财产设立信托，则该信托将因委托财产并未形成或确定而未能成立，即信托将于保险事故发生并收到理赔金的情形下成立。在该等情形下，保险合同及信托合同成立的时间将与信托成立生效的时间相分离。信托合同虽然成立但信托因信托财产不确定，属于将来生效的信托。信托既未成立，理赔金尚处于"信托保护壳"的外部，自然无从获得风险隔离等信托效果。

第十节　信托公司契约型私募基金的法律实务

契约型私募基金，系未成立法律实体而是通过契约形式设立的私募基金，是投资者、管理人、托管人三者作为当事人，通过签订基金契约的形式而设立的基金。其中，基金管理人依据法律、法规和基金合同的规定负责基金的经营和管理运作；基金托管人负责保管基金资产，执行管理人的有关指令，办理基金名下的资金往来；资金的投资者通过购买基金份额，享有基金投资收益。

信托公司介入私募基金领域以前通常采用"信托＋私募"合作的模式，即信托公司与私募基金管理公司双方优势互补，合作开发金融产品。但近期信托公司或其子公司逐渐采用直接申请管理人资格并自主发行契约型私募基金产品，成为信托行业的一大亮点。

一、信托公司或其子公司申请私募基金管理人资格的概况和动因

信托公司自身或其设立专业子公司须在证券投资基金业协会备案，取得私募基金管理人资格，按照证监会监管框架下的监管政策开展资产管理业务。

（一）信托公司或其子公司申请私募基金管理人资格的概况

私募证券基金一开始是以信托加投顾模式的"阳光私募"形式出现,历经约10年的发展,直至2013年6月1日《证券投资基金法》修订之后,才首次赋予契约型私募基金的法律基础。2014年8月22日施行《私募投资基金监督管理暂行办法》,明确私募投资基金的全口径登记备案制度、适度监管原则,并进行了负面清单制度的探索,进一步确定了契约型私募投资基金监管的监管框架。

2014年10月23日,万向信托成为首家备案私募基金管理人的信托公司。截至目前,68家信托公司中,已有44家信托公司登记成为私募基金管理人。在登记私募基金管理人的44家信托公司中,仅包括万向信托、华润信托、民生信托在内的9家信托公司登记了相关基金产品,其余35家信托公司尚未登记基金产品。其中,民生信托在2015年6月23日备案的"民生信托聚利1期证券投资基金"为信托公司备案的首款契约型基金产品,其托管人为华泰证券股份有限公司。

2016年2月5日,基金业协会发布了《关于进一步规范私募基金管理人登记若干事项的公告》(以下简称"《公告》"),对私募基金管理人备案基金产品提出了要求,否则将注销其基金管理人登记。《公告》将要求对象分为三类:新登记的基金管理人,自办结登记手续之日起6个月内备案首只基金产品;已登记满12个月且未备案首只基金产品的基金管理人,需于2016年5月1日前备案首只基金产品;已登记不满12个月且未备案首只基金产品的基金管理人,需于2016年8月1日前备案首只基金产品。

（二）信托公司或其子公司申请私募基金管理人资格的动因

1. 开发主动管理型证券基金产品

根据中国证券登记结算有限责任公司于2014年3月25日发布《关于私募投资基金开户和结算有关问题的通知》,我们理解在基金业协会备案的私募基金可以由基金管理人或托管人申请开立私募基金证券账户,契约型私募基金开立证券账户已不存在任何障碍。

部分信托公司希望借助私募基金资格开发主动型证券信托产品。相对于同样投资于二级市场的信托计划而言,契约型基金的模式在募集人数上更具有优势。此外,契约型基金的合格投资者的要求比信托计划更高,此类投资者的风险承受能力更好。相反,如果产品采用信托计划的形式,投资者难以摆脱信托产品的"刚兑"预期。契约式基金相比信托计划,在证券投资上资金运用范围更广,在基金法中规定投资证券的范围包括股指期货、期权、衍生品交易等,而信托法中对期货期权类产品交易有一定限制,只能做对冲。

当然,由于信托公司在证券投资的投研能力等方面,与专业的公募和私募机构相比仍有差距,信托的优势主要体现在其制度优势上,因此其相信短期内信托公司大规模开展独立的主动管理类证券投资类业务仍不会成为主流。

2. 利用私募基金优势,克服信托监管约束,实现突围

在现有的分业经营、分业监管框架下,由于缺乏必要的监管协调法规和组织保障,各金融监管部门对不同机构开展的同类业务监管标准存在明显差异。契约型基金发行无需监管部门审批,操作比信托计划更便捷。私募基金管理人登记不属于行政许可事项,基金业协会为已登记机构颁发登记证书,但不意味对其实行牌照管理。证监会对私募基金的监管以行业自律为主,信息披露为核心,辅之以事中、事后的适度监管。

信托公司通过发行契约型私募基金或有限合伙基金,比信托计划运用于私募基金在一定程度上使得操作更为灵活。通过上述方式开展业务时,目前尚不受相关信托业务的监管约束,进一步扩大投资范围,同时无须占用信托公司的净资本、不用缴纳信托行业保障基金,降低信托公司展业成本。

3. 在信托主营的房地产、政府类项目中变信托为基金,实现"去信托化"

《私募投资基金监督管理暂行办法》第二条规定:"本办法所称私募投资基金(以下简称"私募基金"),是指在中华人民共和国境内,以非公开方式向投资者募集资金设立的投资基金。私募基金财产的投资包括买卖股票、股权、债券、期货、期权、基金份额及投资合同约定的其他投资标的。"由此看来,私募基金投资范围几无限制。证券投资只是信托私募基金产品的一个投向,将来信托公司的地产、政府等项目均可以契约型基金的形式发行。这一点可以从信托专业子公司的发展情况予以佐证。除了备案私募基金管理人外,信托公司"去信托化"的另一表现是成立专业子公司。中信信托、中融信托、中诚信托、平安信托、华融信托、上海信托、兴业信托、新华信托、中铁信托、国联信托、杭州工商信托等17家信托公司成立了专业子公司。从信托公司设立专业子公司的目的来看,主要分为资管子公司、国际业务子公司、财富管理子公司和互联网金融子公司四大类。其中,资管专业子公司是子公司中业务范围最广的一类,从事专门的PE、并购、房地产投资基金、资产证券化等业务。

二、信托公司私募基金产品的法律分析:案例分析

M信托公司设立Q契约型基金(以下简称"基金"),该基金总规模不超过

x万元,根据基金收益与风险的不同分为 A 级基金份额 y 万元,B 级基金份额 z 万元;A 级基金份额根据存续期限的不同分为 A1 级基金份额与 B1 级基金份额,其中 A1 级基金份额存续期限为 6 个月,A2 级基金份额存续期限为 12 个月,A 级基金份额可分期发行。A 级基金份额的基金收益、本金分配顺位优先于 B 级基金份额,B 级基金份额 f 万元由 S 有限公司以其对 G 房地产有限公司(以下简称"G 地产")y 万元的债权形式进行认缴。本基金募集的资金 p 万元用于受让 C 置业有限公司(以下简称"项目公司")20％股权;r 万元用于向项目公司提供财务支持,以用于项目的开发建设支出及偿还因项目产生的关联方借款,为担保项目公司履行前述财务支持资金返还的义务,提供以下担保措施:K 房地产开发有限公司("出质人")以其持有的项目公司 80％的股权提供质押担保;Z 公司(境外上市公司)提供代偿承诺;项目公司用款项目的土地提供后置抵押担保,项目成立后 2 个月内办理完毕抵押登记手续。

本项目的法律文件包括 Q 契约型基金合同、风险揭示书、财务支持协议、股权转让合同、股权质押合同、保证合同、抵押合同、资金监管协议、代偿承诺函等。

本案例中财务支持协议属于业内新方法,值得思考。本基金受让出质人持有的项目公司 20％的股权,其余项目公司 80％的股权由出质人质押给本基金。本合同项下抵押物依法应当办理抵押登记。本基金向项目公司提供不高于人民币 r 万元的财务支持金额,项目公司按照约定的时间和金额将财务支持自己返还 A 信托。该等财务支持实质系私募基金向项目公司发放贷款。

《贷款通则》(中国人民银行令 1996 年 2 号)第二十一条规定:"贷款人必须经中国人民银行批准经营贷款业务,持有中国人民银行颁发的《金融机构法人许可证》或《金融机构营业许可证》,并经工商行政管理部门核准登记。"《信托公司管理办法》第十九条规定:"信托公司管理运用或处分信托财产时,可以依照信托文件的约定,采取投资、出售、存放同业、买入返售、租赁、贷款等方式进行。"第二十条规定:"信托公司固有业务项下可以开展存放同业、拆放同业、贷款、租赁、投资等业务。"信托公司可以发放自营贷款与信托贷款,但由于本基金的性质为私募投资基金而不属于信托计划,私募投资基金不具有发放贷款的资质,私募基金直接进行贷款的行为存在一定的法律风险。如果质押登记部门或者抵押登记部门对该财务支持协议的效力提出疑问,并拒绝办理登记手续,则面临一定操作风险。登记部门要求使用其标准借款合同,可能需要进行操作上的变通,则应对合同间的勾稽关系和真实意思予以特别说明,防止出现纰漏。

信托公司可以进行信托股权投资或经营核准范围内的自营投资,但信托公司以契约型基金进行投资如何确认其投资资格,并无很清晰的监管规定。进行工商登记时,如何记载也缺乏操作规定。

除此之外,Z公司为境外公司,为项目公司在财务支持协议项下的偿债义务提供连带责任保证,并约定该承诺函使用中华人民共和国(不含香港特别行政区、澳门特别行政区和台湾地区)法律,则涉及外保内贷的外汇政策,对可能存在的法律问题因与本主题无直接关系,在此不赘述。

本案例反映出信托公司契约型私募基金运作合规问题的本源在于监管抵牾和操作规范的脱节。这些政府治理瑕疵已经贻害实践。

我们知道,契约型基金相对于信托计划来说有优势也有劣势,其中比较明显的劣势,首先在于不具备独立法人资格,不能直接以基金名义作股权登记;其次没有金融许可证,不能直接以基金名义放贷款。就不能贷款而言,契约型基金可以嵌套资管计划进行委托贷款的操作,但如果信托公司或者银行作为基金管理人,是否可直接发放贷款成为一个值得探讨的问题;如果能贷款,发放的是自营贷款还是信托、委托贷款;如果不能以自己的名义发放贷款,还需要委托其他机构发放委托、信托贷款,则从成本以及效率考虑显得没有必要。

投资股权等非证券投资类的契约型私募基金正在逐步涌现,但同时也面临着在工商登记、税务、作为上市/挂牌公司股东资格方面的多方面不确定性。就契约型私募基金的工商登记问题,由于契约型私募基金没有法律实体,故在其从事股权投资时,类似于其他资产管理计划,目前绝大多数的地方工商局并不允许契约型私募基金直接被登记为基金所投资企业的股东、合伙人或其他出资主体,仅允许登记基金管理人的名称。由于契约型私募基金无法以自己的名义进行工商登记,业界有意见认为契约型基金管理人所管理的财产与其自身所持股权资产可能易于混淆、缺乏独立性。契约型基金如果要参与定向增发、并购重组等业务,因为本身不具备独立法人主体资格,在工商登记方面契约型基金基本不被认可,故需采用嵌套有限合伙、信托计划、资管计划等模式来开展。但如果上市、挂牌嵌套信托也有麻烦,基于上市、新三板挂牌对发行人股权清晰的要求,证监会原则上不允许拟上市公司存在股东通过信托、委托持股等方式间接持有股权的情况,存在这类情形的公司需要在上市、挂牌前进行清理,因此,公司如存在信托形式的股东,会对上市、挂牌造成障碍。

三、信托系私募基金对信托监管的挑战

随着金融改革的推进,"分业经营,分业监管"的金融监管模式开始受到挑战。资产管理领域趋势尤其明显:券商、基金子公司进入资产管理行业,信托等金融机构争先备案私募基金管理人牌照,"你中有我,我中有你",但业务管理规则却并不相同。

2016年7月18日起施行的《证券期货经营机构私募资产管理业务运作管理暂行规定》(以下简称"《规定》")规定:"本规定所称证券期货经营机构,是指证券公司、基金管理公司、期货公司及其依法设立的从事私募资产管理业务的子公司。"信托公司并不在该规定范围内,但是,这只是从分业监管的角度来说的。就私募基金行为来说,信托公司从事私募基金管理业务在本质上同这些机构并无本质区别,因此,信托公司备案后从事私募资产管理业务同样应在实质上遵守此类规范的要求。例如,《规定》第六条规定:"证券期货经营机构发行的资产管理计划不得投资于不符合国家产业政策、环境保护政策的项目(证券市场投资除外),包括但不限于以下情形:投资项目被列入国家发展改革委最新发布的淘汰类产业目录;投资项目违反国家环境保护政策要求;通过穿透核查,资产管理计划最终投向上述投资项目。"这一规定其实是对国务院关于产业政策的呼应,无论什么金融机构均应遵循,此为审慎经营的应有之义。

事实上,审慎监管原则要求金融监管政策的统一,统一的基础在于监管理念的趋同。应该看到,在存在监管抵牾的同时,监管协调化也在进行中。在资产管理领域对于合格投资者、资金池等规避监管样态多发区,穿透原则和实质重于形式等监管理念逐渐一致,例如,《中国银监会办公厅关于进一步加强信托公司风险监管工作的意见》(银监办发〔2016〕58号,以下简称"58号文")多次强调"穿透"原则,要求信托公司按照"穿透"原则向上识别信托产品最终投资者,不得突破合格投资者各项规定,防止风险蔓延;同时按"穿透"原则向下识别底层资产,资金最终投向符合银、证、保各类监管规定和合同约定,将相关信息向投资者充分披露。

然而,监管上的脱节仍是显而易见的。对信托公司来说,相对于业务风险、操作风险来讲,实际最大的风险在于分业监管带来的政策风险。目前证监会和银监会之间监管如何协调较不明朗,业务如果扩张太快可能会被叫停。伞形信托已是血淋淋的教训。金融机构在窗口期把握住机会的同时,必须按照证监会的规范操作做到产品的合法合规,保持对监管的尊重;对于信

托公司来说,最安全的途径可能还是通过子公司来运作,通过成立专业子公司发行契约型基金,对监管风险采取一定隔离。58号文规定,支持信托公司探索专业子公司制改革,增强资产管理专业能力,重视架构复杂化带来的管理难度和潜在风险。通过专业子公司逃避监管的现象已经引起监管层关注。银监会对信托公司的监管包括行为监管和主体监管,产品模式上绕开了行为监管,但并未绕开主体监管,银监会可以根据情况对信托公司进行干涉。

在这种情况下,好似两线作战,产品合规因素的考虑变得更加重要且难度越来越大。契约型私募基金有着独特的运行机制和发展空间,其对深化私募基金领域的作用有许多可能性尚待挖掘。受制于目前监管抵牾和操作规范的脱节,信托公司契约型私募基金的运用尚存在不确定性。

第十一节 "名股实债"的司法校验及对信托业务的启示[①]

浙江省湖州市吴兴区法院的一份关于破产债权确认的判决书因对"名股实债"的司法校验颠覆了信托行业的习惯性思维从而引起信托业界的普遍关切。其基本案情如下:X信托公司以股权投资形式向融资方G置业公司提供信托融资,其方式为业内俗称的名股实债,其中一部分资金以股权转让款方式受让G置业公司两名股东的部分股权,其他资金则以资本公积形式注入G置业公司,并办理了工商变更登记手续。为了确保融资安全,G置业公司以土地使用权设定了抵押,某股东以其股权设定了股权质押,X信托公司掌管印信,派驻董事,参与G置业公司经营管理。在信托存续期间,G置业公司因债务累累无力偿还债务被宣告破产。X信托公司向破产管理人申报债权,但遭到破产管理人拒绝。于是信托公司提起诉讼,认为本案为"名股实债",其对G置业公司依法享有债权。法院则认为信托公司为G置业公司的股东,其所持有的为股权而非债权,遂判决驳回X信托公司的诉讼请求。

法院如何认定业内通行的所谓名股实债一直是一个悬疑问题。本次判决把一个"莫须有"、似是而非的问题摆到了桌面上,在项目公司面临破产的情景下必须回答名股实债的本质——"名股"还是"实股","实债"还是"虚债"?这实际上是金融思维和司法思维的一次正面对撞。

任何思维不是天上掉下来的,而是现实的反映。为分析本案例,在分析形成此类思维的现实原因之前,我们把分析的逻辑起点向前推一下,看一下

[①] "明股实债"和"名股实债"均非严格法律概念,为业内俗称,其含义相同。

投融资领域内的两大基本权利区分。

一、股权和债权的区分

大陆法系秉承罗马法以来概念清晰、法规明确,体系化、逻辑化运用法律系统的思维模式。金融产品实际上是各方权利义务的凝结,自然离不开法律因素。在投融资领域,首先要分清股权融资与债权融资,在其基础上才能进行进一步理解和运用衍生出的夹层融资、优先股、永续债、可转换债等概念和创新模式。金融创新的路途崎岖,最难跨越之处在于穷经皓首设计一种为交易各方所认可、为监管部门所默许的新颖交易结构,而倏尔被司法判决所否认,"一枪命中",备感无奈。

股权融资即所有权融资,是公司向股东筹集资金,是公司创办或增资扩股时采取的融资方式。股权融资获得的资金就是公司的股本,由于它代表着对公司的所有权,故称所有权资金,是公司权益资金或权益资本的最主要构成部分。发行股权融资使大量的社会闲散资金被公司所筹集,并且能够在公司存续期间被公司所运用。债权融资是指企业通过借钱的方式进行融资,债权融资所获得的资金,企业首先要承担资金的利息,另外在借款到期后要向债权人偿还资金的本金。债权融资的特点决定了其用途主要是解决企业营运资金短缺的问题,而不是用于资本项下的开支。无论被投资企业有无利润,投资企业均享有定期收回本金,获取利息的权利。企业进行债权性投资,一般是为了取得高于银行存款利率的利息,并保证按期收回本息。

而从融资方的角度看,以发行债券和股票比较,两者的区分也是明显的,表现在:首先承担的风险不同。对企业而言,股权融资的风险通常小于债权融资的风险,股票投资者对股息的收益通常是由企业的盈利水平和发展的需要而定,与公司债券相比,公司没有固定的付息压力,且普通股也没有固定的到期日,因而也不存在还本付息的融资风险,而公司发行债券,则必须承担按期付息和到期还本的义务,此种义务是公司必须承担的,与公司的经营状况和盈利水平无关,当公司经营不善时,有可能面临巨大的付息和还债压力导致资金链断裂而破产,因此,企业发行债券面临的财务风险高。其次,对控制权的影响不同。债券融资虽然会增加企业的财务风险能力,但它不会削减股东对企业的控制权力,如果选择增募股本的方式进行融资,现有股东对企业的控制权就会被稀释,随着新股的发行,流通在外面的普通股数目必将增加,从而导致每股收益和股价下跌,进而对现有股东产生不利的影响。

股权与债权是两种性质不同的权利,其最本质的区别就在于内容上风险承担的条件和方式不同,形式上对抗性不同。在大陆法系一般的基本逻辑下,股权投资行为不可能产生债权,债权融资行为也不可能产生股权。两者不可能同时并存,作为投资者不可能左右逢源,在被投资企业经营好的时候分取巨额红利,在企业破产时又充当债权人。在形式上,债权是相对权,无对世性;股权为特殊动产,为公司法、证券法等规范,具有对世性。

因此,作为投资者或者融资者的身份和地位应该是比较确定的——你不能是变形金刚,不能占尽便宜而不承担应有风险。但是也应看到,任何事情都是变化的,物权与债权之间互相联系,就具备了转化的可能。因为物权可以作为买卖之标的,而买卖是一种债权债务关系,股权也是一种特殊物权,由此,在投融资领域出现了股权远期回购以及其他变形的此类业内俗称"名股实债"的操作方式。

二、股权远期回购的设计原因与风险

以股权远期回购操作"名股实债"是比较原始和比较普遍的方式,简单说就是股权受让或增资后附加股东或者第三方的回购义务。这种方式在功能上通过"股东股权融资+监管资金流入项目公司"间接地实现项目公司融资目的。在"名股实债"的投资模式中,其设计的经济优点在于:融资方可以满足自身融资需求,并在账目上扩大自身的股本金,有效降低资产负债比,不占用授信额度;作为金融机构的投资方可规避对特定借款人放贷资质的禁限规定,获取相应的管理报酬。其设计的法律优点也是显而易见的:投资人可以对应回购义务为主债权设定各类担保。

在所有的"名股实债"资产管理方案中,法律设计的最大难点在于在实现商业目标的基础上同时规避监管与保持法律效力。此谓法律效力的保持,一个基本的脊柱性支撑在于主债权的有效创设以及保证相应从债权——担保权的效力。如果没有有效的主债权,则几乎所有的属于债权体系的保障、担保和抗辩权均无从设置。很多时候,保持法律效力与遵从监管两者如鱼和熊掌之不可兼得,且随着金融创新推进和金融竞争态势加剧,越来越难以平衡协调——因为监管部门为了宏观经济目标而对金融机构的具体行为采取越来越多的禁限措施。随着房地产市场的变化,金融监管政策不停变动,将此类模式列入禁止限制范围,之后业内又出现附加回购选择权、业绩对赌、特定资产收益权等新模式。这些新模式意图逐渐减少融资色彩,增加投资色彩,甚至信托公司和原来的股东分享项目浮动利润,来迎合监管部门的监管偏好。

但无论设计如何变形的所谓名股实债交易结构,信托公司力求保持某种设计的原则和底线,力求在"名股实债"模式中的股权与债权的法律边界保持相对独立和清晰,防止混淆彼此的法律逻辑,保持基本法理的通顺性和合理性,尽量避免被认定为无效的风险。

信托公司遵循的设计原则和底线其实是由法理、法律以及司法判决所体现的司法思维共同构成。自从监管部门开始将审慎监管、审慎经营以及实质重于形式和穿透监管结合起来并普遍通行于资产管理产品以来,包括信托公司在内的资管行业越来越形成一个共识,即影子银行的监管原则似乎正在逐渐成形(例如实质性穿透监管原则),由此监管套利更加困难。信托公司引以为豪的灵活性优势渐渐丧失。有时信托公司在激烈的商业竞争环境中存在较多的侥幸心理,例如,以为只要有股权在手,又有抵押资产,即使项目公司发生风险也可覆盖风险。

于是,信托公司似乎更加关注股权回购本身的效力,例如以固定溢价回购股权是否违反股东收益共享、风险共担的公司法原则,是否构成以合法形式掩盖非法目的的避法行为,是否涉嫌承诺保底等问题。这些问题指向了一个十分"古老"的司法解释,即最高院于1990年发布的《关于审理联营合同纠纷案件若干问题的解答》。其中关于联营合同中的保底条款问题是这样规定的:"(一)联营合同中的保底条款,通常是指联营一方虽向联营体投资,并参与共同经营,分享联营的盈利,但不承担联营的亏损责任,在联营体亏损时,仍要收回其出资和收取固定利润的条款。保底条款违背了联营活动中应当遵循的共负盈亏、共担风险的原则,损害了其他联营方和联营体的债权人的合法权益,因此,应当确认无效。联营企业发生亏损的,联营一方依保底条款收取的固定利润,应当如数退出,用于补偿联营的亏损,如无亏损,或补偿后仍有剩余的,剩余部分可作为联营的盈余,由双方重新商定合理分配或按联营各方的投资比例重新分配。(二)企业法人、事业法人作为联营一方向联营体投资,但不参加共同经营,也不承担联营的风险责任,不论盈亏均按期收回本息,或者按期收取固定利润的,是明为联营,实为借贷,违反了有关金融法规,应当确认合同无效。除本金可以返还外,对出资方已经取得或者约定取得的利息应予收缴,对另一方则应处以相当于银行利息的罚款。(三)金融信托投资机构作为联营一方依法向联营体投资的,可以按照合同约定分享固定利润,但亦应承担联营的亏损责任。"

最后一条因法律环境的变换,从体系化理解和适用法律的原则出发,已经废止,无须纠结。对于前两条,虽然《民法通则》对联营进行了界定,而依据《公司法》设立的有限责任公司或者股份有限公司是否属于《民法通则》规定的联营,是否受该条的规制尚存疑义,但上述司法解释具有强大的生命力和普适性,因为它概括了投资与借款的法律和经济特征,并使得股权回购与"名为投资、实为借贷"之接的界限变得模糊不清。但是我们应该看到,司法思维也是因应时代变化而发展的,例如在甘肃世恒与海富公司纠纷案中,最高院认为一方股东对于另一方股东的补偿承诺并不损害公司及公司债权人的利益,不违反法律法规的禁止性规定,是当事人的真实意思表示,是有效的。可见,法院更多关注的是回购的主体是项目公司还是另一方股东,另一方股东回购并不会减少项目公司的资本及财产,并不会损害项目公司债权人利益,虽然与借贷的效果有一定相似或者有人认为实为借贷,但并不必然无效,而且如果投资方为信托公司,因其拥有投资和贷款的双重资格,则认定回购协议无效的难度较大。而更加值得思考是,我国《公司法》对有限公司股东转让股权的权利有明确规定,尤其是股东之间相互转让股权除了章程外几无限制,在此情形下,如果对股东远期转让股权以非法借贷为由进行干预,则存在过度干预股东权利之嫌。

但名股实债项目面临诸多风险。从法律定性上看,"名股实债"是介于"股权投资"与"债权投资"之间一种模糊的状态,因此其法律地位尚不明晰。据此,在司法实践中,"名股实债"如被认定为股权投资,则投资人不能主张还本付息,得不到定期收益;如果其被认定为借贷,但因约定的收益未被作为利息处理,以约定不明为由适用同期银行贷款利率或者存款利率(通常是有过错的情形下);即使收益被作为利息处理,但是超过法定利率,超过部分被认定为无效,得不到预期收益。"名股实债"模式能否获得预期收益具有较大不确定性,在合同性质被认定为借贷性质后,投资人的预期收益无法实现,其高于银行同期利率的部分不能得到法院支持;在标的公司进入破产清算程序时,股权投资是要劣后于债权进行受偿,投资人需要承受股权本身所带来的风险。此外,在"名股实债"的交易模式下,信托公司作为投资方如何选择管理公司的力度都存在两难,如果实际参与经营就要承担管理责任,决策失误必然承担责任,对现有股东以及信托受益人都有责任;如果承担"甩手掌柜",只是享有收益,但并不参与实际经营管理,必然导致股东权的落空,如果发生风险,也要对信托受益人承担责任。而在项目公司发生破产的时候,例如在本案中显示的那样,信托公司本意对项目公司提供债权融资,通过股权方式既控制公司又享受类似借款本息的回购溢价,但出乎其意料坐实股东地位,承担破产风险。

三、创新型产品设计需进行司法压力测试

"名股实债"应用于具体项目一不小心就构成规避监管的行为。从行政层面,监管者与被监管者之间此类情况比较复杂,姑且不论。在司法层面,就涉讼的案例来看,违反监管规则的后果应具体分析。大体来说,司法机关在判决金融创新案件时应该顾及监管部门发布的监管规范,否则就容易出现"马路警察、各管一段"的尴尬局面。

然而,由于司法承担着法律守护者以及正义最后裁决者的地位,法院并不会完全依从监管规范来判案。首先,法院不以部门规章而是以法律和行政法规作为判案依据;其次,还要区分效力性规范和管理性规范;最后,由于金融机构的专业机构地位以及审慎经营义务,金融机构的违规行为常常被认定为过错,并承担相应风险。对于究竟属于投资还是融资,在监管未明确某类金融产品模式性质的前提下,如果不定性不会影响判决结果的话,司法可能回避对此问题直接进行定性。更多的情况是,法律关系的定性成为责任认定的前提,大陆法系法官喜欢类型化思维,在金融纠纷显性化的今天,很多司法机关对多样态频发的规避监管的行为模式不再沉默,纷纷发声进行重新定性,叫做司法校验:一种选择是以合法形式掩盖非法目的为由认定其无效;另一种选择是按照实质重于形式的原则来定性,多倾向于确定为借款关系,至少在股权收益权、特定资产收益权等结构中比较接近借款要件。司法校验的积极性在于提示监管者以及金融机构,如果越俎代庖,则容易干预过度,遏制金融创新行为,有时候法律滞后于现实则导致恶法亦法的局面。

对于实质重于形式的司法思维,我们认为应该认真进行分析。例如在《最高人民法院关于审理融资租赁合同纠纷案件适用法律问题的解释》中,对于融资租赁合同的认定及效力规定:"人民法院应当根据合同法第二百三十七条的规定,结合标的物的性质、价值、租金的构成以及当事人的合同权利和义务,对是否构成融资租赁法律关系作出认定。对名为融资租赁合同,但实际不构成融资租赁法律关系的,人民法院应按照其实际构成的法律关系处理。"

然而,实质重于形式的司法思维仍然服从于体系化理解和适用法律的基本原则,由于法律关系的复杂性具体到股权的内外关系上,外部关系涉及社会公益和其他债权人利益将适用外观主义,应优先考虑保护其合法权利,而投资人之间属于内部关系则适用合同相对性原则。最高人民法院关于适用《中华人民共和国公司法》若干问题的规定(三)第二十四条第一款和第二款

规定的是名义出资人与实际出资人之间的关系,主要是内部的、合同的关系,"有限责任公司的实际出资人与名义出资人订立合同,约定由实际出资人出资并享有投资权益,以名义出资人为名义股东,实际出资人与名义股东对该合同效力发生争议的,如无合同法第五十二条规定的情形,人民法院应当认定该合同有效。前款规定的实际出资人与名义股东因投资权益的归属发生争议,实际出资人以其实际履行了出资义务为由向名义股东主张权利的,人民法院应予支持。名义股东以公司股东名册记载、公司登记机关登记为由否认实际出资人权利的,人民法院不予支持。但第三款则涉及第三人,规定较为严格:实际出资人未经公司其他股东半数以上同意,请求公司变更股东、签发出资证明书、记载于股东名册、记载于公司章程并办理公司登记机关登记的,人民法院不予支持。"同理,第二十五条名义股东处分股权涉及第三人以及善意取得制度,则规定:"名义股东将登记于其名下的股权转让、质押或者以其他方式处分,实际出资人以其对于股权享有实际权利为由,请求认定处分股权行为无效的,人民法院可以参照物权法第一百零六条的规定处理。名义股东处分股权造成实际出资人损失,实际出资人请求名义股东承担赔偿责任的,人民法院应予支持。"而公司外观主义在第二十六条表现得更为彻底:"公司债权人以登记于公司登记机关的股东未履行出资义务为由,请求其对公司债务不能清偿的部分在未出资本息范围内承担补充赔偿责任,股东以其仅为名义股东而非实际出资人为由进行抗辩的,人民法院不予支持。名义股东根据前款规定承担赔偿责任后,向实际出资人追偿的,人民法院应予支持。"可见,在股东之间的内部关系和外部关系是相当复杂的制度安排,体现了合同债权相对性到股权外观主义对世性之间的利益权衡和风险分配的公平正义,在法律无法协调内部利益和外部利益的时候,股权外观主义有利于维护公司制度整体架构的稳定和公司制度注重交易效率与安全占据上风,尤其在公司面临破产的情况下,如何保护债权人的利益不仅仅是个案问题,而且是一个司法精神如何贯彻立法宗旨的问题。此外,从信息获取和风险分配的角度看,不管名义持股人还是实际持股人,对于债权人来说,股东拥有知情权、管理权和监督权,有能力、有机会了解公司并对公司经营施加影响,从而做出有益于自己至少可避免不利于自己的权利和义务安排;而债权人则从《合同法》以及担保物权等方面获得的债权保护,在这些方面与股东权力对公司的影响力不可等列。

  本案涉及的"名股实债"是一个业务模式,而不是一个法律概念,并没有任何法律法规对此作出解释或规定。融资人破产清算,申报债权过程中,破产管理人认为X信托公司投入的资金属于股权投资,不应当列入破产债权范围,而X信托公司认为"名股实债"还是债权,应当列入破产债权,遂起争议诉至法院,一审法院认定X信托公司投资权益属于股权,不应认定为债权,支持了被告融资人的观点。这个观点和业内通行的理解存在巨大反差,因为在"名股实债"的项目中资管行业从业人员从来也没有要去做真实股东的意图,其持股的目的是为了控制风险、获得阶段性的股东地位、通过回购实现类似借款的本息偿还的效果、创设可担保的主债权等。但是,法院对"名股实债"的法律认定在本案中则采取了外观主义,判决主旨如下:"本院认为,首先在名实股东的问题上要区分内部关系和外部关系,对内部关系产生的股权权益争议纠纷,可以当事人之间的约定为依据,或是隐名股东,或是名股实债;而对外部关系上不适用内部约定,按照《中华人民共和国公司法》第三十二条第三款'公司应当将股东的姓名或者名称及其出资额向公司登记机关登记,登记事项发生变更的,应当办理变更登记,未经登记或者变更登记的,不得对抗第三人'之规定,第三人不受当事人之间的内部约定约束,而是以当事人之间对外的公示为信赖依据。本案不是一般的借款合同纠纷或股权转让纠纷,而是G置业破产清算案中衍生的诉讼,本案的处理结果涉及G置业破产清算案的所有债权人的利益,应适用公司的外观主义原则。即G置业所有债权人实际(相对于本案双方当事人而言)均系第三人,对G置业公司的股东名册记载、管理机关登记所公示的内容,即X信托为持有G置业80%股份的股东身份,G置业之外的第三人有合理信赖的理由。"

  法院判决对法律实质和法律形式的判断之间有一个重要考量,就是不同利益的衡量。纵然,在名实不符的情况下,法官应该照顾到当事人的商业目的和内心的真实意思表示。然而,我们经常看到的是,金融机构为了迎合监管的需要而扭曲地进行金融创新的时候,经常面临的问题是:内心希望的是债权融资但表现出来的是股权投资,监管不允许股权回购,于是一方面通过股权进入项目公司,另一方面又生硬地要求项目公司归还融资本息,出现了一个经济行为、两种法律关系,表里不一,无法从法律上解释,在发生风险时有苦难辩。例如在本案中,法官不会不注意到X信托公司作为信托机构对众多的信托受益人所承担的责任,一旦判决生效,这些受益人的信托利益可能遭受损失,他们的利益保护与破产债权人的利益保护之间必然产生利益衡量,在此过程中,信托公司作为专业机构的专家责任起到了一定的偏离作用。金融机构作为专业机构承担着审慎经营的责任,必须具有必要的技能和注意,包括对法律制度的准确理解和运用以及严格遵守相应的监管规范,如果其具有过错则应对受益人承担相应赔偿责任;这个风险的划分又照顾到了《公司法》制度所遵循的外观主义。

　　所以,法官也从控制风险的角度对各方的意思表示是否一致性进行了论证,并暗示金融机构必须对自己的行为后果以及法律效果有清晰和准确的判断,判决进一步指出,"而G置业的股东会决议仅代表G置业在签订《合作协议》、《股权转让协议》前有向X信托借款的单方面意向,最终双方未曾达成借款协议,而是X信托受让了纪阿生、丁林德持有的G置业股权,与纪阿生、丁林德之间发生了股权转让的事实。如果X信托本意是向G置业出借款项的,G置业从股东会决议来看亦是有向X信托借款意向的,双方完全可以达成借款合同,并为确保借款的安全性,X信托可以要求依法办理股权质押、土地使用权抵押、股东提供担保等法律规定的担保手续。如原告在凯旋国际项目上不能进行信托融资的,则应依照规定停止融资行为。X信托作为一个有资质的信托投资机构,应对此所产生的法律后果有清晰的认识,故X信托提出的'名股实债'、'让与担保'等主张,与本案事实并不相符,其要求在破产程序中获得债权人资格并行使相关优先权利并无现行法上的依据,故本院对其主张依法不予采纳。"

　　判决中明确表示出法官的倾向性是"可借款就真实的借款,不能融资就停止融资行为",非此即彼、泾渭分明,这种思维方式正是与金融行业的思维方式不一样的地方。因为法院执行的是法律,法官将复杂事情简单化为法律关系,中间需要舍弃;而对信托公司而言,除了法律,还要遵守监管规范、实现复杂的商业目的,其实是一个从简单到逐渐复杂的过程,中间难免走样。现实情况是,如果像该判决说的那样,就很难想象金融创新的逻辑——金融创新从法律观点看其实就是规避监管的行为。这是不同行业思维碰撞的另一面。但是在信托行业看来,事情哪有如此简单,回顾房地产信托的监管历史,满是围绕"四三二"从2006年以来风雨如晦、细密如织、层层加码的监管举措,所谓的"名股实债"之类金融创新在一定程度上也是监管倒逼的结果。

　　我们可能还有一个疑问,各方尤其是法官为什么没有考虑到《最高人民法院关于审理涉及国有土地使用权合同纠纷案件适用法律问题的解释》第二十六条的规定——"合作开发房地产合同约定提供资金的当事人不承担经营风险,只收取固定数额货币的,应当认定为借款合同"。也许各方认为当事人没有签署合作开发房地产合同,但如果从实质看,本项目类似一个合作开发项目,从收取固定回报这一面,更符合借款关系的某些要素;但本案法官从本案具体现状采取外观主义,更倾向于认可信托持股的事实而非确认借款关系,法官判决:"综上,被告 G 置业管理人在破产程序中履行管理职权,确认 X 信托对破产企业不享有破产债权是正确的。基于 X 信托在 G 置业中的股东身份,其出资并获得股东资格后不应再享有对破产企业的破产债权,X 信托要求行使对 G 置业所有的湖州市西南分区 18-C 号地块国有土地使用权及在建工程享有抵押权,并以该抵押物折价或者以拍卖、变卖的价款优先受偿的请求,有悖法律,本院依法予以驳回。"

四、启示

"名股实债"是金融行业的一种常见投资模式,普遍适用于信托、资管、私募等泛资管行业,本案判决给大资管行业提了个醒:必须认真对待,确保金融产品具有清晰的法律关系;必须进行司法压力测试,就是发生诉讼法官应该怎么判。

对于"名股实债"的交易结构,一般情况下应按照"实质重于形式"的原则认定为借款关系,但是本案特殊之处在于借款人进入破产清算程序,简单说就是由原来"一个人吃肉"变成"大家一起喝汤",客观上导致信托公司主张权利时需要面对所谓众多"外部债权人"的不同权益。法官在进行利益衡量和风险分配时,着重外观信赖利益保护,实际也是考虑到了专业机构的专家责任以及信托持股的事实,选择先外后内。

因此,另外一个启示是:在此类交易结构设计中必须合法创设主债权,不要简单地采取"股权投资+债权回款"模式,不要僵硬地设计项目公司归还本息,要有法律和事实依据,否则皮之不存毛将焉附?内心意思与行为表示脱节,违背基本法律逻辑是造成很多金融项目发生争议又不被保护的最根本原因。其实,业内人士已经提出"名股实债"模式应转化为"股+债"模式,后者法律关系相对清晰且可实现商业目的,确实值得考虑。

第十二节 监管风暴下房地产信托产品的政策边界及法律实务

一、监管风暴下房地产融资面临全面从紧监管的局面

压力就是动力。

由于我国对房地产市场从支柱产业转换为被调控产业,近几年房地产信托成为信托监管的重中之重。尤其是 2016 年 10 月新一轮地产调控以来,房地产融资全面被控。除了作为主要融资渠道的银行贷款和公司债外,地产企

业股权融资、发行 ABS、地产基金、资管融资等各类渠道均有收紧。2017 年 2 月 13 日,中国证券投资基金业协会发布《备案管理规范第 4 号》,叫停了 16 城私募、资管计划投资房地产开发企业项目。2017 年第二季度以来,发改委叫停房地产企业的海外发债。

信托公司俨然成为房地产商融资的重要渠道。普益标准的统计数据显示,2017 年 4 月房地产信托产品成立 73 款,平均规模 1.21 亿元;5 月则成立 83 款,平均规模上升至 1.34 亿元。据用益信托分析称,房企对资金的需求较大,尤其在其他融资渠道受阻的情况下,信托是最重要的融资方式。

但信托公司目前开展的拿地融资业务面临收紧。本次监管风暴下,房地产信托成为本次检查的重点。本次监管风暴对房地产融资的历次政策进行了总结梳理,同时又对新的一些创新模式进行了具体的监管评价。

本次监管风暴出台的规范中,关于房地产融资的规定主要包括:

第一,《中国银监会办公厅关于开展银行业"违法、违规、违章"行为专项治理工作的通知》附件总结列举了违规炒作房地产的情形:一是违规为房地产开发企业发放贷款用于支付土地出让金;二是违规为四证不全、资本金比例不到位项目发放房地产开发贷款;三是未严格实行房地产开发贷款封闭式管理规定导致贷款挪作他用;四是违规绕道、借道通过发放流动资金贷款、经营性物业贷款等为房地产开发企业提供融资;五是违规发放"首付贷",违规融资给第三方用于支付首付款、尾款,违规发放个人贷款用于购买住房;六是违规向未封顶楼盘发放个人住房按揭贷款,违规发放虚假个人住房按揭贷款,违规向"零首付"购房人发放住房按揭贷款。

虽然只是寥寥六点,但每个大类下又可根据相关监管规定细化,已经涵盖了各类房地产融资违规行为。

第二,《关于开展银行业"监管套利、空转套利、关联套利"专项治理工作的通知》附件在"违反宏观调控政策套利"部分,首先要求重点检查银行业金融机构是否贯彻落实国家行业调控政策和信贷调控政策。包括但不限于:(1)信贷资金是否借道建筑业或其他行业投向房地产和"两高一剩"行业领域;(2)是否通过同业业务和理财业务或拆分为小额贷款等方式,向房地产和"两高一剩"等行业领域提供融资。显然,房地产为检查之重点。

第三,《中国银监会关于提升银行业服务实体经济质效的指导意见》强调因地因城施策,促进房地产市场长期稳健发展。银行业金融机构要牢牢把握住房的居住属性,分类调控、因城施策,落实差别化住房信贷政策。严禁资金违规流入房地产市场,严厉打击"首付贷"等行为,切实抑制热点城市房地产泡沫。支持居民自住和进城人员购房需求,推动降低库存压力较大的三四线城市房地产库存。持续支持城镇化建设、房屋租赁市场发展和棚户区改造,加大棚改货币化安置力度。

第四,《中国银监会关于银行业风险防控工作的指导意见》重申了分类实施房地产信贷调控:认真落实中央经济工作会议精神,明确住房居住属性;坚持分类调控、因城施策,严厉打击"首付贷"等行为,切实抑制热点城市房地产泡沫,建立促进房地产健康发展的长效机制。着重强化房地产风险管控:银行业金融机构要建立全口径房地产风险监测机制;将房地产企业贷款、个人按揭贷款、以房地产为抵押的贷款、房地产企业债券,以及其他形式的房地产融资纳入监测范围,定期开展房地产压力测试。加强房地产业务合规性管理,严禁资金违规流入房地产领域;各级监管机构要重点关注房地产融资占比高、贷款质量波动大的银行业金融机构,以及房地产信托业务增量较大、占比较高的信托公司。

第五,银监会向各银监局下发《2017年信托公司现场检查要点》,违规开展房地产信托业务被列入2017年信托公司现场检查要点:是否通过股债结合、合伙制企业投资、应收账款收益权等模式变相向房地产开发企业融资规避监管要求,或协助其他机构违规开展房地产信托业务;"股+债"项目中是否存在不真实的股权或债权,是否存在房地产企业以股东借款充当劣后受益人的情况,是否以归还股东借款名义变相发放流动资金贷款。尽管监管部门声称此文为内部掌握的文件,但联想到在银监会严查"三套利"、"四不当",集中开展银行业市场乱象整治工作的背景下发布此文件,规范矛头直指"拿地融资业务"。

中国指数研究院的数据显示,2017年第一季度全国300个城市住宅用地共成交1.4亿平方米,同比增长13.0%;各线城市成交量均增长,其中二线城市同比增长19.0%,增幅最大。四月份延续了一季度的火爆。开发商拿地热情依旧高涨、地产融资收紧使得2017年信托公司拿地融资业务升温明显。没有条件,就需要创造条件。在房地产商拿地环节,由于不满足"四三二"条件,所以信托公司往往通过名股实债的产品结构设计规避监管,为房地产开发商在拿地环节提供配套融资。但根据最新银监监管规定和精神,信托公司开展房地产项目经常采用的名股实债及合伙制基金等交易模式需要穿透核查,此类交易结构中如果有股东借款等流贷嫌疑的已不满足银监合规要求,因此,不少信托公司开始充分发挥信托灵活性,开动脑筋,调整老模式赋予新内容,或者干脆设计新的交易结构,推进房地产信托项目。

二、监管风暴下关于拿地信托融资的合规边界

拿地信托融资已经受到强有力的细密监管,加上实质重于形式的穿透核查,可以说,拿地信托融资的合规边界越来越模糊。这是整个金融监管环境偏紧的一个表现。

整个金融监管环境偏紧集中地体现在两个方面:其一,在行政强监管的压力之下整体金融环境呈现实质上的反金融自由主义,使得法治的内核虚化。换言之,金融机构和其他民事主体的权利被监管明规则以及窗口指导形成的潜规则削弱,甚至规则不允许的行为如从事则违规,与法治要求的法律未限制未禁止即为允许的理念存在原则冲突;其二,实质重于形式以及穿透原则的泛化以及自由心证,使得金融创新的博弈偏向否定端口,金融机构不敢去沟通,一旦沟通,监管部门在强监管的风暴下无法表态或者直接"SAY NO"。在上述情形下,原来默许的金融创新形式也被拿来重审,寻找"避法"的由头,而轻视金融创新的正面作用。原来的"股+债"的逻辑表现为股权投资是主要的,债权投资是次要的,股权投资的目的是控制项目公司,债权投资的目的是实现退出,在此逻辑下,"股+债"模式实际获得各地监管当局的默许。但在强监管风暴下,"股+债"模式有较大的不确定性,需要监管部门的认可。可以说,房地产信托进入了"毛孔式监管阶段",监管部门用穿透监管这个放大镜,很容易把本来合理的金融创新说成是规避监管,这的确考验监管者的平衡智慧。

(一)升级版"股+债"模式的合规边界

《2017年信托公司现场检查要点》核查"股+债"项目中是否存在不真实的股权或债权,是否存在房地产企业以股东借款充当劣后受益人的情况,是否以归还股东借款名义变相发放流动资金贷款。这就意味着:如果不以股东借款为劣后也就没有变相流贷的问题。这样就要在调整劣后资产上做文章。例如,将原用于认购次级信托单位的项目公司股东借款替换为集团内其他关联方对项目公司的债权或第三方对项目公司的债权,或以其他主体为债务人的债权。

但是,防范流贷依然是房地产融资的一条红线。《关于加强信托公司房地产、证券业务监管有关问题的通知》(银监办发〔2008〕265号)第一条规定:"严禁向房地产开发企业发放流动资金贷款,严禁以购买房地产开发企业资产附回购承诺等方式变相发放流动资金贷款,不得向房地产开发企业发放用于缴交土地出让价款的贷款。要严格防范对建筑施工企业、集团公司等流动

资金贷款用于房地产开发。"《住房城乡建设部、国土资源部关于加强近期住房及用地供应管理和调控有关工作的通知》(建房〔2017〕80号)第一条规定："各地要建立购地资金审查制度，确保房地产开发企业使用合规自有资金购地。"

正如前文所述，由于"毛孔式监管"，此类变通模式是否可以用来拿地仍然依赖监管部门的认可。"股+债"模式系通过信托的股权出资与次级债权一起构成了信托计划对房地产项目的整体性投资。信托计划以部分信托资金向项目公司增资后取得目标股权，并对标的项目进行管理，同时与获取项目公司债权为一个整体交易安排。增资及获取股东借款的出发点和终结点均是为了完成一笔完整的项目投资行为，系信托公司以投资房地产项目为目的而对信托财产的整体管理和运用。因此，该等安排应当注意股权投资的真实性，增资及股东借款的资金均应确保用于项目公司的房地产开发项目，其资金用途应该具有一定的商业合理性。《2017年信托公司现场检查要点》核查："'股+债'项目中是否存在不真实的股权或债权，是否存在房地产企业以股东借款充当劣后受益人的情况，是否以归还股东借款名义变相发放流动资金贷款。"该规定也并未将所有"股+债"论定为违法违规。将原用于认购次级信托单位的项目公司股东借款替换为集团内其他关联方对项目公司的债权或第三方对项目公司的债权，或以其他主体为债务人的债权，在形式上并不违反法律法规的规定。该等交易结构按现行监管规定尚未明确界定为债务性融资。如果股东的关联公司以其持有的对项目公司的往来款认购信托计划，成为信托计划的劣后受益人，此时需要认真核查相关往来款的真实性以及监管部门关于"股+债"项目中往来款充当劣后受益人的监管口径。不排除监管部门为了配合房地产宏观经济需要而出台限制性规定的可能性，如果监管部门将其明确界定为债务性融资的，应遵守相关规定。此外，信托公司应该核查该等债权的真实有效性和项目公司的具体资金用途，避免监管部门启用穿透核查手段判定项目资金用途违规。

关于股权退出的回购选择权问题，信托计划届满一定期间内，指定方或第三方有权申请购买信托公司持有的项目公司股权。对于回购选择权，由于是一种权利而非义务，《中国银行业监督管理委员会关于印发信托公司净资本计算标准有关事项的通知》(银监发〔2011〕11号)规定："融资类业务包括但不限于信托贷款、受让信贷或票据资产、附加回购或回购选择权、股票质押融资和准资产证券化等业务。"回购选择权安排本身并不必然导致信托计划成为债务融资型信托。但根据信托公司净资本的相关规定，信托计划需按融资类业务计算风险资本。股权回购价款的确定方式可能会影响项目定性。股权融资中关于股东权利和董事会治理结构设计、评估价格退出、股权分红与受益人浮动收益、对赌条款等可强化股权投资属性。例如,股权回购价款通常有固定价格和回购时评估价格等两种方式。以固定价格回购安排中,监管机关对于此种安排可能认定为融资类项目,从而在监管政策方面需满足"四三二"的要求。信托公司如需设计回购选择权安排,在实施此类项目之前,应就该等安排与监管机关进行沟通,防止监管部门以实质重于形式原则将其认定为债务融资。

(二)并购贷款模式的合规边界

房地产市场中并购模式五花八门,就股权并购模式而言,并购行为通过股权收购获得了土地使用权,土地实为项目公司的资产。但由于穿透原则的普遍化,有些信托公司发放并购贷款对此类业务是否可用于拿地不免有疑问。

其实,《商业银行并购贷款风险管理指引》(银监发〔2015〕5号,以下简称"《并购贷款指引》")第三条规定:"本指引所称并购,是指境内并购方企业通过受让现有股权、认购新增股权,或收购资产、承接债务等方式以实现合并或实际控制已设立并持续经营的目标企业或资产的交易行为。并购可由并购方通过其专门设立的无其他业务经营活动的全资或控股子公司(以下称子公司)进行。"第四条规定:"本指引所称并购贷款,是指商业银行向并购方或其子公司发放的,用于支付并购交易价款和费用的贷款。"

《并购贷款指引》仅适用于商业银行发放并购贷款;另外,监管机关对于信托公司是否可以参照《并购贷款指引》开展并购项目并无明确规定,实务中部分信托公司在征询监管机关意见后也开展了部分并购贷款的业务。在市场化并购的前提下,股权转让款用途没有限制。如果股权出售方获得了资金,只要用于合法用途,包括去购买土地并无限制。但是,如果买卖双方存在关联关系,则监管部门可能认为此是非市场化的拟制的并购行为,存在规避监管的目的,股权转让的目的是为了获得拿地融资,此时情况相当不妙。纵然,《并购贷款指引》第十六条规定:"商业银行应在财务模型测算的基础上,充分考虑各种不利情形对并购贷款风险的影响。上述不利情形包括但不限于:……(四)并购方与目标企业存在关联关系,尤其是并购方与目标企业受同一实际控制人控制的情形。"由是观之,法律法规并没有明确限制并购方和目标企业不能存在关联关系。但是由于此类项目用于房地产企业融资,如果在一个房地产企业集团内发放并购贷款最终用于拿地项目,可能被认定变相用于支付购地资金的贷款。因此,一个房地产企业集团内部发放的并购贷款,极有可能被监管部门以实质重于形式为由认为其不符合相关法律法规的规定。

此外,还有一种并购方式就是打包购买项目公司股东的股权和债权,而且债权往往是股东借款拿地形成,股东融资的目的也是支付拿地款,退出方式一般是由股东购买信托受益权。《中国银监会办公厅关于加强信托公司房地产、证券业务监管有关问题的通知》第一条规定:"信托公司要严格按照《中国银行业监督管理委员会关于进一步加强房地产信贷管理的通知》(银监发〔2006〕54号)等有关法规从事房地产业务。(一)严禁向未取得国有土地使用证、建设用地规划许可证、建设工程规划许可证、建筑工程施工许可证'四证'的房地产项目发放贷款,严禁以投资附加回购承诺、商品房预算团购等方式间接发放房地产贷款。申请信托公司贷款(包括以投资附加回购承诺、商品房预售回购等方式的间接贷款)的房地产开发企业资质应不低于国家建设行政主管部门核发的二级房地产开发资质,开发项目资本金比例应不低于35%(经济适用房除外)。(二)严禁向房地产开发企业发放流动资金贷款,严禁以购买房地产开发企业资产附回购承诺等方式变相发放流动资金贷款,不得向房地产开发企业发放用于缴交土地出让价款的贷款。要严格防范对建筑施工企业、集团公司等的流动资金贷款用于房地产开发。"因此,信托资金购买项目公司的股权及债权,并由股东回购信托受益权方式为项目公司尚未缴纳土地出让金的项目提供融资,该等安排不符合上述法律法规的规定。

(三)有限合伙基金模式的合规边界

有限合伙基金投资房地产有多种模式,比较典型的是房地产企业以自有资金拿地并成立项目公司。信托计划用于认购有限合伙企业优先级有限合伙份额,其他公司作为普通合伙,第三方作为并购方或其关联方认购劣后级有限合伙份额,劣后级有限合伙为优先级有限合伙预期本金收益、普通合伙管理费等承担补足义务。合伙企业预留扣除基金相关费用后,资金用于向房地产企业收购项目公司股权,间接获得土地资产。

本金和收益的偿还方式以及风险分配模型是真实投资与债务融资的分水岭。退出机制的安排成为定性的核心要素。如果在股权收购层面安排了回购,则构成债务性融资,如果此层面为真实股权投资,不附加回购等条款,则要看有限合伙退出机制的安排,有些人认为项目结束后劣后级受让优先级有限合伙份额、更换自己为普通合伙,实际持有项目公司全部股权,此时并未涉及股权回购,应该属于纯正股权投资。

然而,对基金模式的穿透核查已经不限于银监系统,证监系统也实施了该原则。基金模式用于拿地是否合法合规,应综合判断。

首先,该合伙企业必须在基金业协会备案。《私募投资基金监督管理暂行办法》第二条规定:"本办法所称私募投资基金(以下简称私募基金),是指在中华人民共和国境内,以非公开方式向投资者募集资金设立的投资基金。私募基金财产的投资包括买卖股票、股权、债券、期货、期权、基金份额及投资合同约定的其他投资标的。非公开募集资金,以进行投资活动为目的设立的公司或者合伙企业,资产由基金管理人或者普通合伙人管理的,其登记备案、资金募集和投资运作适用本办法。"有限合伙企业是非公开募集资金,以进行投资活动为目的设立的公司或者合伙企业,应该按照《私募投资基金监督管理暂行办法》的规定进行登记备案。

其次,《私募资产管理计划备案管理规范第4号》规定,私募资产管理计划直接或间接投向于北京、上海、深圳、厦门等16个房地产价格上涨过快热点城市普通住宅地产项目,暂不予以备案。其中,暂停备案形式部分包括:(1)委托贷款;(2)嵌套投资信托计划及其他金融产品;(3)受让信托受益权及其他资产收(受)益权;(4)以名股实债的方式受让房地产开发企业股权;(5)其他债权投资方式。因此,如果项目落入上述监管片区,则无法办理备案登记。

最后,在信托层面,信托公司以信托资金认购有限合伙优先级有限合伙份额,有限合伙企业以合伙企业财产用于收购项目公司股权。项目结束后劣后级受让优先级有限合伙份额、更换普通合伙,实际持有项目公司全部股权。从资金注入模式看,信托公司以信托资金认购有限合伙份额,有限合伙企业以合伙企业财产收购项目公司股权,属于股权投资的信托业务。

但从信托退出方式看,此类项目未采取股权投资附加回购的债务融资模式,而是采用转让信托计划持有的有限合伙优先级有限合伙份额的模式变相回购。如果按照实质重于形式进行穿透核查,该等模式可能导致此类项目被认定为债务性融资,从而应当符合房地产融资的相关条件。而《住房城乡建设部、国土资源部关于加强近期住房及用地供应管理和调控有关工作的通知》(建房〔2017〕80号)第一条规定:"各地要建立购地资金审查制度,确保房地产开发企业使用合规自有资金购地。"若将信托资金最终用于缴纳购地资金,则有违该规定。

在退出方式上,有两个设计节点可以设置为购买选择权,从而存在认定为投资性项目的可能:一是在股权环节,二是在有限合伙环节。回购选择权安排本身并不必然导致信托计划成为债务融资型信托,也不会是必然被认定为投资性信托的唯一因素。回购选择权除了权利本身的设定,还要结合具体项目的其他元素。例如,无论股权还是有限合伙,其回购价款的确定方式以及投资主体是否按照公司章程、合伙协议以及相关法律履行投资者权利义务都有可能影响该交易安排是投资还是融资的性质认定。当然,在监管风暴下,比较稳妥的办法还是在实施项目之前,就该等安排与监管机关进行沟通,防止监管部门以实质重于形式原则将其认定为债务融资。

此外,除了股权投资外,通过有限合伙还可能进行资产(包)的收购。信托计划项下的信托资金用于认购产业基金的优先有限合伙份额,产业基金用于受让拟并购的资产(融资人的资产)。信托计划存续期间,由于现金流不足,产业基金不对其进行分配,信托计划项下信托单位的期间收益均以扩募资金的投资运作本金及收益兑付。此类"信托+基金"的模式也采用了穿透核查,需要特别注意是否属于真投资还是变相发放流贷,同时要注意保底问题。

如果信托计划到期前,融资人按固定回购利率回购信托计划持有的优先有限合伙份额。该等资产转让加回购的安排间接构成信托计划向融资人发放流动资金贷款。根据《中国银监会关于进一步推进改革发展加强风险防范的通知》的规定,"严防集团公司通过母子公司借款和其他各种关联交易将信贷资金违规流入房地产市场"。《中国银监会办公厅关于加强信托公司房地产、证券业务监管有关问题的通知》(银监办发〔2008〕265号)第一条第(二)款规定:"(二)严禁向房地产开发企业发放流动资金贷款,严禁以购买房地产开发企业资产附回购承诺等方式变相发放流动资金贷款,不得向房地产开发企业发放用于缴交土地出让价款的贷款。要严格防范对建筑施工企业、集团公司等的流动资金贷款用于房地产开发。"如果项目构成房地产开发企业资产附回购承诺的方式提供融资,信托公司应核查用款项目需符合"四三二"的规定。

关于有限合伙的保底安排也是基金类产品须时刻注意的"高压线"。例如,信托计划到期前,融资人按固定回购利率分别回购两个信托计划持有的优先有限合伙份额。《证券期货经营机构私募资产管理业务运作管理暂行规定》第四条规定:"证券期货经营机构设立结构化资产管理计划,不得违背利益共享、风险共担、风险与收益相匹配的原则,不得存在以下情形:(一)直接或者间接对优先级份额认购者提供保本保收益安排,包括但不限于在结构化资产管理计划合同中约定计提优先级份额收益、提前终止罚息、劣后级或第三方机构差额补足优先级收益、计提风险保证金补足优先级收益等……"《私募投资基金合同指引1号（契约型私募基金合同内容与格式指引）》第三十七条规定："私募基金采用结构化安排的，不得违背'利益共享、风险共担'基本原则，直接或间接对结构化私募基金的持有人提供保本、保收益安排。"据此，按固定利率回购优先级份额的安排可能违背该规定。

（四）综合集团贷款模式的合规边界

有的集团公司综合经营，有部分房地产板块，也有实业板块，其实业板块有合理融资需求，如果一味禁止此类流贷，并不符合中央支持实体经济的要求，但如果发放流贷，则有给房地产发放流贷的嫌疑，对于此类瓜田李下的融资方案，常常令人头疼不已。

截至目前，中国银监会并未对综合集团的流贷出具相应的监管细则。信托公司要注意在测算融资人流动资金贷款额度时需分板块予以测算，并核查融资人各板块的融资情况，确保非房板块的融资规模和业务规模相符。此外，在项目实施过程中监管流动资金贷款的实际资金用途，确保该等资金用途与约定用途一致。

中国银监会办公厅《关于开展银行业"违法、违规、违章"行为专项治理工作的通知》附件1《银行业金融机构"违法、违规、违章"行为专项治理工作要点》提及"违规绕道、借道通过发放流动资金贷款、经营性物业贷款等为房地产开发企业提供融资。"关于"绕道、借道"的内涵和外延目前并未有具体规定，实际由监管部门根据具体情况判断，为稳妥起见，信托公司应确保流贷资金不用于房地产项目开发。

《证券期货经营机构私募资产管理计划备案管理规范第4号——私募资产管理计划投资房地产开发企业、项目》对房地产开发企业有相关规定："上市公司，原则上按照上市公司所属中国证监会行业分类结果作为判断依据。非上市公司，参照《上市公司行业分类》执行，即：当公司最近一年经审计的房地产业务收入比重大于或等于50%，则将其划入房地产行业；当公司没有一类业务的营业收入比重大于或等于50%，但房地产业务的收入和利润均在所有业务中最高，而且均占到公司营业收入和利润的30%以上（包含本数），则该公司归属于房地产行业。其中，房地产业务收入包括从事普通住宅地产、商业地产、工业地产、保障性住宅地产和其他房地产所取得的收入。"信托公司可参照该等规定制订综合集团的认定标准。

三、监管风暴下房地产信托融资的创新前景

信托天生具有的灵活性使得它成为金融创新的自由因子。房地产信托尽管受到各种打压,但创新发展的总体方向没有改变,随着金融监管风暴的逐渐企稳,房地产信托的创新潮流正在聚集。其趋势归纳如下:

第一,由于去杠杆、反嵌套,房地产融资分为纯化债务融资和纯化股权投资两种基本模式。符合"四三二"条件的,采用信托贷款或者其他债务融资模式;不符合"四三二"条件的,采用股权投资方式,包括并购、增资等。"四三二"的监管要求主要是银监会和国务院的文件规定。目前包括银行表内贷款、表外理财、信托计划房地产融资都必须符合上述"四三二"要求。对于纯正的房地产股权投资信托(非名股实债),并没有过多限制。基金业协会发布的备案4号规范,封堵16个热点城市的普通住宅项目债权融资,对于房地产企业流动资金和土地款融资则是全面"封杀"。私募基金通过股权融资给房地产企业并未施加过多限制。

第二,交易结构性创新还将谨慎继续,但难度增加很多,且合规风险加大,对项目方案小心求证。信托公司将以信托为基础,把"信托+合伙基金"、"信托+资管计划"、"信托+ABS"、"信托+永续债"、"信托+特定目的公司"、"信托+类REITs"、"信托+资产收益权/运营收益权/租赁收益权"、"信托+保险资产计划"等方式继续慎重推进,对于期权、回购选择权的涉及愈发谨慎,时刻注意政策和监管的容忍度,以最低的必要性和最大的合理性做"加法",博弈合规边界,避免套娃式人为规避监管的产品嵌套,避免项目没做成"人头落地"的惨剧。

第三,信托受益权的证券化和流通化将催生信托自身在房地产金融中的华丽转变。同我国资产管理市场的透明化和公开化趋势相适应,房地产信托或者在受益权一端或者在资产投资一端,将更加靠拢公开市场。由此,房地产信托基金、双SPV类REITs、信托参与的CMBS均是公开化趋势的可能选项。

第四,土地储备融资(土地一级市场)将继续受到最严格的监管,创新空间几乎为零,其理由在于必须杜绝地方政府的隐形债务"管涌"。财政部、国土资源部、中国人民银行、银监会《关于规范土地储备和资金管理等相关问题的通知》(财综〔2016〕4号)规定:"自2016年1月1日起,各地不得再向银行业金融机构举借土地储备贷款。"财政部、国土资源部关于印发《地方政府土地储备专项债券管理办法(试行)》的通知(财政部〔2017〕62号)第三十二条规定:"地方各级政府不得通过地方政府债券以外的任何方式举借土地储备债务。"信托资金不得用于土地储备,这也是一贯的政策,无须赘述。

第十三节　信托受益权质押问题法律研究

信托受益权是一种财产权,具有经济价值,但我国信托受益权流动性较差,其交易价值尚待挖掘。当信托投资者遇有资金需求时,希望将其所持有的信托产品(信托受益权)设定质押,从而获得融资。然而,以信托受益权为标的设定质权,存在一定的法律障碍,常常致使愿望落空。《指导意见》规定金融机构不得以受托管理的资产管理产品份额进行质押融资,放大杠杆。此规定并未如草稿提出的那样出于缩短债务人杠杆的考虑,限制资管产品持有人以资管产品权益进行质押融资,其合理性实际上值得商榷;同时,信托行业、银行、互联网金融等实务界对信托受益权质押业务一直在探索、探讨其可行性。在信托产品超越银行理财产品成为最大的资产管理产品的背景下,受益权质押融资的潜在市场需求更加强烈,有必要仔细分析信托受益权质押的问题,以利于下一步实践探索。

一、信托受益权质押的必要性

1. 信托受益权质押具有巨大的市场潜力和金融需求

伴随着信托资产管理规模的持续成长,信托业已经成为金融服务实体经济的重要力量,成为居民有效配置资产、增加财产性收入、分享改革开放成果的重要途径。信托公司已成为"大资管"行业的主要载体。信托业自2007年以来飞速发展了十多年,现如今已由前期的高速发展期进入平稳发展期,而信托产品规模更是超越银行理财产品规模成功坐上了第一把交椅。截至2017年5月,信托产品规模合计已达28.27万亿元。

然而,我国信托产品并不存在一个统一、公开、规范的信托产品二级市场,信托产品的交易并不活跃。例如,上海信托"赢通转让平台"、华宝信托"流通宝"等平台都只针对自家客户,涉及面窄、信息传播范围小,因此在这种点对点的模式下,交易规模难以扩大。也有部分机构提供信托受益权转让平台作为信息中介,如北京金融资产交易所提供的信托受益权转让平台,采取一对一的交易模式,但缺乏做市商和竞价交易安排来实现转让方和受让方的对接;对于具体的信托合同、受益权的变更仍需到信托公司办理相应的手续。因此,对于提高产品流动性的作用十分有限。一对一的交易方式说明信托产品整体尚缺乏流动性,信托产品的交换价值未体现出来。随着投资者投资信托产品的规模越来越大,信托受益权流动性的问题日益突出。很多持有信托受益权的投资者在持有信托产品期间,具有通过质押信托受益权融资的需求。

2. 信托受益权的质押环境不符合市场需要

在流动性方面,以集合资金信托计划为例,《信托公司集合资金信托计划管理办法》限定信托受益权仅可以向合格投资者转让,拆分转让时受让人不得为自然人,机构所持有的受益权不得向自然人转让或拆分转让。这在客观上限制了受让群体。信托受益权能否质押这一问题,已经成为信托业解决信托产品流动性的突破点。2003年10月,中煤信托投资有限责任公司推出中煤信托发展银行信贷资产受让项目集合信托计划,募集的资金用于购买广东发展银行(以下简称"广发银行")北京分行发放的信贷资产。信托文件中约定,该信托的受益权人可以在信托计划成立后向广发银行北京分行申请本信托项下受益权的质押贷款。此后,陆续有其他信托公司和商业银行合作推出信托受益权质押贷款。但是,由于存在法律障碍,信托受益权质押的途径和效力存在一定疑问,对这些融资产品的市场推广应异常谨慎,时断时续的现状致使其难以成为主流产品,进而严重影响了信托产品的再次融资功能以及流动性。

二、信托受益权质押的法理分析

1. 信托受益权的性质

厘清信托受益权的性质,其意义在于可沿着那条思路去分析判断信托受益权质押的法律路径。信托受益权依其性质的不同,向来就有债权说、物权说、混合说、独立权利说等观点,逐渐债权说占据主流。债权说认为信托受益权的性质为债权。不过无论是哪种观点,对于信托受益权中的财产权利属于债权这一点,基本上已达成一致,出现争议的地方主要是非财产性权利认定上的争议。2006年日本对1922年《日本信托法》修改时,其第二条第七款就明确规定信托受益权的概念以及性质:受益权为债权,其他非财产性权利视为附属于债权的权利。

虽然从受益权的内容来看,受益权似乎不是单纯的债权,但是在大陆法系中物权和债权二分的传统之下,信托财产被受托人支配,受益人对信托财产实际并无直接支配力,只不过是对受托人有利益上的请求权,可以将其定性为债权的性质。同样,在我国的法律框架内,宜将信托受益权定位于债权,与我国大陆法系"物权债权二分法"、"一物一权"的原理相容。这样,可以按照债权出质的思路设计信托受益权质押的相关规定。

但是,信托受益权并不在《物权法》和《担保法》所列举的可出质权利之范围,《信托法》也并未规定信托受益权可以出质。在法律规范与司法实践方面,信托受益权质押目前面临合法性质疑、公示效力不明等法律障碍。

2. 信托受益权是否可以质押的法律基础逻辑在于信托受益权是否具有财产属性

信托受益权是基于委托人的信托行为而取得的,在大陆法系中,受益人于信托项下享有的所有权利统称为信托受益权,包括财产性权利和非财产性权利。前者是受益人按照信托文件享有信托利益的权利,系信托受益权的核心内容,包括信托利益分配请求权和信托财产归属权,属于享有性权利。后者由《信托法》直接明文规定为受益人享有的法定权利,包括知情权、调整权、撤销权、救济权、解任权和选任权等,属于保障性权利。因为质权人的控制力只限于标的的交换价值。在信托受益权质押中,质权的效力应及于受益权中的财产性权利及其代位物。

而对于非财产性权利不在质权效力范围内,换言之,这些权利的行使不应当受到受益权质权的限制。调整权是在信托财产的管理方法不利于实现信托目的或不符合受益人利益时才能行使;撤销权和救济权是在受托人违反信托目的处分信托财产或者违背管理职责、处理信托事务不当致使信托财产受到损失时才能行使;解任权和选任权是在受托人违反信托目的处分信托财产或管理运用、处分信托财产有重大过失时才能行使。从这些权利行使的条件来看,这些权利的行使均是为了保全信托财产、实现信托目的、保障受益权,一旦受益权得到保障了,以受益权为标的设定的质权也就得到了保障。所以,行使这些权利会对受益权的价值产生直接影响,但这些影响都是积极的,不应因出质而受到限制或者削弱。

3. 信托受益权可质押性

在法理上,作为权利质权的标的必须满足以下三个要件:(1)一项财产权;(2)具有让与性;(3)法律行政法规规定可以设质的权利。

信托受益权是具有财产经济内容、可转让,符合可出质的权利的条件。一方面,信托受益权中质押的部分只是财产权,对于信托受益权性质的争论并不能影响信托受益权中财产权利性质的认定。另一方面从法律法规来看,《信托法》第四十七条、第四十八条,以及《信托公司集合资金信托计划管理办法》第二十九条均规定信托受益权可转让。通常来看,信托受益权满足权利质权对质权标的关于财产性、可转让性、适合出质性的要求,因而可以作为质权标的进行质押。当然,也会存在因法律法规规定或信托文件限制不能转让而不能出质的信托受益权。对于法律法规规定不得转让的受益权,按照法律法规的规定,当然不能成为出质的对象;对于信托文件限制不能转让的信托受益权,原则上也不能成为出质的对象。但从法理上说,由于信托文件中的约定对于信托当事人具有约束力,是相对债权行为,并不能对抗善意第三人,故以此类受益权出质的,若质权人是善意第三人,则该出质行为应当得到认可,不得以信托文件的约定对抗善意质权人。

《物权法》第二百二十三条规定:"债务人或者第三人有权处分的下列权利可以出质:(一)汇票、支票、本票;(二)债券、存款单;(三)仓单、提单;(四)可以转让的基金份额、股权;(五)可以转让的注册商标专用权、专利权、著作权等知识产权中的财产权;(六)应收账款;(七)法律、行政法规规定可以出质的其他财产权利。"

《信托法》第四十七条规定:"受益人不能清偿到期债务的,其信托受益权可以用于清偿债务,但法律、行政法规以及信托文件有限制性规定的除外。"第四十八条规定:"受益人的信托受益权可以依法转让和继承,但信托文件有限制性规定的除外。"

因此,《物权法》第二百二十三条第(一)款至第(六)款列举了六种可以出质的权利,并在第(七)款作了兜底性规定,即对于《物权法》未规定但其他法律、行政法规规定可以出质的财产权利,也可以设立质权。从理论上和判案上看,信托受益权属于第七项。

4. 物权法定原则的限制

实务中关于信托受益权质押的现实需求在我国法律上却有一定的障碍。根据《中华人民共和国物权法》第二百二十三条规定,只有法律、行政法规明确规定可以出质的财产权利才可以出质。而《物权法》第二百二十三条第(一)款到第(六)款列举的权利中,并无信托受益权,虽然第(七)款规定其他财产权利可以出质,但其限定了权利来源的法律层级只能是法律和行政法规,即只能是全国人大、全国人大常委会制定的法律及国务院制定的行政法规才有权规定其他的可质押的权利,相比于《中华人民共和国担保法》(以下简称"《担保法》")第七十五条第四款所规定的"依法可以质押的其他权利"的模糊规定,《物权法》更加明确和强化了可质押权利的法律效力层级。《物权法》颁布后,恐怕也不能对《担保法》作扩大解释。

5. 公示制度缺失导致信托受益权质押缺乏操作性

依据《物权法》第二百二十四条到第二百二十八条的规定,关于权利质权的规定将质权的设立条件划分为两类,一是交付权利凭证,二是在有权登记机关登记。前者主要适用于权利的行使与权利凭证的持有不可分离的权利,后者主要适用于无权利凭证或者虽有权利凭证但质押关系必须纳入国家管理的权利。

信托受益权质押公示制度缺失是此类融资业务无法成长的关键所在。依据《物权法》权利质押的公示方式有两种（交付或登记），但并无法律法规对信托受益权的质押公示有明确规定。权利质押合同要么采取交付生效，要么采取登记生效。若认定交付是质押合同的生效要件，因为信托产品投资者与信托公司签订的是信托合同，现行的实践是信托公司并未给受益人发受益凭证。而信托公司与委托人签订的信托合同并不是有价证券，非严格意义上的权利凭证，将其交付给贷款机构并不一定能够产生法律上的对抗效力。尽管在司法判决中可以按照维护交易安全原则，通过签署质押合同以及保管信托合同认定质押的真实意思表示，但在法律手续完备性方面的欠缺是十分明显的。即使采取交付质押合同生效的方式，也涉及权利凭证并不足以为据的问题。而在采用登记生效的方式时，由于没有具有公信力的行政部门认可信托受益权的效力，以及办理信托受益权的出质登记机构依然缺乏一定的对抗公示效力，从而不利于监管部门对其进行管理、监控。

三、信托受益权质押的立法例分析

1. 国外立法权利质押持开放态度

大陆法系国家与地区在立法时对权利质押均采取开放式的态度，只要权利符合可转让性，就可以质押。

《德国民法典》第1274条规定："(1)权利质权的设定，依关于权利转让的规定为之。如物的交付对于权利的转让是必要的，则适用第1205条、第1206条规定。(2)以某项权利是不可转让的为限，不得对之设定质权。"

《瑞士民法典》第899条规定："可让与的债权及其他权利可以出质。前款质权，除另有规定外，适用有关动产质权的规定。"

我国台湾地区《民法典》第900条规定："可让与之债权及其他权利，均得为质权之标的。即只要是可以转让的权利，如果法律未禁止，则可以质押。"

但我国《物权法》第二百二十三条采取封闭的态度，详细规定了只有第（一）款到第（六）款的权利可以质押，虽然第（七）款中作了一个兜底性规定，但由于权利质押严格限定只能是法律、行政法规规定的其他财产权利才可以出质，于是缩减了质押的权利范围。

2. 日本的信托立法例

日本《信托法》规定，除受益权的性质不允许出质外，受益权人可以其所持有的受益权为标的物设定质权。当信托行为另外约定禁止受益权出质时，受益人不能在该受益权上设立质权，但是该约定不能对抗善意第三人。因此，以信托文件约定不得出质的受益权出质的，质权并非无效，只是不能对抗善意第三人。可见，日本信托受益权质权的设定在原则上都是按照日本民法上债权质权设定的手续来进行的。此外，在受益证券发行信托中，信托法对其受益权出质做了特别规定。受益证券发行下的受益权（有价证券）出质，质权设立的生效要件为受益证券的交付。

3. 我国台湾地区的相关实务做法

如前所述，我国台湾地区民法对权利质押也是采取开放性态度，所以可以信托受益权为标的设立质权。实务中我国台湾地区《信托业商业同业公会会员受理信托受益权转让及质权设定之作业程序规范》对此规定较为详细，可为大陆立法及监管参考。

（1）信托受益权设立质押无须受托人同意。《信托业营运范围受益权转让限制风险揭露及行销订约管理办法》（以下简称"《行销订约管理办法》"）第十九条规定："信托业办理信托业务，除依信托契约约定不得转让受益权或其转让系因继承、受益人之无偿让与、依法所为之拍卖或每一受益人仅将其受益权全部让与一人外，其受益权之转让应经信托业同意。"但是，对于受益权设定质权，虽然质权所担保的债权如届期不获清偿而质权人实行质权时亦将产生受益权转让的效果，但因《行销订约管理办法》第十九条及相关法令并未规定信托受益权之质权设定亦须经信托业同意，故于保障质权人权益及兼顾信托业实务作业之情形下，《信托业商业同业公会会员受理信托受益权转让及质权设定之作业程序规范》并未规定受益权设定质权应经受托人同意，而仅规定于受益权为质权设定之情形，信托契约应为相关约定事项（包括对受托人为相关之设质、解质通知、质权设定契约应特别约定事项等）及信托业应对质权人就重大风险为合理的告知等，有别于受益权转让应先经信托业同意的规定。

（2）设质应遵循合法性原则。信托业办理信托业务，关于受益权之质权设定，应在信托文件中约定委托人应使受益人出具书面同意下列事项：受益人如为受益权质权设定时，应遵守法令、本规范及信托契约关于受益权质权设定之相关约定；受益人为质权设定时，应于受益权质权设定契约中约定质权人应遵守前款约定，且其后受益权再为转让或质权设定时，亦同。

（3）信托合同对信托受益权设质的具体约定。有关受益权质权的设定，信托业应与委托人于可为受益权转让之信托契约中约定下列事项：

A. 受益人与质权人应于质权设定契约中约定下列事项：信托财产相关税捐负担或孳息分配事宜；质权人于该质权所担保的债权已届清偿期而未受清偿，而由质权人取得受益权时，质权人应以书面通知受托人。但受托人为质权人时，不在此限；质权人于质权所担保的债权已届清偿期而未受清偿时，为实行质权而依民法物权编施行法规定变卖受益权时，质权人应将下列事项列为买卖条件：受让人须遵守信托契约中有关受益权转让的约定，受益权转让前须取得受托人同意，受让人须出具受益人书面同意予受托人。

B. 受益人应于设定质权后，通知受托人前款第一目信托财产相关税捐负担或孳息分配事宜之约定。

C. 受益人于设定质权时，应以书面通知受托人，未以书面通知者，受托人就其于信托契约权利的行使及义务的履行仍得对受益人为之。

此外，受益人将受益权设定质权予该信托的受托人为担保时，信托业应于信托契约约定下列事项：信托业于设定质权后的管理处分权限；信托业不得自信托财产收取本息；受益人债务不履行时，信托业不得为行使质权而提前终止信托契约；信托业得实行质权之条件。

（4）受托人要规范运作，避免介入、干预受益人设质事宜。信托业应订定其办理受益权转让及质权设定之内部作业程序，该作业程序之内容应至少包括受益人申请之方式、应提出之书件及资料、信托业审查之标准与程序等。

受益人就受益权设定质权并通知受托人时，受托人应依下列规定办理：受托人应对质权人就重大权益及风险为合理之告知，但质权人为受托人者，不在此限；如受托人为质权人时，受托人应确认无违反信托业应负之义务及相关行为规范规定的情形，亦无其他利益冲突情形；如质权人为受托人的利害关系人时，受托人应就其利害关系人为质权人之情形，充分告知出质人（即受益人），并应避免发生利益冲突情形。

信托业对质权人就重大权益及风险为合理之告知时，应向质权人告知该受益权之质权设定与受托人无关，质权人就其权利之主张均应向出质人为之，质权人应自出质人了解信托契约有关受益权设定质权及转让之限制等事项。

有关受益权质权之设定，信托业应避免介入或干涉受益人设定质权之决定，有关质权设定契约条款之协商、书件之交付或其他契约条款之履行，均应由质权人及出质人双方自行考量决定，信托业不得代为主张、劝诱、介入或干涉其决定。但受托人为质权人，基于质权人之立场与受益人协商设定质权之条件，于不违反善良管理人之注意义务与忠实义务之情形下，不视为系介入或干涉受益人之决定。

四、我国司法判例

金融产品创新具有内在的法律不确定性,总是存在或多或少、程度不一的避法因素,当事人创新的金融产品能否获得预期的法律保护,例如有效性、可执行性、对抗效力等,需要经过司法审判才能加以校验。在我国很多金融产品循环上升继续完善的过程中,往往伴随着裁判机关的努力,信托受益权质押也是如此。信托受益权质押产品之所以还不能根深叶茂,与法律不确定性密切关联。下列案例判决体现出司法机关的审判倾向,须引起注意。

浙江省杭州市中级人民法院(2015)浙杭商终字第845号的基本案情:2014年1月3日,何易楠(作为甲方)、王晓春(作为乙方)、陆晓明(作为丙方、担保人)签订《欠款偿还协议》。该协议第二条约定:在乙方归还全部欠款前,丙方自愿以其《民生信托—金马股份定向增发集合资金信托计划信托合同》(合同编号:2013-MSJH-32-1)项下的信托收益提供质押担保,并就甲方的欠款承担连带担保责任,保证期间为2014年2月28日起二年。该协议第四条约定:质押担保及连带责任保证承担责任的范围:全部欠款、违约金及实现债权的费用(包括诉讼费用、律师费用、执行费用、相应差旅费及其他实现债权的费用)。陆晓明(作为甲方)与何易楠(作为乙方)签订《信托权质押协议》,该协议约定:甲方同意将其名下由民生信托发行的关于金马股份的定向增发的信托权质押给乙方,质押价值人民币1 800万元;在信托到期日前,乙方不得在未获得甲方书面同意的情况下转让或质押上述信托权收益除甲方以外的任何第三方。同时,甲方在此期间有权随时以人民币1 800万元回购该信托收益权;在到期日时,甲方必须立即办理信托权赎回手续,并将1 800万元归还乙方,如该信托权市值低于1 800万元,则甲方必须以现金补足差额给乙方等。

因债务人未偿还欠款,债权人起诉至法院要求担保人承担担保责任并主张行使抵押权,担保人主张信托受益权质押无效。就此焦点,法院认为:根据《物权法》第二百二十三条第(七)项"法律、行政法规规定可以出质的其他财产权利可以出质"以及《中华人民共和国信托法》第四十七条、第四十八条"受益人不能清偿到期债务的,其信托受益权可以用于清偿债务,但法律、行政法规以及信托文件有限制性规定的除外"、"受益人的信托收益权可以依法转让和继承,但信托文件有限制性规定的除外"之规定,集合资金信托计划的收益权属于信托收益权的一种,归属于财产权的范畴,案涉协议或条款并不存在无效的法定情形。因此,判决信托受益权质押有效。

浙江省温州市中级人民法院(2015)浙温商终字第803号的基本案情:温州市一家体育商城有限公司(以下简称"一家体育公司")、温州民丰控股集团有限公司(以下简称"民丰控股集团")、施乐平、施深秋、李志澄、李慧珠金融借款合同纠纷一案。2012年11月14日,一家体育公司与华夏银行温州分行签订了编号为WZ28(融资)20120005号《最高额融资合同》,合同约定:一家体育公司在合同约定的有效期限内可申请使用的最高融资额度为人民币1 850万元;融资额度的有效使用期限自2012年11月14日至2013年11月12日;最高融资额度可用于贷款、商业承兑汇票保贴等;并由弗斯特公司、民丰控股集团、施乐平、施深秋、李志澄为其提供连带责任保证,由李志澄、李慧珠提供抵押担保,一家体育公司提供质押担保。为担保本债务的履行,担保人分别与华夏银行温州分行签订相应担保合同。此后,一家体育公司以购买商品为由,陆续同华夏银行温州分行签订了五份《流动资金借款合同》,合同均约定质押财产为信托受益权及相应产生的孳息。合同项下的质押依有关法律法规规定应当办理出质登记的,双方应于本合同签订之日起7个工作日内到有关登记机构办理质押登记手续。合同项下出质的权利凭证到期日先于主合同项下债务到期日的,华夏银行温州分行可以在出质的权利凭证到期后兑现或者提货,兑现的价款或提取货物变卖所得款项用于提前清偿一家体育公司所担保的主合同项下的债权。华夏银行温州分行在行使质权时,有权选择与一家体育公司协商,以质押财产折价用以抵偿质押担保项下全部债权,也有权单方对质押财产进行拍卖、变卖以所得价款优先受偿。华夏银行温州分行取得的质押财产总额为9 279 900元,分别用于偿还五份《流动资金借款合同》借款本金及相应利息、复利。

原告已依约发放了上述5笔贷款。综上所述,华夏银行温州分行认为其与各被告之间的合同合法有效,且其已依约全面履行了相应的义务。但由于一家体育公司经营和财务状况恶化,资金链断裂,无法支付贷款利息,经多次催收,一家体育公司仅偿还了部分本息,且其他各担保人均拒不履行合同约定的担保义务,发生了可能导致华夏银行温州分行在上述合同项下债权实现受到威胁或遭受严重损失的情形。根据《最高额融资合同》、《最高额保证合同》、《个人最高额保证合同》、《最高额抵押合同》、《最高额质押合同》、《流动资金借款合同》等约定,各担保人均已构成违约。

一家体育公司在一审中答辩称:对借款本金的事实没有异议,关于《最高额质押合同》,该合同约定应当办理登记,双方未办理登记,合同未生效。就此,法院认为:根据《中华人民共和国物权法》、《中华人民共和国担保法》的规定,对于信托受益权并未要求办理登记手续,故该合同自一家体育公司向华夏银行温州分行交付相关凭证起生效。本案也确认信托受益权质押的效力。且就质押实现,双方合同约定:原告在行使质权时……也有权单方对质押财产进行拍卖、变卖以所得价款优先受偿。其并不违反法律规定,考虑到涉案质押财产实质为金钱,华夏银行温州分行直接予以划收亦属合理。

上述两个案例,无论是自然人的债权还是金融机构的债权,当出质人以其合法享有的信托受益权设质押,法院从促进交易以及尊重当事人意思自治出发,并不否认质权的效力,其内涵的逻辑是:首先该质权设立不违反法律、行政法规的效力性、强制性规定;其次,该质权具有可转让性,可用于偿债;其三现行法律法规未规定信托受益权设立质押需要登记。因此,一般应认定以信托受益权质押的效力。

五、立法和司法解释的发展趋势

信托受益权可质押性还可从立法和司法解释的发展趋势中获得进一步支撑。

(一)"金融审判意见"30条体现了扩大认定新型担保的务实态度

对于一些新物权类型,尤其是目的在于保障债权实现的担保物权,整体上应采取更为灵活和开放的认定标准,采取过严的"物权法定"标准和封闭的观念,并不利于保障新经济形态的秩序稳定和金融债权的安全。最高院《关于进一步加强金融审判工作的若干意见》规定:"依法认定新类型担保的法律效力,拓宽中小微企业的融资担保方式。丰富和拓展中小微企业的融资担保方式,除符合《合同法》第五十二条规定的合同无效情形外,应当依法认定新类型担保合同有效;符合《物权法》有关担保物权的规定的,还应当依法认定其物权效力,以增强中小微企业融资能力,有效缓解中小微企业融资难、融资贵问题。"这就是开放和务实的审判态度。因此,认可信托受益权的质押效力,符合司法解释的上述规定和宗旨。

(二)尽快出台《信托公司条例》

关于可以出质权利的范围,除了《物权法》第二百二十三条前六款做了列举式规定外,该条第(七)款也做了兜底式规定,即"法律、行政法规规定可以出质的其他财产权利"。由于法律的制定和修改程序繁琐,在不对《物权法》和《担保法》进行修改的前提下,可以通过在其他行政法规中规定信托受益权可以出质来达到将信托受益权质押合法化的目的。

2015年4月，中国银监会代国务院起草了《信托公司条例（征求意见稿）》（以下简称"条例"）。该条例第二十五条第五项中明确规定："信托公司经营信托业务，可以为信托受益人办理信托受益权质押登记。"这是第一次从行政法规层面规定信托受益权质押业务，从侧面表示了受益权的可质押性。虽然该条例至今尚未形成正式有效的行政法规，但说明在国务院行政法规层面对此已形成立法共识。

（三）同类质押的类比分析

同类有两个可比项，其一是基金份额的质押，其二是应收账款的质押。

1. 类比基金份额的质押

《物权法》规定了基金份额的质押，基金份额的法律本质实际上是信托受益权。《信托法》规定的信托受益权，不仅包含信托公司所发行的信托产品的信托受益权，同时也包含基金公司发行的基金产品的基金份额受益权。因此，广义的信托受益权还包括基金公司发行的基金产品的基金份额受益权，而根据《物权法》第二百二十三条的规定，可以转让的基金份额可以质押，即《物权法》认定基金份额只要是可以转让的，则可以质押。因此，既然可以转让的基金份额受益权可以质押，则信托公司信托产品的信托受益权，只要可以转让，同样应该能质押。

《中华人民共和国证券投资基金法》第二条明文规定了其上位法包含了《信托法》，证券投资基金中基金产品委托人与受托人的法律关系也是一种信托关系，只是其投资标的为证券而已。《物权法》第二百二十六条明确规定："以基金份额、股权出质的，当事人应当订立书面合同。以基金份额、证券登记结算机构登记的股权出质的，质权自证券登记结算机构办理出质登记时设立；以其他股权出质的，质权自工商行政管理部门办理出质登记时设立。基金份额、股权出质后，不得转让，但经出质人与质权人协商同意的除外。出质人转让基金份额、股权所得的价款，应当向质权人提前清偿债务或者提存。"既然同属信托受益权的基金份额可以质押，则信托受益权也可以质押，只不过如何质押的具体操作路径稍有不同，对于凭证化、证券化的信托受益权，可以参考基金份额质押的操作路径加以操作；而对于非凭证化、证券化的信托受益权则可有其他思路，例如参考应收账款质押设计，将信托受益权看成应收账款在人民银行主管的征信机构登记，或者通过特殊授权通过信托登记中心进行质押登记。

2. 类比应收账款质押

在质权内容上看，应收账款质押的标的是质押权人未来将会取得的合法性的财产,是一种较为明晰的债权性权利。而对信托受益权进行质押的标的考量,则是从狭义上的信托受益权去判定信托受益权标的,即受益权未来到期将会取得一定财产性权利,在实质上也是债权表现的一种。所以,在质权内容上,信托受益权质押的质权内容与应收账款质押的质权内容有着相同的权利属性。《物权法》第二百二十八条明确规定:"以应收账款出质的,当事人应当订立书面合同。质权自信贷征信机构办理出质登记时设立。应收账款出质后,不得转让,但经出质人与质权人协商同意的除外。出质人转让应收账款所得的价款,应当向质权人提前清偿债务或者提存。"

在应收账款实务操作层面,中国人民银行令〔2007〕第4号(2007年9月26日第21次行长办公会议通过,2007年9月30日公布,自2007年10月1日起施行)《应收账款质押登记办法》规定中国人民银行征信中心(以下简称"征信中心")是应收账款质押的登记机构,征信中心建立应收账款质押登记公示系统(以下简称"登记公示系统"),办理应收账款质押登记,并为社会公众提供查询服务。2015年1月21日为了适应应收账款融资业务的发展,更好地提供应收账款融资登记服务,中国人民银行启动了《应收账款质押登记办法》(中国人民银行令〔2007〕第4号)的修订工作,形成了《应收账款质押登记办法(修订征求意见稿)》,并向社会公开征求意见。随着应收账款融资业务的发展,实践中用来融资的应收账款类型丰富多样,银行、保理公司等机构对扩大《应收账款质押登记办法》列举应收账款的范围需求强烈。因此本次修订对应收账款的定义予以完善。

新修订的《应收账款质押登记办法》根据《中华人民共和国物权法》等相关法律规定,中国人民银行对《应收账款质押登记办法》(中国人民银行令〔2007〕第4号发布,以下简称"《办法》")进行了修订,经2017年8月24日第8次行长办公会议通过,10月25日发布,自2017年12月1日起施行。本《办法》所称应收账款是指权利人因提供一定的货物、服务或设施而获得的要求义务人付款的权利以及依法享有的其他付款请求权,包括现有的和未来的金钱债权,但不包括因票据或其他有价证券而产生的付款请求权,以及法律、行政法规禁止转让的付款请求权。

本《办法》所称的应收账款包括下列权利:(一)销售、出租产生的债权,包括销售货物,供应水、电、气、暖,知识产权的许可使用,出租动产或不动产等;(二)提供医疗、教育、旅游等服务或劳务产生的债权;(三)能源、交通运输、水利、环境保护、市政工程等基础设施和公用事业项目收益权;(四)提供贷款或其他信用活动产生的债权;(五)其他以合同为基础的具有金钱给付内容的债权。

但此次修订后的《办法》并未明确包括信托受益权,如果将信托受益权的本质倾向于债权,其实可以放入"(五)其他以合同为基础的具有金钱给付内容的债权"。但是,由于信托登记中心成立后,从法理上看信托受益权质押登记也可以在登记中心一并登记,由此可以推测信托受益权质押可能放入信托登记中心进行管理,从而节省行政资源,提高行政效能。

六、信托登记中心应及时推出"信托受益权质押登记操作办法"

对信托受益权的质押,应当采取登记对抗主义而非生效主义。登记生效主义影响到交易行为的灵活快捷,而且成本高。采取登记对抗主义足以保障对权利人的权利。以英国和美国为代表的英美法系中,除公益信托需登记才能生效之外,其他形式的信托都不以信托登记为生效要件。大陆法系下的日本、韩国及我国台湾地区,非经登记的信托同样成立有效,只不过在有善意第三人介入时,不登记则不能以此来对抗该第三人。

目前,我国《物权法》根据质权标的不同,规定了不同的公示方式:对于有权利凭证的,质权自权利凭证交付时设立;没有权利凭证的,质权自相关部门办理出质登记时设立。信托受益权质权是物权,其优先性能够对抗第三人,因此需要通过一定的公示手段,使第三人知道信托受益权质权存在的事实。信托受益权质押的公示可以充分发挥信托登记的作用,进行信托受益权质押登记。信托受益权质押登记后,产生对抗第三人的效力,从而使交易安全得到法律保护;若信托受益权已出质但未进行质押登记的,善意的第三人与受益权人进行交易的,为保障善意第三人的合法权益,质权人将不能以该受益权已出质的事实对抗善意第三人。因此,实行信托受益权质押登记公示对抗制度,既能够保护质押交易安全、也能够保护善意第三人的合法权益。

信托产品及受益权登记制度会大大降低交易相对人的确权成本,因此可以在一定程度上加大信托受益权质押业务对交易相对人的吸引力,有利于信托受益权质押业务推广。

银监会已经批准全国信托登记中心落户上海自贸区,信托受益权质押登记的相关细则理应由该中心负责制定。回应现实需求,全国信托登记中心应在《信托登记管理办法》实行后及时推出"信托受益权质押登记操作办法"。

《信托登记管理办法》第二条规定:"本办法所称信托登记是指中国信托登记有限责任公司(简称信托登记公司)对信托机构的信托产品及其受益权信息、国务院银行业监督管理机构规定的其他信息及其变动情况予以记录的行为。"《信托登记管理办法》还规定,信托登记信息包括信托产品名称、信托类别、信托目的、信托期限、信托当事人、信托财产、信托利益分配等信托产品及其受益权信息和变动情况。信托存续期间,信托登记信息发生重大变动的,信托机构应当在相关事项发生变动之日起十个工作日内就变动事项申请办理信托产品及其受益权变更登记(简称信托变更登记)。关于信托受益权账户,《信托登记管理办法》规定,信托受益权账户是信托登记公司为受益人开立的记载其信托受益权及其变动情况的簿记账户。信托受益权账户由信托登记公司集中管理。任一民事主体仅可以开立一个信托受益权账户,国务院银行业监督管理机构另有规定的除外。任一信托产品或者其他承担特定目的载体功能的金融产品仅可以开立一个信托受益权账户,户名应当采用作为管理人的金融机构全称加金融产品全称的模式。信托登记公司为符合条件的受益人开立信托受益权账户,配发唯一账户编码,并出具开户通知书。

由此可见,信托受益权账户具有唯一性和产品对应性,满足了质押特定化的要求,信托登记信息包括了信托产品和信托受益权,因此,由信托登记中心进行质押登记合理合法。而且实行一站式服务,权利人通过查询产品也可了解受益权的内容和价值,二者相辅相成,有利于节省行政成本和商务成本。

七、信托受益权质押的实务与具体制度设计的分析

目前我国实务中狭义的信托受益权质押是指:出质人与质权人签署信托受益权质押合同,出质人将其名下的信托受益权质押给债权人,质权人与出质人(债务人)一起到信托公司办理质押登记(记载登记事项),信托合同交质权人保管。委托人与信托公司之间签订的信托合同并非权利载体,只是一种法律关系建立的证据,无法满足权利凭证特定化的要求。因此,信托理财产品质押融资的公示方式不能依托于信托合同的交付及占有,充其量信托合同的交付和占有只是暂时防止委托人将一份合同用于不正当目的的使用。

当然,在信托登记制度中的信托受益权质押登记建立之前,信托公司受理质押登记是一种比较合理经济的办法。其一,便于第三方查询。信托合同以及集合信托公告中对信托公司的披露较为详细,且信托公司网站上客服和联系通道均配备齐全,便于第三人联系查询信托产品权属及质押登记情况。其二,由信托公司办理质押登记,便于实现质押权。信托受益权的出售往往要通过信托公司过户登记,而且信托财产变现后在分配前也是在信托公司名下,可以与强制执行程序对接,根据裁判文书划转,或者在期限未届满时办理提存手续。其三,信托公司办理质押登记后,受益人控制的信托受益权被信托公司的控制措施所取代,权利的控制力发生转移。信托公司办理质押登记后负有监管责任,此时,如果出质人恶意转让信托受益权,信托公司应该拒绝。

信托受益权质押中存在一定的法律风险,包括重复质押、信托计划不能兑付、信托计划提前终止等。由于我国现行信托质押登记制度不够健全,当信托受益人将信托受益权进行首次质押后,无法保障信托受益权流转信息的公开化和透明化,进而会导致受益人将信托受益权进行二次质押的情况发生。信托受益权作为信托计划的一部分,和信托计划的运作密不可分。一旦信托计划投资失败,信托公司难以支付受益人的预期收益时,就面临着信托计划兑付违约的风险。因信托计划的受益人难以得到信托计划的预期收益,所以以该信托计划受益权进行的质押担保就会落空。当发生信托计划提前实现时,如信托计划投资的项目提前还款,则信托计划的受益权也同样得到提前支付,故此时对于给予信托受益人提供质押融资的出资人来说,其享有的质押的信托受益权已经实现。通常,提前支付的信托受益权金额都少于预期信托利益,所以,此时将信托受益权对出资人偿付实质是少于预期偿还价值,一旦信托受益人到期不再归还剩余资产,则出资人的利益将会受到损害。如果当信托计划不能实现的时候,如信托投资的项目发生违约,则信托计划对于受益人来说也会面临以上提及的信托兑付的风险。

实务中还有回购式质押,即由双方签署信托受益权转让及回购合同,并到信托公司办理转让登记手续,通过转让附加回购达到实质上的质押效果。如果以此设立质押,由于当事人于债权债务成立之时即办理了信托受益权的转让登记,其效果与在债务履行期届满前即做出约定,若债权到期未得以实现则入质信托受益权归债权人所有并无区别,很可能属于我国《物权法》明文禁止的流质。因此,此类质押模式不排除被认定为以合法形式掩盖非法目的的民事行为。

信托受益权质押比较特殊且复杂,在实务操作以及设计相关质押制度时应注意操作性。

1. 关于通知受托人以及受托人的协助冻结义务

受托人在信托关系中具有特殊的地位和职责,其管理信托财产并按照信托文件的约定支付信托利益,因此,信托受益权质押之后,在目前操作中如果没有在信托公司登记则不能对抗信托公司;如果只是通知信托公司设立质押,是否可以对抗信托公司则存在争议。例如,信托公司在信托文件中约定,如果仅仅通知而不办理登记或者类似登记的标注程序,则不能对抗信托公司,此时,按照意思自治原则,应认可信托公司的特殊约定的权利。如果信托文件没有明确规定,则存在争议。信托受益权质押登记制度建立后,为了便于实现质押权,应该通知信托公司。同样,司法解释或者行政法规可确立信托公司协助冻结义务。

2. 信托受益权质押不应以受托人同意为要件

当前的实务操作中,有些信托公司在信托合同中保留同意权,就是说,不经过信托公司同意不能设立信托受益权的质押,其目的无非是避免错误支付给受益人以及介入质押环节可能导致很多意料不到的问题。但是,在信托受益权的转让和质押的自由设立,应该属于受益人的固有权利,不能受到受托人的过多干预。因此,可将信托受益权质押作为受益人的通知义务,而非质押生效要件。

3. 信托受益权是否允许分割出质

信托受益权质押后,如果质押给不同的债权人,或者一部分质押另外一部分自留或者再转让,可能最终导致信托受益权的分割转让。但《信托公司集合资金信托计划管理办法》第二十九条规定:"信托受益权进行拆分转让的,受让人不得为自然人。机构所持有的信托受益权,不得向自然人转让或拆分转让。"第五条规定:"……(三)单个信托计划的自然人人数不得超过50人,但单笔委托金额在300万元以上的自然人投资者和合格的机构投资者数量不受限制;"这是在信托设立时的要求,在现实中自然人认购参加信托计划的情况非常普遍。信托受益权将受让人限定为合格投资者,是为了保护不具有风险识别能力和承受能力的投资者,但只要受让人是合格投资者,就没有必要做出比信托计划成立时更严格的规定,再对受让人是机构还是自然人加以限制。在这种意义上说,只要在拍卖或者变卖信托受益权时,受让人为机构或者自然人合格投资者即可,没必要限制信托受益权不可分割转让。借鉴《应收账款质押登记办法》第六条规定,"在同一应收账款上设立多个权利的,质权人按照登记的先后顺序行使质权"。由此,如果允许分割质押信托受益权,必须考虑清偿的优先顺位,例如可以考虑登记时间在先原则。

4. 是否允许TOT信托受益权质押

《信托公司管理办法》第三十四条规定:"信托公司开展信托业务,不得有下列行为:……(四)以信托财产提供担保。"在TOT信托中,先成立一个母信托,然后由母信托再选择已经成立的信托计划进行投资配置,形成一个母信托投资或控制多个子信托的信托组合品。在这种结构中,母信托的信托财产是一系列信托受益权,如果允许母信托质押其受益权,在实质上就是将受益权形态的信托财产进行了质押,在理论上虽然并无悖论,但一旦债务人违约,变现信托受益权或者转让信托受益权容易引起母子信托架构的不稳定，可能引起风险连环传导。

5. 信托公司受托人、债权人、质权人三位一体时的问题

受益人用信托受益权担保，信托公司（或其关联人）为债权人、质权人，此时由于信托公司还担任受托人地位，可能存在特殊的问题。这些问题很多，择其要者：信托公司此时如何避免利益冲突，信息披露如何处理以及如何告知相关风险，抵销方法如何行使。

《信托公司管理办法》第二十五条明确规定："信托公司在处理信托事务时应当避免利益冲突，在无法避免时，应向委托人、受益人予以充分的信息披露，或拒绝从事该项业务。"在信息披露方面，受托人应告知受益人质押的后果和风险，并按照信托监管规定和信托文件规定履行受托人的义务，检查是否存在其他利益冲突事宜；如果受托人的关联人为质权人，应披露关联关系以及符合公平原则，避免利益冲突。这些是需要特别进行风险解释和关联关系披露的。

由于受托人同时为债权人、质权人，因此，在信托合同中必须对质押设立后受托人对信托财产的管理权进行特别约定，一定要避免利益冲突的发生；在管理信托财产时不能直接收取本息，否则可能违反抵消禁止的规定；如果受益人作为债务人违约时，受托人不能为了行使质权而提前终止信托合同，否则容易侵害受益人利益包括其他受益人利益。而且，此时债权合同的提前终止，即信托公司行使债权人的不安抗辩权，也不得要求提前终止信托合同。

《信托法》第十八条规定："受托人管理运用、处分信托财产所产生的债权，不得与其固有财产产生的债务相抵销。受托人管理运用、处分不同委托人的信托财产所产生的债权债务，不得相互抵销。"这是为了维护信托财产独立性而禁止抵销。信托公司在信托计划中接受同意本公司为受托人的信托计划做质押时，是否可以抵销？假设银行发放贷款时以出质人在本行的存单为质押，在实现质权时，通常是以存单兑付后直接扣划，即直接予以抵销。从我国《信托法》规定看，并未限制受益权及其变价与信托财产、固有财产债务的抵销，由于信托受益权属于受益人之财产，与受托人名下的信托财产权属不同，只要在信托文件中对此明确规定，应予以认可。前文所说信托公司不得从信托财产中直接收取本息，是为了防止触犯抵销禁止，但可以在分配进入受益人账户后进行扣划，或者特别约定将信托利益变现后转入第三人监管的账户内进行划转抵销，否则可能违反抵销禁止的规定。

6. 信托受益权质押实现时"期限错配问题"

信托利益的分配时间依赖受托人对信托计划财产的管理结果以及信托文件的约定。从期限上看,信托受益权的兑付日期可能存在提前分配、按时分配和延期分配(例如二次分配),甚至出现部分现金分配部分原状分配的情况;而原状分配后,如何变现以及变现的时间,依赖信托文件约定以及届时各方的约定。另一方面,由于债权也可能存在提前偿还的约定。因此,信托受益权的实现时间和债权的时间存在不同组合的期限错配问题。这些问题的核心就是债权清偿与质权实现的关系。

根据质权和债权关系的法理,债权期满债务人履行债务,或者债务人提前偿还所担保的债权,债权人应当及时将质押的信托受益权解押。债权合同期满,债务人未按期足额履行债权,或者债务人或出质人违约债权人需依法提前收回债权的,可依法定方式处分信托受益权:债权人和出质人可以协议以信托受益权转让、抵债、领取信托利益或以法律规定的其他方式处分信托受益权。以信托受益权实现时,债权人应向受托人提交其事先约定或法律规定的相应文件。信托期限先于债权期限届满的,债权人向受托人申请冻结,或者可与出质人协议将领取的信托利益款项提前清偿或向与出质人约定的第三人提存,质押合同另有约定的,从其约定。提存的具体办法由各当事人自行协商确定。债权期限先于信托终止日届满,债务人未履行其债务的,债权人质权人可以选择以拍卖、变卖的方式转让信托受益权或者等待信托终止之日受偿,将获得的变价款或者信托利益用于清偿债权,就此款与被担保债权之间,于出质人多退,于债务人少补。

第三章
资产证券化产品的法律设计与政策边界

第一节 融资租赁资产 ABS 的法律操作要点

融资租赁资产 ABS 是指券商及基金子公司办理的以租赁债权为基础资产的 ABS 产品,包括公募类和私募类。

一、办理融资租赁资产 ABS 的法律依据

融资租赁资产 ABS 涉及融资租赁和专项计划两个金融专业领域,办理该业务时要注意根据相关法律法规和规范性文件,从尽职调查、产品设计、产品发行和信息披露等各个环节依法办理。

融资租赁资产 ABS 的法律依据也包括融资租赁以及 ABS 两个方面。

关于融资租赁的法律法规,我国无统一的融资租赁法,融资租赁业务法规和监管法规比较驳杂。在业务法层面,主要有民法总则、合同法、物权法以及关于融资租赁的司法解释。融资租赁的司法判例也值得参考,因可揭示法官对融资租赁之某个具体问题的审判思路。在监管法层面,分为银监会发布的关于金融租赁公司的一系列监管规章和规范性文件,以及商务部发布的关于融资租赁公司的一系列监管规章和规范性文件。此外,还包括税务、外汇等管理规范。

券商及基金子公司办理的以租赁债权为基础资产的 ABS 产品的法律依据则包括证券法,基金法以及 ABS 专属规范。ABS 专属规范包括监管规则和行业规范:前者如中国证监会发布的《证券公司及基金管理公司子公司资产证券化业务管理规定》及配套的《证券公司及基金管理公司子公司资产证

券化业务信息披露指引》、《证券公司及基金管理公司子公司资产证券化业务尽职调查工作指引》；后者如中国证券基金业协会出台的《资产证券化业务基础资产负面清单指引》以及《资产证券化基础资产负面清单》、《资产证券化业务风险控制指引》等系列文件。

值得注意的是，2014年11月19日证监会发布《证券公司及基金管理公司子公司资产证券化业务管理规定》及配套工作指引，取消了事前行政审批，实行基金业协会事后备案和基础资产负面清单管理。备案制为证券公司及基金管理公司子公司资产证券化业务打开了广阔的发展空间。此外，《关于进一步推进证券经营机构创新发展的意见》（证监发〔2014〕37号）提出了"发展应收账款、融资租赁债权、基础设施收益权等资产证券化业务，积极探索开展信贷资产证券化业务。"该规定表明，融资租赁债权的ABS为监管政策鼓励的方向之一。2018年上海证券交易所和深圳证券交易所各自发布《融资租赁债权资产支持证券挂牌条件确认指南》以及《融资租赁债权资产支持证券信息披露指南》，成为融资租赁资产ABS产品的直接、具体的规范依据。

二、融资租赁资产法律尽职调查的要点

对基础资产的尽职调查是整个ABS项目尽职调查的核心和重点，其调查内容主要包括租赁债权以及租赁物件的法律权属、转让的合法性、基础资产的运营情况或现金流历史记录，同时，也应当对租赁债权应收款情况进行合理预测和分析。

对租赁债权合法性的尽职调查应当包括但不限于：租赁债权形成和存续的真实性和合法性；租赁债权权属、涉诉、权利限制和负担等情况；租赁债权可特定化情况；租赁债权的完整性等。对租赁债权转让合法性的尽职调查应当包括但不限于：租赁债权是否存在法定或约定禁止或者不得转让的情形；租赁债权（包括附属权益）转让需履行的登记、通知等程序及相关法律效果；租赁债权转让的完整性等。

具体而言，对租赁债权进行尽职调查需要关注的内容包括：

（1）是否属于负面清单；

（2）每笔租赁债权是否均为转让方合法所有，且均为转让方的应收账款或债权权利；

（3）每笔租赁债权是否均可进行合法有效转让；每份《融资租赁合同》、《担保合同》中是否均无限制或禁止转让租赁债权或转让租赁债权须征得承租人或保证人、抵押人（如有）同意的约定；

(4)每笔租赁债权对应资产是否已实际交付、每笔资产对应义务是否已经履行(如需);

(5)每笔租赁债权的担保类型(如有);

(6)每笔租赁债权以及租赁债权对应的担保(如有)是否均为合法有效;

(7)每笔租赁债权对应的《融资租赁合同》是否适用中国法律,且在中国法律项下合法有效;

(8)债务人对《融资租赁合同》业务项下的应收账款是否享有任何主张扣减或减免应付款项的权利(但法定抵销权除外);

(9)每笔租赁债权对应的《融资租赁合同》约定的履约到期日。

三、租赁物件是否属于融资租赁公司的破产财产

我们以汽车回租模式来说明当前我国融资租赁业普遍面临的一个问题,即融资租赁公司破产,租赁物件是否属于融资租赁公司的破产财产。

(一)融资租赁公司破产前的租赁物件(汽车)的权属确认

《物权法》第二十四条规定:"船舶、航空器和机动车等物权的设立、变更、转让和消灭,未经登记,不得对抗善意第三人。"据此,汽车回租项目租赁物件采取登记对抗主义。

《物权法》第二十七条规定:"动产物权转让时,双方又约定由出让人继续占有该动产的,物权自该约定生效时发生效力。"在"售后回租"模式项下,融资租赁公司享有对租赁物件的所有权,但是承租人依然继续占有租赁物件,租赁物件在所有权登记上仍为承租人所有,该模式属于《物权法》上的占有改定,即:融资租赁公司享有租赁物件的所有权,但若承租人向第三方转让租赁物件,则融资租赁公司无法对抗善意第三人。

因此,为控制上述风险,承租人可将租赁物件办理抵押登记手续,抵押权人为融资租赁公司。但由于融资租赁公司为实际所有人,把自己所有的物办理抵押,担保自己的债权,与抵押法理相悖,上述抵押登记手续系风险控制措施,并不构成法律意义上有效的抵押法律关系,租赁物件的所有权仍由融资租赁公司享有。

(二)融资租赁公司破产后的租赁物件的权属确认

《合同法》第二百四十二条规定:"出租人享有租赁物的所有权。承租人破产的,租赁物不属于破产财产。"但对于出租人破产,则未明确规定。《最高人民法院关于审理融资租赁合同纠纷案件适用法律问题的解释》对此也没有规定。

因此,融资租赁公司破产后的租赁物件的权属确认在法律上存在争议,具体存有两种不同认定:

1. 租赁物件属于融资租赁公司的破产财产

《破产法》第十八条的规定:"人民法院受理破产申请后,管理人对破产申请受理前成立而债务人和对方当事人均未履行完毕的合同有权决定解除或者继续履行,并通知对方当事人。管理人自破产申请受理之日起二个月内未通知对方当事人,或者自收到对方当事人催告之日起三十日内未答复的,视为解除合同。管理人决定继续履行合同的,对方当事人应当履行;但是,对方当事人有权要求管理人提供担保。管理人不提供担保的,视为解除合同。"据此,若融资租赁公司破产,则融资租赁公司与承租人签署的《融资租赁合同》、与ABS管理人签署的汽车回租项目项下的相关合同均尚未履行完毕,则管理人有权决定解除或继续履行。在承租人支付留购价款前,租赁物件的所有权仍归融资租赁公司所有,且租赁物件不属于《最高人民法院关于适用〈中华人民共和国企业破产法〉若干问题的规定(二)》第二条规定的"不应认定为债务人财产"的财产,因此,租赁物件属于融资租赁公司的破产财产。

2. 租赁物件不属于融资租赁公司的破产财产

融资租赁公司与承租人签署的《融资租赁合同》一般会约定融资租赁公司在整个融资租赁期间,应向承租人承担的《融资租赁合同》项下的法律义务包括交付租赁物件等,该等合同义务自融资租赁公司交付租赁物件之日起即履行完毕,融资租赁公司仅单方面享有对承租人的租金请求权和附属担保权益。ABS管理人受让基础资产后即享有租金请求权和附属担保权益,融资租赁公司维护租赁物件等义务系基于融资租赁公司与ABS管理人签署的《资产服务协议》。因此,ABS管理人受让基础资产,实质上继受了融资租赁公司在《融资租赁合同》项下的所有权利和义务,融资租赁公司不享有《融资租赁合同》项下的所有权利和义务。由于融资租赁公司基于《融资租赁合同》享有租赁物件的所有权,因此,自ABS计划成立之后即由ABS管理人所有,尽管租赁物件登记在承租人名下,但ABS管理人仍享有租赁物件的所有权。

按照融资租赁企业会计处理方式,租赁物件不在融资租赁公司的资产负债表中体现;在汽车回租项目成立之日起,融资租赁公司的租金请求权和附属担保权益均转让给ABS管理人,承租人支付留购价款后,承租人即取得租赁物件的所有权,因此,融资租赁公司对租赁物件的所有权几乎无法律上的经济利益。因此,租赁物件不属于融资租赁公司的破产财产。

综上所述,租赁物件是否属于融资租赁公司的破产财产,在法律上存在一定的不确定性。但这一不确定性来自我国法律规定的不健全,留待今后立法和司法实践予以完善。

第二节　票据资产证券化产品模式的法律分析

开发票据资产证券化产品需要考虑的操作细节较多,亦需较强的法律技术支撑。下文拟从票据资产证券化的基础资产入池的选择问题着手,分析各种基础资产入池的法律可行性,并提出以票据收益权作为入池资产的证券化模式。在票据收益权资产证券化业务中,合理界定收益权的法律性质是确保项目合法合规的关键,以下提供了以票据收益权开展资产证券化业务的实务操作建议。

一、票据资产证券化业务中入池资产的选择

在票据资产证券化业务中,基础资产的选择尤为重要,直接影响着以票据资产开展资产证券化的业务模式及路径选择。由于"票据资产"并非法律概念,实践中,以票据资产作为基础资产发起设立资产支持专项计划(以下简称"专项计划"),在基础资产的选择上,可能存在以下几种路径:

(一)业务模式一:**以票据或票据权利入池的法律可行性分析**

以票据或票据权利作为基础资产发起设立专项计划的,原始权益人须将其持有的票据或票据权利真实转让给专项计划。根据《中华人民共和国票据法》(以下简称"《票据法》")的规定,票据行为的要式性,包括"票据出票人制作票据,应当按照法定条件在票据上签章,并按照所记载的事项承担票据责任"、"持票人行使票据权利,应当按照法定程序中票据上签章,并出示票据"、"其他票据债务人在票据上签章的,按照票据所记载的事项承担票据责任"等。由于票据行为具有要式性,票据行为须依照法定方式进行才能产生相应的法律效力。因此,为实现"真实销售"的目的,原始权益人应当将票据背书转让给计划管理人(代表专项计划)。

以票据或票据权利作为票据资产证券化业务的基础资产,至少可能存在以下法律问题:

1. 票据背书的不规范情形

《票据法》第十条的规定:"票据的签发、取得和转让,应当遵守诚实信用的原则,具有真实的交易关系和债权债务关系。"据此,原始权益人将票据背

书转让给专项计划,由于缺乏真实的交易背景和债权债务关系,可能在背书转让环节存在不规范的情形。虽然《票据法》第十条属管理性规定,但以票据或票据权利直接作为基础资产,在《票据法》上存在一定的法律瑕疵,因此交易所对直接以票据或票据权利作为基础资产较为谨慎。

2. 专项计划受让票据的合法合规性

《商业汇票承兑、贴现与再贴现管理暂行办法》(银发〔1997〕216号)第二条第二款规定:"本办法所称贴现系指商业汇票的持票人在汇票到期日前,为了取得资金贴付一定利息将票据权利转让给金融机构的票据行为,是金融机构向持票人融通资金的一种方式。"据此,直接"买票"的行为属金融机构向持票人提供资金融通的票据贴现业务。

《非法金融机构和非法金融业务活动取缔办法(2011修订)》第三条规定:"本办法所称非法金融机构,是指未经中国人民银行批准,擅自设立从事或者主要从事……票据贴现……等金融业务活动的机构。"因此,在未取得中国人民银行批准的票据贴现业务资质的情况下,专项计划直接受让原始权益人持有的票据权利并向原始权益人提供融通资金的行为,可能存在较大的合规风险。

在该等业务模式下,原始权益人直接将票据背书转让给专项计划发行资产支持证券的交易安排,交易所持较为谨慎的态度。因此,以票据或票据权利作为基础资产发行资产支持证券,可能无法取得交易所出具的无异议函。

(二)业务模式二:以应收账款入池的法律可行性分析

在票据资产证券化业务中,若以应收账款作为基础资产,市场上较为常见的是与保理业务相结合的操作方式,基本业务模式如下:(1)买卖双方签署基础交易合同并形成基础交易关系,卖方向买方交付货物或提供服务,由此形成了卖方对买方享有的应收账款;(2)买方向卖方开具银行承兑汇票或商业承兑汇票(以下简称"标的票据");(3)卖方与保理公司签署应收账款转让合同,同时将标的票据背书转让给保理公司。保理公司作为原始权益人将受让的应收账款作为基础资产转让给专项计划,并将标的票据质押给专项计划。在该等业务模式下,卖方通过保理公司这一"通道",间接将其持有的标的票据开展资产证券化,从而获得融资。

以应收账款作为票据资产证券化业务的基础资产,至少需要考虑以下法律问题:

1. 关于应收账款是否真实存在

根据《证券公司及基金管理公司子公司资产证券化业务尽职调查工作指引》(以下简称"《尽调调查工作指引》")第十三条、第十四条和第十五条的规定,对于资产证券化业务中基础资产的尽职调查包括对基础资产的法律权属、转让的合法性的调查,即基础资产形成和存续的真实性和合法性、基础资产是否存在法定或约定禁止或者不得转让的情形等。因此,若以应收账款作为基础资产开展资产证券化业务,则基础资产在法律上应当真实、合法存在。

然而,标的票据开立后,应收账款是否仍然继续真实存在?

《支付结算办法》第三条规定:"票据可以作为支付结算方式进行货币给付和资金清算。"《支付结算办法》第二十二条规定:"票据的签发、取得和转让,必须具有真实的交易关系和债权债务关系。"

在业务模式二中,买卖双方签署买卖合同建立基础交易关系,买方向卖方开具标的票据作为付款方式,卖方取得标的票据的行为符合《支付结算办法》的规定,即卖方系基于买卖合同的基础交易关系取得标的票据。因此,标的票据的签发符合《票据法》和《支付结算办法》的相关规定,可以作为支付结算方式进行货币给付和资金清算。

从目前已有的司法判例("宿迁市华能贸易有限公司诉济宁安泰矿山设备制造有限公司等票据追索权纠纷案"(2013)宿中商终字第0244号)来看,法院认为,票据不仅具有替代货币进行支付的功能,而且还具有流通功能和融资功能等,票据制度的价值在于促进票据流通、保障交易安全;受让人合法取得票据权利后,其与交易对方之间的基础关系即已结算完毕,此时若允许持票人再依据基础法律关系向前手主张民事权利,将使已经稳定的民事法律关系重新陷于不稳定状态,而且也使票据的流通性大为减损,背离了设定票据制度的宗旨。因此,司法观点认为,票据开立后,交易双方之间的基础交易关系即已结算完毕,此时卖方对买方享有的应收账款由于票据的开立而结算完毕。

此外,由于票据的无因性,票据行为与作为其发生前提的基础交易关系相分离,票据关系一旦合法成立,即独立于基础交易关系。若标的票据开立后,因其他原因导致标的票据未能得到承兑,卖方应当基于票据关系而非基础交易关系向法院提起诉讼。因此,在业务模式二项下,保理公司受让的应收账款可能存在被法院认定为在买方开具标的票据并将卖方作为被背书人时即告消灭的可能性。

2. 关于保理公司取得标的票据的合法性

《票据法》第十条规定:"票据的签发、取得和转让,应当遵循诚实信用的原则,具有真实的交易关系和债权债务关系。"在业务模式二中,如法院认为应收账款在买方向卖方开具标的票据并将卖方作为被背书人时即告消灭,由于基础交易关系已经转化为票据关系,则卖方无法通过应收账款转让合同将应收账款转让给保理公司。在此情形,卖方(作为持票人)通过将标的票据背书转让给保理公司、保理公司作为被背书人取得票据的行为缺乏基础交易关系。

虽然根据已有的司法判例(参见最高人民法院"风神轮胎股份有限公司与中信银行股份有限公司天津分行、河北宝硕股份有限公司借款担保合同纠纷案"(2007)民二终字第36号),缺乏基础交易关系的票据转让并不必然导致票据行为的无效,但在缺乏基础交易关系的前提下,保理公司通过背书受让标的票据,该等业务可能被监管机关认定为票据贴现业务,进而须取得中国人民银行批准的票据贴现资质。因此,在业务模式二中,保理公司取得标的票据的交易安排,可能存在较大的合规风险。

综上,在业务模式二项下,由于应收账款因标的票据的开立而消灭,以应收账款作为基础资产并以票据作为质押的交易安排,可能较难获得包括管理部门在内的各方认可。

二、票据收益权资产证券化的模式分析

结合前文分析,以票据、票据权利或票据项下对应的应收账款作为基础资产发行资产支持证券的路径,在法律上存在较大的障碍,实践中也因难以获得各方的认可而存在操作难度。基于上述背景,适时提出以票据收益权作为入池资产开展票据资产证券化业务,在当下则具有较大的实践意义。

(一)票据收益权资产证券化的业务模式

原始权益人将其持有的票据对应的收益权(以下简称"票据收益权")作为基础资产委托计划管理人发起设立专项计划,并通过证券交易所发行资产支持证券。原始权益人接受专项计划的委托,作为资产服务机构,对基础资产进行管理,并归集、转付基础资产产生的现金流。为确保原始权益人按时足额转付票据产生的任何收益,原始权益人以其持有的票据为专项计划提供质押担保。

图 3-1 交易结构

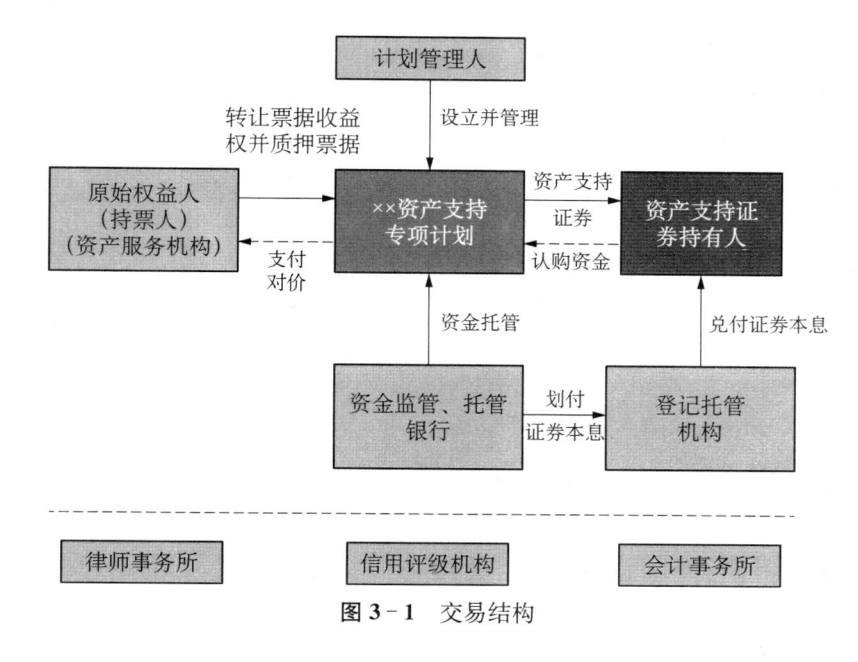

(二) 票据收益权资产证券化的合规性分析

1. 关于票据收益权的界定

有观点认为,收益权并非法律规定的物权或债权。收益权仅是物权的一项权能,而债权不存在收益权,因此票据收益权能否作为基础资产入池,存在一定的法律疑问。

实际上,在票据收益权资产证券化项目中,票据收益权是指票据收益权转让方(以下简称"转让方")与票据收益权受让方(以下简称"受让方")之间通过合同约定而产生的、转让方作为持票人在票据项下行使票据权利所取得的全部现金收入(以下简称"票据收益")的转付义务,系基于票据权利而派生出的新的债权债务关系,该债权债务关系的转让标的并非票据权利本身,而是票据收益的转付义务。在该等债权债务关系项下,转让方为债务人,受让方为债权人,转让方负有按照合同约定将其持有的票据权利项下实际产生的现金流入转付给受让方的义务。据此,票据收益权系新设债权,并非资产所有权中四项权能(即占有、使用、收益和处分)中分离出来的一项权能,票据收益权的创设不违反法律法规规定。

2. 关于收益权的法律风险

还有观点认为,以票据权利作为基础权利创设票据收益权,并且通过签署票据收益权转让协议,可能会被认定为"名为买卖、实为借贷"。一旦被认定为"借贷关系",由于最高院目前仅允许有正常生产经营情况下的企业之间借贷,则可能导致买卖合同无效,专项计划仅能获得普通贷款利息,而由于专项计划并不具备受让贷款的资质,因此存在法律风险。

对于票据收益权转让是否存在被认定为"名为买卖、实为借贷"的问题,结合前文分析,在票据收益权转让的债权债务关系项下,转让方为债务人,受让方为债权人,转让方负有按照合同约定将其持有的票据权利项下实际产生的现金流入转付给受让方的义务。双方之间的债权债务关系系通过票据收益权转让合同的约定形成。由于转让方和受让方系按照票据权利项下实际产生的现金流入进行结算和支付,受让方不享有收取固定回报的权利,转让方也不负有向受让方"保底保收益"的义务,票据资产收益权的相关风险由受让方承担,据此,票据收益权转让构成以票据为基础的金融合约,不属于"名为买卖、实为借贷"。

综上,通过合同方式界定票据收益权,并将票据进行质押背书,确保原始权益人在收益权项下的转付义务得以实现,并不违反现行法律法规规定。

(三)票据收益权资产证券化的操作要点

由于收益权并非法律固有概念,而其本质为债权,债权可因当事人合意而设,因此通过合同约定的方式界定收益权,既与法理相合,又不悖法律和行政法规强制性规定,自应有效。

与上不同,如将收益权定义为所有权的一项权能,则不符合设立收益权的本意,也无法实现票据收益权证券化的目的,且可能存在一定的法律风险。结合已有的实务操作经验,我们认为,若以票据收益权入池,应当在基础资产交易合同中对收益权进行明确界定,将收益权通过概括定义和范围列举,明确其内涵和外延,不妨定义如下:

标的票据收益权指标的票据收益权持有人与标的票据持有人因合同约定而形成的债权债务关系。该等债权债务关系项下,标的票据持有人为债务人,标的票据收益权持有人为债权人。标的票据持有人负有按标的票据产生的下列收入金额与标的票据收益权持有人进行结算的义务:

(1) 标的票据在包括票据由持票人提示付款在内的任何情形下所产生的资金流入收益;

(2) 标的票据经贴现或其他处置/出售所产生的资金流入收益;

(3) 标的票据项下担保(如有)所产生的资金流入收益;

(4) 标的票据被拒付后对背书人、出票人以及票据资产的其他债务人(如有)行使追索权后取得相关票款权利及相关资金流入收益;

(5) 自本合同生效之日起,标的票据所衍生的全部权益在任何情形下的卖出/处置产生的资金流入收益;

(6) 经本合同双方同意的其他任何收入。

标的票据持有人应在约定的期限,按上述收入的金额与标的票据收益权持有人进行结算与支付。标的票据持有人按上述收入的金额与标的票据收益权持有人进行结算支付后,标的票据收益权即消灭。

第三节 双 SPV 模式信托受益权 ABS 问题分析和法律实务

一、信托受益权 ABS 快速发展是整个资产证券化市场大发展的一个缩影

在中国当下,资产证券化承担了金融供给侧改革——盘活资产存量的重担,获得政策支持,规模快速发展,交易模式呈现百花齐放的局面。

在资产证券化备案制打通了资产证券化的"最后一公里"后,资产证券化市场以快速发展回应监管层的支持态度。银监会于 2014 年 11 月 20 日下发的《关于信贷资产证券化备案登记工作流程的通知》,将信贷资产证券化业务由审批制改为备案制;证监会于同年 11 月 19 日出台的《证券公司及基金管理公司子公司资产证券化业务管理规定》及配套的《证券公司及基金管理公司子公司资产证券化业务信息披露指引》与《证券公司及基金管理公司子公司资产证券化业务尽职调查工作指引》,对信贷资产证券化业务取消事前行政审批,采取"事后备案+负面清单"的管理模式。2015 年 1 月 4 日,经银监会批准,27 家商业银行获得开办信贷资产证券化产品的业务资格,标志着信贷资产证券化业务备案制的启动。同年 1 月 14 日,证监会企业资产证券化备案制新规以来的首只产品在上交所挂牌。2015 年 4 月,根据中国人民银行的相关公告,符合标准的机构可以申请注册发行信贷资产支持证券(信贷 ABS)。备案制和注册制的实施将推动资产证券化市场发展步入常态化,储架发行制度则有利于产品设计朝同质化方向发展。

中国资产证券化市场迎来"黄金时代"。2015 年起,国内资产证券化发行呈现井喷之势,中国证券投资基金业协会统计数据显示,自 2014 年底备案制启动以来,截至 2017 年 6 月 30 日,累计共有 109 家机构备案确认 810 个资产支持专项计划,总发行规模达 10 198.92 亿元。

2017 年上半年共有 60 家机构备案通过资产支持专项计划 218 只,总规

模3 289.88亿元,与2016年同期相比,数量和规模均有大幅上升。

良好的外部发展环境为信托公司资产证券化的创新发展提供了更加广阔的空间。在监管红利的促使下,信托公司以信托受益权为基础资产的企业ABS也发展较快,在企业ABS市场形成独特的板块。在短短两年多的时间里,多单具有突破意义的资产证券化产品落地,信托公司的ABS产品模式更加多样,其在资产证券化中的角色也在转变。近年来,信托业资产证券化业务屡传佳讯,先有中信信托发行国内首单物业租金债权ABS,后有外贸信托参与国内首单微贷信托受益权ABS,建信信托主导国内首单信托受益权集合ABS成功发行。资产证券化业务已成为帮助信托公司转型升级的一大发展目标,未来发展值得期待。

表3-1 2017年发行信托受益权资产证券化产品

项目名称	发起机构	发行总额(亿元)	计划管理人
金融街(一期)资产支持专项计划	金融街(北京)置地	66.5	招商证券资管
天风·浙商一期信托受益权资产支持专项计划	安徽国元信托	54.37	天风证券
西南交大希望学院信托受益权资产支持专项计划	四川希望教育产业集团	6.23	恒泰证券
东方网络信托受益权资产支持专项计划	南京银行南京分行	0.80	华创证券
万家共赢承影冀银资产支持专项计划	中融国际信托	3.83	万家共赢资管
广州证券二十一世纪国际学校学费信托受益权资产支持专项计划	北京市二十一世纪国际学校	3.00	广州证券
智诚四期信托受益权资产支持专项计划	华能贵诚信托	30.50	第一创业证券
厦门英才学校信托受益权资产支持专项计划	厦门英才学校	8.00	民生证券
镇江保障房信托受益权资产支持专项计划	镇江城市建设产业集团	11.10	上海富诚海富通资管
银河金汇-中融信托2016第一期信托受益权资产支持专项计划	中融国际信托	17.30	银河金汇证券资管
华融·共赢一期信托受益权资产支持专项计划	华融国际信托	40.03	华菁证券
融聚东方汇智·常州国际机场集团信托受益权资产支持专项计划	常州国际机场		东方汇智资管

续表

项目名称	发起机构	发行总额(亿元)	计划管理人
天风光大-亿利生态广场一期资产支持专项计划	首誉光控资管	10.77	天风证券
兴证资管-九江银行信托受益权资产支持专项计划	九江银行	7.30	兴证证券资理
中建投集合信托受益权1号资产支持专项计划	中建投信托	3.57	北京方正富邦创融资管
魔方公寓信托受益权资产支持专项计划	魔方(南京)企业管理咨询	3.50	北京方正富邦创融资管

二、双 SPV 模式是信托受益权 ABS 的基本模式，其核心是穿透原则下的现金流管控

交易所资产证券化成为 ABS 创新阵地，基础资产类型不断扩展，根据《证券公司及基金管理公司子公司资产证券化业务管理规定》，基础资产可以是企业应收款、租赁债权、信贷资产、信托受益权等财产权利，信托受益权首次被明文列为合格基础资产，开启了信托受益权资产证券化的序幕。"信托受益权资产证券化"即以信托受益权为基础资产，以其所产生的稳定现金流为偿付支持，通过结构化的方式进行信用增级、发行资产支持证券，确保在合规的前提下提高信托公司信托受益权的流动性。其基本模式为"财产权信托+资产支持专项计划"模式。

星美国际影院信托受益权资产支持专项计划是首单集合信托受益权 ABS 产品，该 ABS 产品规模为 13.5 亿元，其中优先级规模为 12.5 亿元，由合格投资者认购，次级规模为 1 亿元，由北京星美汇餐饮管理有限公司全额认购；项目期限分为 1—5 年期五档，到期一次还本付息。基础资产为由华宝信托所设立的华宝星美国际影院集合资金信托计划的信托受益权，主要用于向星美 13 家院线及分公司发放信托贷款，还款来源为 23 家借款人因进行电影放映经营而对购票人所取得的票房收入。

2014 年底公布的资产证券化基础资产负面清单实施穿透原则，明确了不投向负面清单中所述资产的信托受益权均可以作为企业资产证券化业务的基础资产，为企业资产证券化基础资产的多样化扫清了障碍。从早期的个人住房及汽车金融等零售信贷，到信用卡、应收款，再到物业租金债权和信托受益权集合，信托资产证券化产品的基础资产日益多样化。

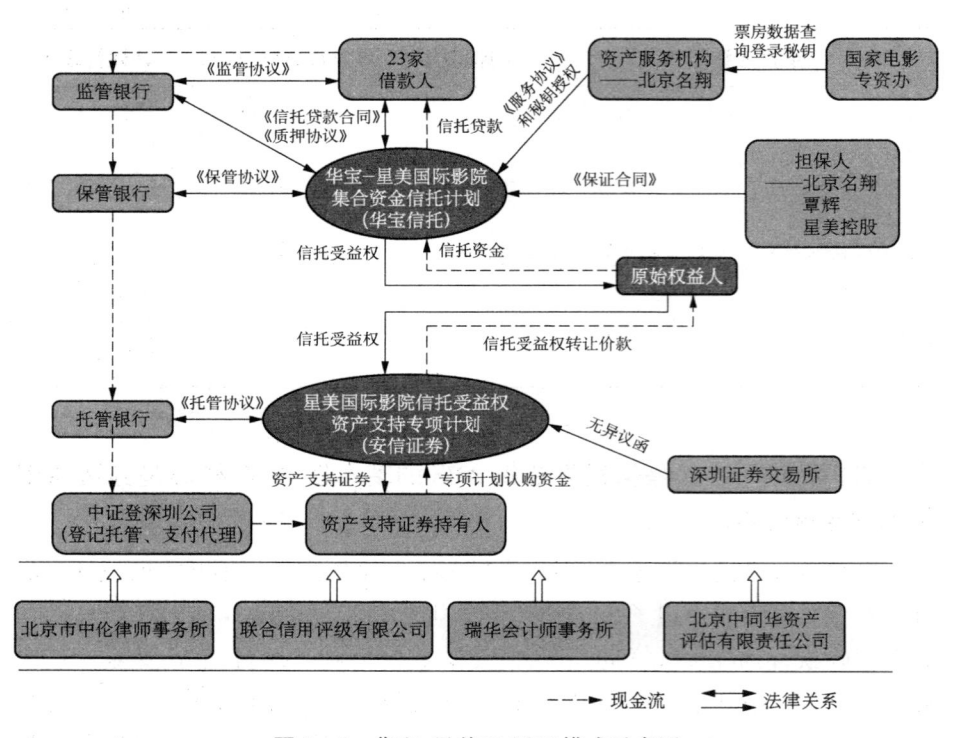

图 3-2 华宝-星美双 SPV 模式示意图

负面清单采取穿透原则。基金协会规定了负面清单的最后一条是"最终投资标的为上述资产的信托计划受益权等基础资产"。但在我们看来,穿透原则不仅仅体现为判断基础资产是否适当的一项消极标准,更要体现在穿透考察以资产证券化的本原,要求对底层资产的最终现金流进行有效管控。资产证券化是结构融资技术,将缺乏流动性但具有未来现金流的资产打包建立资产池,通过结构重组将该资产权益转化成在金融市场上可出售和流通的证券。它是发起人将缺乏流动性但能在未来产生可预见的稳定现金流的资产或资产组合(在法学本质上是债权)出售给 SPV,由其通过一定的结构安排,分离和重组资产的收益和风险并增强资产的信用,转化成由资产产生的现金流担保的可自由流通的证券,销售给金融市场上的投资者。其本质在于将现金流进行隔离、汇集、分割和重新分配。通过结构安排,将具有稳定现金流但缺乏流动性的财产性权利转化为可公开流通的证券,同时,通过隔离发起人与资产,避免证券受发起人破产的影响。

因此,我们透过这些信托受益权 ABS 产品法律文件的背后,看到的本质仍然是对底层资产的现金流的分割、管控和归集,而不是仅仅对信托受益权这个"名义基础资产"进行管理和分割,甚至不限于对信托受益权对应的"二层基础资产"例如信托贷款的管理;当然,对这些基础资产的管理和对应性要求是非常必要的,然而并不充分——因为信托受益权 ABS 的最本质要求仍然落脚到信托贷款背后的还款来源——包括第一和第二还款来源。尤其是第一还款来源,通常为企业主业的应收款,通过对底层资产的经营性现金流进行"质押"达到特定化和对抗第三人的效果,通过监管现金流设立各类账户以及设立层层监控和转付归集机制,将底层资产的现金流,如同地下岩层中的原油通过可控的管道安全进入炼油厂并最终进入油品销售环节,要通过收款权属的质押设计以及层层控制,最终确保最底层的现金流归入信托贷款还款池,进而实现信托受益权的兑付,以及相应地,完成专项计划 ABS 的兑付流程。例如,星美国际影院信托受益权资产支持专项计划中星美 13 家院线因进行电影放映经营而对购票人所取得的票房收入,成为需要最为关注的底层资产的现金流,该计划对此进行了应收款质押和现金流的各类管控设置。

可以说,有必要将"穿透原则"提升成为信托受益权 ABS 在信托合法性判断、尽职调查、产品设计,以及负面清单管理、备案管理过程中的一项基本原则。

三、双 SPV 模式下信托受益权 ABS 的合法性考察

双 SPV 模式下信托受益权成为 ABS 的基础资产,专项计划成为通道,详细论证和考察基础资产及其交付的合法性,成为此类项目的重要环节。

首先,我国《信托法》第四十四条明确规定受益人自信托生效之日起享有信托受益权;信托文件另有规定的,从其规定。信托受益权合法性的根源是信托有效设立。根据《信托法》规定以及信托法理,设立信托应当满足信托目的、信托财产、信托当事人、信托行为合法有效四个要件。只有信托设立合法有效,才能保证信托受益权的合法有效,因此需确认基础资产合法性,确保基础资产未被列入中国证券投资基金业协会发布的《资产证券化基础资产负面清单》。其中,由于信托架构具有天然的避法因子和避法功能,有些信托受益人自己不能从事的行为或者不能获得的利益,通过设立信托间接达到目的,因而信托目的的合法性的考量是相当复杂的一个问题,有必要进行穿透考察。《信托法》第六条规定:"设立信托,必须有合法的信托目的";第十一条规定:"有下列情形之一的,信托无效:(一)信托目的违反法律、行政法规或者损害社会公共利益;……"受益人依信托受益权取得的财产权为受益人依法律、行政法规限制和禁止取得,对某些财产权,法律和行政法规限制和禁止某些主

体享有,即该类主体自身不具备行为资格。如果设立信托的目的是为了使该类法律和行政法规限制与禁止的主体通过信托受益权的形式取得特定信托财产权,而且关键是该类规定为效力性强制性规定,即直接违法则为无效民事行为者,此时如认定信托有效,则该等主体可能取得特定信托财产,从而违背了法律和行政法规强制性规定的立法宗旨,信托的脱法行为,主要是指此等情形。具体而论,在违背效力性强制性规定的前提下,该等无效情形可分两种情况。一是设立信托的时候即在信托文件中规定,以此种强制受限或被禁止的财产权为信托受益权的内容。二是在设立信托的时候并未在信托文件中规定上述内容,但在信托利益分配或信托财产归属时,以财产权分配或归属于强制受限或被禁止享有此种财产权的受益人。《民法通则》第五十八条第七项规定,以合法形式掩盖非法目的的民事行为无效。因此,为防止信托受益权的无效,应认真分析设立信托的目的以及影响信托生效的其他因素。

其次,要保证信托受益权的真实交付,这是办理信托受益权 ABS 业务的必然要求。一般来说,信托受益权可以合法转让。我国《信托法》第四十八条明确规定:受益人的信托受益权可以依法转让和继承,但信托文件有限制性规定的除外。根据《信托法》以及信托法理,信托文件有限制性规定的则信托受益权的转让受到限制,不宜作为 ABS 的基础资产,其情形主要为:一是信托文件直接禁止信托受益权转让和继承;二是依信托目的的性质,信托受益权不得转让和继承。比如,如果委托人明确要求特定人享有受益权,或者由特定身份的人享有受益权,或信托目的是为了特定人的特定利益。此类信托受益权无法顺利完成转让。

关于基础资产不得附带抵押、质押等担保负担或者其他权利限制的问题,也需要注意。尤其要注意是,对于设质的信托受益权能否作为 ABS 基础资产,理论上存在一定争议。通说认为,信托受益权是特殊权利形态,而我国《物权法》采用的是物权法定主义,并未列举信托受益权作为质押的标的,根据物权法定原则,即使受益人将信托受益权凭证交付给质权人或办理了信托受益权质押登记,仍可以主张信托受益权质押无效,拟证券化的资产无权利限制。另一种理解则认为,尽管我国《物权法》未列举信托受益权作为质押的标的,但由于信托受益权具有债权的属性,如果当事人基于正当商业目的在债权质押登记系统中进行了质押登记,或者以信托受益权的收益作为质押标的进行了质押登记,如因此并未对第三人造成损害且无其他无效因由,可参照未来债权质押,确认其效力不失为一种正当的选择。况且,正在制定的《信托公司管理条例》征求意见稿对信托受益权质押已有设计,这也是信托受益权可质押的佐证。但为保障成功操作信托受益权 ABS 起见,建议在设立入池资产的标准时,剔除此类有争议的资产。

第三,关于信托受益权完成合法转让的程序,也要具体分析。一般分为两个阶段,一是转让合同签署;二是信托受益权转让登记手续。这两个程序并非等量齐观的必要程序,转让合同签署是生效要件,除非合同约定以登记为生效必备要件;而登记则为变更程序,为信托公司内部必要程序,且为对抗性程序要件,非生效要件。受益人转让信托受益权,应当与受让人签订《信托受益权转让协议》。在专项计划募集阶段需要完成《信托受益权转让协议》。信托受益权的登记手续通常在交付转让价款后或者同一天完成,因此,转让登记手续在办理信托受益权 ABS 尽职调查的时候其实已经进行了充分的沟通。受托人据双方申请应当将受让人变更为受益人,未办理变更登记,也不影响信托受益权转让的效力,只不过不能对抗原受托人的善意支付。这一点可以类比债权转让的通知债务人的法律效果。在信托利益的支付方面,信托受益权已经债权化了。因此,赋予信托受益权变更登记类似通知对抗效力,而不是生效要件,符合信托法保护受益人利益以及合同法鼓励促成交易的原则。不得对抗善意受托人的意旨,即:受托人在不知道或者不应当知道该登记变更事实的情况下,可以继续向原来的受益人支付信托利益,此时应视为已适当履行了信托利益的支付义务。

第四,信托财产的投资对象不属于负面清单范围,应在穿透原则的基础上考虑信托融资的行业特点,对项目现金流进行具体分析。例如,负面清单第一条:"以地方政府为直接或间接债务人的基础资产。但地方政府按照事先公开的收益约定规则,在政府与社会资本合作模式(PPP)下应当支付或承担的财政补贴除外。"这样,地方政府为直接债务人或者担保人的信托项目被排除在外,但 PPP 信托项目则可将信托受益权作为 ABS 的基础资产。又如,负面清单之六规定:"法律界定及业务形态属于不同类型且缺乏相关性的资产组合,如基础资产中包含企业应收账款、高速公路收费权等两种或两种以上不同类型资产。"该规定并不是一类具体的负面资产,而是从资产管理和项目操作的便捷性上来分析,因此,如果能分开操作且分开后的拟操作资产具有独立性和特定性以及可预期的稳定现金流即可。因此,对于信托资金是以"股+债"方式进行操作的项目,不能简单地认为此类项目为违反负面清单之六,因为"股+债"是一个统一的投融资整体,相互配合,共同完成融资目的。尤其是,信托行业里的夹层融资的本质是债权融资,而且,其中的债权融资部分完全能够覆盖信托受益权分配本金和信托收益的现金流要求。当然,由于企业 ABS 的创新驱动,信托受益权 ABS 项目个性化比较强,对于存量信托受益权 ABS 需要各方面展开创新思考,遇有特殊情况,须和交易所进行充分沟通。资产证券化产品设计中也应充分注意到信托行业的灵活性特点,毕竟存量信托设立之初并非专为专项计划量身定做。

因此,一般在专项计划文件中需要对作为基础资产的信托受益权进行几方面的考察:基础资产的合法性,即信托合同合法有效,信托受益权真实、合法、有效;基础资产转让的合法性,即信托项目法律文件未禁止或限制原始权益人转让基础资产,其转让行为不需要获得第三方同意,基础资产转让无须取得政府部门的批准或者办理有权机关的法定登记转让;基础资产不存在附带权利或者限制,不存在任何债务负担、质权、抵押权或者第三方的其他有效权利主张;基础资产转让的完整性。根据信托受益权转让协议,以该协议约定的先决条件满足为前提,在专项计划设立日,原始权益人将其对基础资产的相关权利、权益和利益均转让给计划管理人。

第四节 人寿保单质押贷款 ABS 的法律实务

2016 年 3 月 31 日,太平人寿保险有限公司与华泰证券(上海)资产管理有限公司合作发行的"太平人寿保单质押贷款债权支持 1 号专项计划"正式成立。该项目发行规模 5 亿元,发行期限 6 个月,优先级预期收益 3.8%,评级为 AAA 级。相关报道称此次的 ABS 项目是全国首单,更是全球首个保单贷款 ABS 项目。

人寿保单质押贷款通常理解为一种由人寿保险保单持有人以保单为质押物,按保单现金价值的一定比例向保险公司或银行申请贷款的短期融资方式。事实上,随着现代经济生活的发展,保险已经从传统的分散风险、填补损失的单一功能发展到投融资、保值增值等多重功能,而保单质押贷款是实现这一功能的重要手段之一。保单质押贷款业务在近年获得快速发展,而我国现行法律对该业务的调整存在诸多空白。在我国利率下行、资产荒凸显的情况下,保单质押贷款 ABS 具有创新示范意义;同时因保单质押贷款立法空白点较多,也需要在法律上进行认真探讨,以利实践。

一、人寿保单质押贷款 ABS 的创新价值

1. 跨界 ABS 产品扩展了保险业对证券交易所 ABS 平台的参与空间

近年来,资产证券化市场发展迅速,中国人民银行、银监会、证监会等监

管机构针对资产证券化业务出台了一系列支持政策,建立了以注册制为核心,负面清单管理为手段的监管制度体系,从而形成了"银、证、保"三足鼎立的市场体系。但不同市场体系之间互联互通问题已经成为 ABS 统一市场化的重要前提。例如,保监会于 2015 年 8 月发布《资产支持计划业务管理暂行办法》(以下简称"《暂行办法》"),初步完成了保险体系资产支持计划业务的顶层制度设计。根据《暂行办法》,保险体系资产支持计划暂不在证券交易所挂牌,采取"初次申报核准,同类产品事后报告"的发行方式。

跨界 ABS 是市场竞争的必然需求,市场空间很大。各大保险公司保险业务迅猛发展,普通消费者购买保险越来越多。与此同时,随着经济的发展,许多经营者尤其是个体业主急需借贷银行资金进一步发展。此种情形下,便相应产生了客户欲以其持有的保单向银行以及保险公司申请质押贷款的需求。中国人寿、中国平安、新华保险及中国太保仅 2016 年的保单质押贷款余额合计已达到 2 087.51 亿元,同比增加 312.11 亿元,增幅达到 17.6%,同时,四大险企的保户质押贷款也连续四年每年增长 300 亿元以上。商业银行或保险公司通过券商或基金子公司发行 ABS 产品,可打开更大的市场空间。

2. 丰富了资本市场的产品类别

在保险业发展的过程中,随着保险市场与金融资本市场对接程度的不断提高,两个市场的联系越来越密切,因此,基于保单现金价值受益权的转让而衍生出了众多的金融保险产品,这些产品可以称作为广义概念上的保单转让,主要包括人寿保单质押贷款、人寿保单贴现和保单证券化等形式。从业务结构上看,人寿保单质押贷款包括寿险公司保单质押贷款、银行保单质押贷款和人寿保单典当;人寿保单贴现包括贴现公司保单贴现、寿险公司保单贴现和银行保单贴现;保单证券化包括非人寿保单证券化和人寿保单证券化,其中人寿保单证券化包括人寿风险证券化、人寿保单证券化和人寿保单质押贷款证券化。

随着我国银行、证券、保险三大金融机构业务的混合经营不断发展,资本市场和保险市场的融合越来越深,我国保单转让市场给资本市场带来了更多的优质选择,扩大了市场直接融资范围和规模,进一步降低社会融资成本,优化社会资源配置。

3. 精准服务于实体经济,满足客户流动性需求,提高保险公司金融运作效益

保单质押贷款的根本作用在于能够满足保单的流动性和变现要求。流动性是金融资产的基本属性,几乎所有的金融资产都需要有流动性和变现能

力,保单作为一种金融资产也不例外。为赋予保单一定的流动性和变现能力,寿险公司设计各种保单质押贷款的行为应运而生。

寿险公司可以将保单质押贷款债权设立 ABS 项目,通过项目运作,给包括小企业主在内的自然人提供融资渠道,服务于实体经济。同时,寿险公司自身得以实现存量资产盘活,获得更多资金,为公司优化投资收益提供更多的机会和渠道,有利于资产负债匹配。

4. 有利于保险公司稳定客户群体,降低退保率

实践中,在办理保单质押贷款业务时一般会约定投保人保单的保障程度不会因此受损。据此,保单质押后,之前所约定的相关保障依然有效,投保人在保险期内出险,保险公司也仍会依照约定支付赔偿金,但赔偿金优先用于偿还投保人所借款项本息。保险公司通过保单质押贷款的设计,在客观上固化了客户关系,有助于稳定客户群体,降低退保率。

二、人寿保单质押贷款 ABS 的基本模式以及基本法律问题

根据寿险公司的保险条款的约定,投保人可以在保险合同有效期内申请办理保单质押贷款,最高贷款金额不得超过投保人申请贷款时的保单账户价值扣除各项欠款及应付利息后余额的一定比例,具体贷款金额以各方届时签署的贷款协议为准。保险公司依据与投保人签署的贷款协议向投保人发放保单质押贷款。

证券公司或基金子公司设立资产支持专项计划,一般向市场机构投资者发行优先级资产支持证券,次级资产支持证券一般由保险公司自购。专项计划项下的资金用于受让保险公司依据保险条款和贷款协议对投保人享有的保单质押贷款债权,作为专项计划的基础资产。

该交易模式需要分析的结构性法律问题主要是:保单可否为质押标的,哪些保单适于设质,保险公司发放贷款是否合法等关系到基础资产合法性的基本问题。

三、保单可否作为质押标的的法理分析

既然保单质押贷款由来已久,为何还有所谓保单可否作为质押标的的问题?这主要是因为目前我国的《保险法》《担保法》以及《物权法》并未对保单质押贷款做出具体规定,留下了立法空白。因此,有必要从法理上分析这个问题。

首先,从立法例上看,保险金请求权质押的立法在国外已经存在,如美国、德国、法国及日本都有此类规定,这些国家以法律规定的形式确认了保险

金请求权的可质押性。

其次,从投保人享有的权利属性看,保险人出具保单后,保险人按规定的责任范围,对被保险人负损失补偿或给付责任,是一种附条件的给付义务。与此债务相对应,投保人和受益人即对保险人享有保险金请求权,这种请求权在本质上属于一种债权,投保人对保险人享有的债权具有财产性,而保单是这一债权的凭证。此外,《保险法》第二条规定:"保险是指投保人根据合同约定,向保险人支付保险费,保险人对于合同约定的可能发生的事故因其发生而造成的财产损失承担赔偿保险金责任,或者当被保险人死亡、伤残和达到合同约定的年龄、期限时承担给付保险金责任的商业保险行为。"第六十二条规定:"被保险人或者投保人可以变更受益人并书面通知保险人……"据此,保单可以通过变更受益人的方式将保险金请求权予以转让,具有可转让性。综上所述,保单质押符合权利质押的基本特性:(1)须为财产权;(2)须具可转让性。

第三,人寿保单可转让性的逻辑基础。人寿保险合同具有储蓄性质,一般而言,人寿保险保单于保险费缴足二年后具有现金价值,通常表现为责任准备金减去退保手续费,保单价值随着保险年限的增加而增加。如果在保险期间内出现保险事故或以生存到一定期限为支付条件而条件满足时,保险人应当支付保险金;如果在保险期间内保险合同终止或者出现其他原因解除合同时,保险人应当在扣除相应的手续费后将退保金支付给投保人或被保险人;此外,因为投保人可随时提出解除合同而无须任何理由,投保人也可向保险人要求领取退保金,其数额为责任准备金扣除手续费的余额。因此,人寿保单代表的是将来可实现的财产权利,这是人寿保险保单可根据持有人的需要而转让的逻辑基础。

四、保单质押贷款应限于给付可确定的人寿保单

首先,财产保单是保险人与被保险人订立保险合同的书面证明,并不是有价证券,也不是可以折价或者变卖的财产。因此,财产保单不能用于质押。

其次,人身保险合同分为两类:一类是具有损失补偿性质的医疗费用保险和意外伤害保险合同,另一类是具有储蓄功能和现金价值的人寿保险合同。前者涉及被保险人的生存利益和公共政策,不宜用于质押。

第三,养老保险、投资分红型保险及年金保险等人寿保险合同(寿险)才可以作为质押标的。人寿保险除提供一般保险保障外,又兼有储蓄性质,具有资金返还以及收益的性质,无论被保险人生存至保险期满,还是在保险期

内死亡,保险人都要给付保险金。此外,寿险具有现金价值。根据《保险法》规定,人寿保单在两年之后即具有现金价值。

《人身保险公司保险条款和保险费率管理办法》(中国保险监督管理委员会令 2011 年第 3 号)第七条规定:"人身保险分为人寿保险、年金保险、健康保险、意外伤害保险。"第八条规定:"人寿保险是指以人的寿命为保险标的的人身保险。人寿保险分为定期寿险、终身寿险、两全保险等。"但具体到保单质押,笼统说所有人寿保单均可办理质押贷款是不严谨、不周全的。例如,具有保费豁免的少儿保险也不能办理贷款。保费豁免即投保人发生意外后,保单受益人无须继续缴纳保费,但可继续享受保险保障。人寿保单可分为生存保单、死亡保单及生死两全保单。生存保单是以被保险人在一定期间内的生存为保险事故的发生而给付保险金的保单,若被保险人死亡则保险合同失效,保险人不承担给付保险金的责任,也不退还保险费,因此,生存保险中保险人的给付义务并非确定发生,不适于保单质押贷款。死亡保单是指以被保险人的死亡为保险事故的发生而给付保险金的保单,可以分为终身保险和定期保险;终身保险,可开展保单质押贷款,而定期保险中保险人的给付义务并非确定发生,不适合用于保单质押贷款。生死两全保单,无论生死,均有给付,保险人的给付义务确定发生,可开展保单质押贷款业务。

此外,健康保单和意外伤害保单中保险人的给付义务并非确定发生,不宜开展保单质押贷款。

五、关于保险公司保单质押贷款资质问题

我国的保单质押贷款主要有两种模式:一种是投保人把保单直接质押给保险公司,直接从保险公司取得贷款;另一种是投保人将保单质押给银行,由银行贷款给借款人。银行为法定贷款机构,其贷款人资质自不必说,关于保险公司是否具备发放保单质押贷款的资质要求,以下规范可资确认:

(1)我国现行《保险法》第五十六条以禁止性规范的形式间接确认了人身保单的可质押性。该条规定,依照以死亡为给付保险金条件的合同所签发的保单,未经被保险人书面同意,不得转让或者质押。对该条的反面解释就是,在征得被保险人书面同意后,可以将人身保单进行转让或者质押。此外,非以死亡为给付条件的人身保险合同则无需被保险人的书面同意即可转让与质押。由此可见,我国在立法上也已经概括承认了人身保单的可质押性。

(2)《中国人民银行关于人寿保险中保单质押贷款问题的批复》(银复〔1998〕194 号)第一条规定:"保单质押贷款是保险公司履行保险条款中约定

的义务,不同于一般的保险资金运用业务。因此,同意你公司对已签发的人寿保单办理保单质押贷款。"

(3)《关于寿险保单质押贷款业务有关问题的复函》(保监厅函〔2008〕66号)(以下简称"《复函》")规定:"一、保单质押贷款是长期寿险合同特有的功能,是指投保人在合同生效满一定期限后,按照合同约定将其保单的现金价值作为质押,向保险公司申请贷款。……寿险公司对于办理保单贷款的投保人收取利息,主要目的在于保证保单现金价值正常的保值增值。二、保单质押贷款条款一般存在于长期人寿保险合同中。……我国保险法对此没有明确规定,在监管实践中,一直将保单质押贷款条款视为保险合同当事人的约定,属于意思自治,监管政策上也是允许的。三、在保险合同中约定保单质押贷款,并未超出经营保险业务许可证批准的业务范围,不需要在《经营保险业务许可证》中明示。"

(4)《保险资金运用管理暂行办法》第十五条规定:"保险集团(控股)公司、保险公司从事保险资金运用,不得有下列行为:……(六)将保险资金运用形成的投资资产用于向他人提供担保或者发放贷款,个人保单质押贷款除外。"

据此可以认为,保单质押贷款业务是保险公司基于人寿保险业务衍生出来的一项业务运作模式,中国人民银行以及保监会均对该项业务予以认可,并且根据保监会的《复函》,保险公司从事保单质押贷款业务,无需在《经营保险业务许可证》中单独明示。

六、保险公司作为原始权益人将保单质押贷款债权作为基础资产转让给专项计划的合法合规性

《证券公司及基金管理公司子公司资产证券化业务管理规定》第三条规定:"本规定所称基础资产,是指符合法律法规规定,权属明确,可以产生独立、可预测的现金流且可特定化的财产权利或者财产。……基础资产可以是企业应收款、租赁债权、信贷资产、信托受益权等财产权利,基础设施、商业物业等不动产财产或不动产收益权,以及中国证监会认可的其他财产或财产权利。"《资产证券化基础资产负面清单》第七条规定:"下列资产不得作为基础资产入池,……违反相关法律法规或政策规定的资产。"

另外,《保险法》第九十五条规定:"保险公司应当在国务院保险监督管理机构依法批准的业务范围内从事保险经营活动。"

据此,保单质押债权不属于《资产证券化基础资产负面清单》所规定的不得作为基础资产入池的范围。

保单质押贷款债权属于财产权利的一种，符合财产确定性、特定化、合法性以及稳定可预期现金流等基本要求，但由于保险公司应当在保监会依法批准的业务范围内从事保险经营活动，且目前保险监管相关法律法规并未对保险公司是否有权转让其持有的保单质押贷款债权做出明确规定，从金融监管原则中的审慎监管角度出发，保险公司作为原始权益人转让保单质押债权事宜应与保险资产监督管理部门进行沟通。

值得注意的是，由于保险是一项专业性很强的特殊金融业务，有特定风险保障和缓释机制，例如根据《保险法》的规定，保险公司在一些情况下亦可解除保险合同，如果投保人存在故意欺骗、隐瞒事实的情况下，保险公司甚至可以不退还保费，无形中给债权受让人在管领保单时造成较大的技术性障碍。因此，建议专项计划管理人开展此项业务时，可以与保险公司签订合作协议及委托协议，一道开展保单质押贷款 ABS 业务。

第五节　信托公司参与信托型 ABN 业务的法律实务

2012 年 8 月，交易商协会发布《银行间债券市场非金融企业资产支持票据指引》（简称"《资产支持票据指引》"），正式推出资产支持票据 ABN，非金融企业资产收益权开始在银行间债券市场发行。2016 年 12 月，交易商协会发布了《非金融企业资产支持票据指引（修订稿）》。资产支持票据，是指非金融企业为实现融资目的，采用结构化方式，通过发行载体发行的，由基础资产所产生的现金流作为收益支持的，按约定以还本付息等方式支付收益的证券化融资工具。信托型 ABN 是非金融企业将拟入池的基础资产移转给信托公司，设立财产权信托（SPT 特定目的信托载体），由信托公司作为发行人在银行间市场发行的资产支持票据。

根据 WIND 不完全统计，从 2016 年 6 月发行首单信托型 ABN 以来，截至 2017 年 6 月 15 日，市场共发行信托型 ABN 14 单，合计规模约 320 亿元。2017 年以来成功发行 8 单，合计规模 168 亿元。而作为信托型 ABN 的主要对标产品，企业 ABS 在 2017 年前 5 个月发行规模高达 2 400 亿元。当前信托型 ABN 发展速度不及预期，主要有三个原因。第一，交易商协会对发行企业的主体资格、基础资产要求更加严格，当前发行信托型 ABN 的发起机构评级以 AAA 和 AA＋为主，显著高于 ABS 发起机构。第二，信托型 ABN 注册效率不及 ABS，ABN 需要 3—6 个月，而 ABS 只需要 1 个月。第三，对于发行 ABS 来说，企业、中介机构都已轻车熟路，而对于发行信托型 ABN 来说，交易商协会、融资企业、中介机构都还处在探索阶段,信托型 ABN 的市场需要耐心培育。

一、信托型 ABN 的交易结构

2016 年 6 月 7 日,远东租赁 ABN 成功发行。其发起机构为远东租赁,受托人为平安信托,基础资产为远东租赁依据融资租赁合同对承租人享有的租赁债权;同时,平安信托委托远东租赁作为资产服务机构,对基础资产的日常

表 3-2 远东租赁 ABN 基本信息

项目	基本信息	项目	基本信息
委托人/发起机构	远东租赁	受托机构	平安信托
主承销商	国开行、渤海银行	资金保管机构	民生银行
基础资产	租赁债权	发行总额	20.68 亿元
增信措施	优先级/次级分层		
特点	第一单会计出表的 ABN,首只公开发行的企业资产证券化产品		
证券分层	优先 A 级	优先 B 级	次级
金额	17.574 亿元	1.873 亿元	1.233 亿元
信用评级	AAA	AA	—
期限	3.2658 年	3.7644 年	5.0164 年

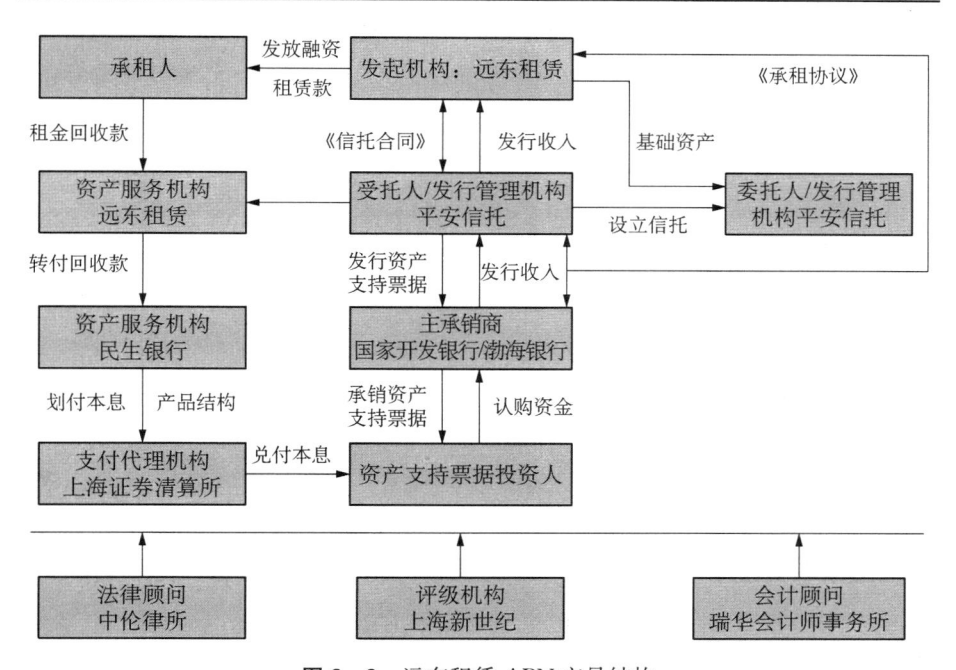

图 3-3 远东租赁 ABN 交易结构

回收进行管理和服务。这是在银行间市场发行的国内首单信托型 ABN 产品，首次引入特殊目的信托 SPT 作为发行载体并实现会计出表，并实现公开发行，其产品结构设计、发行方式为今后 ABN 产品提供了借鉴。

2016 年 6 月 29 日，九州通 ABN 成功发行。九州通 ABN 由兴业银行担

表 3-3 九州通 ABN 基本信息

项目	基本信息	项目	基本信息
委托人/发起机构	九州通	受托机构	中诚信托
主承销商	兴业银行	资金保管机构	兴业银行
基础资产	应收账款债权	发行总额	10 亿元
增信措施	优先级/次级分层；差额补足承诺		
特点	循环购买		
证券分层	优先级	次级	—
金额	7.77 亿元	2.23 亿元	—
信用评级	AAA	—	—
期限	3 年		

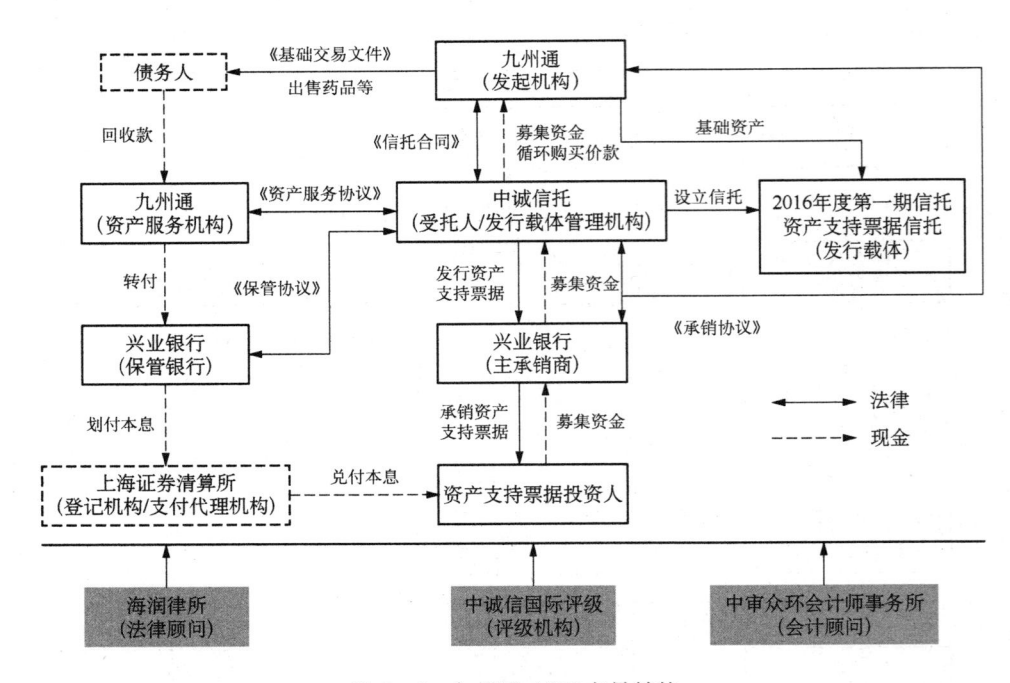

图 3-4 九州通 ABN 交易结构

资料来源：发行说明书，中金公司研究

任主承销商,中诚信托担任受托人。九州通 ABN 在产品结构上,采用循环购买的方式提升沉淀资金的使用效率。通过循环购买设计,可以使短期资产支持较长期限的证券,解决了基础资产期限与资产支持票据期限错配的问题,九州通还可以在产品存续期内拥有一个备用的账款处置渠道。

2017 年成功发行的信托型 ABN 已有数十单,下文将以国药控股(中国)融资租赁有限公司 2017 年度第一期资产支持票据(以下简称"国药控股租赁 ABN")和上海世茂国际广场有限责任公司 2017 年度第一期资产支持票据(以下简称"上海世茂 ABN")为例,简要介绍信托型 ABN 的交易结构。

2017 年 8 月,国药控股租赁 ABN 成功发行。其发起机构为国药控股(中国)融资租赁有限公司,受托人为交银国际信托有限公司,基础资产为国药控股租赁依据融资租赁合同对承租人享有的租赁债权;同时,交银国际信托委托国药控股租赁作为资产服务机构,对基础资产的日常回收进行管理和服务。

2017 年 9 月,上海世茂 ABN 成功发行,为全国银行间市场首单商业地产公募资产证券化项目。上海世茂 ABN 由兴业银行担任主承销商,兴业国际信托担任受托人。上海世茂 ABN 底层资产是信托贷款,还款来源是上海优质商业地产的运营收入,项目将信托贷款的信托收益权转让给 ABN,为双 SPV 创新结构。

表 3-4　国药控股租赁 ABN 基本信息

项目	基本信息	项目	基本信息
委托人/发起机构	国药控股租赁	受托机构	交银国际信托
主承销商	南京银行股份有限公司、国泰君安证券股份有限公司	资金保管机构	南京银行股份有限公司
基础资产	租赁债权	发行总额	14.96 亿元
增信措施		优先级/次级	
证券分层	优先 A 级	优先 B 级	次级
金额	12.46 亿元	1.31 亿元	1.19 亿元
信用评级	AAA	AA	—

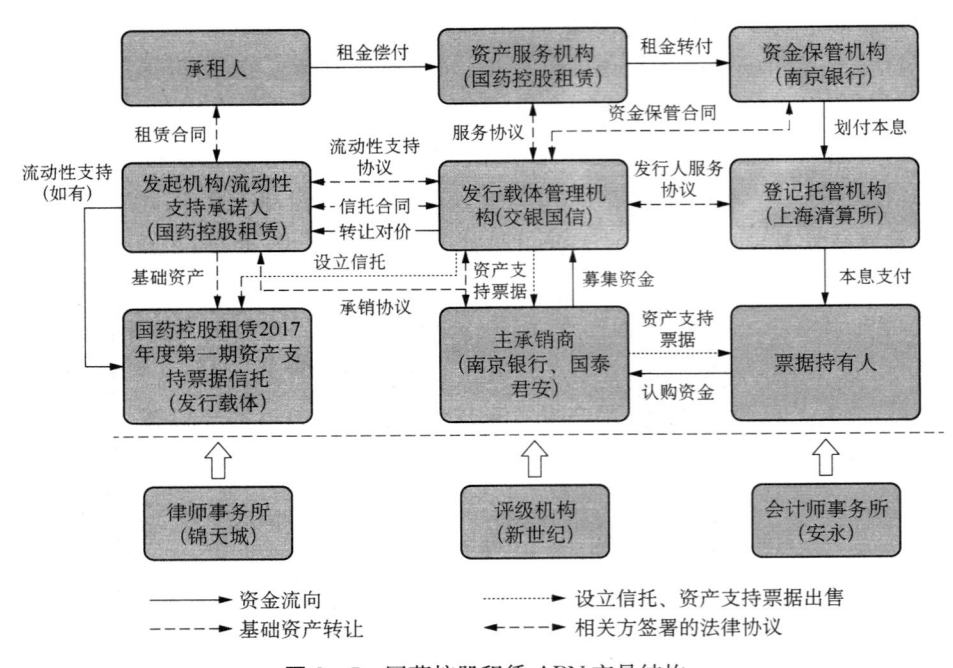

图 3-5 国药控股租赁 ABN 交易结构

表 3-5 上海世茂 ABN 基本信息

项目	基本信息	项目	基本信息
委托人/发起机构	上海世茂国际广场	受托机构	兴业国际信托
主承销商	兴业银行股份有限公司	资金保管机构	兴业银行股份有限公司
基础资产	商业房地产抵押贷款	发行总额	65 亿元
增信措施		优先级/次级	
证券分层	优先 A 级	优先 B 级	次级
金额	38 亿元	24 亿元	3 亿元
信用评级	AAA	AA+	—

图 3-6 上海世茂 ABN 交易结构

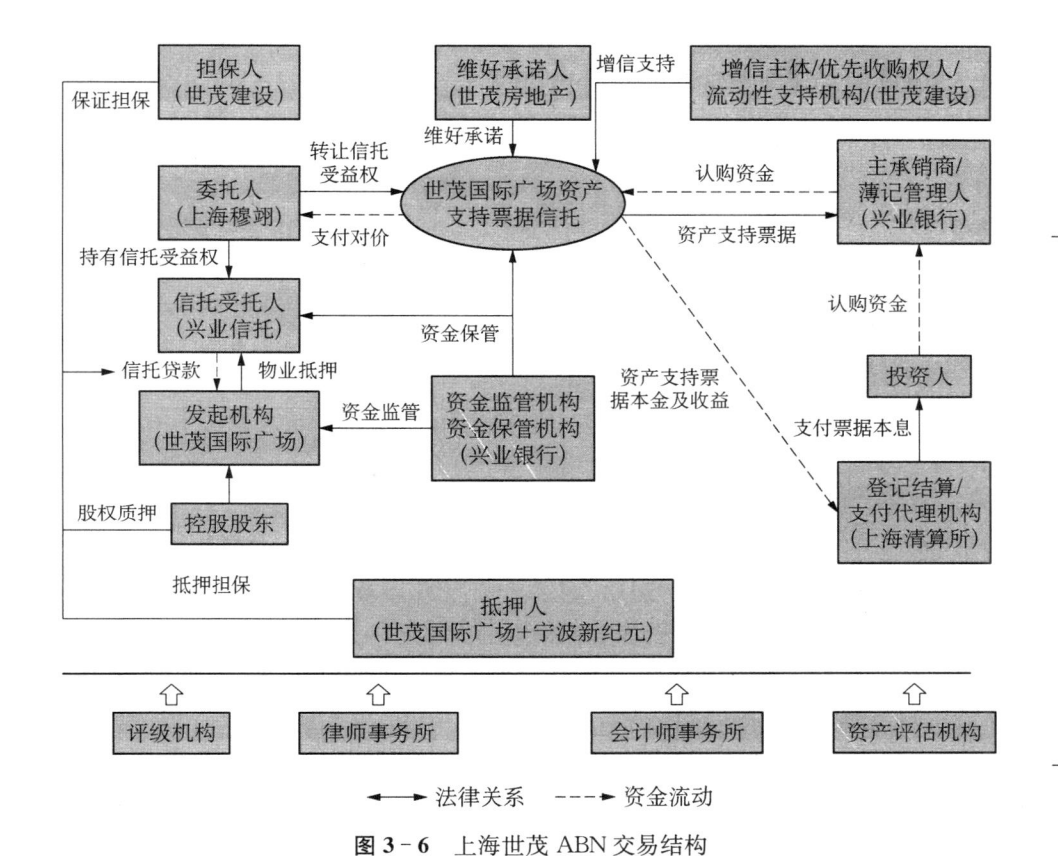

二、信托型 ABN 对资产证券化产品的创新突破

本书所述创新突破主要针对传统 ABN 而言：

第一，信托型 ABN 使得 ABN 建立在信托制度的保障下，具备了真正的资产证券化的法律基础。

概括说，信托型 ABN 与传统 ABN 产品在结构和效果上的最大创新点在于引入信托公司和信托计划，使得信托产品建立在 SPT 基础之上，而且信托公司的信托责任对投资者的利益起到法律上的强力保障作用，实现破产隔离和资产出表，从根本上突破了原有质押债券的定位和法律局限。信托型 ABN 通过引入信托承担特殊目的的载体，实现了破产隔离和资产出表。投资者对基础资产享有信托受益权。而公开发行的方式可使融资成本更低，增强企业发行 ABN 融资动力，降低企业融资成本。

传统资产支持票据并不强制要求设立特殊目的载体。《银行间债券市场非金融企业资产支持票据指引》(以下简称"《资产支持票据指引》")第五条规定:"企业发行资产支持票据应设置合理的交易结构,不得损害股东、债权人利益。"第六条规定:"企业发行资产支持票据应制定切实可行的现金流归集和管理措施,对基础资产产生的现金流进行有效控制,对资产支持票据的还本付息提供有效支持。"因此,资产支持票据属于表内融资,并不能帮助发行人实现资产出表。应该说,《资产支持票据指引》起草时充分考虑了当时推进资产证券化面临的实际法律环境和监管环境,在基础资产类型、交易结构设计等方面进行了包容性规范,为后续创新预留空间。《资产支持票据指引》第五条规定,不强制要求设立特殊目的公司(SPC),既可以涵盖特殊目的账户隔离的资产支持形式,也为未来持续创新、引入其他形式的SPV预留了空间。

由于不设立特殊目的载体进行资产隔离,在此前ABN发行结构中,核心环节是通过账户管理和现金流质押实现基础资产现金流的归集和监管。中金公司对传统ABN的局限性有一个鲜明的提法即"资产支持票据≠资产证券化",也就是说,严格意义上讲,所谓的资产支持票据与真正的资产证券化产品的性质是不同的,后者应该具备风险隔离的基本特征,在此前提下,发行人可以突破融资规模限制,甚至可能以高于主体的评级获得更低的融资成本。而《资产支持票据指引》对于ABN的交易结构中是否要进行严格的风险隔离安排并没有做出非常具体的要求。第一批发行的ABN并没有明确设置风险隔离,性质与设置应收账款质押的一般信用债更加接近。

信托型ABN的实现导入了信托关系,ABN产品机构有了"产品的脊梁"——以信托为发行载体、以信托公司作为受托人和发行载体的管理人,使得资产证券化的基础关系有了切实的法律基础,有利于保障投资者权益。一方面,信托ABN可以基于《信托法》,使得各方面的法律关系类型化和定型化为信托关系,当事人的权利义务和责任具备了法律基础,也使得ABN产品具备了真实销售和实现破产隔离的最大法律可能性。另一方面,从产品的运行看,资产证券化的收益来源于对基础资产的后续有效管理,而信托公司的进入,在信托责任的强制约束下发挥其主动管理能力,有效管理底层资产,保障投资者收益。因此,信托公司应该尽可能参与产品结构设计,主导工作流程,设计有效的增信措施;并加强产品后续管理,严格信息披露操作,及时发现可能风险,并妥善处理,要及时协调各方的关系,及时掌握项目信息;并尽可能建立较稳定的管理团队,避免因为人员频繁流动带来的管理风险,保障产品存续阶段的有效管理。

第二,信托型ABN对当下中国的资产管理行业具有多种正向金融价值。

一方面,市场分割问题逐渐破冰。信托型 ABN 的发行,让非金融企业有机会以该方式进入银行间市场,未来市场分割问题有望逐步破冰,也丰富了企业融资方式选择,扩宽了融资渠道。ABN 自身实现了革命性变革,突破原有局限,增强企业发行 ABN 融资动力,降低企业融资成本。

另一方面,资产支持票据业务的发展壮大需要信托公司的加入,以做到基础资产的真实销售和破产隔离,信托公司的加入可以满足资产证券化运行的本质要求。对于 ABN 项目来说,设立特殊目的信托是发起人隔离资产的最有效途径。信托成为 ABN 转型真正的资产证券化产品过程中不可或缺的介质。信托型 ABN 实际上是 ABN 交易结构的重大创新。随着《资产支持票据指引》修订稿的出台,资产支持票据已成为信贷资产证券化和企业资产证券化后又一重要的资产证券化产品类型。

三、信托公司开展信托型 ABN 的着力点

目前,很多信托公司将资产证券化业务作为转型发展的一个阵地。以往信托公司在信贷资产证券化领域中处于通道化和边缘化的角色,把控力和影响力薄弱,没有把潜在的制度优势转化为盈利优势。信托型 ABN 的出现,给了信托公司一个在资产证券化领域中的新阵地。

信托公司开展信托型 ABN 业务应注意下列几个着力点:

首先,发挥信托公司的联通作用和既有能力,提高把控力和话语权。信托公司长期从事私募投行业务,具有丰富的资产端资源,涉足领域丰富,如基础设施类、非银金融、工商企业。信托公司可基于现有客户资源,为其提供多样化的融资方式,增加资产端客户资源黏性,增强信托公司竞争力。同时,信托公司可依托长久以来形成的寻找优质资产的能力,资产端和资金端高效的撮合能力,积极拓展新的客户资源,增强在产品开发链条中的话语权,提高在此类产品中的把控力。

其次,转变观念,积极布局 ABN。信托型 ABN 业务作为一项创新业务,可以增强信托公司开展创新业务与多元化布局,增强信托公司竞争优势。不应将信托公司简单定位为通道角色。因信托公司承担的不只是通道工作,作为发行载体,信托公司从尽职调查开始便全程参与核心工作,如产品结构设计,基础资产尽职调查,律师事务所、会计师事务所的沟通和协调等工作;在主承销商退出后,负责后续管理,及时披露信息,跟踪基础资产收益情况。

第三,积极展开同业合作,积累资产证券化的实战经验和案例。资产支持票据业务中,发行人可以是银行的合作客户,信托公司加入资产支持票据

的发行,可以帮助银行做到非标转标。信托公司也可以主动拓展资产支持票据发行主体,并帮助企业联系承销银行与券商,借此开拓与银行、券商等机构新的业务合作。在此过程中还可以积累实战经验和案例,在资产证券化圈形成品牌,提升自身美誉度。

第四,积聚和培养人才,提升管理能力。"打铁还需自身硬"。资产证券化是一个复杂的系统工程,需要诸多金融机构的通力合作,也需要信托公司在自身的信托管理领域积聚和锻炼人才队伍,扶持具备专业能力的资产证券化团队勇于创新。同时,信托型 ABN 的业务包括原始权益人、信托公司、各类服务机构、投资者,参与者众多,时间跨度较长,风险莫测,需要信托公司通过大量实践,完善风控制度,有效地管理尽职调查、产品设计、信息披露、利益分配、基础资产等各类管理风险。

四、《银行间债券市场非金融企业资产支持票据指引(修订稿)》要点解读

1. 引入特定目的载体,便于实现"破产隔离"和"真实出售"

《资产支持票据指引(修订稿)》第二条规定:资产支持票据是指非金融企业为实现融资目的,采用结构化方式,通过发行载体发行的,由基础资产所产生的现金流作为收益支持的,按约定以还本付息等方式支付收益的证券化融资工具。

在资产支持票据中引入的特定目的载体(SPV),可以为特定目的信托、特定目的的公司或交易商协会认可的其他特定目的载体,也可以为发起机构。引入特定目的载体,便于实现"破产隔离"和"真实出售",同时也保留了现有的"特定目的账户+应收账款质押"模式,满足多样化结构融资需求。

2. 丰富合格基础资产类型

《资产支持票据指引(修订稿)》补充说明基础资产可以是企业应收账款、租赁债权、信托受益权等财产权利,以及基础设施、商业物业等不动产财产或相关财产权利,针对基础资产附带抵押、质押等担保负担或其他权利限制,如果能够通过相关合理安排解除基础资产的权利负担和其他权利限制的,仍然可以作为资产支持票据的基础资产,扩展了基础资产的类型。

3. 强化投资者保护机制

《资产支持票据指引(修订稿)》强化对投资者的保护机制,规定发行机构和发行载体应当在相关注册发行文件中约定投资者保护机制:(1)信用评级结果或评级展望下调的应对措施;(2)基础资产现金流恶化或其他可能影响

投资者利益等情况的应对措施;(3)基础资产现金流与预测值偏差的处理机制;(4)发生基础资产权属争议时的解决机制;(5)资产支持票据发生违约后的相关保障机制及清偿安排。

随着ABN新指引的实施,信托型ABN有望成为信托公司进入银行间市场的接口。虽然该指引并未将信托公司列为唯一的发行载体,SPV既可以是特定目的信托,也可以是特定目的公司或是发起机构本身,但是由于信托财产独立性和风险隔离效果,信托公司的信托作为发行载体更具优势。

第六节 PPP项目资产证券化政策分析及实务操作

一、PPP项目资产证券化政策发展路径与出台背景

(一)政策发展路径

PPP资产证券化即所谓"PPP+ABS",其政策推进路径根植于我国政府预算体制改革、地方融资平台转型以及多层次资本市场的同向度同维度发展,可以说三年磨一剑,是国务院各有关部门协同作战的结果。

2014年9月21日,国务院发布《关于加强地方政府性债务管理的意见》(国发〔2014〕43号文),在规范地方政府融资的同时,开始推广使用政府与社会资本合作(PPP)模式,将原来的债务融资引导成PPP模式下的股权融资。同年11月,国务院发布《关于创新重点领域投融资机制鼓励社会投资的指导意见》(国发〔2014〕60号),进一步建立健全PPP机制,大力发展债权投资计划、股权投资计划、资产支持计划等融资工具。

2015年4月25日,国家发改委、财政部、住房和城乡建设部、交通运输部、水利部和中国人民银行发布《基础设施和公用事业特许经营管理办法》(第25号令),强调基础设施和公用事业特许经营应当转变政府职能,强化政府与社会资本协商合作,提出"鼓励特许经营项目公司进行结构化融资,发行项目收益票据和资产支持票据"。同年5月5日,交通运输部发布《关于深化交通运输基础设施投融资改革的指导意见》(交财审发〔2015〕67号),对交通运输领域的项目实施PPP模式做了具体规定。

2016年8月30日,国家发改委发布《关于切实做好传统基础设施领域政府和社会资本合作有关工作的通知》(发改投资〔2016〕1744号),提出构建多元化退出机制,推动PPP项目与资本市场深化发展相结合,依托各类产权、股权交易市场,通过股权转让、资产证券化等方式,丰富PPP项目投资退出渠

道。2016年12月12日,国家发展改革委、中国证监会联合印发了《关于推进传统基础设施领域政府和社会资本合作(PPP)项目资产证券化相关工作的通知》(以下简称"2698号文"),首次正式推出PPP项目资产证券化,破解PPP项目融资难和退出渠道不通畅两大难题,同时为金融机构提供了新的参与渠道,以利于PPP项目发展。值得注意的是,在该通知推出之前,证监会在PPP资产证券化推动过程中已经做了大量的实务探索与铺垫工作,《基础资产负面清单》、《资产证券化监管问答》中均为PPP证券化预留了拓展空间及路径。

2017年1月9日,国家发展改革委投资司、中国证监会债券部、中国证券投资基金业协会与有关企业召开了PPP项目资产证券化座谈会,推动传统基础设施领域PPP项目进行证券化融资。这是国家发展改革委、中国证监会联合发文后首次召开座谈会,标志着PPP项目资产证券化工作正式启动。2017年6月7日,财政部、中国人民银行、中国证监会联合发布《关于规范开展政府和社会资本合作项目资产证券化有关事宜的通知》,支持并鼓励分类稳妥地推动PPP项目资产证券化。

2017年10月19日,上交所和深交所均发布《政府和社会资本合作(PPP)项目资产支持证券挂牌条件确认指南》。

(二)证监条线的政策铺垫

PPP资产证券化业务自然离不开技术层面的ABS,证监条线在该领域进行了政策铺垫,具体为:

2014年12月24日,证券投资基金业协会发布《资产证券化业务基础资产负面清单指引》,规定以地方政府为直接或间接债务人的基础资产不可资产证券化,但将地方政府按照事先公开的收益约定规则,在政府与社会资本合作模式(PPP)下应当支付或承担的财政补贴排除在负面清单之外,表明PPP项目中政府对社会资本支付的付费和补贴款项可以进入资产证券化的基础资产池。

2016年5月13日,证监会发布《资产证券化监管问答(一)》,能够资产证券化的PPP项目范围得以界定:政府与社会资本合作(PPP)项目开展资产证券化,原则上需为纳入财政部PPP示范项目名单、国家发展改革委PPP推介项目库或财政部公布的PPP项目库的项目。PPP项目现金流可来源于有明确依据的政府付费、使用者付费、政府补贴等。其中涉及的政府支出或补贴应当纳入年度预算、中期财政规划。

可以说,在国家层面各部委早已有意在适当时机推出"PPP+ABS"的创新融资模式,随着证监监管下的企业资产证券化运行日趋成熟、稳定且PPP

项目多数落地进入运营期的关键时点,国家发改委和证监会此次联合发文的2698号文将极大地推动PPP项目资产证券化产品的发育发展。

(三) 推出"PPP+ABS"模式的宏观意义

PPP项目参与主体及资金来源的多元化,对PPP项目的资本流动性、后续资金投入方式的创新和退出渠道的灵活性提出了更高的要求,已经成为我国PPP无法回避的问题。PPP项目资产证券化,实现与资本市场形成有效对接,可盘活PPP项目存量资产、加快社会投资者的资金回收,增强PPP项目对社会资本的吸引力,从而保障PPP项目的可持续发展,服务于供给侧改革大局。

1. 拓宽融资渠道

对于有符合要求的基础资产的PPP项目,通过发行资产支持证券为项目融资,能盘活存量资产,使得原本只能在一级市场上交易的资产可以在二级市场流通,提高其流动性,有效拓宽PPP项目的融资渠道,破解项目融资难题。

2. 降低融资成本

资产证券化产品一般会进行结构化设计,一般分为优先和次级两级,部分还可增加中间级,通过风险收益匹配,再加上增信措施提升债券的信用评级,可达到降低融资成本的目的。

3. 优化财务状况

在理论上说,资产证券化通过设立SPV可将基础资产和原始权益人的其他资产分离,实现基础资产和其他资产的破产隔离。资产证券化作为表外融资,优化原始权益人的资产负债结构。

4. 提供多样化的退出渠道

PPP项目可借助资产证券化,转化为可上市交易的标准化产品,实现资金、资产和资本流动,为社会资本的退出提供可选渠道,实际上降低了投资风险,提高了PPP项目的吸引力。

2698号文将PPP项目资产证券化首次作为一个独立政策提出,体现了国家对PPP项目退出机制的强烈关注,表明PPP模式在当前国际国内复杂形势下在转型改革中居有的重要战略地位。该文是对《中共中央国务院关于深化投融资体制改革的意见》(中发〔2016〕18号)、《国务院关于创新重点领域投融资机制鼓励社会投资的指导意见》(国发〔2014〕60号)国家顶层设计的响应和细化,着力解决目前社会资本普遍担忧项目合作年限过长和退出机制问题。诚如该通知所言,PPP项目资产证券化是保障PPP持续健康发展的重要机制。资产证券化是基础设施领域重要的融资方式之一,对盘活PPP项目存量资产、加快社会投资者的资金回收、吸引更多社会资本参与PPP项目建设具有重要意义。

2698号文的政策导向比较明显:2698号文针对发改委推荐优质项目形成了特事特办的绿色通道制,是对符合特定条件的PPP项目开展证券化的政策性激励措施。正如监管层所阐释,该通知旨在支持PPP证券化的同时,为市场树立标杆与尺度,通过发改委对项目的优选,建立PPP资产证券化良好的市场秩序与信誉,提升投资者接受度,通过证监会、交易所集中监管资源,以真实销售、破产隔离为原则,优化对PPP证券化的审查、发行效率,提升对PPP项目或资本参与方的服务与吸引力,形成整个市场的正向循环,大大提升实体经济资源、资金的配置效率。

二、2698号文基本内容解析

(一)关于基础资产

2698号文明确重点推动资产证券化的PPP项目范围:

一是项目已严格履行审批、核准、备案手续和实施方案审查审批程序,并签订规范有效的PPP项目合同,政府、社会资本及项目各参与方合作顺畅。该款实际上是对"基础资产应当在法律上能够准确、清晰地予以界定,构成原始权益人所有的一项独立的财产权利或财产"的变通表达,也是要求原始权益人具有与基础资产相关的经营许可,对产生基础资产收益权所必备的土地、设备、资产等有所有权或使用权。其次,从程序上会筛掉很多伪PPP项目,例如名股实债的伪PPP,通过"抽屉协议"约定固定回报等项目。

二是项目工程建设质量符合相关标准,能持续安全稳定运营,项目履约能力较强;这是基础资产未来可以产生可预测的现金流收入的基础。

三是项目已建成并正常运营2年以上,已建立合理的投资回报机制,并已产生持续、稳定的现金流。传统基础设施从竣工到可以开展证券化,需要经过试运行、工程质量检验、现金流测算等复杂环节,尤其是面向资本市场,更需要可靠的财务数据与基础资产安全的保障,因此需要一定的运营期进行评估分析,同时通过较长的运行期限,有效检验基础资产业绩,对于防范道德风险,避免传统城投债模式变异为通过资产证券化融资提供严密的防火墙。

四是原始权益人信用稳健,内部控制制度健全,具有持续经营能力,最近三年未发生重大违约或虚假信息披露,无不良信用记录。

基础资产的选择是资产证券化成功的关键,《证券公司及基金管理公子公司资产证券化业务管理规定》对基础资产的定义为"符合法律法规规定,权属明确,可以产生独立、可预测的现金流且可特定化的财产权利或者财产"。以上范围的财产能否满足上述基本要求需要个案斟酌。

从实务上看,符合PPP项目资产证券化的基础资产有两类:

一是经营性项目建成后的运营收益,如水电气热等城市基础设施收益权、高速公路收费收益权、公园门票收益权、医院特定收费收益权等。一般该类基础资产已取得政府财政部门或有关部门按约定划付购买服务款项的承诺或法律文件,现金流独立、真实、稳定。《资产证券化监管问答(一)》在认定污水处理费、垃圾处理费、政府还贷高速公路通行费等收费权类资产是否可以作为资产证券化的基础资产时,监管部门认为:上述为社会提供公共产品或公共服务,最终由使用者付费,实行收支两条线管理,专款专用,并约定了明确的费用返还安排的相关收费权类资产,可以作为基础资产开展资产证券化业务。该类基础资产应当取得地方财政部门或有权部门按约定划付购买服务款项的承诺或法律文件。以该类资产为基础资产的,管理人应当在尽职调查过程中详细了解提供公共产品或公共服务企业的历史现金流情况,约定明确的现金流返还账户。管理人应当对现金流返还账户获得完整、充分的控制权限。

二是非经营性项目的政府支出或补贴,但需要纳入年度预算、中期财政规划。对于不能产生收益或者收益难以覆盖成本的PPP项目,往往需要依赖财政支持,通过将涉及的政府支出或补贴纳入预算和规划,PPP项目现金流来源将有明确依据,独立且可预测,进而可作为资产证券化的基础资产。《资产证券化监管问答(一)》对于政府与社会资本合作(PPP)项目开展资产证券化,对相关PPP项目的范围应当如何界定的问题,监管部门认为:政府与社会资本合作(PPP)项目开展资产证券化,原则上需为纳入财政部PPP示范项目名单、国家发展改革委PPP推介项目库或财政部公布的PPP项目库的项目。PPP项目现金流可来源于有明确依据的政府付费、使用者付费、政府补贴等;其中涉及的政府支出或补贴应当纳入年度预算、中期财政规划。

值得注意的是,2698号文优先鼓励符合国家发展战略的PPP项目开展资产证券化,支持"一带一路"建设、京津冀协同发展、长江经济带建设,以及新一轮东北地区等老工业基地振兴等国家发展战略的项目。

2698号文强调积极做好PPP项目管理和配合资产证券化尽职调查等工作,项目实施单位要严格执行PPP项目合同,保障项目实施质量,切实履行资产证券化法律文件约定的基础资产移交与隔离、现金流归集、信息披露、提供增信措施等相关义务,并积极配合相关中介机构做好PPP项目资产证券化业务尽职调查。各地发展改革部门和相关行业主管部门等要按职责分工加强监督管理,督促项目实施单位做好相关工作。

项目实施单位要严格执行PPP项目合同,而且明确了项目实施单位在项目资产证券化过程中,履行相关手续,提供增信,积极配合等义务。以上工作如果要实际开展并落地的话,除了项目实施单位,还需要得到PPP项目公司及其社会资本股东方的理解与配合,以对现有的PPP项目合同进行必要的修改,实现与资产证券化业务之间的有效衔接。其中,基础资产的移交与风险隔离、增信措施的设计与提供必将成为焦点,值得重点研究。

(二)证券监管部门及自律组织应积极支持PPP项目资产证券化

着力优化PPP项目资产证券化审核程序,引导市场主体建立合规风控体系,鼓励中介机构依法合规开展PPP项目资产证券化业务。

上海证券交易所、深圳证券交易所、中国证券投资基金业协会应按照规定对申报的PPP项目资产证券化产品进行审核、备案和持续监管。证券交易所、中国证券投资基金业协会等单位应建立专门的业务受理、审核及备案绿色通道,专人专岗负责,提高国家发展改革委优选的PPP项目相关资产证券化产品审核、挂牌和备案的工作效率。值得注意的是,2698号文中提及的资产证券化挂牌场所仅是上交所和深交所两个证券交易所,并不包括资产证券化业务规定允许的股转系统、机构间报价系统、证券公司柜台市场等挂牌场所。2017年2月17日,上海证券交易所、深圳证券交易所分别对各自的市场参与人发布了《关于推进传统基础设施领域政府和社会资本合作(PPP)项目资产证券化业务的通知》。

(三)共同营造良好的政策环境

共同培育和积极引进多元化投资者,包括城镇化建设基金、基础设施投资基金、产业投资基金、不动产基金以及证券投资基金、证券资产管理产品等各类市场资金投资PPP项目资产证券化产品,推进建立多元化、可持续的PPP项目资产证券化的资金支持机制。中国证监会将积极研究推出主要投资于资产支持证券的证券投资基金,并会同国家发展改革委及有关部门共同推动不动产投资信托基金(REITs),进一步支持传统基础设施项目建设。

建立完善沟通协作机制,及时共享PPP项目信息,协调解决资产证券化过程中存在的问题与困难,共同推动建立针对PPP项目资产证券化的风险监测、违约处置机制和市场化增信机制,研究完善相关信息披露及存续期管理要求,确保资产证券化的PPP项目信息披露公开透明,项目有序实施,接受社会和市场监督。

三、PPP 项目 ABS 解析
(一) 新水源 PPP 资产支持专项计划

2017 年 2 月 3 日,"太平洋证券新水源污水处理服务收费收益权资产支持专项计划"(以下简称"新水源 PPP 资产支持专项计划")在机构间报价系统成功发行,一些市场人士认为是市场首单落地的 PPP 资产证券化项目。

新水源 PPP 资产支持专项计划发行总规模 8.4 亿元,采用结构化分层设计,其中优先级 8 亿元,共分为 10 档,评级均为 AA+;次级 0.4 亿元。本次专项计划由新疆昆仑新水源科技股份有限公司(以下简称"新水源公司")作为发起人并担任特定原始权益人,由太平洋证券股份有限公司担任计划管理人并进行交易安排。基础资产系特定原始权益人新水源公司依据《特许经营协议》在特定期间内因提供污水处理服务产生的向付款方收取污水处理服务费及其他应付款项的收费收益权,污水处理服务费付款方为乌鲁木齐市水务局。

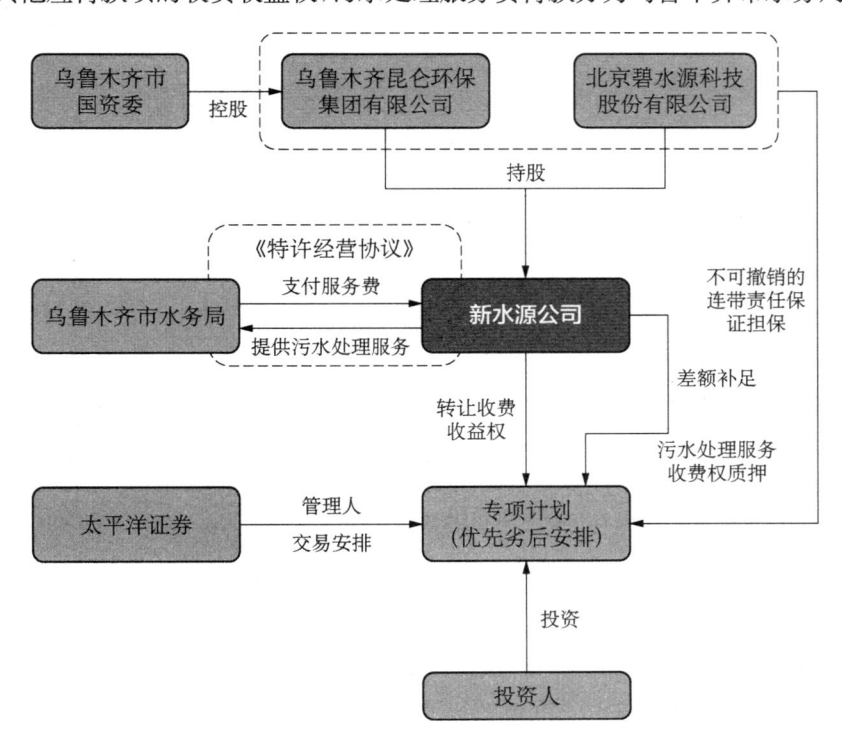

图 3-7 新水源 PPP 资产支持专项计划交易结构

资料来源:金融监管研究院整理

根据该专项计划交易结构安排，优先级6—10档在第5年设置原始权益人利率调整选择权，并附投资者回售权、特定原始权益人赎回权，同时新水源公司为专项计划提供差额补足义务，并将污水处理服务收费权质押为差额补足义务及支付回售和赎回款项的义务提供不可撤销的质押担保。此外，新水源公司股东分别是乌鲁木齐市国资委实际控制的乌鲁木齐昆仑环保集团有限公司和上市公司北京碧水源科技股份有限公司，二者分别为该专项计划提供了无条件的不可撤销的连带责任保证担保。

本次纳入基础资产的甘泉堡工业园区污水处理PPP项目隶属于乌鲁木齐昆仑环保集团有限公司PPP项目，根据财政部《政府和社会资本合作模式操作指南（试行）》要求，甘泉堡工业园区污水处理PPP项目严格履行了项目识别、项目准备、项目采购、项目执行和项目移交的全流程，并于2016年1月8日投入正式运营，特许经营期自污水处理项目通过环保验收日起28年。

应该注意到，报价系统的PPP资产证券化，不属于2698号文监管框架下的资产证券化。

（二）华夏幸福固安工业园区新型城镇化PPP项目供热收费收益权资产支持专项计划

2017年3月15日，华夏幸福固安工业园区新型城镇化PPP项目供热收费收益权资产支持专项计划（以下简称"华夏幸福PPP资产支持专项计划"）成立，管理人为招商证券资产管理有限公司，原始权益人为固安九通基业公用事业有限公司。作为国内首单在证券交易所落地的PPP资产证券化项目，华夏幸福PPP资产支持专项计划具有一定的典型意义。

投资者与计划管理人招商资管签订《认购协议》认购资产支持证券，然后招商资管与原始权益人签订《资产买卖协议》代表专项计划购买基础资产，原始权益人将PPP项目下的向供热用户收取热费的供热收费收益权（基础资产）转让给专项计划。九通公用事业作为原始权益人向招商资管出具《售回和购回承诺函》，在出现售回或购回情形时，承诺支付相应售回或购回款项。而华夏幸福作为保证人，对原始权益人主动购回优先级资产支持证券提供连带担保责任。同时，华夏幸福为专项计划提供差额支付承诺和流动性支持。

华夏幸福PPP资产支持专项计划的基础资产是原始权益人（九通公用事业）在PPP项目下于特定期间内（2017年4月1日至2023年3月31日），在固安工业园区内提供供热服务所产生的，向供热用户收取热费的供热收费收益权。

2009年1月，三浦威特与九通公用事业签署《委托运营协议》，约定三浦威特委托九通公用事业经营固安工业园区区域内的供热服务,委托期限为自协议生效之日起 30 年,九通公用事业有权向供热用户收取供热供应费及相关服务费。2012 年 3 月 27 日,九通公用事业获得河北省住建厅颁发的《供热经营许可证》,准许其从事供热经营业务,经营区域为固安工业园区。2017 年 2 月 23 日,河北固安工业园区管理委员会出具《河北固安工业园区管理委员会关于固安工业园区公用事业服务运营的函》,同意三浦威特将为固安工业园区提供公用事业服务的业务委托给九通公用事业运营,委托期限不超过原固安县人民政府对三浦威特的委托期限。九通公用事业的供热客户为固安工业园区内居民和入园企业。每年 9—11 月九通公用事业与居民签订供暖协议并收取供暖费,收费方式主要为现金和刷卡;每年 9—12 月底九通公用事业与企业签订年度供暖协议并收取供暖费,收费方式为转账。

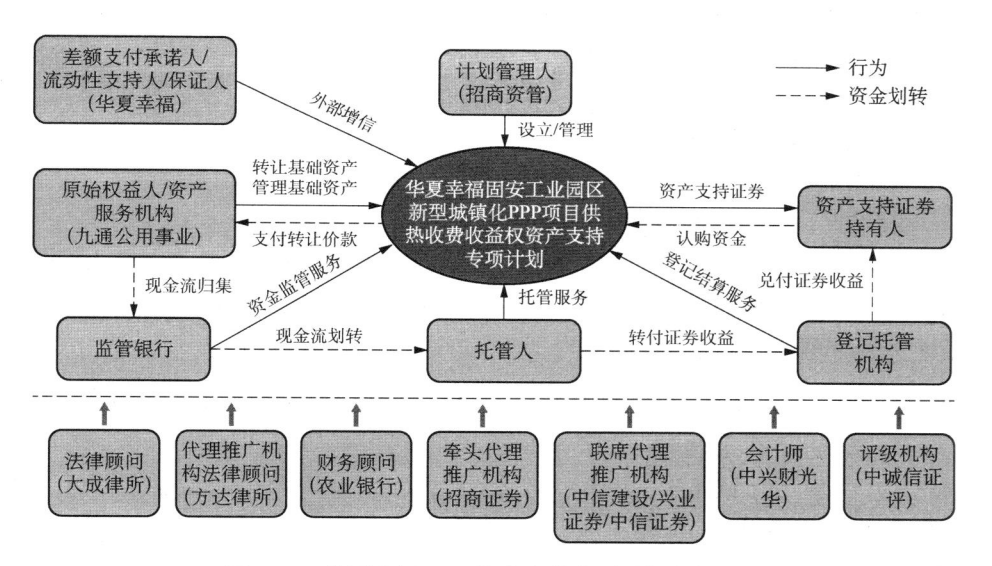

图 3-8 华夏幸福 PPP 资产支持专项计划交易结构

四、PPP 项目资产证券化的若干实务问题

(一) PPP 项目资产证券化中运营管理权和收费收益权相分离的问题

资产转让中的一般需要"真实出售",从而实现破产隔离,但在 PPP 模式下,"真实出售"如何实现需要创新模式。通常在运营期内,社会资本负责 PPP 项目的运营和维护等事宜,承担运营风险,如果其资产真实出售了,项目如何运营、维护和保养,如果 PPP 基础合同出现违约,相应风险由谁承担。因

此，PPP项目的资产证券化面临资产如何真实出售的难题。

因此，符合资产证券化的PPP项目只能将一些经营性收益权进行证券化，而且也要在合作框架允许的范围内获得项目实施方的豁免才行。社会资本方组建的项目公司是通过经营性收费，包括使用者付费、政府付费和补贴来获取经营收益的。PPP项目资产证券化的基础性资产大多限于项目公司的经营性收益权，属于企业资产证券化中的收益权资产证券化类型。

但必须考虑特定底层资产的具体管辖法律的特殊要求。底层资产是指产生收益权等基础资产的设备、基础设施、路面资产、土地、物业等，如道路、桥梁、管道、供水、供电、供气设备等。由于我国对特许经营权如高速公路收费权等的受让主体和程序有严格的准入要求，PPP项目资产证券化中要转移运营管理权比较困难，因此实际操作中采取回避资产真实销售的变通措施：首先将资产裂变为底层资产和基础资产，将基础资产定位为资产收益权，或者通过信托、私募基金等将原来不能转让的基础资产权益转化为信托受益权或私募基金份额，将分离出来的该类可转让权益作为基础资产进行证券化。同时，考虑对底层资产的现金流进行质押、专户管理等特定化、可对抗第三人的法律举措。

（二）PPP项目资产证券化将财政补贴作为基础资产的问题

财政补贴作为部分PPP项目收入的重要来源，可以产生稳定、可预测的现金流，符合资产证券化中基础资产的一般规定。这也是《资产证券化监管问答》中监管部门所认可的。

（三）PPP项目资产证券化产品期限要与PPP项目期限相匹配的问题

PPP项目的期限一般为10—30年，相较目前我国存在的一般类型的资产证券化产品的期限（多数在5—7年以内）要长很多。单个资产支持专项计划不能覆盖PPP项目的全生命周期。如果接续发行另外的资产支持专项计划，不仅程序繁琐，也会增加融资成本。因此要设计出与PPP项目周期长特点相匹配的PPP项目资产证券化产品，需要在投资主体准入和产品流动性方面提出更严的标准和更高的要求，并不断推动政策的完善和交易机制的创新。

（四）PPP项目资产证券化更关注PPP项目本身的合法性和可持续经营性

在PPP项目资产证券化过程中应更注重项目现金流的产生能力和社会资本的增信力度，保证PPP项目资产证券化的顺利开展。

例如，原则上实行资产证券化的PPP项目，应当是纳入财政部PPP示范项目库、国家发改委PPP推介项目库的项目。又如，根据负面清单，待开发或在建占比超过10%的基础设施等不动产项目收益权不能实行资产证券化,但列入国家保障房计划并已开工建设的项目除外。还如,不属于PPP模式的BT模式宜排除在资产证券化的基础资产范围之外(BT模式不适用资产证券化)。因为BT模式只是建设和移交,没有社会资本方的经营环节,只形成了政府债务,已经被明令禁止。

如何认识PPP项目的投资实质及与ABS债券的本质,也需要监管和实务的突破。《关于进一步做好政府和社会资本合作项目示范工作的通知》(财金〔2015〕57号)中明确规定:"严禁通过保底承诺、回购安排、名股实债等方式进行变相融资"。这禁止了地方政府对PPP项目违规担保承诺行为,也对PPP资产抵质押提出了更高要求。问题是一系列的:包括没有主债权无法设计担保权益;没有利润保障,无法吸引社会资本的长期参与;没有资金保障,如何按期归还ABS本息。有人提出,既然相关政策、法规明确要保障社会资本的合理利润和收益,是否构成固定回报和保底收益,要看是否有产出说明、绩效考核和绩效付费的要求。如果规定的收益率是在满足公共产品产出标准和公共服务绩效要求的前提下实现的,不宜就此认定为是固定回报或保底承诺。

(五) PPP项目的基础资产和底层资产的权利限制及运营问题

首先,一般情况下,项目公司成立后,在建设初期就会把收费收益权质押给商业银行作为贷款担保,例如很多高速公路就是如此。而如果把收益权作为基础资产转让给SPV进入资产池,就必须先解除收益权上的质押。这就需要足额资金偿还债权银行贷款或以等值财产置换,但这对项目公司而言存在很大难度。

其次,在底层资产上方架设信托受益权或者基金份额权益作为名义基础资产,同样需要注意底层资产的权利限制问题。PPP项目进行资产证券化时要求审查底层资产是否存在抵押、质押等权利限制。如果有,就要判定是否会影响到原始权益人的持续经营和现金流的稳定,而如果造成影响则要先予解除。

最后,除权利限制外,还要特别关注原始权益人拥有的底层资产的使用效率和运营情况,包括安全运营能力,这是现金流持续稳定的基础和保障。如果底层资产利用率低,经营状况不好,则会严重影响资产支持专项计划的执行和投资者的利益,甚至造成无法兑付的违约后果。

(六) 社会资本能否真正实现退出的现实困境

从理论上说,资产证券化可作为社会资本从PPP项目中的一种退出方式。但问题是,在资产证券化中,项目公司是发起人和原始权益人,社会资本方是项目公司的股东。通过发行资产支持专项计划而获得的款项是支付给项目公司的基础资产转让款,属于项目公司的收入。社会资本方只能通过项目公司股东分红的方式获得收益,其中还涉及扣除项目公司经营成本和相关税收的问题。社会资本如何提前收回投资和收益,从PPP项目中退出,也需要各种制度创新,甚至需要考虑在退出期内给予社会资本一定的特殊政策或者特殊约定的转股、分红等退出权利。

(七) PPP项目的收益率是最强的经济性制约因素

作为市政公用类项目,资金成本是资产证券化所要主要解决的一个事项。解决方式是通过打包证券化的形式,用比较低利率的资金来替代较高利率的贷款,以此来达到降低整个项目的财务费用。PPP项目能够执行资产证券化的重要前提是该项目具有较高的收益率水平,才有从低资金利率向高资金利率替代的空间,但实务中PPP项目多为长微利项目,投资收益率低,对投资者缺乏吸引力。业内人士已经提出,尤其在全国乃至全球目前面临加息的大背景下,如何进行资产证券化以降低资金成本,或将决定未来PPP行业的走向。

五、交易所推出的PPP项目资产支持证券挂牌条件确认指南的要点

2017年10月19日,上交所和深交所均发布了《政府和社会资本合作(PPP)项目资产支持证券挂牌条件确认指南》,作为正式业务细则指南,标志着PPP项目ABS的发行工作已进入常态化阶段,为将来的大规模发行建立了规则基础。两份指南的要点如下:

第一,以PPP项目收益权作为基础资产的,已签订有效的PPP项目合同或特许经营协议,存量项目需已完成改建,项目收益权不受限制,政府付费部分应纳入财政规划,政府不得提供担保或名股实债。

第二,以PPP项目股权作为基础资产的,要求项目已建成,在收益权的基础上要求控股股东发行规模不得超过其持有股权带来的现金流现值的50%,其他股东不得超过70%。

第三,以PPP项目资产作为基础资产的:(1)要求项目已经建成并开始运营,同时社会资本方应继续履行项目运营责任,不得影响基础设施的稳定运营或公共服务供给的持续性和稳定性。(2)开展形式灵活,社会资本方可以其建设运营的多个PPP项目中具有同质性的基础资产组成资产池开展ABS,也可以将综合性PPP项目中权属清晰、现金流独立的部分子项目资产

单独开展 ABS。(3)同时,《挂牌指南》还鼓励行业龙头企业参与的、符合雄安新区等国家战略、水务环保等公共需求稳定、现金流可预测性较强、政府财政能力强的项目公司开展资产证券化,这与 PPP 项目的鼓励范围基本一致。(4)对于建设期依照项目合同约定即可获得相关付费的,可探索在项目建设期以未来收益作为基础资产,并合理设置 ABS 规模。

第七节　消费金融 ABS 的政策前景、核心价值与交易结构

一、我国消费金融概况

中国消费市场的规模本身非常大,在经济新常态下,消费已成为未来中国经济结构调整的重点,相应的消费观念和消费手段也正在发生变革。2016 年社会消费品零售总额已经达到 33.2 万亿元。随着居民物质生活水平的提高,消费种类以及消费环境也随之丰富;随着新型城镇化战略的推进,通过消费金融适度提前消费的理念越来越为年轻消费群体所接受;加之互联网金融的发展和征信体系的完善,网上消费日新月异,这些都将促进消费金融业务的效率显著提高。

消费金融行业已进入了发展的快车道,而消费性贷款业务也呈现出较快发展的态势。消费性贷款余额从 2012 年末的 10.44 万亿元增长至 2016 年末的 25.05 万亿元,消费性贷款占各项贷款余额的比重也从 2012 年末的 16.57% 增长至 2016 年末的 23.50%。

消费金融市场呈现出多元业态、共同参与、激烈竞争的格局。我国消费金融市场参与者主要包括三大类:银行、消费金融公司和平台类。其中平台类根据其业务模式在产品、风控、获客、资金等方面有各自的特点,又可进一步分为电商平台、分期购物平台和 P2P 平台三类。至 2016 年底,市场上消费金融公司一共有 300 多家,全国仅有 21 家获得消费金融牌照。其中,多数持牌机构的股东有银行背景,持牌机构中银行系占 16 家,海尔、苏宁等非银行系为少数,蚂蚁花呗、京东白条等规模较大的消费金融平台属于"非正规军"。

二、我国消费金融 ABS 的政策前景

政策推动是我国消费金融快速发展的重要推手。2009 年,银监会颁布《消费金融公司试点管理办法》,拉开了消费金融领域市场改革的序幕。2013

年,银监会修订了《消费金融公司试点管理办法》,允许南京、武汉、泉州等12个城市参与消费金融公司试点工作,进而推动消费金融公司进一步扩容。2015年,国务院下放消费金融公司审批权至省级部门,扩大试点范围至全国。2016年,央行、银监会联合印发《关于加大对新消费金融领域支持的指导意见》,进一步推动了消费金融的发展。

2017年7月14日至15日,习近平在第五次全国金融工作会议中指出"要建设普惠金融体系"。金融是实体经济的血脉,金融要回归本源,服从服务于经济社会发展,把为实体经济服务作为出发点和落脚点,全面提升服务效率和水平,把更多金融资源配置到经济社会发展的重点领域和薄弱环节,更好满足人民群众和实体经济多样化的金融需求。

我国资产证券化制度是重要的金融基础设施,其根本宗旨是为实体经济服务。我国已经进入消费拉动经济发展的新时期,消费作为经济发展的三驾马车之一,由金融为消费经济服务,符合中央最新的金融政策。

消费金融ABS对实体经济无缝对接,精准输血。消费金融ABS作为资产证券化的重要板块,同样承担为实体经济输血的重要任务。无论是传统机构开展的消费金融,还是新型机构办理的科技消费金融(如互联网消费金融),只要是合法合规开展的,通过将其债权加以资产证券化,使资金回流实业领域,毫无疑问都是从根本上践行中央的金融政策。

三、消费金融ABS对原始权益人的核心价值

银行、消费金融公司、电商平台、无消费金融牌照的借款平台纷纷试水ABS业务,那么,消费金融ABS解决原始权益人什么问题?

(一)商业银行

目前商业银行消费金融模式的产品主要是信用卡分期付款和个人消费贷款。

商业银行发行消费金融ABS的动力主要在于加快信贷资产周转率、改变经营模式和减少资本占用量等。

(二)消费金融公司和小贷公司

对于消费金融公司而言,ABS是其融资方式的一种补充。消费金融公司的注册资本普遍不高,通过资产证券化可扩充资产规模,软化债务结构上存在的短贷长借现象,还可通过发行ABS实现资产出表以释放业务额度。

小贷公司的资金来源有限,通过资产证券化的方式进行融资,可以盘活存量提高周转速度。

(三) 其他消费金融机构

对于无消费金融牌照的发行人而言,资产证券化是一种成本较低且可在短期内多次发行的融资方式。尤其是储架发行额度获批后,企业的融资规模和效率将大大提高,其在资本市场上的接受度也随之提升。但是,储架发行对发行人的经营模式、大数据风控能力等多方面有着很高的准入门槛,未来也将成为更多消费金融类企业跟进的方向。

电商平台是目前我国消费金融资产证券化的主力军,电商平台开展消费金融资产证券化项目的优势主要在于确定的消费场景和大数据的支撑。电商平台从赊购服务延伸到提供信用消费贷款,消费场景及合作商户的广度和精度是其扩展消费金融类ABS的核心竞争力。目前消费金融类ABS发行市场中最活跃的电商平台是蚂蚁金服及京东金融。例如,2015年以来,蚂蚁金服旗下蚂蚁花呗及蚂蚁借呗均获得了交易所300亿元储架发行额度,截至2017年3月末,蚂蚁花呗系列共发行了32单,累计规模为657.80亿元。

四、消费金融ABS的交易结构及发展趋势

(一) 消费金融ABS典型产品的交易结构

1. 宜人贷:中金-宜人精英贷信托受益权资产支持专项计划

宜人贷(纽约证券交易所股票代码:YRD)是中国领先的在线消费金融服务商,为出借人和个人借款人提供金融信息中介服务。以喆颢资产管理(上海)有限公司为原始权益人,以中国国际金融股份有限公司为计划管理人的"中金-宜人精英贷信托受益权资产支持专项计划"于2016年在深圳证券交易所成功发行。

"中金-宜人精英贷信托受益权资产支持专项计划"是宜人贷发行的首单资产证券化产品。产品结构设计采用了结构化处理、超额覆盖、信托账户保证金、专项计划账户资金留存等交易安排,采用信托-专项计划双SPV结构设计。该产品优先B级、中间级资产支持证券本金分配方式均为过手摊还,尽量避免资金沉淀。

2. 分期乐:嘉实资本-分期乐1号资产支持专项计划资产支持证券

深圳市分期乐网络科技有限公司(以下简称"分期乐")2013年成立于深圳,是中国领先的互联网消费金融服务商。运营两年多,分期乐从校园起步,打造了3C数码、运动户外、洗护美妆、教育培训、吃喝玩乐等多个消费金融场景。在资金端,分期乐拥有桔子理财、ABS、银行等多个丰富稳健的资金合作渠道。2016年1月20日,分期乐旗下"嘉实资本-分期乐1号资产支持专项

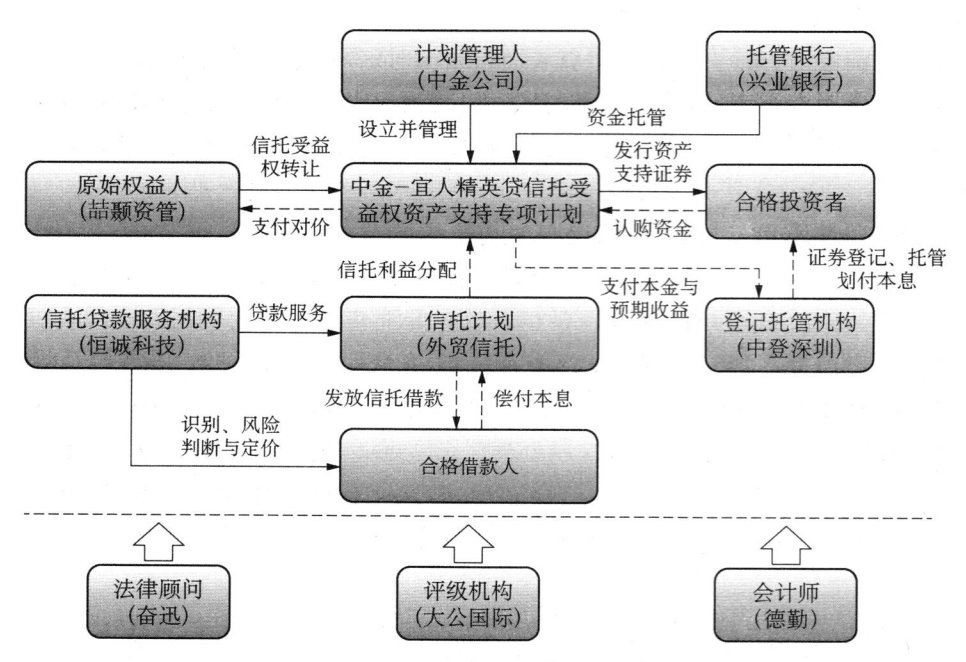

图 3-9 中金-宜人精英信托受益权资产支持专项计划交易结构

计划资产支持证券"(以下简称"分期乐 ABS")登陆上交所发行并完成资产交割。此次分期乐 ABS 产品发行规模为 2 亿元,其基础资产为分期乐商城的分期消费债权,具有真实、分散、小额的特点,资产质量高。分期乐 ABS 由招商证券股份有限公司担任财务顾问,嘉实基金子公司嘉实资本管理有限公司为资产计划管理人,中合中小企业融资担保股份有限公司为优先级提供增信。

在风控方面,分期乐将对消费用户进行多重审核:线上核实订单信息,进行初审;线下风控团队实地考察,进行面签;借款人提交资料后,总部大数据模型结合专家团队进行风险评估。分期乐与此前拟下发个人征信牌照 8 家机构中的 7 家有合作,对其数据匹配度进行多次验证,并用于分期乐用户的信用评估。

3. 京东白条:京东白条应收账款债权资产支持专项计划

"京东白条"是一项面向个人消费者的消费金融业务,以消费者信用为依据,用户在京东消费时,可享受"先消费、后付款"的信用赊购服务。根据京东金融建立的信用评估体系,给予信用良好的用户一定的"白条"消费额度,允许用户享受 30 天内免息付款、最长 24 个月分期付款等增值服务。

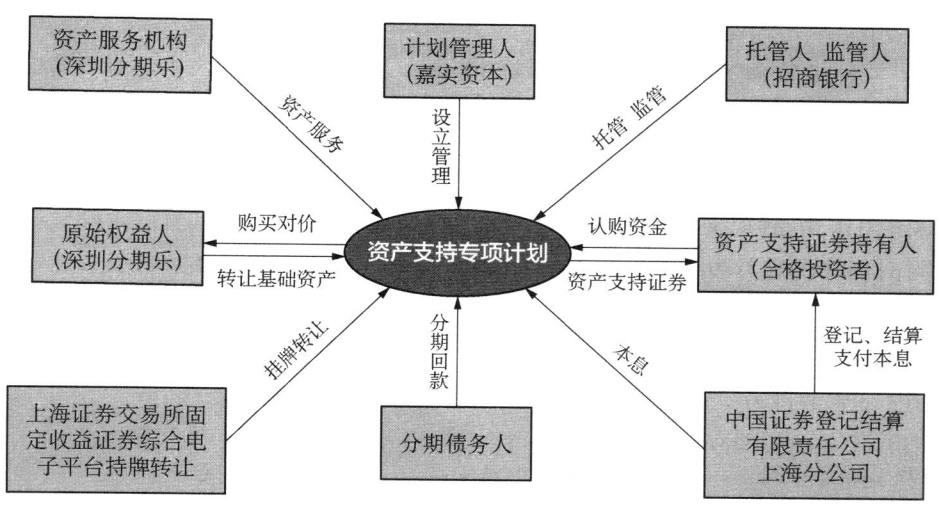

图 3-10　嘉实资本-分期乐 1 号资产支持专项计划交易结构图

"京东白条应收账款债权资产支持专项计划"的基础资产为京东白条应收账款债权,融资总额为 8 亿元,分为优先 1 级(75%,AAA 评级)、优先 2 级(13%,AA-评级)、次级(12%)资产支持证券。其中,优先 1 级 6 亿元和优先 2 级 1.04 亿元资产支持证券由投资机构完成认购,次级 0.96 亿元由原始权益人主动认购。

京东白条应收账款债权资产支持专项计划的具体产品期限为 24 个月,前 12 个月为循环购买期,以入池标准挑选合格基础资产进行循环购买;循环期内每季度兑付优先级投资人收益;后 12 个月为本息摊还期,摊还期内按月兑付优先级的利息和本金;待优先级本金全部偿付,将剩余收益支付于次级投资人。从利率水平来看,京东白条应收账款债权资产支持专项计划优先 1 级的债券最低发行利率为 5.1%,低于 2015 年市场上发行的所有涉及互联网借贷资产证券化产品。

4. 阿里小贷:东证资管-阿里巴巴 1—10 号专项资产管理计划

阿里巴巴集团联合复星集团、银泰集团和万向集团于 2010 年 6 月 8 日在杭州成立浙江阿里巴巴小额贷款股份有限公司,这是中国首个专门面向网商放贷的小额贷款公司,贷款金额上限为 50 万元。阿里小额贷款是阿里金融为阿里巴巴会员提供的一款纯信用贷款产品。借款人无需提供抵押品或第三方担保,仅凭自己的信誉就能取得贷款,并以借款人信用程度作为还款的保证。

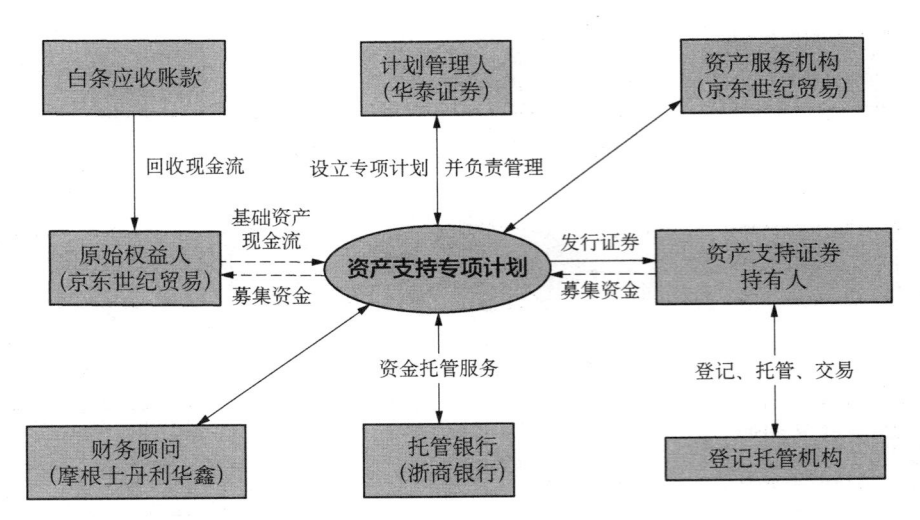

图 3-11　京东白条应收账款债权资产支持专项计划交易结构

"东证资管-阿里巴巴 1—10 号专项资产管理计划"以阿里巴巴小额贷款公司面向小微企业发放贷款形成的债权为基础资产,将在 3 年内不定期发行 10 期产品,每期发行额度为 2 亿—5 亿元。根据小贷资产期限较短、随借随还的特点,该产品在交易结构设计上采用了循环购买的方式,即基础资产相关

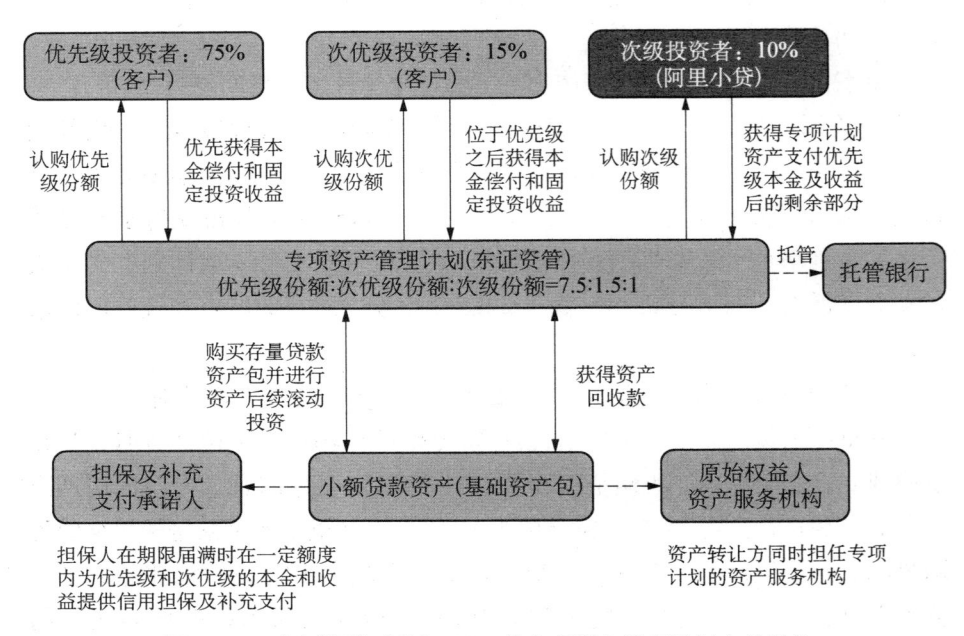

图 3-12　东证资管-阿里巴巴 8 号专项资产管理计划交易结构

债权获得偿还后,用获得的资金循环购买新的合格小贷资产,可解决短期贷款资产和长期证券化产品的期限匹配问题,在国内资产证券化市场是首次尝试。

5. 蚂蚁花呗:德邦花呗第一——二十八期消费授信融资资产支持专项计划

"蚂蚁花呗"是蚂蚁金服推出的一款消费信贷产品,申请开通后,将获得500—50 000元不等的消费额度。用户在消费时,可以预支蚂蚁花呗的额度,享受"先消费,后付款"的购物体验。

2016年6月,德邦花呗消费贷款资产支持专项计划(以下简称"花呗ABS")一次性取得了300亿元储架发行额度,是上交所首单储架模式发行产品,也是规模较大的储架发行产品。

花呗ABS的发行,改变了原市场上消费贷资产证券化融资规模偏小、成本偏高以及产品设计依赖外部增信等问题,且花呗ABS的发行成本也创同类型资产新低。其优先级利率为3.6%,为同行最低,次优先级为5%。

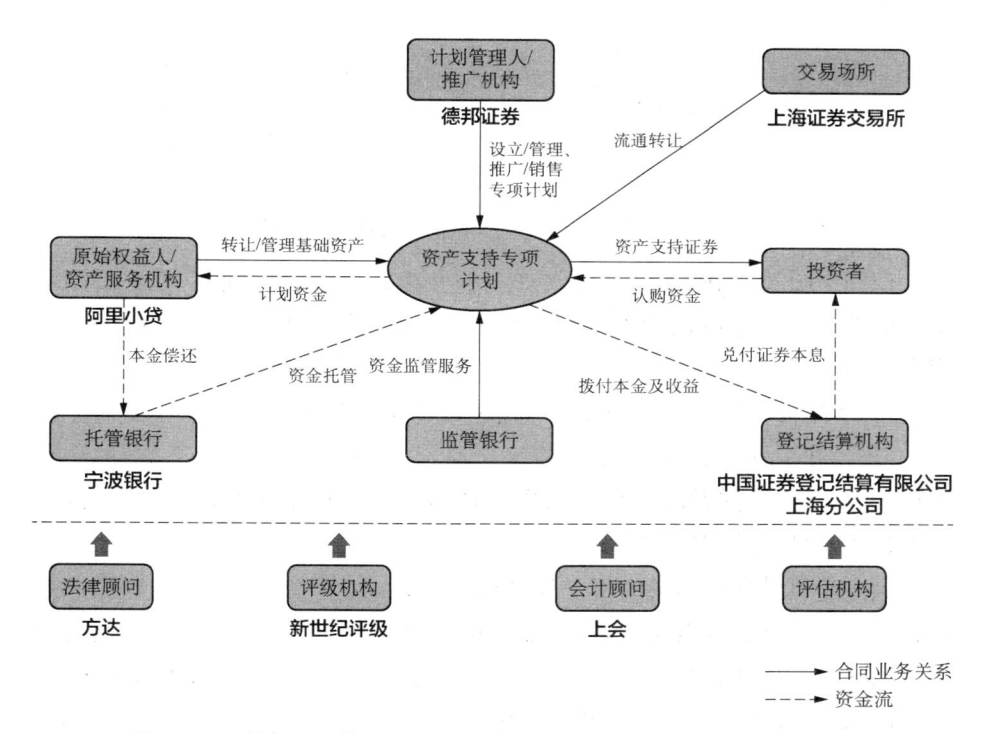

图3-13 德邦花呗第19期消费授信融资资产支持专项计划交易结构

6. 借呗:德邦借呗第一——二十二期消费贷款资产支持专项计划

"借呗"是支付宝推出的一款贷款服务,申请门槛是芝麻分在600分以上。

按照分数的不同,用户可以申请的贷款额度介于 1 000 至 30 万元。借呗的还款最长期限为 12 个月,贷款日利率是 0.045%,随借随还。

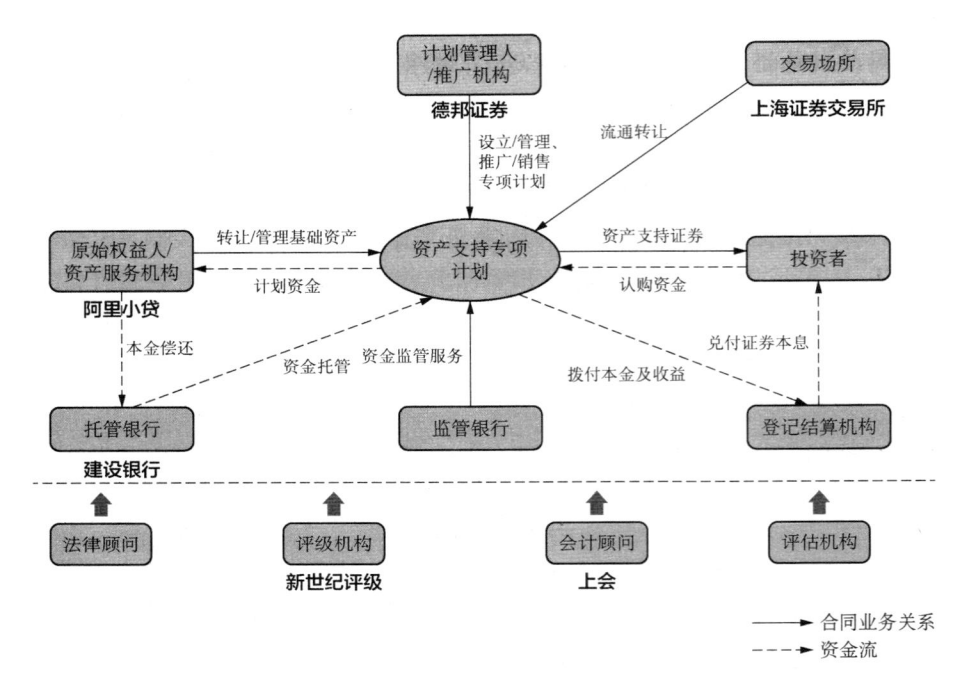

图 3-14 德邦借呗第 3 期消费贷款资产支持专项计划交易结构

德邦借呗消费贷款资产支持专项计划中基础资产分散性高,充分利用了资产证券化产品分散风险的优势;"借呗"业务,循环购买,产品未设置外部担保。

7. 唯品花:中金-唯品花第一期资产支持专项计划

"唯品花"是唯品金融的消费贷款产品,是一种"先消费、后还款"的全新支付方式,由太平洋财险承保。用户在唯品会使用唯品花购物付款,可进行分期付款,每期手续费 0.5%。

该产品可供循环购买的资产池规模庞大,2016 年 1 月至 8 月,唯品花累计放款约 41.4 亿元,累计交易笔数约 998 万笔;该专项计划可供循环购买的资产池规模较大,同时通过品众保理 IT 系统自动筛选符合合格标准的保理合同债权资产,保证了较高的循环效率。

8. 百度有钱花:百度有钱花-华鑫 2016 年第一期贷款资产支持专项计划

"百度有钱花"早在 2015 年就已推出,打造创新消费信贷模式,提供包括分期、信用支付和现金贷等服务,其中教育信贷是其分期业务发力的主要方

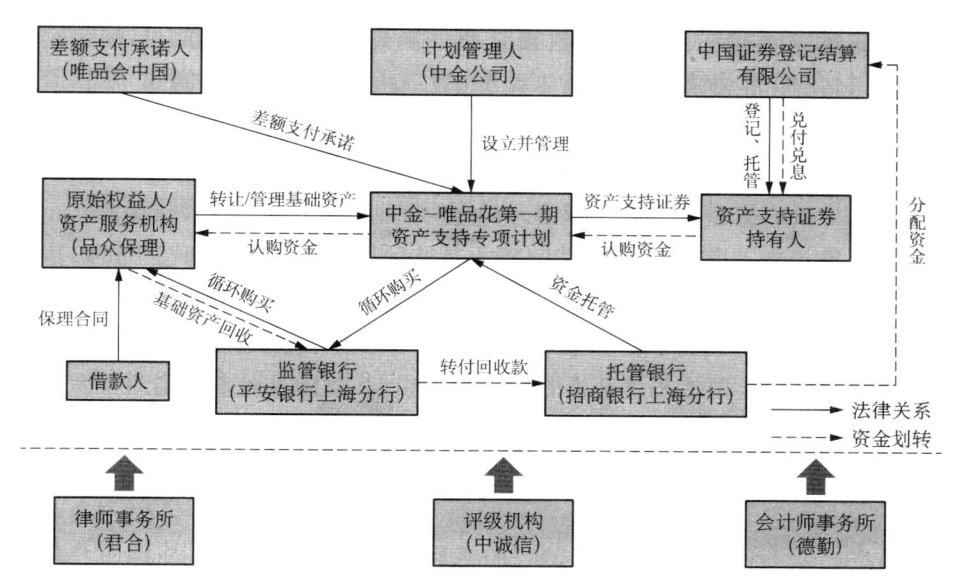

图 3-15 中金-唯品花第一期资产支持专项计划交易结构

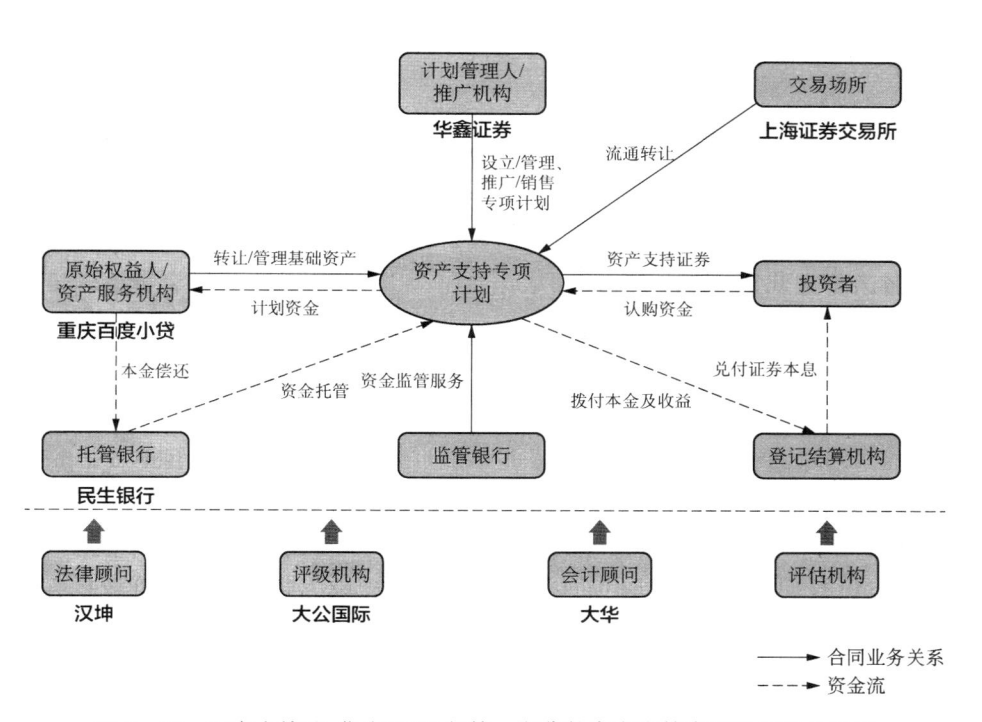

图 3-16 百度有钱花-华鑫 2016 年第一期贷款资产支持专项计划交易结构

向,并已取得显著成果。截至 2016 年 8 月,"百度有钱花"已经与超过 700 家教育培训机构达成合作。

"百度有钱花-华鑫 2016 年第一期贷款资产支持专项计划"以重庆百度小额贷款有限公司为原始权益人,并以其对"百度有钱花"用户拥有的教育贷款债权及对教育服务机构拥有的服务费债权为基础资产,发行总规模为 6.05 亿元,采取结构化的产品设计方式,分为优先级 A/B/C 档、中间级和次级,设置优先级资产支持证券 A 档 4.25 亿元,评级 AAA;优先级 B 档 0.2 亿元,评级 AA+;优先级 C 档 0.2 亿元,评级 AA;中间级资产支持证券 0.64 亿元,评级 A;次级资产支持证券 0.66 亿元,由原始权益人认购。

9. 小米小贷:中信证券-小米小贷 1 号第一期资产支持专项计划

"小米贷款"是面向小米用户的纯信用、无抵押贷款产品,在小米金融对用户行为综合评估后明确相应的贷款额度,单笔贷款额度最低为 100 元,最高为用户的可用额度。从贷款发放当天开始按照每天 0.05% 计算利息,还款当天不计息。逾期部分的本金或利息的逾期利率为正常贷款利率的 1.5 倍,即为每天 0.075%。

2017 年 5 月 22 日,"中信证券-小米小贷 1 号资产支持专项计划"(以下

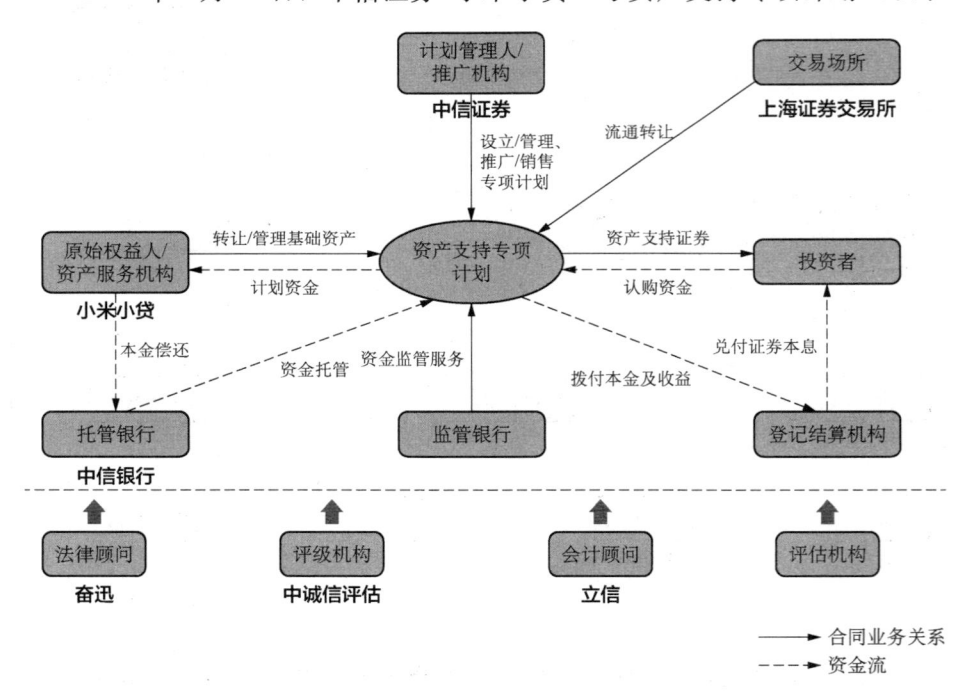

图 3-17 小米小贷 ABS 第一期交易结构

简称"小米小贷 ABS")在上海证券交易所成功注册 30 亿元储架式发行额度,标志着小米小贷的资产证券化突破以往的审批制,实现一次注册多次发行。

小米小贷 ABS 的底层基础资产是小米小贷在日常经营中取得的小额贷款债权,其良好的资产质量很大程度上得益于包括小米手机端、小米商城平台、应用商城、用户论坛等在内的完整互联网生态链,上述渠道可实现对用户行为数据的挖掘,从行为习惯、消费方式、经济能力、诚信状况等维度综合判断用户的信用质量,从而形成以数据驱动模型的完整、成熟的底层风控能力,使小米小贷的资产不良率得以控制在行业同类型资产不良的较低水平。此外,本项目采取优先/次级的结构化分层、超额覆盖等增信措施,同时设置多项可触发事件缓释本息偿付风险。

10. 捷信:捷赢 2017 年第一——二期个人消费贷款资产支持证券

捷信中国创办于 2004 年,开创人为 PPF 集团。捷信消费金融有限公司于 2010 年成为中国首批设立的 4 家试点消费金融公司之一,是我国第一家也是目前唯一一家外商独资的消费金融公司。

以捷信消费金融有限公司为发起机构,东方花旗证券有限公司和国开证券有限责任公司为联席主承销商的"捷赢 2017 年第一期个人消费贷款资产支持证券"于 2017 年成功发行。

交易亮点:分层设计,优先 A 档资产支持证券获得来自优先 B 档资产支持证券和次级资产支持证券合计 24.94% 的信用支持,优先 B 级资产支持证

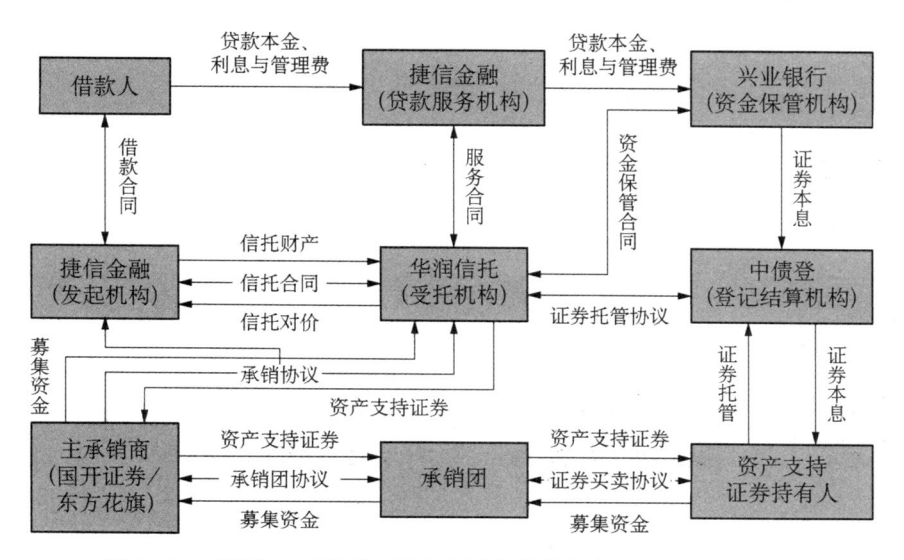

图 3-18 捷赢 2017 年第一期个人消费贷款资产支持证券交易结构

券获得来自次级 13.25% 的信用支持。

11. 去哪儿拿去花：读秒-去哪儿网第一期消费分期资产支持专项计划

去哪儿与闪白条共同开发的拿去花产品，是一款基于去哪儿平台开发的旅游消费金融产品，只需消费者在平台上填写申请信息，激活开通，即可领取并使用最高 2 万元额度，最长 30 天免息期，可分 3 期、6 期、9 期、12 期四档分期支付的消费金融服务，分期手续费远低于信用卡分期费率。

本项目发行规模为 2.45 亿元人民币，基础资产为原始权益人从商户处受让的因提供赊销服务从而对用户合法享有的应收账款债权。读秒作为 PINTEC 集团旗下的智能信贷服务解决方案提供商，主导该项目的设立发行工作。区别于以往项目主导方以电商巨头、持牌金融机构为主的模式，该项目是首单由独立信贷技术服务商作为项目主导方和发起方，并同时担任专项计划资产服务机构的互联网消费金融 ABS 产品。同时，该项目还引入消费场景提供方去哪儿网作为资产服务支持机构，为基础资产的形成、项目存续期间的稳定运营提供支持。

此次读秒场内 ABS 的发行，意味着市场上首单以独立信贷技术服务商作为主要发起人的互联网消费金融 ABS 在上交所正式挂牌，打破了以往互金行

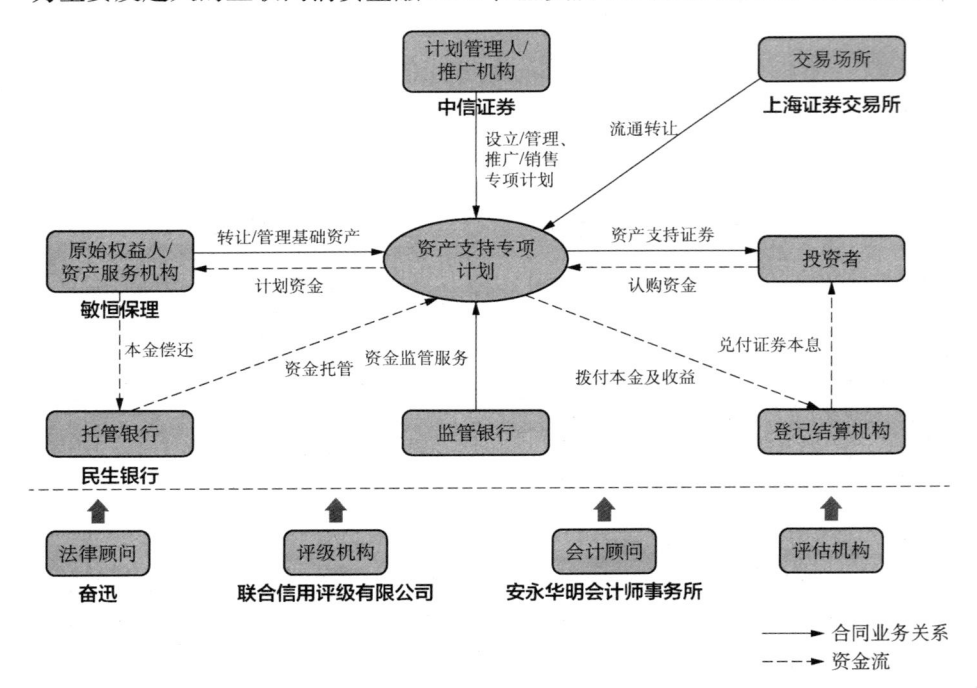

图 3-19　读秒-去哪儿网第一期消费分期资产支持专项计划交易结构

业主要由电商巨头发行 ABS 的模式。该计划首期发行规模为 2.45 亿元,分为优先 A 级(73.47%,AAA 评级)、优先 B 级(16.33%,A 评级)、次级(10.20%)资产支持证券,中信证券担任该专项计划的管理人和主承销商。

(二)消费金融 ABS 交易结构的发展趋势

1. 原始权益人多样化,发行场所多元化

目前市场上消费金融类 ABS 发行主体主要包括商业银行、消费金融公司、小贷公司、电商平台、网贷平台等,其中 P2P 平台类于 2016 年暂被交易所纳入负面清单。商业银行、消费金融公司作为发起机构的 ABS 产品在银行间债券市场发行,受银监会监管;小贷公司、电商平台及其他平台类互联网金融企业作为发起机构的 ABS 产品主要在交易所市场发行,受证监会监管,也可以在银行间债券市场发行,主管机构为交易商协会。"读秒-去哪儿网第一期消费分期资产支持专项计划"是首单由独立信贷技术服务商作为主要发起人的互联网消费金融 ABS。

2. SPV 及管理服务机构多元化

在银行间市场发行交易的信贷资产证券化产品,其交易结构标准化程度较高,银行或消费金融公司作为发起机构,通常也担任基础资产的贷款服务机构,将消费贷款以信托的方式委托给受托机构,信托公司作为受托机构设立特殊目的信托载体 SPT 发行资产证券化产品。在交易所发行交易的企业资产证券化产品,其交易结构相对灵活,既包括计划管理人设立并管理资产专项计划,将专项计划资金用于向原始权益人购买基础资产的单 SPV 模式,又包括引入信托受益权,构建双 SPV 交易结构的模式,对于场外资产证券市场甚至引入双资产服务机构。越来越多的消费金融 ABS 引入专业服务结构,例如"读秒-去哪儿网第一期消费分期资产支持专项计划"由独立信贷技术服务商作为项目主导方和发起方,并同时担任专项计划资产服务机构的互联网消费金融 ABS 产品,还引入消费场景提供方去哪儿网作为资产服务支持机构,为基础资产的形成、项目存续期间的稳定运营提供支持。

3. 越来越多的企业采用储架发行方式

对于融资渠道相对狭窄的消费贷款公司而言,资产证券化是一种成本较低且可循环发行的融资方式。尤其是储架发行获批后,企业的融资规模和效率将会得到大幅提高,有利于提升其在资本市场的接受度。与此同时,储架发行对发起机构的经营模式、风控能力等多方面有着很高的准入门槛,目前市场上获得储架发行额度的企业有蚂蚁金服(蚂蚁花呗、蚂蚁借呗)及捷信金融,未来也将成为更多消费金融类企业努力的方向。

4. 资产注入多采用循环购买形式

消费金融类 ABS 一般采用循环结构以解决资产端与产品端期限不匹配的问题,减少资金闲置成本。

由于消费金融类贷款通常具有贷款期限相对较短、早偿率较高等特点,而消费金融公司通常更倾向于获得较长期限的融资,同时对于投资者而言,中长期资产证券化产品获得的收益率也更高。为了解决消费金融类资产证券化的资产端与负债端的期限匹配问题,采用循环购买的交易结构较为常见。

循环购买类消费金融资产证券化产品,其存续期包含循环购买期和摊还期两个阶段。在循环购买阶段,消费金融贷款资产池产生的现金流用于支付资产支持证券的利息及相关费用,剩余的资金(或者部分)应当由原始权益人根据合格标准购买新的入池资产;在摊还阶段,消费金融贷款资产池产生的现金流归集后应按照约定向资产支持证券持有者偿付本金和利息。设计循环购买交易结构时,还应根据消费金融资产的信用质量、备选合格资产池的容量、贷款期限、早偿率、违约率及贷款利率等特点设置循环购买频率、购买比例、分配顺序和分配方式等。

5. 大多侧重内部增信,极少采用外部增信

内部增信设计是从基础资产自身层面进行结构化设计而实现的,主要包括优先级/次级的结构安排、超额利差、超额抵押、流动性储备账户、交叉互补机制等,其中,优先级/次级的分层设计是资产证券化产品中最基本、运用最广泛的增信措施,超额利差及较高的入池管理费亦为消费金融类 ABS 常用内部增信措施。目前市场上已发行的消费金融资产证券化产品,采用外部增信安排的产品相对较少,如在基础资产层面进行保险的类消费金融资产证券化产品,例如"平安普惠宅 E 贷-光证资管 1 期资产支持专项计划"。

6. 大多侧重挖掘消费场景与大数据风控,作为 ABS 产品设计的核心逻辑

消费金融 ABS 的核心是消费场景和大数据风控,前者关乎债权发生原因的真实性,后者关乎风险控制的科学有效性。消费金融的核心就是消费场景和风险控制,一方面互联网技术丰富了消费场景,这也意味着消费金融产品需要不断创新以覆盖更广阔的受众群体,同时借助互联网技术改变服务方式也会使得服务效率得以提升;另一方面互联网数据对征信信息的补充也将全面提升各类机构的风险管理能力。调查表明,有场景的消费贷款比没有场景的消费贷款用户还款表现好,逾期率低。

消费金融机构提供的金融服务以"无抵押担保、贷款审批速度快"为特

点,在 ABS 发行时逾期率与坏账率处于"静默期"、"滞后期",在循环期内持续的资产质量监控离不开大数据支撑,而原始权益人或发起人基于现代金融科技手段的风控体系以及大数据有利于控制风险。

第八节 强监管环境下消费金融 ABS 风险及防范

一、问题的提出

当前中国线下消费向网上消费迅速转变的趋势越来越明显。近年来,网上消费增速超过 30%,远远超过社会零售总额 10% 左右的增速,未来将继续有力地拉动消费甚至整体经济的增长。人们已经形成共识,由于电商等互联网技术相关的当代消费异军突起,对物理形态的商店百货,即所谓的线下流通经济产生了强烈的替代效应。

消费金融将在产品服务及风险管理等方面与互联网等现代科技不断融合。伴随着互联网经济的发展及其对线下经济的渗透,大数据的收集和处理已成为新的资产存在形式。在现代信息科技的发展中,消费行为已成为可被记录的、数据化的行为。这改变了原来碎片化、无序化的数据存在方式,消费者画像也将被日益清晰地表现出来,以至于人们惊呼互联网社会无密可保。而在消费金融领域,人们普遍认为消费金融的核心就是消费场景的识别和风

图 3-20 2007—2016 年中国消费贷款渗透率情况

图 3-21 2011—2018 年中国互联网消费金融市场交易规模

资料来源：艾瑞咨询，苏宁金融研究院

险控制。前者意味着互联网技术丰富了消费场景，消费金融产品需要不断迭代、创新以覆盖更广阔的受众群体，同时借助互联网技术改变服务方式也会使得服务效率得以提升；后者则要求通过互联网数据以及对数据的挖掘来显著提高相关机构的风险管理能力。

然而，在中国当下偏紧的金融调控环境下，消费金融与互联网金融（金融科技）的结合也引发了新的担心。例如，我国当前对互联网金融进行清理整顿，为了避嫌，许多平台不敢表明做的是互联网金融，而是所谓金融科技（FINTECH），甚至业内人士断言互联网金融很快会成为一个历史名词，消失在人们的视野，人们更喜欢用金融科技来突出金融对现代科技手段的依赖而非颠覆。此外，互联网消费的客观存在使得人们把互联网金融的某些风险扩大到消费金融领域，致使不少地方监管部门为了避嫌而缩手缩脚，唯恐一旦涉足其中，不免承担政策合规风险。

还有一个特别奇怪但并不正常的现象，一旦消费金融领域出现新规，容易引起互联网金融的恐慌情绪，部分是因为互联网金融被"妖魔化"，部分是因为消费金融自身的互联网化。例如 2017 年 8 月 2 日一份名为《关于就联合贷款模式征求意见的通知》（以下简称"《通知》"）部分内容曝光。《通知》提到中国银监会欲对联合贷款机构进行规范，对联合放贷合作机构资质限定于"经中国银监会批准设立，持有金融牌照并获准经营贷款的银行业金融机构"。有观点认为，该文件针对的是助贷机构与传统金融的助贷业务，涉及现金贷和非持牌消费金融类平台；而按照《通知》的要求，目前市场上大部分的助贷业务将被一刀切除。人们并没有对这些观点是否成立进行理性分析,而是凭感觉认为监管部门又来"斩立决",市场立即出现恐慌情绪。

实际上,对消费金融领域的风险应该客观分析,虽然其中确实存在一些法律问题,但这些问题可以通过合理合规方法来缓解或者解决,否则容易在理解上发生偏执,进而导致在行为上发生偏差。所以有必要对消费金融 ABS 的风险及如何防范进行梳理,以利于实务操作。

人们提到消费金融 ABS 的风险,常常来自一个直觉的判断即高风险高收益,这是一个关于风险和收益原理性的推论。互联网技术是手段,不可能减少和消灭固有的风险,如果消费金融项下的实际贷款利率畸高,说明其中的贷款产品必然存在高风险。另外一个担心来自互联网技术,因为消费金融的风险计价模型比较灵活,但设计模型的数据来源还是平台累积的历史数据,如果历史数据不可靠、期限太短,则风险定价是否可有效反映长期趋势并不能十分肯定。

概括起来,消费金融 ABS 的风险主要是来自行业风险、资产的创造者即原始权益人的信用风险和基础资产的风险。与此相联系的是,原始权益人即所谓的消费贷款的生产者由于持牌与否又有不同的担心,那些持牌机构的经营资质和持续性往往有所谓政策的保护而显得高枕无忧;而那些民间的消费金融机构由于没有牌照的佑护显得异常脆弱,依赖于政策从而靠天吃饭,因此原始权益人的风险除了纯粹技术能力,说到底还是政策性风险。而基础资产的风险主要围绕利率费用是否违反高利贷、消费场景是否支撑其真实性,以及对所谓现金贷的"绞杀"带来的无法入池的风险。

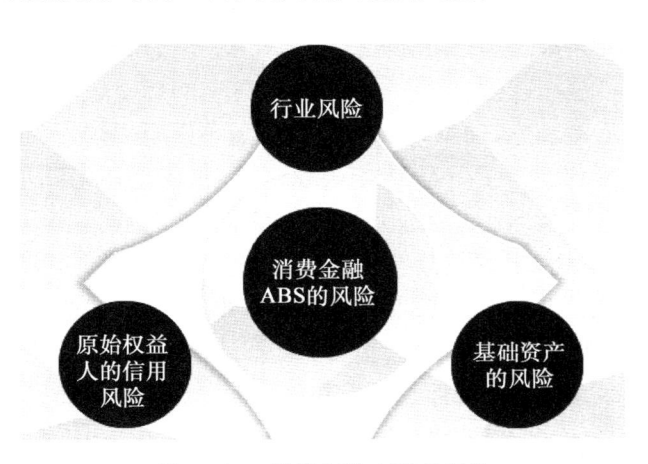

图 3-22 消费金融 ABS 的风险

二、行业风险及其防范

（一）分析

消费金融的行业风险主要是监管对行业重塑带来的风险，表现在三个方面：

第一，来自强监管的风险。如前文所述，消费金融的互联网化使得金融科技成为消费金融发展的内生因素。由此，对互联网金融的态度间接成了判断消费金融行业风险的风向标，这是特有的行业风险。2016年底监管层开始收紧互联网金融类资产证券化产品操作，许多是互联网债权的ABS。目前监管批准发行消费金融类ABS产品，除银行和消费金融公司以外，仅集中于阿里、京东、趣店、唯品等信用贷款质量良好的消费贷款公司，对于消费贷款行业整体仍面临较大风险。而消费金融产品的发展创新属于新兴业态，很容易突破已有的监管边界。一旦有此嫌疑，监管层（主要是银监部门）有可能考虑相关风险，从而使正在办理或将要办理的消费金融ABS项目面临监管风险。2016年4月教育部联合银监会发布的《关于加强校园不良网络借贷风险防范和教育引导工作的通知》，2017年4月P2P网络借贷风险专项整治工作领导小组办公室发布的《关于开展"现金贷"业务活动清理整顿工作的通知》、《关于开展"现金贷"业务活动清理整顿工作的补充说明》等均表明强监管在消费金融领域也不例外。

第二，监管不足导致消费贷款公司存在较大经营风险。消费金融业务过快地向次级群体拓展，导致不良资产率极速攀升，可能造成行业性、系统性风险隐患。而且，部分消费金融企业采用高利贷经营模式，畸高利率、放松审核、暴力催收，都可能危害行业发展。尤其是P2P公司倒闭跑路的平台已造成投资者巨大的资金损失，该类企业即使转行至消费金融，还是带着原先比较粗放的经营管理理念，借款债权整体上在金融界面临较为负面的评价，并由此扩大分析延伸到"泛"消费金融领域。中国任何产业尤其是细分的金融或者类金融产业在塑形期都有很多急不可耐的资本寻找投资机遇，而此时政策不配套、监管乏力，出现政策套利机会，同时也产生再次被清理整顿的风险。在消费金融行业发展初期，消费贷款公司缺乏准入门槛、行业标准及监管标准，产品模式也不成熟，游走于灰色边缘地带，甚至发生欺诈等道德风险。这导致消费金融领域也面临着互联网金融发展过程中的老问题，很多投资者甚至投机者，看到消费金融的发展潜力，极力发展实质上的消费金融，致使很多实质上从事消费贷款的机构没有金融牌照，游离于监管之外，一旦发生风险,持续经营的可能性不大,不利于消费金融类 ABS 业务的开展。

第三,与互联网金融有关的基础资产法律关系的有效性需要认真甄别,非法的互联网金融不受保护或者说不能保护当事人期望设立的法律关系,从而导致基础资产的法律效力受到动摇,这也是一种行业风险。(1)银监会下发《民营银行互联网贷款管理暂行办法》(征求意见稿),针对包括风险数据与风险模型、受理与调查、授信与审批、合同签订、发放与支付、贷后管理、合作机构、监管要求、法律责任等民营银行经营互联网贷款业务做出了详细的规定。互联网贷款如果出现风险管理重大缺陷、贷款质量持续恶化、无法满足监管要求等情况时,监管机构应要求贷款人限期整改。如果限期结束仍未能达到监管机构的要求,监管机构有权取消贷款人经营互联网贷款资格。(2)最高人民法院印发《最高人民法院关于进一步加强金融审判工作的若干意见》对互联网金融问题给予了高度的关注,规定依法认定互联网金融所涉具体法律关系,据此确定各方当事人之间的权利义务;依法严厉打击涉互联网金融或者以互联网金融名义进行的违法犯罪行为,规范和保障互联网金融健康发展。(3)最高检下发的《办理涉互联网金融犯罪案件有关问题座谈会纪要》(高检诉〔2017〕14 号)要求准确认识互联网金融的本质:"互联网金融的本质仍然是金融,其潜在的风险与传统金融没有区别,甚至还可能因互联网的作用而被放大。要依据现有的金融管理法律规定,依法准确判断各类金融活动、金融业态的法律性质,准确界定金融创新和金融违法犯罪的界限。在办理涉互联网金融犯罪案件时,判断是否符合'违反国家规定'、'未经有关国家主管部门批准'等要件时,应当以现行刑事法律和金融管理法律法规为依据。对各种类型互联网金融活动,要深入剖析行为实质并据此判断其性质,从而准确区分罪与非罪、此罪与彼罪、罪轻与罪重、打击与保护的界限,不能机械地被所谓'互联网金融创新'表象所迷惑。"

(二)防范

法律政策具有一体遵循的要求,当事人应该遵守执行,这是不可以协商谈判的。在金融政策日益严格监管的局势下,一方面,金融机构要密切关注政策的变化以及各类窗口指导意见,评估对业务和项目的影响,调整相应展业和风控策略;另一方面,要遴选符合政策鼓励方向的优质客户。尽管消费金融 ABS 精准对接实体经济,但是当下消费金融本身并不是一个成熟的行业,政策法规变量是其重要的制约因素,因此边走边看政策的同时,致力于挑选优质客户办理 ABS,是相对比较理性的选择。

三、征信体系不健全的风险及其防范

（一）分析

做消费金融最难的是什么？业内的基本共识就是"风控"。消费金融是普惠金融模式的范本，如果用传统的线下——甄别等传统模式对多如牛毛的海量客户、微量业务进行风险识别、控制、化解，则成本极高，以至于持续经营都成了问题。运用互联网技术成为消费金融展业的突破点，但是互联网技术又必须与一个开放网络海量数据尤其是个人征信信息数据库无缝对接。征信在互联网信贷中的重要性远远超过其在传统信贷环境中的地位，是整个互联网金融风控的"灵魂"环节。然而，"理想很丰满，现实却比较骨感"。如果给我国个人征信体系画像，我国个人征信信息体系的不足之处集中表现为系统垄断、信息孤岛、小白群体，导致的结果是信息披露不充分、渠道过窄、成本高，增加了消费贷款公司的风控难度。

我们先来简单讨论所谓的小白群体。小白群体是消费金融行业的"老大难"，小白群体主要集中于蓝领、职场新人、学生等，其特点表现在：是互联网金融、消费金融的重要目标客户；为中低收入群体但具有小额频繁的融资需求；个人征信信息不充分，银行贷款记录"小白"，人行征信系统信用表现空白。因此，小白群体是矛盾的统一体，有需求但数据不充分，增加了消费贷款公司的风控难度。

征信是一个多方主体参与的行为集合，包括向征信机构提供信息的活动、使用征信机构所提供的信息的活动、信息主体维护自身权益以及征信业监督管理部门依法监督管理征信业的活动等。消费金融的技术基础是互联网，其间存在严重的信息不对称，需要信用数据加以修补、佐证、辅助判断，建立完善的互联互通的征信系统是行业蓬勃发展的必然要求，从某种意义上说，征信体系已经成为整个国家信用环境建设、信用链条完善的一个必要的基础设施，也是金融体系顺利运行的必要的社会支撑。

但是征信体系的现状并不令人满意，集中体现为征信系统垄断和互联网平台数据孤岛并存的尴尬局面。一方面，虽然有个别的互联网平台接入中国人民银行的征信系统，但现有网络借贷平台绝大多数难以与中国人民银行征信系统实现对接。在此情形下，许多互联网平台内控体系不完整、制度不到位、人员素质亟待提升，借款人的个人信息不能标准化、互联网化地运用，一个借款人可以多处借款，借贷真实性难以识别，以上都使得互联网平台的风控难以落到实处。这是网络平台对信用兜底的一个制度性原因，因为无法做

到合理客观的风险定价,只能在竞争压力下把风险内化,以便获客。消费贷款欺诈事件频频爆发,反欺诈是风控的难点。欺诈分为两类:一类是自觉的恶意欺诈,此类欺诈不会采用真实身份借款,身份真实性识别是反欺诈的核心;第二类是被动的欺诈,有些用户本身并无消费贷款意愿,而是受中介蛊惑进行骗贷,并从中获得返点收入,为了蝇头小利出借身份证件等信息,被催收后才意识到有贷款需要偿付,一旦逾期,不但被追索债务,而且其不良记录将记入征信记录,影响其信誉。反欺诈也要求征信体系透明、互通。另一方面,征信平台的信息垄断和信用信息披露成本倒逼阿里巴巴、京东、苏宁这样的电商平台纷纷建立自己的信用评价平台,并利用互联网大数据手段发掘新的信息挖掘路径。应该承认,外因是通过内因发生作用的,内因在于这些电商平台客观上对于客户的经营情况甚至部分信用信息了如指掌、实时监控,可以进行信用风险评级和风险定价。但是我们应该从信息系统的社会公用性角度敏锐地察觉这类个别搭建信息数据方式的致命缺陷可能招致一种新的垄断形态,带来与生俱来的所谓数据孤岛的问题。例如,京东、阿里等电商平台都在建立自己的征信系统,该系统仅仅包括其在平台上的消费、信用数据,而仅基于平台进行数据挖掘更会产生数据孤岛现象。因此,如果此类成本比较高的数据孤岛缺乏互联互通的话,其价值挖掘将必然不充分,需要借助大数据进行深度挖掘、数据集成共享和交叉复用实现,从而尽可能提升数据的价值。

(二) 防范

由于消费金融具有无担保、小额、分散、机动强的特点,对坏账的判断和控制就成为核心问题,而这个核心问题是由原始权益人大数据风控的质量所决定的。ABS管理人对原始权益人的大数据风控并没有升级改造的能力和必要,他能做的是通过尽调来了解、判断和评估原始权益人的大数据风控对ABS产品的适合及满足程度,最终的目标还是为了确保入池资产的质量,保证投资人的权益不受损失。

在尽职调查实务操作中,要关注消费金融机构构建的风控模型在使用以央行征信数据为主的金融数据外,是否引入了其他征信机构的数据、用以考察的数据种类是否多样等,把多种数据结合起来风险建模从而保证完整性。在调查时要关注原始权益人的风控体系是否发挥作用,尤其是对欺诈风险采取了哪些防范措施,例如在身份识别方面的能力,是否有自己的大数据库,数据库能否和其他机构的数据库连接比对,从而评估其在审批环节进行身份识别和反欺诈的能力。

四、原始权益人风险及其防范

（一）分析

我们知道，在理论上资产证券化产品架构设计中的法律基础性支撑是基于资产分割理论的破产隔离及真实销售，也就是说，通过信托设立或者资产购买，将资产交付至 SPV，此后再通过与此相配合的一系列结构分层和现金流分割重组技术使得基础资产从原始权益人的责任资产中特定化并分割出来，从而实现不同债务责任的相互独立，标的资产获得了独立性的地位；再加上增级措施及其他证券化技术措施，使得资产信用为基础的 ABS 证券获得比原始权益人自身信用更高的信用评级，进而可以在金融市场上获得低成本融资。既然 ABS 业务基于资产信用，为何在消费金融 ABS 中，我们如此看重原始权益人自身的风险？这是不是与 ABS 的基本精神有悖？

首先，这需要从我国信用链条的"弱节"、ABS 法律"痛点"及近期金融追责中寻找一般性的解释。我国企业信用链条中的弱节其实就像一种金属疲劳，就是企业的债务杠杆过高，相互之间互保盛行，一旦个别债务（关联人、担保圈）出现风险就很容易酿成结构性、颠覆性的灾难，因为所有债务人都争先恐后启用预期违约机制，容不得企业有喘息之机。覆巢之下，资产证券化的标的资产能否安然置之度外？从理论上说，如果真正做到破产隔离和真实销售，则管理人和证券持有人无此忧惧，但可惜我国企业 ABS 利用的是委托交易模式，鉴于资产管理计划的非独立地位，标的资产与管理人的资产在破产时可能混同，且交易价格如存在有失公允，则根据我国《破产法》的规定，在破产前一年的交易破产管理人均可审查并行使撤销权，这是我国 ABS 业务的法律痛点；而这个痛点其实与我国法律的整体配套息息相关，例如不特定债权通知的形式及其效力等。另外，当前我国处于金融强监管风暴之下，追责机制硬碰硬，金融创新受到严重压抑，把金融风险的防范放在更加突出的位置。而资产证券化属于创新点多发的领域，监管机构及其人员更愿意多一事不如少一事，否则，如果出现风险还要严厉追责，存在得不偿失的风险。因此，按照穿透原则的本源要求就是实质性控制风险，如何达到实质性控制风险？正如在雷雨多发的季节，最好的保护办法就是带上雨衣雨伞，防患于未然。由于在 ABS 交易结构中，原始权益人（以及关联人）的信用通过差额补足、流动性支持、资产置换、担保等法律机制挂钩在证券支付的债务链条中，只要原始权益人不出现债务风险，资产证券化的偿付自然也是没有问题的。因此，在种种现实条件的约束下，企业 ABS 实际上存在资产信用和人的信用并重的局面。

其次，还需要从消费金融 ABS 的特殊性来解释为何我们要特别重视原始权益人自身的风险。诚然，消费金融债权本身是非常适合作为资产证券化的标的资产，例如极度分散、每单额度较小、很多具有天然的消费场景，但是，消费金融 ABS 的资产创造者例如消费类贷款公司，却是一个鱼龙混杂的群体，风控措施、信用管理机制、大数据管理能力存在差异，甚至不排除可能存在数据失真风险。原始权益人自身的经营偏好、客户群体的质量不是一天形成的，需要经过一定的循环往复和层层积淀，其总体经营能力直接关系到 ABS 资产的运营质量，这主要是与原始权益人同时受托担任 ABS 服务商的角色定位密切相关。我们知道，无论券商还是基金子公司均为金融机构，而基础资产对应的底层资产分别属于不同行业，金融机构不可能熟悉和参与每个行业的经营以及风险控制，而客户管理及市场开发管理的技术性很强，且关涉企业核心商业机密，更加重要的是，消费金融的互联网化要求风控和运营等全过程必须通过大数据和完整的信息处理系统来完成，现金流的回收已经内化在企业的运营之中，因此原始权益人承担服务机构可谓责无旁贷，由服务商对借款进行审核、发放、催收等，不仅成本较低且商业、技术上均可行。在这种逻辑下，必须持续关注原始权益人的运营情况，这是评价其持续担当服务商的基础，两者可以说是一枚硬币的两面。此外，还有一个问题，消费金融类 ABS 产品设计中，通常回款先回到资产服务机构，再进行循环购买或者转入专项计划账户进行分配，此时要注意防范与资产服务机构的自有资金混同风险，采取措施进行缓释。

最后，我们还要回到消费金融行业环境与主体自身的短板来客观评价消费金融 ABS 为何如此关注原始权益人的风险。消费金融的核心是消费金融经营主体自身的运营水平和风控能力，然而，我国消费金融市场是一个新兴的市场，竞争却日趋激烈。消费金融行业整体业务规模在快速扩张过程中，服务的客户不断下沉，客户群平均信用水平下降。随着互联网金融监管逐步加强和完善，消费贷款小额、分散的特点符合监管要求，因而大量 P2P 平台的资产端业务向消费金融转型，其中许多平台风控水平较差。还有一些消费金融企业是新设企业，缺乏市场经验，但深知这个行业是"赢者通吃"，于是极力扩张业务规模，力求成为龙头以便进行市场卡位获得竞争优势，惜乎设立运营的时间短，且风险尚未得到充分暴露，风控体系能否适应快速扩张的后遗症尚未得到较好的检验。而客观情况是，尽管大数据技术手段先进，然而巧妇难为无米之炊，其风控体系的建立和有效运行都依赖客户数据的积累，而积累需要时间,数据积累不充分是客观现实,可以说这些消费金融公司的历史数据短板是制约互联网管理有效性的最主要因素。此外,我们还要注意到,消费金融资金的应用常常需要金融主体,例如金融消费公司和第三方消费平台展开合作,因此,消费金融类 ABS 要关注与之合作的第三方消费场景主体的综合实力和市场地位,例如租房、装修、租车、婚庆分期、美容分期、健身分期、教育分期、驾校分期等产品,合作平台的经营管理水平值得关注;否则,如果合作平台跑路、被关闭,一是影响资金(贷款资金)安全,二是影响消费链条的持续性,消费者可能拒绝还款,消费 ABS 的现金流可能中断,进而影响 ABS 证券的兑付。

信用链条弱节	企业的债务杠杆过高,互保盛行破产财产混同,无法做到破产隔离
消费金融ABS的特殊性	资产创造者鱼龙混杂,风控措施、信用管理机制、大数据管理能力存在差异
行业环境与主体自身的短板	消费金融公司的历史数据短板

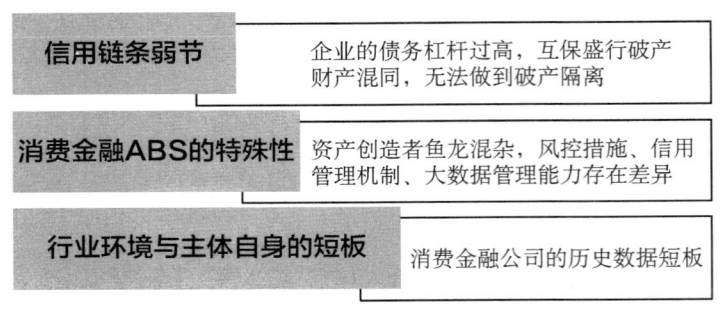

图 3-23 消费金融 ABS 的特殊性

(二) 防范

如果从一个连续的生产经营过程结合信用本身的特点看,原始权益人的经营管理水平才最终决定着入池资产的质量,但从法律结构上看,消费金融资产支持证券的本金和收益仅取决于资产池中贷款的本息回收和相应的信用增级安排,所以,入池贷款本身的信用风险是导致资产支持证券信用风险的最主要原因。因此,防范信用风险成为最主要的任务,信用风险主要指还款能力(经济实力)与还款意愿(道德风险)。

专项计划募集资金购买消费金融贷款资产作为基础资产,因此被购买的小额贷款资产的信用风险将全部从原始权益人处转移到专项计划本身,并最终由专项计划的资产支持证券持有人承担。如果借款人的履约意愿下降或履约能力出现恶化,小额贷款则可能出现逾期,经向借款人催讨等程序后仍无法收回的信用损失将会给专项计划资产支持证券持有人带来投资损失。

消费金融 ABS 的技术基础就是 FINTECH,重点关注以下方面:原始权益人(服务商,下同)是否建立完善的基础资产全流程风险管理机制;原始权益人是否具备运营基础资产的身份识别、风险模型研发、风险数据挖掘的技术能力;原始权益人是否建设必要的、安全的信息科技系统。

具体的防范措施一般包括几个相互支撑的层面,构建成一个防护网:(1)原始权益人对小额贷款资产的信用风险控制是否可行。原始权益人是否建立了多层次的小额贷款风险预警和管理体系,根据客户在消费场景平台上的信用及行为数据,对客户的还款能力及还款意愿进行较准确的评估。同时有效的预防机制可以提高客户的违约成本,从源头上控制信用风险。例如,微众银行设计了6个风控和评分模型,对所有腾讯客户做评估和排序,根据结果形成并逐步开放白名单。这六大模型包括公安数据模型、央行征信数据模型、微信社交模型、手机QQ社交模型、财付通支付数据模型、资金饥渴度模型。其中既有传统的金融数据比如银行征信、公安数据、教育数据等,也有基于腾讯平台的社交数据和支付数据。这些模型同时也会确定客户的授信额度。又如,"百度有钱花"是百度金融面向广大用户和合作伙伴推出的消费金融产品和服务品牌,面对消费金融行业面临的"信用下沉、风控线上化、获客成本增加、产品差异化程度低"四大挑战,"百度有钱花"基于人工智能、用户画像、账号安全、精准建模等金融科技技术,从用户、场景、行业三方面控制风险。单就场景而言,百度拥有跨场景数据,包括搜索数据、来自糯米的消费数据、百度钱包的支付数据、百度地图的定位数据、用户使用的兴趣数据、推广商户的商户数据、信贷接入后积累的用户信用数据,以及运营商数据、政府部门数据、线上或线下交易数据、网贷行业数据等有价值的外部数据。(2)对资产池管理是否到位,能否实时监测流水的异动、联系状态的异常等数据。通过采用全自动的风险识别流程,可以提早识别风险,提高人工处理效率。原始权益人的小额贷款资产经过哪些严格的筛选标准后方可被专项计划受让并纳入资产池?管理人要注意结合消费贷款的特点多点控制信贷资产的加入以保证资产池质量:一是注入资产的信用等级,必须是五级分类的正常级、借款人未发生逾期或不良记录;二是注入资产的离散度,充分保证资产池资产的分散化,设定单笔贷款金额限制、每个行业贷款金额限制等以确保具有较高的离散度。(3)计划管理人及资产服务机构的专业监控是否可行:计划管理人及资产服务机构对资产池的不良贷款率实时监控,当标的资产不良率超过设定比例时,停止滚动循环受让小额贷款资产,直至降至安全范围,从而保障优先级份额的本金及收益的安全。原始权益人是否建立起与债务人联系的大数据网络,通过关联匿名ID、联系家人朋友追回欠债,从而降低整体不良率。(4)计划管理人和外部评级机构对担保及补充支付承诺人的履约能力判断，计划管理人和外部评级机构对担保及补充支付承诺人的资本实力、业务开展情况等因素进行综合评估，降低担保及补充支付承诺人不能履约的风险。

五、基础资产风险及其防范

（一）分析

消费金融的基础资产是小额贷款债权，其最大风险就是坏账及早偿，对应的民事行为就是延迟及违约风险，以及早偿性风险。

延迟及违约风险就是债务人迟延或者延期履行甚至不履行带来的风险，债务人违约率的高低直接影响到资产证券资金池资产的坏账率；坏账率的增加即是资产质量下降，如果外部增信失灵，仅仅通过优先次级结构保障的证券可能面临部分损失的风险，尤其是次级证券可能损失惨重。现在消费金融ABS结构设计中，越来越多的项目开始纯粹依赖内部增级。仅仅依靠内部增信以及原始权益人可能经营的业务扩张，均给延期支付增加了扩大风险的可能性。例如，"京东白条应收账款资产证券化项目"仅仅是通过内部资产分级的方式，这是贷款资产证券化产品中第一次纯粹依托内部增级而发起的项目。值得注意的是，尽管消费债权具有分散化的特点，但是分散化并不表示平均化，也不表示坏账曲线平滑不变。在入池的时候计算的数据和扩张期再次循环入池的资产的坏账率并不等同，这是非常值得注意的一个问题。否则，不排除循环购买期间将面临资产质量下降甚至新增合格资产不充足的风险。消费金融类ABS一般采用循环结构以解决资产端与产品端期限不匹配的问题，减少资金闲置成本。而在循环购买的过程中，由于消费贷款公司大多处于业务扩张初期，存在循环购买资产质量下降的可能性；同时，若原始权益人经营不善会出现业务规模下降，甚至出现新增合格资产不充足的情况。在资产证券化产品中设置循环期基础资产合格标准，设置加速清偿条款，以减少和消除循环期风险，保护投资人利益。此外，消费贷款服务客户定位于中低收入群体，例如蓝领、职场新人、学生等，此类群体有一定消费意愿，但其还款能力受制于其收入水平波动，如果经济环境下行，其收入水平下降，则严重影响其偿债能力。同时，此类群体本身风险意识比较淡薄，具有放大融资能力的偏好，风险承受力较为薄弱。不排除在经济下行期，入池资产在短期内发生大规模逾期甚至违约，如果没有外部担保或者其他风险缓冲措施，可能影响ABS本息的兑付。

早偿性风险在一般银行贷款中本来不是一种发生必然损失的风险（除非

贷款合同中有限制,借款人可提前还款),只不过在资产证券化中,借款人提前偿还的本金超过了专项计划的还本计划,则必然发生本金剩余,这些本金如果找不到合适的投资机会对冲将来需要支付的收益缺口则发生收益损失。早偿性风险与资产证券化产品的结构设计有关,即采用固定收益的证券分层容易产生此问题,如果采用过手摊还模式,来自资产的现金流收入简单地"过手"给投资者以偿付证券的本息,由证券投资者自行承担基础资产的偿付风险包括早偿风险。如果采用固定收益证券结构,则要预防早偿性风险,对于消费者的信用以及消费交易习惯数据的收集是十分必要的,这种重要性在互联网消费借贷的环境里就被落实到互联网征信系统之上,而这种系统不但需要包括信用评估,还需要包含借贷者可能提前清偿债务的消费行为数据。

消费金融的基础资产是债权,其产生的渊源就是各类消费场景。消费金融市场仍是蓝海,风控与场景是消费金融的核心点。消费金融本身具有"消费+金融"的双重属性。消费端,我国消费环境日益丰富,互联网技术以及电商消费促进了我国居民的消费升级,我国政策也不断鼓励引导居民消费;金融端,传统信贷面临升级,新兴的消费群体信贷需求十分旺盛,资本追捧消费金融市场并不断注入大量资金。就目前来说,我国消费金融仍处于一个蓬勃发展的时期,其未来发展空间仍旧非常大。而在消费金融兴起的大浪潮当中,结合消费场景获取客户,提升风控能力降低坏账率是消费金融的核心点。消费金融企业只有修炼好"内功",场景结合能力与风控水平共同提高才能保证企业脱颖而出。

(二) 防范

对坏账及早偿风险重在预防和监控,防患于未然,不战而屈人之兵方为上上策。因为消费金融 ABS 是金融产品,不是不良资产管理信托,其核心是防止出现此类风险,而非化解此类风险。基础资产的风险防范的主要方法就是通过调查判断基础资产的质量,通过监控措施确保基础资产的真实性,尽量分散基础资产以及采取措施,保证后续的合格基础资产顺利循环入池等。

关于基础资产的调查,毫无疑问,对于动辄几万笔的小额资产,目前看只能用抽样调查的方法,通过统计学上设置不同参数、比例等来推理判断,同时将抽样与核查相互结合印证判断基础资产的真实性。尽职调查的时候,要特别注意对原始权益人内部风控部门进行访谈及审阅风控管理制度文件,判断其风控体系是否完整健全、有效运作,并进行流程穿行测试,其逻辑在于只有原始权益人确实按照既定风控体系进行内部管理,才能确保在合作期内的资产质量以及服务质量。值得注意的是,业内有人已经在考虑将大数据和互联网信息技术全面运用于消费金融 ABS 的底层资产和入池资产的全过程监控，而不是通过样本抽查来判断推测基础资产和底层资产的信用程度。如是，则为消费金融的幸事，恐怕也会改变目前消费金融 ABS 产品的设计逻辑，因为第三方服务商借助雄厚的 FINTECH 直接对接原始权益人的系统，可以立体、形象、实时地全方位监控入池资产的质量，并采取约定的措施防范风险。

即使进行了抽样调查及必要的核查，基础资产数据失真、重复转让等风险仍然存在。就数据失真的原因而言，这是由于在消费金融 ABS 中，很多专项计划的资产转让过程完全采用电子化的方式进行，但与资产转让有关的数据均由原始权益人提供。因而若原始权益人恶意窜改数据或伪造数据，将导致专项计划资产池基础数据失真，从而影响投资人的收益和本金安全。基础资产重复转让的风险也是各个机构在办理消费金融 ABS 过程中不放心的一个地方。在实际操作中，由于过于分散、小额、期限短，专项计划管理人出于信誉、成本、效率等各方面考虑或者原始权益人提出保密要求，并不会聘请独立的第三方机构对基础资产的转让过程进行登记，而是在原始权益人的系统中对相应的资产进行标示，并通过原始权益人提供的端口对转让情况进行查询和监督，因此存在原始权益人恶意重复转让同一笔基础资产的可能性，进而影响基础资产回收款的偿付，从而致使投资人遭受损失。据此，防范此类风险的核心将回归到客户选择、风控体系完整性和大数据技术先进性等的调查判断，最终演变成做还是不做的选择判断问题。

在选择可做的基础上，ABS 管理人和原始权益人或者特定服务商的 FINTECH 相互对接，从正向保证资产的真实性，其基本逻辑在于借鉴区块链原理，用科技金融保证不可窜改的信息反映基础资产的真实性或者至少不可造假，例如，首先要保证底层资产的真实性，就是在管理人和贷款人相互对接的电子系统上通过线上订单记录的随时查询以及记录留痕来保证底层资产是真实的；在此基础上的借贷债权（包括过桥信托贷款）基于金融机构之间合作的信誉通过放款系统、还款系统相互对接从而保障真实性，而且放款的依据是电子订单；过程中通常引入第三方支付来保证资金流水的真实性和资金流转的速度，因为第三方支付的账户托管在银行，从而嫁接了银行托管性为附加的责任和监管职能。这样，物流、资金流、数据流以及发票等相互印证，基本形成了电子数据证据的闭环，从而大大降低金融监控成本，降低欺诈和非真实的风险。而且，通过交易数据的清算和财务核算，电子数据累积之后，对资产的质量形成连续的动态监控机制，包括逾期、损失和循环购买的头寸，进而对关注、增级、预警和平仓的决策提供有系统支持的管理信息，对月度、季度、年度甚至突发事件的影响度,提供有系统数据支持的例行报告或专报信息。

2017年8月18日,由百度金融旗下西安百金互联网金融资产交易中心有限公司担任技术服务商和交易安排人,长安新生(深圳)金融投资有限公司作为原始权益人和资产服务机构,天风证券股份有限公司担任计划管理人的"百度-长安新生-天风2017年第一期资产支持专项计划"获得上海证券交易所出具的无异议函,该项目预计将成为国内首单运用区块链技术的交易所资产证券化产品。"百度-长安新生-天风2017年第一期资产支持专项计划"发行总规模4亿元,产品分为优先A级(85%,AAA评级)、优先B级(6%,AA评级)和次级三档,基础资产为汽车消费信贷。

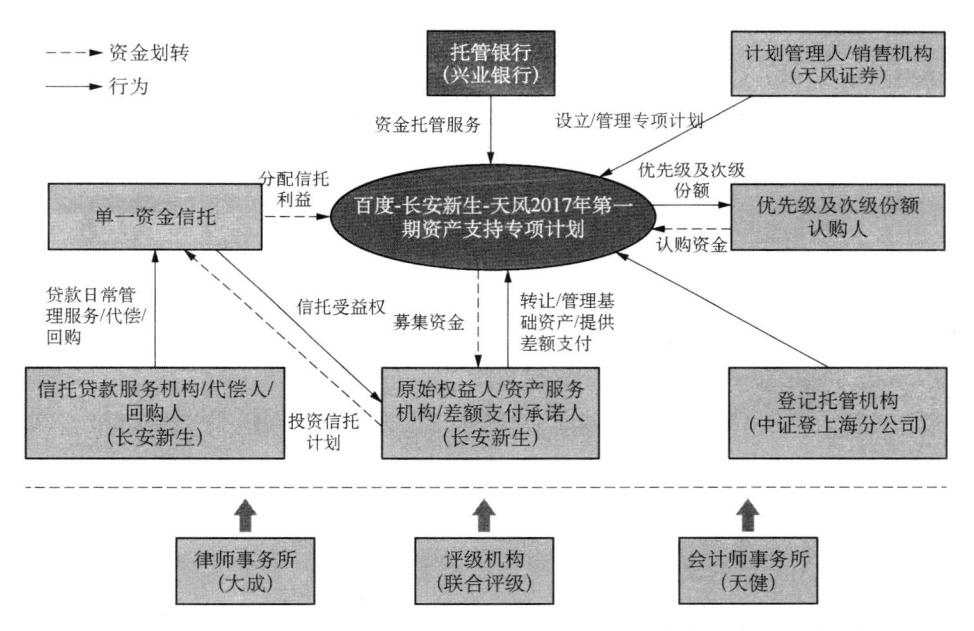

图3-24 百度-长安新生-天风2017年第一期资产支持专项计划交易结构

小额分散的消费金融类资产信息披露不充分、投资人缺乏有效途径获取详细信息、存续期内更是无法实时监控资产变化情况等问题,仍是制约市场发展、困扰投资人的主要问题。在该项目中百度金融作为技术服务商搭建了区块链服务端BaaS(Blockchain as a Service)并引入了区块链技术,项目中的各参与机构(百度金融、资产生成方、信托、券商、评级、律所等)作为联盟链上的参与节点。区块链技术作为独立的底层数据存储和验证技术,具有去中介信任、防篡改、交易可追溯等特性,能够实现在交易过程中,各节点共同维护一套交易账本数据，实时掌握并验证账本内容。区块链技术在该项目中的作用在于：百度利用区块链"不可篡改"的特性打造了 ABS 平台上的"真资产"，基础资产的变更、替换及各参与方的信息都具有不可篡改性，对投资者及各合作方有非常高的信息透明度，从而极大降低企业的融资成本；通过百度极限事务处理系统，可以支持百万 TPS 的交易规模，极大降低交易成本；通过百度千亿级流量清洗系统，可以抵御大规模的网络攻击；通过百度安全实验室的协议攻击算法，可以确保协议、通信安全。百度金融利用自身实时、多维、海量数据积累和建模技术，形成黑名单、多头借贷、反欺诈和大数据风控模型评分等模块对基础资产进行分析，以识别逾期/高危风险客户，并将信息记入区块链，增强了非标资产的信息披露力度。

基于 ABS 基本原理，基础资产的分散性是客观上分散风险的基础条件。正如前文中反复提及，消费金融债权小额、分散，是适合证券化的基础资产，尤其电商旗下的消费金融债权更是如此。以"京东白条 2016 年第一期 ABS"为例，其入池资产分散度极高，应收账款标的商品种类包括数码、服饰、母婴等，应收账款余额、期限、地域、剩余期限也不尽相同，从而分散了风险。

我们知道，消费金融类 ABS 一般采用循环结构以解决资产端与产品端期限不匹配的问题，减少资金闲置成本。但在结构设计时，要注意基础资产的质量、合格资产的充分性以及资金池现金的平滑性。在控制后续入池资产质量时，要防止鱼龙混杂、泥沙俱下，原始权益人、计划管理人应该严格按照既定合格标准筛选基础资产，计划管理人在计划存续期内应该持续关注基础资产违约率、回收率及损失率等触发风险的因素。循环购买设计要考虑循环期内备选合格资产的充分性问题，防止出现有资金无合格同质资产的尴尬局面，在此情况下，资金闲置，收益减少，影响专项计划的收益，甚至对投资者的利益造成直接影响，所以，在方案设计时管理人要与原始权益人充分沟通，要留有余地，不要把资产的生成效率估算得过于乐观。风险可通过两方面来控制防范：一方面，管理人在专项计划成立前，应对原始权益人以及基础资产的历史数据进行充分分析，重点关注原始权益人自身的发展、行业地位以及所属行业的发展情况、历史数据的增长趋势等；另一方面，还可以在专项计划中设置特定的触发机制来控制这一风险，如闲置资金连续多少日未达到证券未偿本金余额多少比例时触发加速清偿事件等。此外，专项计划设立后部分入池资产可能发生变化，成为不合格资产，通过在专项计划中设置不良资产置换或赎回条件、方法，防止风险扩大，保护 ABS 投资者权益。

六、利率风险及其防范

(一) 分析

此处所谓的利率风险并非金融市场利率波动的风险,而是指在消费金融领域实际利率过高可能带来的法律否定评价的风险。

消费金融债权的综合费率包括贷款利息、快速信审费、账户管理费等费用,综合费率往往较高。

关于利息的标准,《最高人民法院关于审理民间借贷案件适用法律若干问题的规定》(法释〔2015〕18号)第二十六条规定:"借贷双方约定的利率未超过年利率24%,出借人请求借款人按照约定的利率支付利息的,人民法院应予支持。借贷双方约定的利率超过年利率36%,超过部分的利息约定无效。借款人请求出借人返还已支付的超过年利率36%部分的利息的,人民法院应予支持。"据此,关于民间借贷的利率标准,未超过年利率24%的部分受法律保护,如借款人拒绝支付,出借人可以请求法院予以强制执行;年利率超过36%的部分属于法定绝对无效,借款人有权拒绝支付并且可以请求出借人返还;而对于年利率24%至36%的部分,根据最高人民法院的司法精神,属于自然债务,当事人可以自愿履行,借款人拒绝支付的,出借人不得请求法院强制执行。

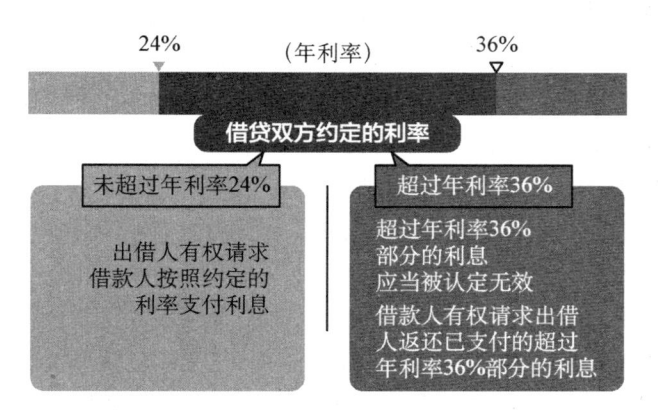

图3-25 借贷双方约定利率的规定

关于居间费的标准,《中华人民共和国合同法》第四百二十六条规定:"居间人促成合同成立后,委托人应当按照约定支付报酬。对居间人的报酬没有约定或者约定不明确,依照本法第六十一条的规定仍不能确定的,根据居间人的劳务合理确定。"《网络借贷信息中介机构业务活动管理暂行办法》第二十条规定:"借款人支付的本金和利息应当归出借人所有。网络借贷信息中介机构应当与出借人、借款人另行约定费用标准和支付方式。"网络借贷信息中介机构提供居间服务有权收取居间费用,但应当遵循合理原则。司法实践中,法院对于居间费及其逾期违约金标准的认定遵循合理性和实际损失为准的原则。一般而言,从促进交易和尊重当事人意思自治的角度出发,如居间合同明确约定了居间费的金额、计算标准和支付方式,如果相对方不能举证证明居间费不合理,则法院通常判决支持居间费。但是,对于逾期支付居间费的违约金标准,法院的司法判决通常采取实际损失为准的原则,一般按照同期银行贷款利率或同期贷款利率1.3倍确定逾期违约金数额。此外,也有法院认为,过高的居间费用明显不合理且严重加重了债务人的负担而对过高部分不予支持。在发生争议的情况下,法院可能按照上述司法判例的精神予以调整。

司法实践中,有法院认为,P2P平台为民间借贷提供居间服务,因其收取的咨询费、管理费和服务费过高而被认定为金钱债务的利息及利息的变相形态,从而适用民间借贷的利率最高不得超过银行同类利率四倍的规则予以调整,超出部分不予支持。在发生争议的情况下,法院可能按照"实质重于形式"的原则认定所谓管理费为变相收取的利息,对超出年利率24%法定保护标准的部分不予保护。此类判决体现的精神就是反高利贷。

《最高人民法院关于进一步加强金融审判工作的若干意见》(以下简称"《若干意见》")中有两点值得关注:(1)严格依法规制高利贷,有效降低实体经济的融资成本。金融借款合同的借款人以贷款人同时主张的利息、复利、罚息、违约金和其他费用过高,显著背离实际损失为由,请求对总计超过年利率24%的部分予以调减的,应予支持,以有效降低实体经济的融资成本。规范和引导民间融资秩序,依法否定民间借贷纠纷案件中预扣本金或者利息、变相高息等规避民间借贷利率司法保护上限的合同条款效力。(2)依法审理互联网金融纠纷案件,规范发展互联网金融。依法认定互联网金融所涉具体法律关系,据此确定各方当事人的权利义务。准确界定网络借贷信息中介机构与网络借贷合同当事人之间的居间合同关系。网络借贷信息中介机构与出借人以居间费用形式规避民间借贷利率司法保护上限规定的,应当认定无效。依法严厉打击涉互联网金融或者以互联网金融名义进行的违法犯罪行为,规范和保障互联网金融健康发展。

(二)防范

在客观上,消费贷款产品以高收益率覆盖高不良率,但存在高利贷风险。

在形式上，消费贷款公司产品的利率基本保持在国家规定的合理利息范围，但实际情况是通过增加管理费或者手续费等大幅提高了消费贷款的综合成本，以高收益率覆盖高不良率。我们要充分注意最高人民法院印发的《若干意见》提到，在降低实体经济成本，解决实体经济融资难的问题上，要求严格依法规制高利贷，对超过民间借贷利率司法保护上限的利息不予保护，以降低实体经济融资成本。因此应该看到对于疑似高利贷的利率风险，目前判定为违法的概率相当高，但最终还要观察最高院的司法判例；如果司法判例或者进一步的解释将此类管理费全部或部分（扣除合理经营成本及利润）认定为变相利息，则不受法律保护，此时，因主债权不合法导致从债权即担保等措施恐也不能完全提供风险保障，需要采取差额补足、现金流支持、不合格资产替换等方式覆盖此类风险。如果沿着这个司法检验路径演进，具有高利贷嫌疑的话，原来预计入池的资产将立刻面临利率风险，某些消费金融 ABS 的交易结构将发生变化，单纯依靠优先次级的内部增级恐怕不能覆盖综合费率"定性走偏"的风险。

七、政策性风险：联合贷款

消费金融 ABS 的政策性风险较大，其中一个原因是消费金融领域金融创新比较活跃，而在眼下中国强监管格局下，金融自由化受到遏制，相应地应该高度重视政策性风险。业界流传的联合贷款被监管事件充分说明了这一点。争论集中在：监管层规范联合贷款时，是否将市场上的助贷机构一网打尽？

（一）分析

《民营银行互联网贷款管理暂行办法》（征求意见稿）提出：本办法所称互联网贷款是指借款人通过互联网渠道自助提交借款申请，贷款人运用互联网技术和移动通信技术，通过大数据信息和风险模型，全流程线上为符合条件的借款人提供的，用于消费、日常生产经营周转的，包括个人贷款和流动资金贷款的本外币贷款。本办法所指合作机构是指贷款人在进行互联网贷款过程中，为贷款人在联合贷款、客户营销、风险分担、风险数据等方面提供支持和进行合作的各类机构。联合贷款合作机构资质要求：贷款人应将联合贷款的合作机构限定于经中国银监会批准设立，且持有金融牌照并获准经营贷款业务的银行业金融机构。贷款人应建立合作机构的准入标准和流程，确保合作机构具有发放贷款的资质。

从上文可知，合作机构必须是具有贷款资格的持牌机构，简言之，联合贷款是具有贷款资质的持牌机构之间的合作。而助贷机构尚没有明确的法律定义,一般被称为助贷机构的有现金贷平台、(非持牌)消费金融机构或者金融科技(FINTECH)公司。这些机构的底线普遍认为助贷服务机构"不能碰钱"。而该文件所称联合贷款,是指贷款人与合作机构基于共同的贷款条件和统一的借款合同,按约定比例出资,联合向符合条件的借款人发放的互联网贷款。据此,上述文件中的合作机构应该不是指助贷机构。但也有人认为,当前不少助贷机构实际上需要向银行提供保证金以及对贷款不良后果最终兜底,应当属于《关于就联合贷款模式征求意见的通知》(以下简称"《通知》")中提到的联合放贷。因此,是否助贷机构会纳入监管(非持牌机构是否纳入地方金融办监督并不确定),助贷机构的哪些行为被监管,还需监管的窗口指导和进一步解释。

但是,值得注意的是,该文件要求需申请获准后才可经营互联网贷款,监管总体原则为:监管机构应将互联网贷款纳入监管重点,全面评估辖内民营银行互联网贷款的管理和风险情况并提出意见,督促民营银行完善互联网贷款管理,有效防范金融风险。贷款人应按照该办法要求开展互联网贷款经营工作,并向监管机构提交申请,获得核准后方可经营互联网贷款。贷款人应分别提交经营个人贷款和流动资金贷款的申请。

(二)防范

以第五次全国金融工作会议为界,从现在开始到未来一段时期,中国金融业发展将经历一个严监管、控风险的时期。这是一个完全不同的时期。在金融调控和监管政策的可选项里,没有"不可能",因此,应密切关注政策变动及其走向。

防范政策风险的方法就是吃透金融政策的走向,紧紧关注金融法规政策和司法解释,密切关注各地金融窗口指导意见,在消费金融的项目选择以及操作中,自觉体现金融监管要求。

第五次全国金融工作会议提出,必须加强党对金融工作的领导,坚持稳中求进的工作总基调,遵循金融发展规律,紧紧围绕服务实体经济、防控金融风险、深化金融改革三项任务,创新和完善金融调控,健全现代金融企业制度,完善金融市场体系,推进构建现代金融监管框架,加快转变金融发展方式,健全金融法治,保障国家金融安全,促进经济和金融良性循环、健康发展。但是,过去几年由于互金公司和银行合作的助贷业务或者联合贷款发展快速,但银行的低成本资金通过联合贷款模式最终未能流向实体经济,形成资金空转,而且部分合作机构通过联合贷款模式,做了银行合规框架下无法办理的产品和客户,监管层自然担忧风险最终传导至银行体系内,上述是《通知》草案的基本背景。因此,该办法直接回归到行政控制手段进行监管,例如,规定互联网贷款如果出现风险管理重大缺陷、贷款质量持续恶化、无法满足监管要求等情况时,监管机构应要求贷款人限期整改;如果限期结束仍未能达到监管机构要求,监管机构有权取消贷款人经营互联网贷款资格。

中央金融工作会议厘定的三大任务对金融审判也产生重大影响。最高人民法院印发《若干意见》要求,要以服务实体经济作为出发点和落脚点,引导和规范金融交易。要遵循经济、金融的发展规律,以金融服务实体经济为价值本源,依法审理各类金融案件。对于能够实际降低交易成本,实现普惠金融,合法合规的金融交易模式依法予以保护。对以金融创新为名掩盖金融风险、规避金融监管、进行制度套利的金融违规行为,要以其实际构成的法律关系确定其效力和权利义务。

因此,我们应该清醒地认识到:消费金融产品中凡是与中央金融工作会议基本精神相适合的金融创新才可被政策法律所认可,而与之相违背的则极有可能被监管、司法所否定。就互联网贷款中的联合贷款与助贷机构的助贷行为,金融监管部门通过监管持牌机构强化行为监管和功能监管,更加注重实质重于形式以及是否有利于聚焦中央金融工作会议三大任务,对贷款机构的合作行为实施限制或禁止。如果助贷机构为非金融机构且该行为不被认定为金融行为,但是其结果具有金融效果,也可能被地方政府施加行政干预,如发生诉讼,司法机关可进行司法校验。对金融活动的司法干预在《若干意见》中已经表述得非常清楚了,例如,对于涉及私募股权投资、委托理财、资产管理等新类型金融交易纠纷案件,《若干意见》要求,要加强新类型金融案件的研究和应对,准确适用合同法、公司法、合伙企业法、信托法等法律规范,确定各方当事人之间的权利义务。发布指导性案例,通过类案指导,统一裁判尺度。针对实践中存在的无金融资质的国有企业变相从事金融业务,成为贷款通道的问题,《若干意见》则要求,对其变相从事金融业务,套取金融机构信贷资金又高利转贷的,应当依法否定其放贷行为的法律效力,并通过向相应的主管部门提出司法建议等方式,遏制其通道业务,引导其回归实体经济。

八、政策性风险:"现金贷"整治政策要点

除了《关于小额贷款公司试点的指导意见》《互联网金融风险专项整治工作实施方案》《P2P网络借贷风险专项整治工作实施方案》《通过互联网开展资产管理及跨界从事金融业务风险专项整治工作实施方案》《网络借贷信息中介机构业务活动管理暂行办法》等有关法律法规和政策文件外,2017年12月人民银行、银监会发布《关于规范整顿"现金贷"业务的通知》,集中规范整顿"现金贷"。

"现金贷"业务一般具有无场景依托、无指定用途、无客户群体限定、无抵押等特征,存在过度借贷、重复授信、不当催收、畸高利率、侵犯个人隐私等突出问题,以及存在着较大的金融风险和社会风险隐患。

关于"现金贷"业务开展原则,包括:(1)设立金融机构、从事金融活动,必须依法接受准入管理。未依法取得经营放贷业务资质,任何组织和个人不得经营放贷业务。(2)各类机构以利率和各种费用形式对借款人收取的综合资金成本应符合最高人民法院关于民间借贷利率的规定,禁止发放或撮合违反法律有关利率规定的贷款。各类机构向借款人收取的综合资金成本应统一折算为年化形式,各项贷款条件以及逾期处理等信息应在事前全面、公开披露,向借款人提示相关风险。(3)各类机构应当遵守"了解你的客户"原则,充分保护金融消费者权益,不得以任何方式诱致借款人过度举债,陷入债务陷阱。应全面持续评估借款人的信用情况、偿付能力、贷款用途等,审慎确定借款人适当性、综合资金成本、贷款金额上限、贷款期限、贷款展期限制、"冷静期"要求、贷款用途限定、还款方式等。不得向无收入来源的借款人发放贷款,单笔贷款的本息费债务总负担应明确设定金额上限,贷款展期次数一般不超过2次。(4)各类机构应坚持审慎经营原则,全面考虑信用记录缺失、多头借款、欺诈等因素对贷款质量可能造成的影响,加强风险内控,谨慎使用"数据驱动"的风控模型,不得以各种方式隐匿不良资产。各类机构或委托第三方机构均不得通过暴力、恐吓、侮辱、诽谤、骚扰等方式催收贷款。各类机构应当加强客户信息安全保护,不得以"大数据"为名窃取、滥用客户隐私信息,不得非法买卖或泄露客户信息。

统筹监管,开展对网络小额贷款清理整顿工作:(1)小额贷款公司监管部门暂停新批设网络(互联网)小额贷款公司;暂停新增批小额贷款公司跨省(区、市)开展小额贷款业务。已经批准筹建的,暂停批准开业。小额贷款公司的批设部门应符合国务院有关文件规定。对于不符合相关规定的已批设机构,要重新核查业务资质。(2)严格规范网络小额贷款业务管理。暂停发放无特定场景依托、无指定用途的网络小额贷款,逐步压缩存量业务,限期完成整改。应采取有效措施防范借款人"以贷养贷"、"多头借贷"等行为。禁止发放"校园贷"和"首付贷"。禁止发放贷款用于股票、期货等投机经营。地方金融监管部门应建立持续有效的监管安排,中央金融监管部门将加强督导。(3)加强小额贷款公司资金来源审慎管理。禁止以任何方式非法集资或吸收公众存款。禁止通过互联网平台或地方各类交易场所销售、转让及变相转让本公司的信贷资产。禁止通过网络借贷信息中介机构融入资金。以信贷资产转让、资产证券化等名义融入的资金应与表内融资合并计算，合并后的融资总额与资本净额的比例暂按当地现行比例规定执行，各地不得进一步放宽或变相放宽小额贷款公司融入资金的比例规定。对于超比例规定的小额贷款公司，应制定压缩规模计划，限期内达到相关比例要求，由小额贷款公司监管部门监督执行。

加大力度，进一步规范银行业金融机构参与"现金贷"业务：(1)银行业金融机构(包括银行、信托公司、消费金融公司等)应严格按照《个人贷款管理暂行办法》等有关监管和风险管理要求，规范贷款发放活动。(2)银行业金融机构不得以任何形式为无放贷业务资质的机构提供资金发放贷款，不得与无放贷业务资质的机构共同出资发放贷款。(3)银行业金融机构与第三方机构合作开展贷款业务的，不得将授信审查、风险控制等核心业务外包。"助贷"业务应当回归本源，银行业金融机构不得接受无担保资质的第三方机构提供增信服务以及兜底承诺等变相增信服务，应要求并保证第三方合作机构不得向借款人收取息费。(4)银行业金融机构及其发行、管理的资产管理产品不得直接投资或变相投资以"现金贷"、"校园贷"、"首付贷"等为基础资产发售的(类)证券化产品或其他产品。

持续推进，完善 P2P 网络借贷信息中介机构业务管理。各地网络借贷风险专项整治联合工作办公室应当结合《关于开展"现金贷"业务活动清理整顿工作的通知》(网贷整治办函〔2017〕19 号)要求，对网络借贷信息中介机构开展"现金贷"业务进行清理整顿。(1)不得撮合或变相撮合不符合法律有关利率规定的借贷业务；禁止从借贷本金中先行扣除利息、手续费、管理费、保证金以及设定高额逾期利息、滞纳金、罚息等。(2)不得将客户的信息采集、甄别筛选、资信评估、开户等核心工作外包。(3)不得撮合银行业金融机构资金参与 P2P 网络借贷。(4)不得为在校学生、无还款来源或不具备还款能力的借款人提供借贷撮合业务。不得提供"首付贷"、房地产场外配资等购房融资借贷撮合服务。不得提供无指定用途的借贷撮合业务。

第四章
资管产品的法律设计与政策边界

第一节 金融投融资产品的红线——非法集资问题

近年来,私募、P2P 网贷等投融资模式在国内蓬勃发展,特别是以 P2P 网贷为代表的互联网金融,因其交易的便利和迅捷,受到广大投资者的青睐。然而,不少投融资行为隐含了非法集资的风险。为规范民间借贷和互联网金融行为,2014 年 3 月 25 日最高人民法院、最高人民检察院、公安部联合下发《关于办理非法集资刑事案件适用法律若干问题的意见》(以下简称"《意见》"),进一步细化了非法集资行为的表现形式。以下以该规定的颁布为契机,从法律角度对非法集资行为和以私募、P2P 网贷为代表的金融投融资产品的联系及界限进行尝试性分析。

《意见》进一步明确了"向社会公开宣传"以及"社会公众"的认定问题,结合之前的《非法金融机构和非法金融业务活动取缔办法》《最高人民法院关于审理非法集资刑事案件具体应用法律若干问题的解释》以及中国银监会办公厅《关于人人贷有关风险提示的通知》等相关规定,彰显监管部门和司法机关对非法集资案件的重视。2017 年 8 月 4 日,最高人民法院发布《关于进一步加强金融审判工作的若干意见》,进一步强调了持续保持对非法集资犯罪打击的高压态势,以维护社会稳定:"依法公正高效审理非法集资案件,严厉打击非法集资犯罪行为。针对非法集资犯罪案件参与人数多、涉案金额大、波及面广、行业和区域相对集中的特点,加强与职能机关、地方政府的信息沟通和协调配合,提升处置效果,切实保障被害人的合法权益,有效维护社会稳定。"同时对于以金融创新名义非法吸收公众存款或者集资诈骗,构成犯罪的,依法追究刑事责任。最高人民检察院于 2017 年 6 月 2 日公布的《关于办理涉互联网金融犯罪案件有关问题座谈会纪要》中对涉互联网金融行为的法律性质界定做出了明确的规定。互联网金融风险专项整治工作领导小组办公室、P2P 网络借贷风险专项整治工作领导小组办公室于 2017 年 12 月 1 日联合发布《关于规范整顿"现金贷"业务的通知》,要求加强小额贷款公司资金来源审慎管理,禁止以任何方式非法集资或吸收公众存款。因此,当前迫切需要明确私募、P2P 等金融投融资产品的边界,警惕有关融资行为越入"非法集资"之雷池。

一、非法集资的定义及特征

根据《关于取缔非法金融机构和非法金融业务活动中有关问题的通知》的规定,非法集资是指单位或者个人未依照法定程序经有关部门批准,以发行股票、债券、彩票、投资基金证券或其他债权凭证的方式向社会公众筹集资金,并承诺在一定期限内以货币、实物及其他方式向出资人还本付息或给予回报的行为。

非法集资具有如下特点:首先,集资者不适格,即集资行为未经有关部门依法批准,包括没有批准权限的部门批准的集资以及有审批权限的部门超越权限批准的集资;其次,集资人承诺在一定期限内给出资人还本付息;第三,集资人向社会不特定对象即社会公众筹集资金;第四,集资人以合法形式掩盖其非法集资的性质,如伪装成正常的生产经营活动,最大限度地实现其骗取资金的目的。

二、非法集资与金融投融资产品的界限

金融投融资产品虽然也具有集资的性质,但它与非法集资行为仍有明显区别。

(一)非法集资与私募的界限

私募,指非公开募集资金的行为。根据 2011 年国家发改委出台的《关于促进股权投资企业规范发展的通知》及《证券法》、《证券投资基金法》的相关规定,私募具有人数限定、不得公开募集、限定合格投资者、不得承诺保本收益的特点。2017 年 11 月,中国人民银行、银监会、证监会、保监会、外汇局联合发布的《关于规范金融机构资产管理业务的指导意见》中也对私募资管产品的信息披露、投资限制以及产品设计等做出了规定。然而,实践中,非法集资活动常常披上"私募"的外衣,把自己打造为私募的形象或直接以私募为

名,令人难以辨识。我们认为非法集资与私募在本质上具有以下几个区别:

1. 募集方式

一般认为,私募主要通过非公开方式面向少数机构投资者或个人募集,它的销售和赎回都是基金管理人通过私下与投资者协商进行,不得利用任何大众传媒或公开劝诱等方式进行宣传。然而,非法集资人一般会主动募集并采用变相公开的手段,如通过向社会不特定公众拨打电话、发送手机短信、以人传人等方式,达到向社会公众宣传的效果。

2. 投资者的资质

合格投资者制度在一定程度上能给私募和非法集资行为划出界限。一般认为,私募基金的对象是少数具有特定资格的投资者,其具备一定的投资经验和知识,拥有较为雄厚的资产及收入,具有一定抵抗风险的能力。然而,非法集资行为中,集资人的目的是尽可能地吸收资金,往往不对投资人的资格加以限定,而采取一种类似于"来者不拒"式的募集行为。

3. 信息披露

与公募基金相比,私募基金的投资方式具有"非公开"的特征,即投资过程更具隐蔽性,很少涉及公开市场的操作。私募基金虽然没有公募基金那么严格的信息披露要求,但仍对投资者和监管机构负有信息披露义务。然而,非法集资行为往往不披露关键信息,而是通过隐瞒资金流向、编造虚假的盈利信息等手段欺骗投资人。

4. 资金的运作方式

私募基金的一个特征是外部管理,即管理人、托管人与投资人相分离,私募基金是独立于第三方的财产。私募基金设置专门的托管人,有利于降低管理人的道德风险,以确保客户资金、证券等资产不被侵占或挪用。然而,非法集资人为直接获取和控制投资人的资金,一般不存在第三方托管。此外,从资金的收益方式来看,私募基金的收益属于投资收益,禁止出现承诺保底的约定,否则即是非法集资。

(二) 非法集资与 P2P 的界限

P2P(peer to peer lending),即网络借贷平台,指在借贷过程中,借款人、贷款人的信息、资金、合同、手续等全部通过网络实现,是互联网和民间借贷相结合发展起来的一种新的金融服务模式。

由于现有金融体系对小微客户设置的门槛较高,随着互联网技术的进步,P2P 在我国发展迅猛。为了吸引投资,许多 P2P 网贷公司不再仅仅担任完全的平台和中介角色,而外加承担着担保责任;有些 P2P 网贷公司甚至通过网贷平台自融资金,直接成为集资者。

从本质来说,P2P网贷交易的实质是借款人通过网贷平台向社会公众募集资金,以约定的利息作为回报,因此,从理论上来说,P2P网络贷款具有一定的非法集资性质。然而,由于每个借款人借款的金额都很小,若要求所有借款人履行公开集资的许可程序,显然是不可行的,因此各国都只针对网贷平台提出了监管要求。

2014年4月21日,非法集资部际联席会议办公室主任刘张君指出,P2P网络借贷平台是一种新兴金融业态,在鼓励其创新发展的同时,要记住四点:一是要明确这个平台的中介性质,二是要明确平台本身不得提供担保,三是不得将归集资金搞资金池,四是不得非法吸收公众资金。该观点构成监管部门对P2P进行监管的原则,值得业内人士引起足够重视。2016年8月17日,银监会会同工信部、公安部、国家互联网信息办公室等部门发布了《网络借贷信息中介机构业务活动管理暂行办法》,以负面清单形式划定了网贷中介机构的业务边界,明确提出了以下十二项禁止性行为:

(1) 利用本机构互联网平台为自身或具有关联关系的借款人融资;

(2) 直接或间接接受、归集出借人的资金;

(3) 向出借人提供担保或者承诺保本保息;

(4) 向非实名制注册用户宣传或推介融资项目;

(5) 发放贷款,法律法规另有规定的除外;

(6) 将融资项目的期限进行拆分;

(7) 发售银行理财、券商资管、基金、保险或信托产品;

(8) 除法律法规和网络借贷有关监管规定允许外,与其他机构投资、代理销售、推介、经纪等业务进行任何形式的混合、捆绑、代理;

(9) 故意虚构、夸大融资项目的真实性、收益前景,隐瞒融资项目的瑕疵及风险,以歧义性语言或其他欺骗性手段等进行虚假片面宣传或促销等,捏造、散布虚假信息或不完整信息损害他人商业信誉,误导出借人或借款人;

(10) 向借款用途为投资股票市场的融资提供信息中介服务;

(11) 从事股权众筹、实物众筹等业务;

(12) 法律法规、网络借贷有关监管规定禁止的其他活动。

根据《关于办理涉互联网金融犯罪案件有关问题座谈会纪要》,涉互联网金融活动在未经有关部门依法批准的情形下(即违反《商业银行法》、《非法金融机构和非法金融业务活动取缔办法》等现行有效的金融管理法律规定),公开宣传并向不特定公众吸收资金,承诺在一定期限内还本付息的,应当依法追究刑事责任。其中,应重点审查互联网金融活动相关主体是否存在归集资金、沉淀资金,致使投资人资金存在被挪用、侵占等重大风险等情形。对于P2P网络借贷中介机构的以下行为,应当以非法吸收公众存款罪分别追究相关行为主体的刑事责任:

第一,中介机构以提供信息中介服务为名,实际从事直接或间接归集资金,甚至自融或变相自融等行为,应当依法追究中介机构的刑事责任。特别要注意识别变相自融行为,如中介机构通过拆分融资项目期限、实行债权转让等方式为自己吸收资金的,应当认定为非法吸收公众存款。

第二,中介机构与借款人存在以下情形之一的,应当依法追究刑事责任:中介机构与借款人合谋或者明知借款人存在违规情形,仍为其非法吸收公众存款提供服务的;中介机构与借款人合谋,采取向出借人提供信用担保、通过电子渠道以外的物理场所开展借贷业务等违规方式向社会公众吸收资金的;双方合谋通过拆分融资项目期限、实行债权转让等方式为借款人吸收资金的。

三、如何防范金融投融资产品踏入非法集资的"雷池"?

根据上文的分析,金融投融资产品与非法集资行为存在较为明显的区别,只要融资机构严格按照相应金融产品的特征和程序操作,则可防止被界定为非法集资行为。

(一)私募

首先,私募机构应严格规范募集方式,防止采用变相公开的方式进行,不得以广告宣传、以人传人等方式,公开或变相公开地向社会不特定公众发布募集信息,特别是警惕在向亲友或者单位内部人员吸收资金的过程中,明知亲友或者单位内部人员向不特定对象吸收资金而予以放任的行为,或者以推介会的形式向不特定人进行宣传的行为。

其次,私募机构需要审查投资者的资质。私募机构应当为投资者设立一定的筛选条件,从投资者主体资格、投资者资产状况、风险识别能力、风险承受能力等几个方面加以审查,把募集对象定位为具备一定的投资经验和知识,拥有较为雄厚的资产及收入,具有一定抵抗风险能力的合格投资者。

第三,私募机构应当及时、主动披露关键信息。私募机构不仅应当及时向投资人披露资金运作的相关信息,也需要向监管机构披露必要信息,防止出现系统性风险。私募机构应防止对有关信息进行掩饰,如刻意保持神秘性,或者偷换概念,甚至当投资人问及资金去向、投资方向、资金运作情况时,隐瞒实际的亏损状况或编造虚假的盈利信息欺骗投资人。

第四，私募资金应交由第三方托管，防止出现管理人侵占、挪用资金的情形，确保私募基金的独立性，保护资金安全。

《私募投资基金管理暂行条例（征求意见稿）》明确：投资者应当确保投资资金来源合法，不得非法汇集他人资金进行投资。

（二）P2P

防止 P2P 网贷平台涉嫌非法集资，关键在于明确 P2P 网站的平台性质，即 P2P 的本质是交易的平台，只能从事居间服务，不应该介入交易中。平台仅为借贷双方提供信息交互、撮合、资信评估、投资咨询、法律手续办理等中介服务，具体表现为：

首先，网络平台本身不得提供担保，否则将影响到网贷平台的独立性和居间性。

其次，明确 P2P 网络借贷平台的居间性质，通过第三方支付机构建立第三方支付机构托管机制。用户在网络平台上的账户和其在第三方支付机构开立的账户是一一对应的，因此，借款人和出借人之间的资金划付也能做到一一对应，资金不会经过网络平台自己的银行账户或其在第三方支付机构的商户号；由于第三方支付机构具有非金融机构的支付牌照，并且第三方支付机构的账户受到托管银行的监督和央行的监管，因此通过此托管行为可减少甚至消弭资金池或非法吸收公众资金的嫌疑。

再次，P2P 网贷平台应制定和实行身份识别与信息披露规范，识别借款人、贷款人的身份，并对信息发布的真实性和资格的适当性进行管理，防止出现虚假身份；对各个产品的操作流程应该规范化，符合电子签名和电子合同的设立变更终止要求；在信息披露和操作中，严格界定私募界限，防止出现公开募集等情形。

最后，P2P 网贷平台应设计合理合法的交易结构，对资金流和文件信息流等从法律关系明确的角度进行认真梳理，兼顾互联网的商务特点，并对投融资金额和人数进行限制。根据《最高人民法院关于审理非法集资刑事案件具体应用法律若干问题的解释》对于非法集资类犯罪追诉标准的要求，网贷平台应当限制借款人的金额和每笔借款的投资者人数，以免构成非法吸收公众存款罪。

《网络借贷信息中介机构业务活动管理暂行办法》规定：网络借贷信息中介机构按照依法、诚信、自愿、公平的原则为借款人和出借人提供信息服务，维护出借人与借款人合法权益，不得提供增信服务，不得直接或间接归集资金，不得非法集资，不得损害国家利益和社会公共利益。P2P 网贷平台应当回归居间活动主体这一本质,避免非法集资。

第二节 基金子公司"资金池业务"的法律界定

因中信信诚违规办理资金池业务,中国证券投资基金业协会决定自2016年5月1日起暂停受理中信信诚资产管理计划备案,期限为6个月;暂停期满,整改验收合格后,方予恢复受理备案。"信诚资金池事件"迅速在业内引起震动,不少疑似类资金池业务的产品面临内外质疑。尽管监管当局对资金池业务的监管态度是明确的、坚决的,但由于资金池业务的复杂性,深刻领会监管精神,从法律层面准确界定基金子公司资金池业务的特征,就显得尤其重要。

一、关于基金子公司资金池业务的监管环境和监管精神

1. 禁止和清理基金子公司资金池业务是落实收紧影子银行监管大局的必然举措

早在2013年3月银监会下发的《关于规范商业银行理财业务投资运作有关问题的通知》(以下简称"8号文")就已对理财资金投资非标资产作了总量限制,严禁资金池、要求资产一一对应等。2013年12月《国务院办公厅关于加强影子银行监管有关问题的通知》(以下简称"107号文")明确规定,商业银行不得开展理财资金池业务,切实做到资金来源与运用一一对应。107号文还规定信托公司不得开展非标准化理财资金池等具有影子银行特征的业务。银监会办公厅印发的《关于信托公司风险监管的指导意见》(以下简称"99号文")明确规定了监管机构对资金池业务的态度,即不得开展非标准化理财资金池业务,对已开展的要逐步进行清理。

2014年4月证监会出台《关于进一步加强基金管理公司及其子公司从事特定客户资产管理业务风险管理的通知》(以下简称"26号文"),包括此前银监会出台的99号文均是对107号文的落实。二者都明确指出不得开展资金池业务,表明了未来混业经营下监管协同的趋势。为落实26号文,深圳证监局和上海证监局先后下发了加强基金专户业务风险管理的文件,文件内容基本与26号文一致,其中明确重申不得开展资金池业务。2018年4月27日,央行公布的《关于规范金融机构资产管理业务的指导意见》(以下简称《指导意见》)第十五条明确规定了规范资金池的要求:金融机构不得开展或者参与具有滚动发行、集合运作、分离定价特征的资金池业务。

基金子公司开展的资金池业务部分是主动管理型,但更多的是非主动管理型。非主动管理的资金池,通常是基金子公司为银行或者券商搭建的"体外"资金池,流动性由银行和券商提供,基金子公司仅提供账户管理、清算和分配等服务。银行寻求基金子公司合作搭建体外资金池,其动机不外乎通过在银行资金池外挂一个资金池,实现大拆小、长拆短,通过基金子公司这个代理人对入池资产、时机和价格的自主操控,在实现利益最大化的同时还可规避资产负债比例等强制性监管。

但是,个体的受益并不意味着整体利益的增加,8号文、107号文、99号文、26号文以及《指导意见》一脉相承,不放任监管出现破绽和漏洞。避免"东边日出西边雨"的情形是协调监管的内在要求。因此,禁止和清理基金子公司资金池业务是落实收紧影子银行监管大局的必然举措。

2. 禁止和清理基金子公司资金池业务是去杠杆、服务实体经济的需要

各类金融机构都在开展资金池业务,银行理财资金池、信托资金池、券商资管资金池、基金子公司资金池、保险资金池等先后出现,形成一个个"拟制小银行",资金-资产统进统出,资产管理存款化,投资关系债券化。金融机构操作资金池业务,实现期限错配获取利差,还在项目有隐患时保持表面上流动性循环、缓解刚性兑付压力,而且可人为调整收益定价水平,力图方便地维护机构客户关系及同业合作关系,借此增强项目获取和议价能力等。基金子公司作为类信托业务的有力竞争者,在大量开展通道业务的过程中,积极利用资金池业务的价值打开市场,快速获取市场份额,与金融同业建立了良好的合作关系。但是随着实体经济下滑,金融界热衷加杠杆产品,资金在金融体系、房地产、证券市场内部腾挪,风险不断地在大拆小、长拆短的金融创新产品的依托下被隐藏,金融创新技术含量萎缩成通道类套利产品,呈现竞相吸食金融鸦片状态。

中国证券投资基金业协会强调,违规开展资金池业务违背资产管理业务本质,极易形成投资者刚性兑付预期,滑向庞氏骗局,金融风险潜藏期长,一旦爆发,就会给投资者造成重大损失,危害性极大。

3. 禁止和清理基金子公司资金池业务是正本清源、回归资产管理法律本质、截断监管套利、排除金融风险隐患的需要

金融资产管理法律关系,就投资者和金融机构关系而言,或者是信托关系,或者是委托代理关系,都是广义的受信人关系。金融机构作为受托人应为了委托人的利益最大化服务,恪尽职守,履行善良管理和诚实信用的法定义务。而资金池业务则将不同委托人的资金混同使用于资产池,没有体现出

委托人的真实的投资意愿,也无法体现投资者对投资风险和收益的知情权与评价过程,反而成为受托机构出借自身信用进行监管套利的工具。如果放任资金池产品泛滥,就会形成一个个不透明的黑洞,彼此连接,互相接力,彼此连带,将如多米诺骨牌一样累积金融风险。中国证券业协会在信诚资金池案件通告中提出全行业要以全局和长远发展为重,坚守资产管理行业本质,坚持投资者利益至上,向投资者充分信息披露,对投资资产进行公允估值,保证资金来源与资产运用的流动性匹配和对应关系,合规发展,专业投资,加强服务实体经济的能力。

4. 禁止和清理基金子公司资金池业务应坚持实质重于形式的原则

中国证券业协会在信诚资金池案件通告中强调严禁证券投资基金行业开展资金池业务,多次明令禁止,要求按照实质重于形式的原则对违规资金池业务进行甄别,对涉及机构从严处理,对资金池业务进行全面清理,坚决不打违规擦边球,绝不能用形式合规掩盖实质风险,绝不能脱实向虚,绝不能以投资者利益为代价而谋取机构自身利益,绝不能用眼前利益牺牲长远发展。

资金池业务使本来法律关系比较清晰的财富管理产品游离在灰色地带,从资金到实业之间的环节越来越复杂。从表现形式上,资金来源和资金运用的某侧面单看似乎没有什么合规问题,但从全链条立体观察则存在根本问题,包括设立产品的真实目的、风险揭示、宏观政策效应以及具体权利义务分配关系方面均有不妥当之处。

实质重于形式的原则是以透过表面形式以整体穿透方式考察嵌入、连环、并联类的产品架构是否存在迂回规避监管,谋求监管套利,刻意隐藏实质风险,利益分配显失公平,违背投资属性及风险-收益匹配性原则等情形。资金池产品可能滥用主体潜在信用,利用投资者的信任和不成熟的判断力,不当强化投资者刚兑预期。在一款产品不能兑付时如不妥善处置,遇到市场突然下行,则可能火烧连营,加重投资者群体性的怨尤情绪。禁止和清理基金子公司资金池业务的本质功能在于通过排除可能的连带性集团性风险,维护投资者对资产管理产品背后起基础性支撑作用的制度性、体系性、契约性信任。

二、关于基金子公司资金池业务的特征

(一)关于资金池业务的直接规范

26号文规定:资产管理机构应当保证资产管理计划与其自有资产、与其他客户的资产以及不同资产管理计划的资产相互独立,单独设置账户、独立

核算、分账管理。资产管理机构应当按照资产管理合同约定的投资范围、投资策略和投资标准进行投资,不得开展资金池业务,资金存续期限应当与投资期限匹配,资金来源应当与项目投资一一对应,确保投资资产逐项清晰明确,并定期向投资者披露投资组合情况。

2016年7月18日,证监会发布的《证券期货经营机构私募资产管理业务运作管理暂行规定》(以下简称"《私募资管业务暂行规定》")规定:证券期货经营机构不得开展或参与具有"资金池"性质的私募资产管理业务,资产管理计划不得存在以下情形或者投资存在以下情形的其他资产管理产品:(1)不同资产管理计划进行混同运作,资金与资产无法明确对应;(2)资产管理计划在整个运作过程中未有合理估值的约定,且未按照资产管理合同约定向投资者进行充分适当的信息披露;(3)资产管理计划未单独建账、独立核算,未单独编制估值表;(4)资产管理计划在开放申购、赎回或滚动发行时未按照规定进行合理估值,脱离对应标的资产的实际收益率进行分离定价;(5)资产管理计划未进行实际投资或者投资于非标资产,仅以后期投资者的投资资金向前期投资者兑付投资本金和收益;(6)资产管理计划所投资产发生不能按时收回投资本金和收益情形的,资产管理计划通过开放参与、退出或滚动发行的方式由后期投资者承担此类风险,但管理人进行充分信息披露及风险揭示且机构投资者书面同意的除外。

2017年4月7日,中国银监会发布的《关于银行业风险防控工作的指导意见》规定:银行业金融机构应当确保每只理财产品与所投资资产相对应,做到单独管理、单独建账、单独核算;不得开展滚动发售、混合运作、期限错配、分离定价的资金池理财业务;确保自营业务与代客业务相分离;不得在理财产品之间、理财产品客户之间或理财产品客户与其他主体之间进行利益输送。

《指导意见》规定:金融机构应当做到每只资产管理产品的资金单独管理、单独建账、单独核算,不得开展或者参与具有滚动发行、集合运作、分离定价特征的资金池业务。金融机构应当合理确定资产管理产品所投资资产的期限,加强对期限错配的流动性风险管理,金融监督管理部门应当制定流动性风险管理规定。

(二)信诚资金池案例显示的基本特征

截至2015年6月,中信信诚共有几十只资产管理计划相互关联并采用资金池模式运作。这些资产管理计划可以分为三类:一是每日开放的现金管理类资产管理计划(现金管理计划),按照货币基金的估值方法计算并发布年化收益率,投资者可以按此进行申购赎回;二是每月或每季度开放的短期理财类资产管理计划(短期理财计划)。短期理财计划的开放期交错安排,投资者在开放期内按照既定的预期收益率申购赎回。三是有的资产管理专项计划用于投资非标资产(非标专项计划),存续期都在一年以上。现金管理计划和短期理财计划合计总规模的最多约50%投向非标专项计划。当某只短期理财计划进入开放期时,其持有的非标专项计划会转让给其他不在开放期的短期理财计划和每日开放的现金管理计划,待开放期结束后再认购其他进入开放期的短期理财计划转让的非标专项计划,或认购其他非标专项计划。

中信信诚上述三类资产管理计划的运作模式具有以下特征:

一是资金来源与资产运用的流动性无法匹配。现金管理计划每日开放,短期理财计划每月开放或者每季度开放,但是投资标的非标专项计划存续期都在一年以上。为了应对开放需要,现金管理计划和短期理财计划对非标专项计划进行内部交易,短期理财计划滚动发行,从而互相拆借流动性。

二是未能进行合理估值。现金管理计划在投资范围不符合货币基金有关规定的情况下,不得使用货币基金的估值方法。短期理财计划不得对非标专项计划简单采用摊余成本法进行估值,脱离对应资产的实际收益率进行分离定价,应当参照中国证监会《关于进一步规范证券投资基金估值业务的指导意见》(证监会公告〔2008〕38号)的规定,合理确定投资品种的公允价值。

三是未能进行充分信息披露。中信信诚未向投资者披露内部交易模式,未向投资者披露非标专项计划的有关情况。投资者投资决策的主要依据是中信信诚提供的现金管理计划和短期理财计划的收益率水平以及中信信诚的信用状况。在此情况下,投资者极易形成"刚性兑付"预期。

四是存在不同资产管理计划混同运作。2014年8月13日至9月23日,应当分别备案的两个不同的资产管理计划以1期和2期的名义在稳健3号同时存在。中信信诚管理的其他非标专项计划也存在上述混同问题。综上所述,上述三类资产管理计划的运作模式已经构成26号文所禁止的资金池业务。

(三)资金池业务的基本特征

根据监管法规并结合实践经验和上述案例,资金池业务的基本特征包括核心特征和辅助特征。

其核心特征为:

1. 长拆短,资金期和资产期期限错配

期限错配是指资产管理计划定期或不定期(如3个月、6个月)进行滚动发行或开放,资金投向存续期比较长(如3年、5年)的标的(如信托计划、资产管理计划、有限合伙份额等),投资者的投资期限与投资标的的存续期限、约定退出期限存在错配,且资金来源与项目投向无法一一对应。对于滚动发行募集短期资金投资于长期投资项目的("长拆短"),如果每笔资金的投资都能确保资金与项目一一对应,在理论上可以不视为资金池。但是在目前监管环境下,任何"长拆短"的期限错配都存在被认定为违规的可能,除了确保资金与项目一一对应以外,还必须特别注意前一期兑付的本金、收益应当完全来自融资方还本付息或投资产生的现金流,而不是后一期投资者的参与资金。

由于资产池产品的资金来源与资产运用的流动性无法匹配。为了应对开放需要,安排不同期限和流动性的管理计划之间进行关联交易,短期理财计划滚动发行,从而互相拆借流动性。

2. 资金端和资产端混同运作

不同资产管理计划进行混同运作,资金与资产无法明确对应。例如多个资产管理计划交叉投资于多个标的资产的情形,即"资金池"对接"资产池"。又如,基金子公司滚动发行一系列产品,投向同一个项目,或者产品投向没有特定的范围,范围非常宽泛,几乎什么都能投。在会计核算方面表现形式为:资产管理计划未单独建账、独立核算,多个资产管理计划合并编制一张资产负债表或估值表;例如单一资产管理计划下分成若干"子账户",虽然每个子账户的投资都能确保资金与项目一一对应,但共用一张财务报表,未单独建账核算。

3. 产品价格估值不合理,分离定价

各期产品风险收益不匹配。产品净值按照投资标的预期收益率进行估值,后期投资者承担较大风险。产品的收益计算并不直接与投资标的挂钩,而是按照投资期限区分三个月、六个月、一年期收益,管理人给定预期收益率,预期收益也并不是按照资产成本、构建情况测算。分离定价是指资产管理计划在开放参与、退出或滚动发行时未进行合理估值,脱离对应资产的实际收益率、净值进行分离定价。例如资产管理计划投资于非标资产后,虽然发生了投资损益但未进行估值,之后资产管理计划开放,管理人自行确定以单位份额净值1元接受投资者参与,造成实际价值与人为定价的背离。

除了上述核心特征外,一个辅助特征就是信息披露不完整、不准确、不及时,或者根本无法做到准确及时的信息披露。披露的信息常常宽泛、模糊,缺乏针对性和指向,不特定,导致投资者知情权丧失,只能依赖发行者自身信用和信誉判断产品风险和收益水平。在操作时,经常遇到的问题就是先筹资金、后定标的,先后投资有限合伙优先级份额及集合信托,在销售环节常常无法披露具体投资标的,信息披露缺乏时效性和特定性。

资金池产品的总体缺陷是:信息不对称下风险和收益不合理配置。这个总体缺陷是通过上述基本特征综合地表现出来。一个产品是否属于资金池业务,可以按照"3+1"方程——"三个核心特征+一个辅助特征=资金池业务"综合起来加以初步判断。

三、关于资金池业务认定的相关问题

1. 资金池是否限于非标资产

99号文中关于资金池的表述是"信托公司不得开展非标准化理财资金池",而证监26号文的表述是"不得开展资金池业务",新规缩紧程度或甚于信托,证券监管层没有对标准和非标资产池采取不同的监管标准。因此26号文禁止的"资金池"产品,包括标准化理财资金池和非标准化理财资金池,换言之,资产管理计划即便是投资标准化品种,只要符合资金池特征,也有可能被定义为"资金池"产品,从而也在禁止之列。

2. 母子基金如符合资金池特征的,可能被定性为资金池业务

如基金子公司产品设立多个关联子产品,通过子产品募集资金,均投向母产品优先级份额,劣后级份额由银行控股公司认购。母产品一定比例投向非标产品,其余资产投向流动性较强资产。此类产品存在以下特征:一是分期募集,集合运作;二是期限错配,续短为长。所有母子产品均无固定期限,关联子产品每3个月开放一次,母产品每日开放;三是实际收益率与资产收益挂钩。与典型的资金池产品分离定价情形不同;四是资金和资产均来自银行。对接非标资产池的项目均由银行推荐,管理人筛选入池;五是母产品每日开放,定义为现金类产品,但其中一定比例资金投向非标资产。显然,该类母子基金符合资金池的特征,将被定性为资金池业务。

3. 风险处置为目的的资管计划

根据证监会《私募资管业务暂行规定》的规定,资产管理计划所投资产发生不能按时收回投资本金和收益情形的,资产管理计划通过开放参与、退出或滚动发行的方式由后期投资者承担此类风险,但管理人进行充分信息披露及风险揭示且机构投资者书面同意的,可以不认定为资金池。

这种情形为管理人的项目风险处置明确了一条可行路径,但是管理人应特别注意,信息披露和风险揭示务必做充分,须让投资者明确了解、认可其委托资金最终用于投资已发生风险预警或风险事件的项目;如果募集时已有具体的风险处置计划,也应一并向投资者充分披露。

4. 先募后投的资管计划

此类资产管理计划在募集时尚未确定具体投资项目,成立后再由管理人筛选投资项目并运用委托财产,而且资产管理计划运作期设有开放期。

如果该资产管理计划确实是采用了多样化的组合投资策略,而且可以准确估值,并按照估值开放参与、退出,那么就满足了基本的合规性要求。但该种情形要特别注意:一是要确保估值方法的合理性、公允性,不能变相包装为按固定收益退出;二是要确保所投资资产确实属于组合投资标的,不能实际投向少量长期限、非标资产,实际上又构成期限错配;三是在募集时资产管理合同中应当明确约定标的筛选原则、投资策略等事项。

5. 标准化资管计划

对于真实投资于标准化证券的资产管理计划产品,如果按照规定合理、公允估值,投资者按照净值参与、退出,且退出资金没有得到任何本金和收益保证,一般应不属于资金池。但如果符合资金池业务"3+1"特征的,也可被认定为资金池业务。

第三节 去杠杆化背景下结构化资管产品的监管规则

一、结构化资管新政的时代背景

结构化资管产品在资产管理行业广泛存在,包括信托类、证券期货类、保险类等持牌机构发行的各类产品。在新经济形势下如何更好地监管此类产品,正成为中国资管行业的重大课题。

随着去杠杆化的宏观调控方向的推进,各类持牌资管产品的监管政策有趋同的必要和趋势。其必要性在于实质性混业经营和广泛的金融机构间合作,弱化了原先分业监管的效能;宏观审慎监管的力度也被侵蚀软化。金融创新在某些领域出现过度和方向性失误,亟须正本清源和规制引领,为此,监管协调成为必要。在资管产品的监管上,因需要贯彻国务院供给侧结构性改革的大政方针而呈现趋同,表现为:强调"实质重于形式"原则,穿透核查方法普遍通行;强化信息披露,防范误导;强调保护投资者,防止利益输送;降低杠杆率,防范风险过度集中;禁绝资金池,防止期限错配、人为掩藏风险和庞氏骗局,等等。

结构化资管产品滥觞于结构化信托业务。结构化信托业务是指信托公司根据投资者不同的风险偏好对信托受益权进行分层配置,按照分层配置中的优先与劣后安排进行收益分配,使具有不同风险承担能力和意愿的投资者通过投资不同层级的受益权来获取不同的收益并承担相应风险的集合资金信托业务。《中国银行业监督管理委员会〈关于加强信托公司结构化信托业务监管有关问题的通知〉》(银监通〔2010〕2号)(以下简称"《办法》")对信托公司开展结构化信托业务进行了规定,应当严格遵循以下原则:依法合规原则;风险与收益相匹配原则;充分信息披露原则;公平公正,注重保护优先受益人合法利益原则。该《办法》原则规定,结构化信托业务产品的优先受益人与劣后受益人投资资金配置比例大小应与信托产品基础资产的风险高低相匹配,劣后受益权比重不宜过低,但未做具体规定。2016年《中国银监会办公厅关于进一步加强信托公司风险监管工作的意见》(银监办发〔2016〕58号)督促信托公司合理控制结构化股票投资信托产品杠杆比例,优先受益人与劣后受益人投资资金配置比例原则上不超过1∶1,最高不超过2∶1,不得变相放大劣后级受益人的杠杆比例。

为贯彻落实国务院"去杠杆、防风险"的指示精神,规范组合类保险资产管理产品试点业务,切实防范业务风险,中国保监会印发了《关于加强组合类保险资产管理产品业务监管的通知》(保监资金〔2016〕104号),保监会严禁对个人投资者发售结构化产品,对结构投资者发售的产品权益类、混合类分级产品杠杆倍数超过1倍,其他类型分级产品杠杆倍数超过3倍。这里的权益类包括场内的股票和场外非上市股权。

2016年7月14日,证监会公布了《证券期货经营机构私募资产管理业务运作管理暂行规定》(证监会公告〔2016〕13号,以下简称《暂行规定》),并从2016年7月18日开始实施。大体上说,证监会发布的《暂行规定》细化了原来所谓的"八条底线",业内称之为"新八条底线",可以说它全面总结了私募资管产品的监管原则,对持牌机构的非公开机构化资管产品具有普遍的借鉴意义。

首先从法律进化的角度应该对"新八条底线"充分肯定,因为细究这八条底线,其逻辑起点就在于以受托责任为核心强化其审慎管理义务和诚信义务两大基本支柱,达到保护投资者利益的根本宗旨。无疑,这是非常正确的规制方向。然而,市场是动态变化的,尤其是中国目前仍然处于彼此分割的市场状态下,所谓监管套利自有主观和客观两方面的互动和渗透因素,甚至具有必然性或者说合理性。市场的选择即趋利避害行为,不可做简单的价值判断,很多时候是一种现存状态。"新八条底线"之从严管控之下,证券期货资管产品有秋风萧瑟之态,而信托那一面似乎出现了小阳春局面,通道有所转换。靠通道业务起家的基金子公司面临巨大压力,业务陷入滞涨;不少私募发行开始回归信托平台,信托公司小发了一笔意外之财。

具体到结构化资管产品,可以说结构化产品在信托端被引入中国资管阵地,此方面的监管原则和规则的集大成却是在证券监管领域。《暂行规定》大体上延续了基金业协会2015年3月颁布的《证券期货经营机构落实资产管理业务"八条底线"禁止行为细则》(以下简称"《2015年3月版细则》")、2016年5月发布的《证券期货经营机构落实资产管理业务"八条底线"禁止行为细则(修订版,征求意见稿)》(以下简称"《细则征求意见稿》")以及该意见稿的正式版本即2016年7月公布的《证券期货机构私募资产管理业务运作管理暂行规定》的思路,但与作为基金业协会自律规则的《2015年3月版细则》、《细则征求意见稿》不同的是,该规定由证监会以部门规范性文件的形式公布实施,其效力层级更高、适用范围更广、法律责任也更加严格全面。为进一步细化和明确私募资管产品备案管理要求,根据《暂行规定》相关规定,经证监会批准同意,2016年10月21日,基金业协会研究制定并发布了《证券期货经营机构私募资产管理计划备案管理规范第1—3号》。

因此,有必要对去杠杆化背景下结构化资管产品的监管规则加以考察,以利于实务把握。由于结构化资管产品涉及不同的主体,甚至监管机构也比较多,梳理其监管规则的趋同和差异,是一个相当复杂的任务。限于篇幅,下文以证监条线的私募结构化资管产品为主进行初步分析。

二、结构化资管产品的去杠杆化为何重要

发展结构化资管产品应立足于服务实体经济,在监管手段上分质、量,或者说定性、定量两个方面。在定性方面主要是前文所述的以受托责任为核心强化其谨慎管理义务和诚信义务两大基本支柱,以达到保护投资者利益的根本宗旨,并下设若干具体规则例如销售、信息披露、投资者保护等。定量监管主要是控制杠杆倍数。简单说,杠杆率即"杠杆倍数=优先级份额/劣后级份额"。结构化资产管理计划若存在中间级份额,应当在计算杠杆倍数时计入优先级份额,也就是最后一档才是劣后级。

从2016年、2017年三会陆续发布的相关规定看,服务于去杠杆化的总目标,资管产品的杠杆率是萧条的。

经济意义上的"杠杆",是指通过借债,以较小规模的自有资金撬动大量资金、扩大经营规模。个人融资融券、企业向银行借贷、政府发行地方债等,都是"加杠杆"的行为。"杠杆化"指的就是借债进行投资运营,以较少的本金

获取高收益。这种模式在金融危机爆发前为不少企业和机构所采用,特别是投资银行,杠杆化的程度一般都很高。当市场向好时,这种模式带来的高收益使人们忽视了高风险的存在,等到市场开始走下坡路时,杠杆效应的负面作用开始凸显,风险被迅速放大。

如果杠杆率过高,债务增速过快,还债的压力就会反过来拖累经济发展。特别是在经济下行周期,这样的压力有时候可能会导致严重的债务危机乃至金融危机。在经济下行时期,这个风险也会随之放大。现在我国经济增长放缓,投资风险自然比以前要大。为有效控制风险,必须有一个"去杠杆"的过程。

"去杠杆化"就是一个公司或个人减少使用金融杠杆的过程,就是把原先通过各种方式或工具借到的钱还回去的过程。债务其实就是对信用的一种透支,滥用信用就会造成债务风险,并最终导致债务危机。从资产负债表的角度看,经济周期波动往往体现为经济体系杠杆率的调整过程。在杠杆的巨大"力量"下,各个金融机构之间交错的证券投资和质押信贷在无形中乘数化地放大了收益和风险。这种情况下,杠杆越大风险越高,波及面也越广。高杠杆率隐含着高风险,国际上重大金融经济危机基本都与高杠杆率密切相关。次贷危机是因为居民在房地产市场的高杠杆,日本在20世纪90年代危机是企业和房地产高杠杆所致,东南亚金融危机、拉美金融危机则是国外债务高杠杆的结果,美国也曾由次贷危机引发金融海啸,进而影响实体经济的运行。

与需求侧(投资、消费、出口"三驾马车")对应,供给侧则有劳动力、资本、技术与制度四大要素,这四大要素的改进本质上是一个长期的过程。中共中央提出,推进供给侧结构性改革是当前和今后一个时期我国经济工作的主线,往远处看,也是我们跨越中等收入陷阱的"生命线",是一场输不起的战争。"去杠杆"亦是供给侧改革的五大任务(去产能、去库存、去杠杆、降成本、补短板)之一,对于中国经济健康发展有重要意义。在上述背景下,我们不难理解为什么三会不约而同地在监管文件中把杠杆率作为重要的监管抓手着重予以调整了。

一句话,去杠杆化就是结构化资管产品的终极监管目标。

三、结构化资产管理计划是如何被监管的

(一)结构化资产管理计划的内涵与分类

结构化资产管理计划,是证券期货经营机构(证券公司、基金管理公司、

期货公司及其依法设立的从事私募资产管理业务的子公司)发行的存在一级份额以上的份额为其他级份额提供一定的风险补偿,收益分配不按份额比例计算,由资产管理合同另行约定的资产管理计划(但资产管理合同约定,由资产管理人以自有资金提供有限风险补偿,且不参与收益分配或不获得高于按份额比例计算的收益的资产管理计划,不属于结构化资产管理计划)。类型如下:

(1)股票类结构化资产管理计划,是指根据资产管理合同约定的投资范围,投资于股票或股票型基金等股票类资产比例不低于80%的结构化资产管理计划。

(2)固定收益类结构化资产管理计划,是指根据资产管理合同约定的投资范围,投资于银行存款、标准化债券、债券型基金、股票质押式回购以及固定收益类金融产品的资产比例不低于80%的结构化资产管理计划。

(3)混合类结构化资产管理计划,是指资产管理合同约定的投资范围包含股票或股票型基金等股票类资产,但相关标的投资比例未达到第(1)项、第(2)项相应类别标准的结构化资产管理计划。

(4)其他类结构化资产管理计划,是指投资范围及投资比例不能归属于前述任何一类的结构化资产管理计划。

(二)结构化资产管理计划的基本设计原则

证券期货经营机构设立结构化资产管理计划,应遵循利益共享、风险共担、风险与收益相匹配的原则。在降低资金端、投资端杠杆率的同时,法规已经对传统结构化理财产品内涵给予强制性约束和重建。《暂行规定》在《细则征求意见稿》"利益共享、风险共担"的基础上,进一步提出结构化资产管理计划应当遵守"利益共享、风险共担、风险与收益相匹配"的原则。根据"利益共享"的原则,当结构化资产管理计划整体盈利时,必须确保优先级份额和劣后级份额都可分取收益;当结构化资产管理计划整体亏损时,基于"风险共担"的原则,优先级份额和劣后级份额也都应承担损失,即不应出现一类份额亏损而另一类份额盈利的情形。基于"风险与收益相匹配"的原则,在计划整体亏损/盈利时,优先级份额可约定比劣后级份额少承担损失/少获取收益。

"利益共享、风险共担"原则说的是结构化资产管理计划整体产生收益或出现投资亏损时,所有投资者均应当享受收益或承担亏损,不能够出现某一级份额投资者仅享受收益而不承担风险的情况。换言之,产品整体净值≥1时,劣后级投资者不得亏损;产品整体净值<1时,优先级投资者不得盈利或保本。在上述底线要求上,结构化资产管理计划可对各类份额的风险与收益

分配进行约定,但应当公平恰当,不得存在利益输送。简言之,在结构化资产管理计划发生亏损时,优先级份额不能有任何收益(包括提前计提收益)而且需要共同承担亏损,比例自行约定。这意味着优先级份额和劣后级份额约定的亏损分担比例和收益分担比例可以完全不一致。

"利益共享、风险共担"的原则其实在基金业协会的《证券期货经营机构私募资产管理计划备案管理规范第 3 号——结构化资产管理计划》(以下简称"《备案指引 3 号》")中已经有体现。《备案指引 3 号》中指出,所谓利益共享、风险共担、风险与收益相匹配,是指在结构化资产管理计划产生投资收益或出现投资亏损时,所有投资者均应当享受收益或承担亏损,但优先级投资者与劣后级投资者可以在合同中合理约定享受收益和承担亏损的比例,且该比例应当平等适用于享受收益和承担亏损两种情况。

为此,《暂行规定》明确规定,不得直接或者间接对优先级份额认购者提供保本保收益安排,包括但不限于在结构化资产管理计划合同中约定计提优先级份额收益、提前终止罚息、劣后级或第三方机构差额补足优先级收益、计提风险保证金补足优先级收益等。禁止计提优先级份额收益,通常体现为将优先级份额收益计提为负债,无论计划最终是否亏损,都按照该等计提数额向优先级份额支付收益,即在计划盈亏未知时,资管合同约定确保优先级份额收益实现。定向增发项目的资管合同约定,产品因未获配定增股票而提前终止时,资管合同约定劣后级份额须向优先级份额支付资金作为罚息,即属于提前终止罚息。禁止劣后级委托人或第三方差额补足收益,通常体现为当结构化资产管理计划实际收益不足以满足优先级委托人所期待获得的利益时,资管合同约定由劣后级委托人以委托财产外的自有资金或第三方以自有资金补足。

那么,如何处理盈利和亏损的分配呢?根据《备案指引 3 号》,结构化资产管理计划应当根据投资标的实际产生的收益进行计提或分配,出现亏损或未实际实现投资收益的,不得计提或分配收益。资产管理人可以按照《暂行规定》要求,通过以自有资金认购的结构化资产管理计划份额先行承担亏损的形式提供有限风险补偿,但不得以获取高于按份额比例计算的收益、提取业绩报酬或浮动管理费等方式变相获取超额收益。此外,《〈证券期货经营机构私募资产管理业务运作管理暂行规定〉制定说明》提出,其目的在于回归资管业务的本源,避免结构化资产管理计划成为单纯的"类借贷"业务。因此,结构化资产管理计划的投资者不得直接或间接影响资产管理人投资运作(提供投资建议服务的第三方机构同时认购优先级份额的情况除外),不得通过合同约定将结构化资产管理计划异化为优先级投资者为劣后级投资者变相提供融资的产品。

（三）对结构化资产管理计划劣后级份额认购者的身份及风险承担能力进行充分适当的尽职调查

不对劣后级份额认购者进行身份核实和风险评估，容易导致一些纠纷，导致监管的压力，对此进行尽职调查也是体现"卖者尽责"的原则。《私募投资基金募集行为管理办法》（以下简称"《募集行为管理办法》"）第十八条规定，在向投资者推介私募基金之前，募集机构应当采取问卷调查等方式履行特定对象确定程序，对投资者风险识别能力和风险承担能力进行评估。投资者应当以书面形式承诺其符合合格投资者标准。投资者的评估结果有效期最长不得超过3年。募集机构逾期再次向投资者推介私募基金时，需重新进行投资者风险评估。同一私募基金产品的投资者持有期间超过3年的，无需再次进行投资者风险评估。投资者风险承担能力发生重大变化时，可主动申请对自身风险承担能力进行重新评估。此外，应该注意，《募集行为管理办法》第二十条规定，募集机构通过互联网媒介在线向投资者推介私募基金之前，应当设置在线特定对象确定程序，投资者应承诺其符合合格投资者标准。前述在线特定对象确定程序包括但不限于：投资者如实填报真实身份信息及联系方式；募集机构应通过验证码等有效方式核实用户的注册信息；投资者阅读并同意募集机构的网络服务协议；投资者阅读并主动确认其自身符合《募集行为管理办法》第三章关于合格投资者的规定；投资者在线填报风险识别能力和风险承担能力的问卷调查；募集机构根据问卷调查及其评估方法在线确认投资者的风险识别能力和风险承担能力。

（四）杠杆限制

对于具体产品，根据《暂行规定》，不得令股票类、混合类结构化资产管理计划的杠杆倍数超过1倍，固定收益类结构化资产管理计划的杠杆倍数超过3倍，其他类结构化资产管理计划的杠杆倍数超过2倍。

结构化资产管理计划的总资产占净资产的比例不得超过140%，非结构化集合资产管理计划（即"一对多"）的总资产占净资产的比例不得超过200%。净资产＝所有者权益（包括实收资本或者股本、资本公积、盈余公积和未分配利润等）＝资产总额－负债总额。

但是，《证券公司定向资产管理业务实施细则》第三十五条规定，"单只集合计划参与证券回购融入资金余额不超过该计划净值的40%，中国证监会另有规定的除外"，两部法规的要求不一致，该如何适用？对于监管法规冲突，为防止套利,除非有冲突适用的特别规定,中国证监会其他规定的要求严于《暂行规定》的,从其规定。这里需要注意区分融资比例和结构化杠杆比例。在《暂行规定》中规定平层产品的融资比例200%显然和此前规定冲突属于立法层面的技术细节,这里明确最终适用140%的上限规定。

那么,嵌套投资于其他资产管理产品的结构化资产管理计划如何进行分类、确定杠杆倍数?主要投资于非标准化债权资产的结构化资产管理计划如何进行分类、确定杠杆倍数?根据监管窗口指导,投资于公开募集证券投资基金,达到《暂行规定》第十条第(三)至第(五)项的比例要求,可归类为股票类、固定收益、混合类结构化资产管理计划,主要投资于公开募集证券投资基金以外的其他资管产品,按照以下顺序确定资产管理计划的分类:(1)如被投资产品合同明确约定投资于银行存款、标准化债券等固定收益类金融资产的比例不低于80%,视同投资于固定收益类金融产品;(2)如投资产品不符合第1项条件,如投资范围包括股权类资产,视同投资于股票类资产;(3)被投资产品不能归类于上述两类,按照其他结构化资产管理计划处理。结构化资产管理计划主要区别于非标准化债权产品,应当归属于"其他类",杠杆倍数不得超过2倍。

从严适用是原则,对于非标类结构化资产管理计划而言,虽然其投资标的也可能呈现固定收益,但由于非标类资产并不属于固定收益类结构化资产管理计划定义中的投资范围,因此其也应当归属于"其他类"结构化资产管理计划,并进而适用2倍杠杆的限制,而非固定收益类分级产品的3倍杠杆。可见,如果上层资产管理计划嵌套其他私募资管计划,底层私募计划如果投资范围包含股票,且固定收益类约定投资比例不到80%,那么上层私募资管计划就按照股票类进行分类,上层结构化私募产品优先和劣后比例不超过1:1。

根据央行于2018年4月27日发布的《关于规范金融机构资产管理业务的指导意见》)(以下简称"《指导意见》"),资产管理产品的分类标准如下:固定收益类产品投资于存款、债券等债权类资产的比例不低于80%,权益类产品投资于股票、未上市企业股权等权益类资产的比例不低于80%,商品及金融衍生品类产品投资于商品及金融衍生品的比例不低于80%,混合类产品投资于债权类资产、权益类资产、商品及金融衍生品类资产且任一资产的投资比例未达到前三类产品标准。非因金融机构主观因素导致突破前述比例限制的,金融机构应当在流动性受限资产可出售、可转让或者恢复交易的15个交易日内调整至符合要求。

分级私募产品的总资产不得超过该产品净资产的140%。分级私募产品应当根据所投资资产的风险程度设定分级比例(优先级份额/劣后级份额,中间级份额计入优先级份额)。固定收益类产品的分级比例不得超过 3∶1,权益类产品的分级比例不得超过 1∶1,商品及金融衍生品类产品、混合类产品的分级比例不得超过 2∶1。发行分级资产管理产品的金融机构应当对该资产管理产品进行自主管理,不得转委托给劣后级投资者。

对于公募产品、开放式私募产品,不得进行份额分级。

(五) 穿透核查

根据《暂行规定》,不得存在通过穿透核查结构化资产管理计划投资标的,结构化资产管理计划嵌套投资其他结构化金融产品劣后级份额的情况。资管计划可以投优先级份额,不能投劣后级份额。否则,无法保证资管计划优先级份额的本金安全且放大了资管计划劣后级份额的风险。关于投资标的,要贯彻国家宏观经济政策,证券期货经营机构发行的资产管理计划不得投资于不符合国家产业政策、环境保护政策的项目(证券市场投资除外),包括但不限于以下情形:投资项目被列入国家发展改革委最新发布的淘汰类产业目录;投资项目违反国家环境保护政策要求;通过穿透核查,资产管理计划最终投向上述投资项目。

《指导意见》规定,对于已经发行的多层嵌套资产管理产品,向上识别产品的最终投资者,向下识别产品的底层资产(公募证券投资基金除外)。

如果其他金融产品嵌套投资于证券期货经营机构的资产管理计划,对管理人有何监管要求?

根据《备案指引 3 号》,结构化资产管理计划合同中应明确其所属类别,约定相应投资范围及投资比例、杠杆倍数限制等内容。合同约定投资其他金融产品的,资产管理人应当依据勤勉尽责的受托义务要求,履行向下穿透审查义务,即向底层资产方向进行穿透审查,以确定受托资金的最终投资方向符合《暂行规定》在杠杆倍数等方面的限制性要求。证券期货经营机构不得以规避《暂行规定》及指引规范要求为目的,故意安排其他结构化金融产品作为委托资金,通过嵌套资产管理计划的形式,变相设立不符合规定的结构化资产管理计划,或明知委托资金属于结构化金融产品,仍配合其进行止损平仓等保本保收益操作。管理人故意安排其他结构化资管产品作为委托资金,以规避《暂行规定》对结构化资产管理计划的杠杆倍数限制;或明知委托资金为结构化杠杆产品,仍配合其进行止损平仓等保本收益操作的,属于变相规避监管行为。对此,监管部门将对相关机构予以重点关注,情节严重的,追究机构及相关人员的责任。

《暂行规定》第四条第(五)项规定,结构化资产管理计划不得嵌套投资其他结构化金融产品劣后级份额。依据该等规定,结构化资产管理计划的投资标的将不得包含结构化产品的劣后级份额,本处"结构化金融产品"除了《暂行规定》项下的资管计划以及私募证券投资基金管理人发行的结构化基金产品,还应当包括信托等其他金融机构的结构化产品。上述规定仅仅是对结构化资产管理计划的投资端限制,而并未明确提及结构化资产管理计划的劣后级份额能否接受除《暂行规定》规制之外其他结构化金融产品(如结构化信托)的认购。在政策未明朗之前,资产管理人谨慎承做此类业务,毕竟该结构的目的是为结构化信托放大杠杆,与《暂行规定》降低杠杆的要求有所冲突。

四、结论和展望

资管市场日益壮大,结构化资管产品的市场空间很大,但监管趋势从紧从严,且这一趋势短期内无改变的迹象。

在伞形信托"斩首"、私募重新登记、互联网金融整治等一系列动作背后,在影子银行备受监管部门重点关注之后,我们迎来任务艰巨的供给侧改革。其中去杠杆成为结构化资管产品监管重塑的目标之一。

我们必须注意到监管部门已经逐渐协调起来的现实,把目光凝聚在宏观审慎监管构架的搭建,那么在统合监管体制确定之前,作为过渡性手段的实质重于形式和穿透核查将成为微观审慎监管的必选武器。当监管责任被大局责任所托付,当微观审慎监管逐渐被宏观审慎监管所调制,当机构监管日渐式微、在实质上或被功能性行为监管所浸染,对于资管产品尤其是所谓嵌套、跨界资管产品,更加严格、细致的金融监管规则的出台,也不是什么出乎意料的事情。

在去杠杆化的大背景下,金融不能游离于服务实体经济和正向促进供给侧改革的大局,理解了这一点,就不难理解监管规则背后的决定性的监管逻辑和理念。收紧和放松之间,所谓金融创新的弹性空间也是变动的,正是那句应景的话:唯一不变的是变化。

第四节 资产管理产品中的收益权法律实务

一、问题的提出

金融交易的标的是利益、风险或其组合,从法律上看,金融产品(含金融工具)是一系列权利的载体。随着金融创新日益发展，人们发现：普通财产权的金融化迫切需要以解决其可交易、价值发现、流动性作为前提，资产证券化已成为"优选项"。财产权经过资产证券化的熔融之后，才能更加便捷地与金融交易的数字化、电子化要求相契合。

而当下中国资管产品及资产证券化产品越来越离不开"收益权"这一极具弹性又富有争议的概念。概言之，收益权是债权之一种。与物权相比，债权的创设、交易更加自由、便捷，富有效率。因此，大量的金融产品所内含的权利主要是债权及附属权利。收益权的丰富性与复杂性更是远超债权。比如，实践中收益权因基础资产（标的资产）的不同被相应细分为债权收益权、股权（票）收益权、租赁收益权、票据收益权、信用证收益权、有限合伙份额收益权、私募基金份额收益权、资管产品份额收益权、债券收益权、保单收益权、物业收益权、知识产权收益权、土地承包经营收益权、林地经营收益权、园区收费收益权、路桥隧收费收益权、海滩收益权、城市基础设施（电力、热气等）经营收益权、特定项目/资产（如PPP项目、房地产等）收益权等。

下文主要介绍收益权在金融创新中遇到的法律问题。收益权目前在中国金融领域"应用场景"最多的是信托投资以及资产证券化行业，排除归其为规避金融监管怪胎的诘问之外，从建设性角度看，人们提出的问题也是一系列的，包括：究竟什么是收益权，能否作为信托财产，可否作为资产证券化的基础资产，司法界对此类纠纷如何定性，等等。此外，还有人将收益权与受益权不加区分地使用，造成一定混淆，有必要对两者进行辨析。概言之，与收益权属于约定权利不同，受益权则属法定权利，其大类主要是信托受益权、保险受益权。

二、有关收益权的法规政策

收益权的规定散见于经济政策、司法解释、行业主管规定、金融监管规范。

（一）法律层面

在我国人大常委会制定的法律层面，并无收益权的直接规定，但因收益权为金钱债权，收益权可理解为《物权法》第二百二十三条第六项的"应收账款"范畴。

法律层面未直接规定收益权，但对于公路收费权有规定。《公路法》规定，有偿转让公路收费权的公路，收费权转让后，由受让方收费经营。但是，收益权和收费权不可等同，收费权是受到行政法、经济法管理的权利，例如《公路法》规定："受让收费权或者由国内外经济组织投资建成经营的公路的养护工作,由各该公路经营企业负责。各该公路经营企业在经营期间应当按照国务院交通主管部门规定的技术规范和操作规程做好对公路的养护工作。"由于收费的标准和期限等权利要素以及收费权益的转让程序、生效条件均由法律规定,属于行政性合同,并不允许当事人任意约定,因此,收费权本身的转让和收益权的创设与转让不可画等号。例如《收费公路权益转让办法》规定:"公路收费权益转让合同自公路收费权转让批准之日起生效。"

公路所有权、公路收费权、公路收费收益权是三个层次的权利形态,分别对应物权(有形物所有权)、收费权(行政合同权利)、金钱债权(现金流受让)。《收费公路权益转让办法》规定:"受让方依法拥有转让期限内的公路收费权益,转让收费公路权益的公路、公路附属设施的所有权仍归国家所有。"

(二)国务院行政法规与政策

国务院办公厅2001年9月29日转发的《国务院西部开发办〈关于西部大开发若干政策措施的实施意见〉》(国办发〔2001〕73号)中提出,"对具有一定还贷能力的水利开发项目和城市环保项目(如城市污水处理和垃圾处理等),探索逐步开办以项目收益权或收费权为质押发放贷款的业务",首次明确可试行将污水处理项目的收益权进行质押。

《收费公路管理条例》规定,收费公路权益,是指收费公路的收费权、广告经营权、服务设施经营权。"依照本条例的规定转让收费公路权益的,应当向社会公布,采用招标投标的方式,公平、公正、公开地选择经营管理者,并依法订立转让协议。转让政府还贷公路权益中的收费权,可以申请延长收费期限,但延长的期限不得超过5年。转让经营性公路权益中的收费权,不得延长收费期限。"

《森林法实施条例》规定,用材林、经济林和薪炭林的经营者,依法享有经营权、收益权和其他合法权益。

(三)司法解释

《担保法》司法解释第九十七条规定:"以公路桥梁、公路隧道或者公路渡口等不动产收益权出质的,按照担保法第七十五条第(四)项的规定处理。"

第七十五条第(四)项的规定是一个补充性规定,即属于"(四)依法可以质押的其他权利",给予经营权、收费权作为可以出质的权利留下了法律空间或法律依据。由于在物权法理上,质押的前提是质物的可让与,因此,转让这些收益权也符合司法解释所依赖的基本理论。

(四)行业主管规定

《农村电网建设与改造工程电费收益权质押贷款管理办法》(2000年3月

1日实施）规定："本办法所称电费收益权,是指电网经营企业,按国家有关规定,经国家有关部门批准,以售电收入方式,获取一定收益的权利。电费收益权质押,是指电网经营企业以其拥有的电费收益权作担保,向银行申请贷款用于农村电网建设与改造工程的一种担保方式。"

《国务院关于收费公路项目贷款担保问题的批复》（1999年4月26日实施）规定,公路建设项目法人可以用收费公路的收费权质押方式向国内银行申请抵押贷款,以省级人民政府批准的收费文件作为公路收费权的权力证书,地市级以上交通主管部门作为公路收费权质押的登记部门。质权人可以依法律和行政法规许可的方式取得公路收费权,并实现质押权。

《收费公路权益转让办法》规定,收费公路权益转让,是指收费公路建成通车后,转让方将其合法取得的收费公路权益有偿转让给受让方的交易活动。国家允许依法转让收费公路权益,同时对收费公路权益的转让进行严格控制。同一个收费公路项目的收费权、广告经营权、服务设施经营权,可以合并转让,也可以单独转让。

（五）金融监管规范

2017年12月1日生效的《应收账款质押登记办法》第二条规定：应收账款是指权利人因提供一定的货物、服务或设施而获得的要求义务人付款的权利以及依法享有的其他付款请求权,包括现有的和未来的金钱债权,但不包括因票据或其他有价证券而产生的付款请求权,以及法律、行政法规禁止转让的付款请求权,其中包括能源、交通运输、水利、环境保护、市政工程等基础设施和公用事业项目收益权。

《证券公司及基金管理公司子公司资产证券化业务管理规定》指出,基础资产可以是企业应收款、租赁债权、信贷资产、信托受益权等财产权利,基础设施、商业物业等不动产财产或不动产收益权,以及中国证监会认可的其他财产或财产权利。

《证券期货经营机构私募资产管理计划备案管理规范第4号——私募资产管理计划投资房地产开发企业、项目》规定："证券期货经营机构设立私募资产管理计划,投资于房地产价格上涨过快热点城市普通住宅地产项目的,暂不予备案,包括但不限于以下方式：……（三）受让信托受益权及其他资产收(受)益权；……"

根据《中国银监会办公厅关于规范银行业金融机构信贷资产收益权转让业务的通知》（2016年4月28日实施,银监办发〔2016〕82号）规定,转出方银行依然要对信贷资产全额计提资本,即会计出表,资本不出表,以防规避资本要求;出让方银行不得通过本行理财资金直接或间接投资本行信贷资产收益权,不得以任何方式承担显性或者隐性回购义务。

银登中心《信贷资产收益权转让业务规则(试行)》规定:"本规则信贷资产收益权是指获取信贷资产所对应的本金、利息和其他约定款项的权利。"交易模式是按照由信托公司设立信托计划受让商业银行信贷资产收益权的模式进行,其相关资产不计入非标资产统计,而是单独在理财登记系统中列示,即"非非标"。

三、资产收益权作为信托财产的法律问题

(一)股权收益权信托产品的个别分析

随着金融创新的迅速发展,收益权被广泛运用于国内金融实践。金融机构创制了种类繁多的"资产收益权"投资产品。其中,股权(份)收益权信托产品最为常见,以下对此进行个别分析。

该类产品基本概要为:(1)信托公司发行信托计划,该信托计划的信托受益权区分为优先受益权与一般受益权。其中,优先受益权认购资金向社会投资者募集,一般受益权认购资金向持有目标股权的特定投资者(简称"持股人")募集。(2)信托公司以信托资金购买持股人所持目标股权的股权收益权。该股权收益权转让交易是信托公司与持股人之间互负义务的买卖交易,信托公司有义务向持股人支付购买价款;持股人有义务将"目标股权在转让日后产生的股息红利以及持股人在约定期间内卖出目标股权后取得的股权卖出款"的等额资金支付给信托公司。(3)信托公司取得持股人支付的"目标股权股息红利以及卖出款"等额资金后,作为信托计划项下信托利益的来源,在扣除必要信托费用后优先向优先受益人分配信托利益,仍有余额或其他财产的分配给一般受益人(持股人)后,信托计划终止。

对于股权收益权产品的合法性,可从多个维度加以探讨:

首先,股权收益权转让交易是信托公司与持股人之间关于"未来债权"的买卖交易,符合《合同法》的规定。

股权收益权是目标股权产生的未来现金流,是"未来债权"。股权收益权转让交易中,持股人有义务将"目标股权在转让日后产生的股息红利以及持股人在约定期间内卖出目标股权后取得的股权卖出款"的等额资金支付给信托公司。该"股息红利与目标股权卖出款"可以用通俗语言概括表述为"目标股权产生的未来现金流",该未来现金流是持股人在未来可以享有的未来债权。

持股人有权卖出目标股权的"未来债权",该买卖行为符合《合同法》的规定。持股人持有目标股权,在目标股权分配股息红利时,当然有权从目标公司取得该股息红利;同时,持股人在约定期间内向第三人卖出目标股权时,当然有权从第三人处取得股权卖出款。同样,持股人也当然有权处分其取得的股息红利与股权卖出款。因此,股权收益权转让,是持股人将"股息红利与股权卖出款"这种未来现金流(未来债权)卖给信托公司的买卖交易。根据《合同法》第一百三十二条的规定,出卖人有权卖出其所有或者有权处分的标的物;因此,股权收益权转让交易符合《合同法》的规定。

其次,"未来债权"转让符合国际惯例和中国的法律实践。

"未来债权"转让是持股人现在处分其未来才能取得的资产(现金流等)。该种处分未来债权的做法既符合国际惯例,也符合中国法律。

未来债权的买卖符合国际惯例。《联合国国际贸易应收账款转让公约》第 8 条第 2 款规定:"除非另行议定,一项或多项未来应收款的转让无须逐项应收款转让办理新的转移手续即可具有效力。"

未来债权质押在中国已有明文规定。中国人民银行依据《物权法》颁布的《应收账款质押登记办法》第四条规定:"本办法所称的应收账款是指权利人因提供一定的货物、服务或设施而获得的要求义务人付款的权利,包括现有的和未来的金钱债权及其产生的收益。"因此,以设立质押方式处分未来债权,在中国已有明文规定。

未来债权买卖在中国已有类似案例。除股权收益权转让这种未来债权买卖交易外,中国金融实践中已经存在多种未来债权买卖,例如金融机构买入"某物业未来三年的租金收入",金融机构买入"某高速公路未来五年的通行费收入"。因此,未来债权在中国已经有其他类似案例。

第三,将股权收益权理解为股权的自益权并不准确。

在公司制度下,股权是股东对公司享有的权利,主要有"表决权(参与公司管理)与自益权(取得股息红利以及在公司破产时取得剩余财产)"两项权能。表决权与自益权都不能从股权中分割出来、独立转让。也就是说,只有股东才有权从目标公司取得股息红利,不是股东的人不可能从目标公司取得股息红利。

因此,有部分人可能误认为信托业务中的股权收益权转让是指"持股人自己保留了股权表决权,而将从目标公司收取股息红利等的权利转让给信托公司",从而认为股权收益权转让交易不合法。但是,信托项目法律文本中对"股权收益权"的定义,意指转让人将股票的处置收益及股票在约定收益期间所实际取得的股息及红利、红股、配售、新股认股权证等孳息转付给受让人,可见,信托业务中的"股权收益权"是"在买卖关系中信托公司对持股人享有的金钱债权",而并非指"在股权关系中股东对目标公司享有的收益权",如此则该种误解就会消失。

第四,股权收益权转让交易的会计处理。

会计处理应该是从业务实质出发考虑,充分反映投资人享有的权利,同时要符合新企业会计准则的有关规定。从业务实质可以看出,出售股权收益权是融资方融通资金的一种方式,股权收益权转让是基于金融市场的需要产生的,是金融市场交易的一种金融产品。既然是一种金融产品,符合金融工具的定义,故应适用《企业会计准则第 22 号——金融工具确认和计量》和《企业会计准则第 23 号——金融资产转移》两个具体准则。从投资人的角度,股权收益权可以被视作一种金融产品的购入,遵照《企业会计准则第 22 号——金融工具的确认和计量》进行会计处理;而从融资人的角度,股权收益权转让可以视作金融产品的转出,根据《企业会计准则第 23 号——金融资产转移》进行会计处理。

(二) 资产收益权作为信托财产的一般性解释

1. 资产收益权非属于物权

股权收益权只是资产收益权的一种,那么上述观点能否推而广之? 首先,收益权的性质是什么,是基于基础资产的收益权能还是收益权转让合同中转让方和受让方之间创设的债权债务? 这是在理论上解释的起点。有一种观点认为收益权是基础权利不可分割的组成部分,是基础权利的一个权能,因此转让的标的是权能的一部分。这种观点具有一定迷惑性,但抽丝剥茧,特定资产收益权转让交易中,特定资产收益权转让合同系转让方与受让方构建了一个新的债权债务关系,该债权债务关系与原有的基础资产所有权无关,原有的基础资产只确定收益权对应的债权的金额,即基于原有的基础资产的金融衍生品(金融合约)。因此,特定资产收益权转让交易中,转让的特定资产收益权并非资产所有权中四项权能(占有、使用、收益、处分)中分离出来的一项权能。收益权法律关系是基础资产所有人(物业所有人、持股人)与信托公司之间的债权关系,而不是物权、股权关系。在物权法中,所有权的四项权能中的"收益权",是指所有权人利用"物"取得收益的权利,但如果所有权人卖掉了"物",所有权人对"物"也就不再享有所有权,因此"卖掉物"所产生的金钱并不是所有权中"收益权"的权能内容。但是,在收益权信托业务中,收益权所指称的"信托公司有权请求基础资产所有人支付的金钱"主要是指卖出基础资产所产生的金钱。以"物业收益权"为例,"物业所有权"中的"收益权"仅仅是指物业租金收益部分,而"物业收益权信托业务"中的"收益权"主要是指物业所有人卖出物业后的变现价款部分。

因此,"收益权信托产品中的收益权",并不是指物权法中关于所有权四项权能中的"收益权"。也正因为如此,有些信托公司经常在收益权信托业务中使用"资产受益权"(例如股权受益权、物业受益权等)而非"收益权"的概念,目的就是为了避免被误解为所有权四项权能中的"收益权"。

2. 资产收益权是无名合同债权、未来金钱债权,受合同法等规范和保护

(1) 收益权信托产品中的收益权,是无名合同债权。

我国《合同法》的"分则"中规定了"买卖合同、赠与合同、借款合同、租赁合同、融资租赁合同、承揽合同"等十五类有名合同,《合同法》的"分则"中没有规定的、上述十五类有名合同之外的合同(例如"旅游合同"、"美容合同"等)称为"无名合同"。《合同法》"分则"中未明文规定的合同,同样是有效的,并受《合同法》保护的合同种类。

因此,收益权信托产品中广泛使用的"物业收益权"、"股权收益权"等概念,都属于信托公司在日常业务中对于无名合同债权的一种命名。

(2) 资产收益权信托产品中的收益权,是未来金钱债权。

资产收益权信托产品中的收益权交易,并不是如普通的买卖合同那样"以钱买物",而是"以钱买钱",即以现在的钱(信托计划向基础资产所有人支付的对价资金)买未来的钱(基础资产未来产生现金流)。因此,收益权信托产品中的收益权交易,在现在以及未来都不以取得"物"为目的,而是金融交易的一种形态。

由于资产的种类很多,我们抽象出来某一类资产作为标的资产,标的资产收益权关系是指标的资产收益权持有人与标的资产持有人因合同约定而创设形成的债权债务关系。该等债权债务关系项下,标的资产持有人为债务人,标的资产收益权持有人为债权人。标的资产持有人负有按标的资产产生的下列收入金额与标的资产收益权持有人进行结算的义务:标的资产在任何情形下的卖出收入;标的资产因损毁、灭失等原因而获得赔偿、代位权利等取得的收入;标的资产的从物、从权利、附着物、附合物、加工物、孳息及代位物因卖出或因毁损、灭失等原因获得赔偿、代位权利等取得的收入中应归属于标的资产持有人的部分;标的资产产生的其他收入。标的资产持有人应在约定的期限按上述收入的金额与标的资产收益权持有人进行结算与支付。标的资产持有人按上述收入的金额与标的资产收益权持有人进行结算支付后,

标的资产收益权即消灭。

收益权转让合同中,受让方受让的标的资产收益权是基于标的资产形成的转让方与受让方之间的债权债务关系,除转让合同另有约定外,标的资产相应的权利和义务仍由转让方享有,与受让方无关。受让方承诺不干预转让方对标的资产相关权利的正常行使。受让方依据合同享有权利,不向第三方主张对标的资产享有所有权。值得注意的是,由于特定资产收益权是新的债权债务,与基础资产无关。转让方是否转让基础资产与是否履行收益权转让合同无关。收益权受让方仅有权要求收益权转让方对特定资产收益权进行结算的权利,无权指令转让方转让基础资产。

3. "收益权"作为信托财产的法律可行性,着重讨论"确定性"

委托人用于设立信托的信托财产,就其性质而言,主要表现为积极性、可转让性及确定性这三种最基本的特性。对于前两个特征,理论上无争议,积极财产是能给权利人带来实际财产权利增长或可得利益增加的财产或者财产性权利。"收益权"因资产可带来收益,是积极财产。就可转让性而言,因"收益权"属于财产性的权利,非人身权,故权利人可以通过转让这一创设行为实现其财产价值。但对于资产收益权是否符合确定性之要件,则存在不同理解甚至争议。

大陆法系信托法用"财产权已转移"这一要件替代信托财产确定性要件。中国法律体系属于大陆法系,大陆法系信托法很少将确定性作为信托的要件,而改用"财产权已转移"这一要件加以替代,如日本《信托法》、中国台湾《信托法》均未将"确定性"一词作为信托成立生效的要件之一,中国大陆《信托法》唯一采用确定性。

我国《信托法》第七条规定:"设立信托,必须有确定的信托财产,并且该信托财产必须是委托人合法所有的财产。"信托财产,是指受托人因承诺信托而取得的财产。受托人因信托财产的管理运用、处分或者其他情形而取得的财产,也归入信托财产。信托的本质是"受人之托,代人理财",信托是一种财产管理制度,其载体是信托财产。根据《信托法》规定,信托财产是委托人将其财产权委托给受托人,并由受托人以自己的名义进行管理或者处分的财产。从信托的成立看,委托人不将信托财产委托给受托人,信托就无由成立;从信托的运作看,受托人的活动是围绕着信托财产的管理或者处分而展开的,没有信托财产,受托人的活动和受益人的利益将会失去存在的基础;从信托的存续看,如果信托财产不复存在,信托关系就会消灭。因此,信托是以信托财产为基础的法律关系,没有确定的信托财产,就没有信托。所以,本条规定设立信托必须具有确定的信托财产。这就要求信托财产必须与委托人未设立信托的其他财产相区别,信托财产必须与受托人的固有财产相区别,信托财产必须与其他信托财产相区别。

将来债权可能因为其未来未必一定发生,或即使发生金额仍不能确定,所以是否符合信托财产确定性之要件,存在疑问。

由于我国《信托法》关于何谓信托财产确信语焉不详,所以有必要从信托制度起源的英美法系寻找确定一词的真实含义;又由于我国为大陆法系,也要从大陆法系立法实践中汲取精华,为我国解释信托财产确定性找到合乎法理的标准。

从促进交易的原则,对于具体的资产收益权不能一概而论认为其因不确定而致信托无效,理由如下:

(1) 信托财产确定性的时间界限。

信托财产确定性是指设立时委托人交付受托人设立信托的财产具有确定性,并不指后续信托财产的确定性,因为后续信托财产可能一直处于变动之中,在信托财产运用过程中,以信托资金受让的标的是否具有确定性,并不影响信托本身的有效性。因此,如果以资金信托设立后的信托资金购买资产收益权,在信托端因资金信托的信托财产设立之初为资金,自然成立无疑问;在交易端,则因运用信托资金与资产原始权益人通过契约达成收益权的买卖合同,因购入资产收益权而成为信托财产之一,法理和法律上也无障碍。如以资产收益权为信托财产设立财产权信托则问题较为复杂。

(2) 资产收益权的范围包括本金(原物价值)。

如果资产收益权自开始设立时为不确定,则设立信托存在疑问。然而,应该特别注意的是,我国信托法同其他大陆法系的立法例,着意强调信托财产之同一性,将受托人接受的信托财产及其运用产生的任何收入和孳息一并归入"信托财产"。而且,资管产品和信托产品中收益权并不限于所谓增值收益,其范围包括原物/本金和孳息/增值。由此,如果信托合同明确将"收益权"仅仅定义为未来的纯收益(增值),因纯收益本身的不确定,信托财产即不确定。如果信托财产所说的收益权,包括原物(及/或变价本金)和未来收益,因原物及变价本金一般属于确定的,该信托财产为确定。

(3) 日本信托法提供了参考。

1922年的《日本信托业法》第四条规定,信托公司只能受托管理下列财产:金钱、有价证券、金钱债权、动产、土地及其定着物、地上权及土地租借权。但2004年修订后的《日本信托业法》则删除了此项规定。就信托之对象做出了明确规定：没必要必须是可以具体名称相称的成熟性权利，只要是可通过计算得出有金钱价值的积极财产，而且可从委托人的财产中分离出来的皆可包含于其对象之中。

（4）英美法系判例法对确定性的界定。

英国在奈特诉奈特（Knight v Knight）案（1840）中，法官认为，作为一个明示的私益信托，应该具备创设信托的明确的信托意图、确定的信托标的和确定的受益人。这被后世尊称为信托"三确定性"原则。此后英美法不断通过判例将确定性原则加以丰富和周延，根据这些判例，信托财产应当从委托人的自有财产中隔离和指定出来，应当在数量或边界上确定，不能带有变量，不能可多可少含混不清，例如表述为"财产大部分"即属之。

（5）中国最高院指导案例已承认资产收益权符合确定性要求。

最高院公报 2016 年第 12 期公布（2016）最高法民终 19 号判决，该判决对"资产收益权作为信托财产的确定性"问题进行分析："信托法律关系中信托财产的确定是要求信托财产从委托人自有财产中隔离和指定出来，而且在数量和边界上应当明确，即，信托财产应当具有明确性和特定性，以便受托人为实现信托目的对其进行管理运用、处分。"本案中，当事人在《股票收益权转让协议》中约定，股票收益权内容具体为股票的处置收益及股票在约定收益期间所实际取得的股息及红利、红股、配售、新股认股权证等孳息。该约定明确了股票收益权的数量、权利内容及边界，已经使得信托取得的涉诉股票收益权明确和特定，受托人也完全可以管理运用该股票收益权。所以，信托财产无论是资金，还是受托人以上述资金取得的股票收益权，均系确定。

综上，资产收益权可以通过金钱来衡量其价值，且是一项积极财产，而且资产收益权可与标的资产相分离，因此资产收益权可作为设立信托的财产权利。虽然"收益权"在合同订立时归属将来债权，非现实债权，但如果在信托文件和交易文件中明确有关收益权产生的基础、范围、价值计算方式方法和支付结算时间，实践中可认定为信托财产被"确定"。

四、作为 ABS 基础资产的资产收益权

尽管资产收益权本身引发了和正在引发着各种争议，以资产收益权直接或者间接作为基础资产的 ABS，已经成为资产证券化的一个重要板块。其情形分为：资产收益权直接作为基础资产，或者，资产收益权本身不适合作为基础资产，附加信托受益权将资产收益权作为底层资产而将信托受益权作为直接基础资产。

(一) 直接作为 ABS 基础资产

当前各类收益权 ABS 不断涌现,包括票据收益权、园区收益权、光伏项目收益权、基础设施收费收益权、学费收费收益权等,层出不穷。监管部门因势利导,对此类业务展开定向督导。

深交所在《深圳证券交易所资产证券化业务问答》中规定:"基础资产界定为收益权主要关注以下方面:(1)现行法律法规或司法解释已明确规定该财产权利为收益权,或者基础资产涉及的收费具有明确的法律依据;(2)法律意见书应当对该资产界定为收益权及其法律依据发表明确意见。"

由于法律意见书对资产收益权及其法律依据明确发表意见的前提,其实也是应该以法律法规的约定为准,所以,深交所其实就是要求资产收益权必须具有法律依据。

法律规范依据有两类:第一类直接明确"某收益权"的法律规范,前文已有总结。第二类是行政合同授权依据:某收益权虽然没有法律的明确界定,但所依据的收费权利有着充分的法律支撑,如供水、供热、公交、电力、污水处理等城市基础设施项目,这些项目的收益一般是基于行政审批具有行政许可的性质,具有垄断、排他的特点,因此也属于"基础资产涉及的收费具有明确的法律依据"。

如果将资产收益权直接作为基础资产,除了需满足上述特殊的具体的标准,还应该满足一般性的标准,针对所有资产证券化基础资产的共同标准,包括积极标准和消极标准。积极标准可概括为合法合规、权属明晰、可特定化等。消极标准即为不得为"负面清单"所禁止收益权,例如产生现金流的能力具有较大不确定性的矿产资源开采收益权、土地出让收益权;待开发或在建占比超过 10% 的基础设施、商业物业、居民住宅等不动产或相关不动产收益权;但当地政府证明已列入国家保障房计划并已开工建设的项目除外;以地方政府为直接或间接债务人,或者以地方融资平台公司为债务人的收益权。但例外的情形是,根据证监会《资产证券化监管问答(一)》,"退出类"平台公司的收费权满足了"为社会提供公共产品或公共服务,最终由使用者付费,实行收支两条线管理,专款专用,并约定了明确的费用返还安排"的相关条件,则以此类收费权为基础的收益权应可直接作为 ABS 基础资产。

(二) 作为 ABS 底层资产

对于既非法定收益权又没有明确的收费法律依据,却具备收益性质的基础资产,可选择通过加设 SPT(特殊目的信托)的方式将底层收益特定化为"信托受益权",进而构建"双 SPV"解决"底层资产-资产收益权"的问题,以满足资产证券化中对基础资产的要求。

底层资产是指产生收益权等基础资产的设备、基础设施、路面资产、土地、物业等,如道路、桥梁、管道、供水、供电、供气设备等,也包括可产生现金流的各类不能或不宜交付、过户的权益。双 SPV 中的信托结构或私募基金结构对应的就是资产端,通过信托、私募基金等将原来不能转让的基础资产权益转化为信托受益权或私募基金份额,将分离出来的该类可转让权益作为基础资产进行证券化。同时,考虑对底层资产产生的现金流进行质押、专户管理等特定化、可对抗第三人的法律举措。

一般来说,双 SPV 的基础资产是信托受益权,信托资金的运用基本上是信托贷款,底层资产为资产收益权,通常以质押以及监管现金流来完成特定化,透过这些信托受益权 ABS 产品法律文件的背后,看到的本质仍然是对底层资产的现金流的分割、管控和归集,而不是仅仅对信托受益权这个"名义基础资产"进行管理和分割,甚至不限于对信托受益权对应的"二层基础资产"例如信托贷款的管理。例如,星美国际影院信托受益权资产支持专项计划是首单集合信托受益权 ABS 产品,该 ABS 产品规模为 13.5 亿元,其中优先级规模为 12.5 亿元,由合格投资者认购,次级规模为 1 亿元,由北京星美汇餐饮管理有限公司全额认购;项目期限分为 1—5 年期五档,到期一次还本付息。基础资产为由华宝信托所设立的华宝星美国际影院集合资金信托计划的信托受益权,主要用于向星美 13 家院线及分公司发放信托贷款,还款来源为 23 家借款人因进行电影放映经营而对购票人所取得的票房收入。

信托受益权 ABS 的最本质要求仍然落脚到信托贷款背后的还款来源——包括第一还款来源和第二还款来源。尤其是第一还款来源,通常为企业主业的应收款,通过对底层资产的经营性现金流进行"质押"以达到特定化和对抗第三人的效果,通过监管现金流设立各类账户以及设立层层监控和转付归集机制,将底层资产的现金流,如同地下岩层中的原油通过可控的管道安全进入炼油厂并最终进入油品销售环节,要通过收款权属的质押设计以及层层控制,最终确保最底层的现金流归入信托贷款还款池,进而实现信托受益权的兑付,以及相应地,完成专项计划 ABS 的兑付流程。如,星美国际影院信托受益权资产支持专项计划星美 13 家院线因进行电影放映经营而对购票人所取得的票房收入,成为需要最为关注的底层资产的现金流,该计划对此进行了应收款质押和现金流的各类管控设置。

鉴于信托受益权作为基础资产的 ABS 日益普遍,监管部门对信托受益权 ABS 进行督导,区分为单一信托受益权 ABS 和多笔信托受益权 ABS,这些规定也体现了双 SPV 模式的产品合规要求。

对于单一信托受益权进行资产证券化,2016 年中国证监会《资产证券化监管问答(一)》规定的关注要点包括:(1)基础资产满足现金流独立、持续、稳定、可预测的要求;(2)依据穿透原则对应和锁定底层资产的现金流来源,同时现金流应当具备风险分散的特征;(3)无底层现金流锁定作为还款来源的单笔或少笔信托受益权不得作为基础资产。

针对基础资产为多笔信托受益权的资产证券化项目,深交所发布了新修订的《资产证券化业务问答》,建议依据"风险可控、底层穿透、一一对应、充分披露"的原则,重点关注以下方面:

(1)关注信托公司的信誉及责任:信托公司(即信托计划受托人)经营状况良好,内控制度健全,最近一年未因重大违法违规行为受到行政处罚;信托公司作为受托人、资产服务机构,负责收取信托贷款的本金及利息,与管理人(代表专项计划)签订《资产服务协议》,约定专项计划存续期间的有关贷款管理、权利义务关系、资产服务机构监督等内容。

(2)对基础资产的权属要求:原始权益人合法、独立拥有基础资产,能够进行完全控制和处置基础资产;原始权益人若为信托产品、基金子公司资管产品、证券公司资管产品或银行理财产品等,不得为专项计划提供差额补足、回购等安排,其运营状况不得对专项计划以及资产支持证券投资者的利益产生重大影响。

(3)底层资产的要求:入池资产底层法律关系简单明了,信托类型为资金信托或者法律关系清晰明确的财产权信托;依据穿透原则,信托计划可以一一对应到底层的债务人,债权债务关系明晰,标准化程度高;信托计划不存在现金流重构、结构化分层。

(4)资金投向合法合规:信托计划资金投向不得违反负面清单、国家产业政策及监管要求,借款人不得为融资平台公司;鼓励投向高新技术行业、绿色产业、产业结构调整重点支持行业等国家政策支持的行业。

(5)底层资产的分散性:信托受益权的底层资产应在地区、行业上具备一定的分散性;单一债务人未偿还本金余额占比超过 10% 的,应按照证监会《证券公司及基金管理公司子公司资产证券化业务信息披露指引》中重要债务人的标准进行披露,披露内容包括但不限于其所在行业的相关情况、偿债能力分析、项目发起机构对于该借款人的资信评价说明及还款来源分析、增信状况等。

(6)尽职调查:计划管理人应组织第三方中介机构(律师、评级机构、会计师等)按照严格标准对合格借款人进行尽职调查,包括但不限于对所有入池资产的原始审批文件、交易文件;管理人在专项计划存续期间,建立严格的管理制度,设置风险监测及防控机制,进行充分的信息披露。

(7)增信措施:对于存续期内出现不符合初始入池标准的基础资产或者底层资产发生违约情形,设置合理的资产替换或外部增信安排,触发机制和操作流程明确;设置合理的风险自留安排。

五、受益权及与收益权的比较

与收益权相关的,还有受益权,甚至还存在机构或者文件中将二者混用的情形。受益权最多运用的场合是信托关系、保险关系,系由特别法规定的法律权利。

人身保险合同受益权制度的目标为:死亡保险的被保险人因保险事故的发生无法领取死亡保险金,为尊重其对自己死亡保险金请求权的处置意愿而特别创设的法律制度。我国《保险法》虽然未对受益权进行直接的界定,但对受益人进行了定义。人身保险合同的受益人,是专指人身保险合同中由被保险人或者投保人指定的享有保险金请求权的人。受益权是受益人依法享有的保险金请求权,该权利的来源是被保险人保险金请求权的让与。其他与保险合同相关的权利,如保险合同变更和解除权、保险费返还请求权、保险单现金价值返还请求权、人身保险单质押借款权和取得红利的权利等,除合同另有约定,原则上应属于投保人享有,不属于受益权的范畴。通行的观点认为受益权不是既得权而是期待权,若权利人未放弃变更或者撤销等处分权,权利人可以在保险事故发生前随时变更或者撤销其指定使受益权消灭。只有在保险事故发生后,这种权利才转化为现实的财产权即债权。

信托受益权指的是基于委托人将财产或财产权交付给受托人后,对信托财产经过管理、运营和处置所产生的财产及其孳息(即信托利益)享有的所有权。信托受益权性质有债权说、债权兼物权说、独立权利说等。

资产收益权与受益权存在一定的共同点,如受益权与收益权均可涉及财产权内容。其区别可概括为:

(1)"资产收益权"属于约定权利,是金钱债权;受益权是特别法规定的独立权利,法定权利,伴有债权、物权、人身权的混合因素。资产收益权是由交易双方根据其依附的基础权利的不同以及交易的特殊需要,以合约方式对其内涵与外延加以约定。而受益权内容的内涵和外延由特别法规定。

(2)"资产收益权"对基础财产或权利的现金流和权利状态具有关联性,

但一旦设立则与基础权利相互独立。受益权本身为独立权利。

（3）资产收益权的实现需要积极主动的行为,一般有对价;而受益权(第三人)常为单纯受益的权利,甚至无需对价。

六、司法校验——法院的态度

目前对于收益权的法律属性认定,司法界通说为债权之一种,但具体理由则包括无名合同说、收益权能债权属性说、特定业务说、贷款本质说、将来债权说。可以说,司法界并不认为收益权是物权或者物权的收益权能,而是纳入债权的大范畴内,但具体的认识则不一致。

（一）无名合同说

（1）关于河北衡水银行"萝卜章"案其中涉及对资产收益权的性质认定。

相关案情简介：2013 年 5 月 30 日,长春农商银行(甲方)与衡水银行站前支行(乙方)签订《受益权转让协议》,主要内容有：鉴于联讯证券发起设立了"联讯证券-兴业银行定向资产管理计划"(以下简称"本管理计划"),根据甲方与联讯证券、兴业银行股份有限公司(以下简称兴业银行)签署的编号为(DX)联讯-兴业-合同 2013 第 001 号的《联讯证券-兴业银行定向资产管理计划资产管理合同》(以下简称《定向资产管理合同》)约定,甲方以其合法拥有或其合法管理并有权处分的资金拥有本管理计划项下受益权。受益权对应的委托资金本金总计人民币 220 000 000 元,委托期限自 2013 年 5 月 31 日起至 2015 年 12 月 1 日止,扣除各项费用后的预期收益率为 8%(年)。长春农商银行(委托人)通过与联讯证券(管理人)、兴业银行(托管人)签订并履行了《定向资产管理合同》以及此后联讯证券与山东信托签订并履行《山东信托——元朔 3 号单一资金信托合同》(以下简称《单一资金信托合同》)、山东信托(贷款人)与新胜煤场(借款人)签订并履行《信托贷款合同》的方式,最终向新胜煤场发放信托贷款人民币 22 000 万元整。后因新胜煤场未还款引起一系列纠纷。其中庭审中涉及受益权转让的性质。

法院认为,对于《受益权转让协议》的性质及法律后果,应根据转让协议本身内容约定进行分析。从协议条款的内容来看,该协议所体现的双方当事人真实意思表示为：衡水银行站前支行在特定日期或者满足特定条件时,受让长春农商银行与联讯证券所签订的《定向资产管理合同》项下的受益权并支付受让价款,其合同条款之中并无衡水银行站前支行对长春农商银行提供履约担保的条款内容,据《受益权转让协议》中对双方权利义务的具体规定,并无由衡水银行站前支行为某项债务进行担保的意思表示,并非法律意义上的担保合同,而根据双方转让受益权、支付价款的交易方式,该转让协议具有权利转让的性质,属于合同法上的无名合同,该合同内容不违反法律强制性规定,双方均应按合同内容履行义务。

(2) 关于世欣荣和诉长安信托、天津鼎晖股权投资等一案,对信托财产确定性的司法标准进行了阐释。

相关案情简介:2011年8月,世欣荣和投资管理股份有限公司(以下简称"世欣荣和")与天津东方高圣股权投资管理有限公司等9名合伙人组建了天津东方高圣诚成股权投资合伙企业(以下简称"合伙企业")。合伙人一致同意将合伙企业资金用于受让恒逸石化限售流通股(以下简称"标的股票")的股票收益权。长安国际信托股份有限公司(以下简称"长安信托")设立"长安信托·高圣一期分层式股票收益权投资集合资金信托计划"(以下简称"信托计划"),兴业银行上海分行(以下简称"兴业银行")以约2亿元认购该信托计划优先受益权;案外第三人和合伙企业分别投资认购信托计划普通和次级受益权,资金均由合伙企业支付,合计约1亿元。2012年3月15日,长安信托与鼎晖一期、鼎晖元博两只有限合伙基金签署《股票收益权转让协议》,约定长安信托以3.1亿元受让两只基金持有的恒逸石化股票收益权,该等股票收益权包括股票处置收益及股票在约定收益期间所实际取得的股息及红利等孳息。同时,各方签署了《股票质押合同》,将标的股票质押给长安信托,以担保《股票收益权转让协议》的履行。

信托计划运行过程中,由于恒逸石化股价持续低迷,长安信托按照优先受益人兴业银行的指令,解除标的股票质押后变现持仓股票,变现价款尚不足以完全支付优先受益人本金及收益,次级受益人合伙企业分配信托利益为零。世欣荣和诉称由于标的股票收益权不具有确定性,不是适格的信托财产,案涉信托计划无效。

最高院在终审判决中认为:信托法律关系中信托财产的确定是要求信托财产从委托人自有财产中隔离和指定出来,而且在数量和边界上应当明确,即,信托财产应当具有明确性和特定性,以便受托人为实现信托目的对其进行管理运用、处分。本案中,长安信托与鼎晖一期、鼎晖元博分别在相应《股票收益权转让协议》中约定,股票收益权内容包括鼎晖一期持有的9 003 983股、鼎晖元博持有的2 539 585股合计11 543 568股股票的处置收益及股票在约定收益期间所实际取得的股息及红利、红股、配售、新股认股权证等孳息。该约定明确了长安信托所取得的涉诉股票收益权的数量、权利内容及边界,已经使得长安信托取得的涉诉股票收益权明确和特定,受托人长安信托也完全可以管理运用该股票收益权。所以,信托财产无论是东方高圣按照涉诉两份《信托合同》交付给长安信托的 112 031 000 元资金,还是长安信托以上述资金从鼎晖一期、鼎晖元博处取得的股票收益权均系确定。世欣荣和公司主张涉诉两份《信托合同》中信托财产不确定,缺乏事实基础,对其主张本院不予支持。

(二) 收益权能债权属性说

南昌农村商业银行股份有限公司与内蒙古银行股份有限公司合同纠纷案可概括为收益债权属性说。

相关案情简介:2013 年 6 月,案外人福建华珠(泉州)鞋业有限公司通过信达证券股份有限公司在深圳证券交易所发行《华珠(泉州)鞋业有限公司 2013 年中小企业华珠私募债券》,面值总额为人民币 8 000 万元,期限三年,年息 10%。主承销商为信达证券股份公司,担保人为中海信达担保公司。2013 年 8 月 19 日,民生投资公司与信达证券股份公司签订《2013 年华珠鞋业中小企业私募债券认购协议》,民生投资公司认购了华珠债全部份额 8 000 万元,同日民生投资公司与民生股份公司(代表"民生证券理财 12 号定向资产管理计划")签订《华珠私募债券收益权转让协议》,协议项下"标的私募债收益权"是指甲方签署《2013 年华珠鞋业中小企业私募债券认购协议》购买的华珠(泉州)鞋业有限公司 2013 年中小企业私募债券投资本金 8 000 万元对应的收益权及自标的私募债收益权转让价款支付之日起的全部利息以及为实现收益权及担保权利而支付的一切费用等。委托人内蒙古银行、管理人民生股份公司、托管人中国邮政储蓄银行三方签订《民生 12 号定向资管合同》。原告南昌农商行(乙方)与被告内蒙古银行(甲方)签订《定向资管计划收益权转让协议》。主要约定:鉴于甲方与民生股份公司签署了《民生 12 号定向资管合同》,甲方内蒙古银行是资管合同项下的受益人,持有了该资管合同项下的全部资管计划收益权。本协议项下"资管计划收益权"是指,资管合同项下的委托人所享有的资管计划收益权,包括委托人根据资管合同约定应当收取的所有投资净收益及要求返还资产清算后的委托财产的权利,及为实现资管计划利益的其他权利。甲方拟将所持有的资管计划收益权转让给乙方南昌农商行。2013 年 8 月 22 日南昌农商行转款 8 012 万元至内蒙古银行,同日内蒙古银行将 8 012 万元转至邮储银行上海分行营业部。后因私募债券无法兑付,发生系列争议,南昌农商行要求确认《定向资管计划收益权转让协议》无效。

《定向资管计划收益权转让协议》所交易的真实标的是企业债券还是债券的收益权?法院认为,《定向资管计划收益权转让协议》所交易的是企业债券还是债券收益权,应从本案私募债券的法律性质以及原告对本案私募债券享有的权利进行分析认定。根据双方合同约定,原、被告交易的"资管计划收益权"是指:"资管合同项下的委托人所享有的资管计划收益权,包括委托人根据资管合同约定应当收取的所有投资净收益及要求返还资产清算后的委托财产的权利,及为实现资管计划利益的其他权利。"近几年互联网金融迅猛发展,特定资产收益权交易日益增多,现行法律未明确禁止该类交易。从内容上看,本案的"资管计划收益权"应属于"特定资产收益权"的一种,是指"交易主体以基础权利或资产为基础,通过合同约定创设的一项财产性权利"。从法律性质上分析,我国《物权法》第五条规定,物权的种类和内容由法律规定,明确采纳了物权法定原则(物权法定原则包括物权客体法定)。因此,作为约定权利的特定资产收益权不宜作为物权的权利客体。特定资产收益权的核心在于"收益",通常不具有人身色彩,而具有比较明显的财产权利属性,依法可以作为交易客体。债券本身含有包括收益权在内的多项权能,权利人可以将其中的一项或多项权能转让给他人行使,而收益权作为一种债权属性,在转让行为之性质与资产转让存在根本差异。故特定资产收益权应定性为债权性质,其处置应当参考债权转让的相关原理,不宜直接按照物权方式进行处置。本案私募债的所有权人是民生投资公司,定向资管计划所投资购买的是该私募债的收益权。原告从被告处购买的是债券相关的收益权,虽然表面看上去更具有实际债券所有人的表象。在本案私募债出现违约后,有关方面通知民生投资公司及原告参加相关协调会,是基于民生投资公司是债券所有权人,而原告是债券收益权享有人。原告据此主张其为实际债权所有人没有事实及法律依据。故原告取得的是债券相关的收益权并不是债券本身。

(三) 特定业务说

广西有色金属集团有限公司(以下简称"有色金属公司")与五矿国际信托有限公司(以下简称"信托公司")营业信托纠纷一案确立了特定业务说,并不采纳信托贷款业务本质说。

相关案情简介:2014年10月24日,信托公司与有色金属公司签订了《股权收益权转让暨回购合同》(以下简称"《回购合同》"),约定有色金属公司将其合法持有的广西有色再生金属有限公司(以下简称"再生金属公司")87.37%的股权收益权转让给信托公司,转让价款为人民币5亿元。信托公司取得特定股权收益权后,有色金属公司应按合同约定回购全部特定股权收益权并支付回购价款。回购价款等于回购本金总额与回购溢价金额之和,溢价率为每年13%。2014年10月24日,信托公司与有色金属公司签订了编号为

"P2014M12A-GXYS-003"的《股权质押合同》,约定有色金属公司以持有的再生金属公司全部股权(对应出资 436 850 924.31 元)出质给信托公司,对其在《回购合同》项下全部债务提供质押担保。2014 年 10 月 27 日,信托公司成立了信托计划并向有色金属公司支付股权收益权转让价款人民币 5 亿元。

后因有色金属公司未偿还款项被信托公司起诉,直至最高院。针对本案性质,有色金属认为本案有色金属公司与信托公司双方的基础法律关系应是借贷合同法律关系,而非信托或者回购法律关系。理由如下:第一,《回购合同》涉及的股权收益权并未实际转让给信托公司,有色金属公司名下持有的再生金属公司87.37%股权仍登记在有色金属公司的名下,有色金属公司享有完整的股权表决权;第二,本案涉及的股权收益权的价值,并未经过具有资质的评估机构予以估价,其价值是虚拟和抽象的,并没有具体的价值金额;第三,涉案合同约定的回购本金 5 亿元,实际就是借款本金 5 亿元;以本金 5 亿元为基数按 13%计算出的回购溢价,实际上就是利息,年利率标准为 13%;合同签订后,有色金属公司亦是按照 13%的利率标准,按季度向信托公司支付利息的,即支付了固定期限的利息;本案也是因为有色金属公司未按期支付季度利息引发的。根据最高法院关于民间借贷的司法解释第二十四条的规定,涉案合同约定了具体的本金 5 亿元、具体的年利率标准 13%、按季度支付利息的具体支付方式、三年的具体借款期限,并且有为借款作抵押担保的股权、办理了借款质押担保手续。故请求判决撤销原民事判决,依法改判。

最高院认为:信托公司取得特定股权收益权后,有色金属公司按照合同约定期限回购全部特定股权收益权并支付回购价款。依据信托公司-有色金属公司股权收益权投资集合资金信托计划,信托公司与案外委托人之间形成了信托法律关系;依据《回购合同》,信托公司与有色金属公司之间形成了股权收益权返售回购法律关系。根据《信托公司管理办法》、《信托公司集合资金信托计划管理办法》等信托业监管规定,在具体的信托计划项下,信托公司可以采用"买入返售"等信托资金管理模式。信托公司采用股权收益权转让暨回购的方式管理信托资金,并发行相应的信托计划,与信托贷款业务存在区别。《回购合同》第 2.1 条规定:"信托公司取得的特定资产收益权及其产生的全部收益归入信托财产。"该约定说明,在信托公司取得特定资产收益权期间内,特定资产产生的任何收益均属于信托公司所有。因此,信托公司的收益不是固定收益,回购价格应为最低收益。该合同约定的业务内容属于信托公司正常的业务经营活动。本案《回购合同》签订后,信托公司已向其监管单位青海省银监局履行了报备手续,青海省银监局并未提出整改意见。原审法院认定本案合同性质为营业信托性质,并无不当。上诉人有色金属公司关于本案合同属于名为营业信托实为借贷性质的上诉理由不能成立。

(四) 贷款本质说

贷款本质说因债权人的性质不同,区分为民间借贷说和金融贷款说两类。

(1) 民间借贷说——天风汇盈壹号(武汉)创业投资中心与湖北大明水产科技有限公司、曾程借款合同纠纷案。

相关案情简介:2014年8月,天风汇盈中心与大明公司签订了编号为汇盈2014融字第005号《收益权转让与回购合同》。该合同约定天风汇盈中心以645万元的价格向大明公司购买其与湖北天绿水产贸易有限公司(以下简称"天绿公司")签订的《购销合同》的合同收益权,大明公司应当在收到收益权转让款30日内回购该合同收益权。曾程签署保证合同为该《收益权转让与回购合同》提供无限连带责任保证。2014年8月8日,天风汇盈中心向大明公司支付了645万元合同收益权转让价款。大明公司未向天风汇盈中心支付上述回购款项,曾程也未履行相关保证和担保责任。

法院认为,天风汇盈中心与大明公司签订的《收益权转让与回购合同》中约定大明公司向天风汇盈中心转让收益权,限大明公司在30天的期限内按溢价率向天风汇盈中心进行回购,如大明公司逾期未回购则承担违约金。在该协议中并未对收益权的转让及回购须通知债务人进行约定,实际上,大明公司与天风汇盈中心均未向《购销合同》项下债务人天绿公司履行通知义务,而天风汇盈中心对其受让的债权的履行情况不清。依据债权让与相关法律的规定,债权让与成立须符合四个要件方能有效:(1)须有有效存在的债权;(2)债权的让与人与受让人须就债权让与达成合意;(3)让与的债权有可让与性;(4)债权的让与须通知债务人。而本案中,天风汇盈中心未提交证据证明其受让的收益权有效并存在,大明公司与天风汇盈中心均未约定也未履行对债务人的通知义务,仅对回购溢价率及逾期未回购的违约金作出了明确的约定。故天风汇盈中心与大明公司是以收益权转让为名行借贷之实,双方当事人的真实意思表示为借贷,双方成立民间借贷关系。本案所涉的《收益权转让与回购合同》、《担保合同》中,除《收益权转让与回购合同》中约定的溢价率及违约金超出法律规定的部分不受保护外,其他部分均为合法有效,应受法律保护……各方当事人在《收益权转让与回购合同》中约定溢价率及违约金,实际为借期内利息及逾期利息,根据最高人民法院《关于人民法院审理借贷案件的若干意见》第六条"民间借贷的利率可以适当高于银行的利率,各地人民法院可根据本地区的实际情况具体掌握,但最高不得超过银行同类贷款利率的四倍(包含利率本数)。超出此限度的,超出部分的利息不予保护"的规定,天风汇盈中心主张超过法律规定的部分,本院不予支持。大明公司应向天风汇盈中心支付自 2014 年 8 月 8 日起算至清偿之日止,按中国人民银行一年期贷款利率的四倍计算的利息。曾程作为担保人,应在大明公司未能依约偿还债务的情况下,向天风汇盈中心承担连带保证责任。

(2)金融贷款说——新华信托股份有限公司诉张修杰等金融借款合同纠纷案,系将收益权转让关系界定为金融借款关系。

相关案情简介:2011 年 4 月 11 日,张修杰、张庆国、李莉、于清志为卖出与回购方(甲方),新华信托公司为买入与返售方(乙方),双方签署新华信托合同第 1156125 号《买入返售协议》,该合同项下所指的转让标的,系甲方拥有的位于青岛胶州市胶西镇的 1 827 亩林场的收益权,买入款为 8 000 万元。同日,双方签署以新华信托公司为抵押权人(甲方),以张修杰、张庆国、李莉、于清志为抵押人(乙方)的《抵押合同》。后因信托公司未足额收到回购款而起诉。

关于本案所涉合同性质,法院认为:从《买入返售协议》的约定内容看,第四条约定的林权收益权回购及溢价款未以林权收益权为计算基础或依据,而是以新华信托公司支付的收益权转让款作为计算基数,计算基数及方式均明确固定,表明收益权回购款本金及溢价款金额与林权收益权并无直接关联;第六条第三款约定收益权转让期间,无论该项收益权发生什么变化,卖出与回购方均承担无条件回购责任,并于本合同约定的回购日向新华信托公司支付回购款和溢价款,表明新华信托公司实际获得的最终收益是收益权回购款及溢价款,而非林权收益权;第八条约定对逾期未付的收益权回购款及溢价款计收滞纳金,对未支付的滞纳金计收复利,明确了由新华信托公司提供资金,张修杰、张庆国按期支付固定金额的收益权回购款及溢价款,逾期支付滞纳金等合同权利义务,符合《中华人民共和国合同法》第一百九十六条规定的"借款合同是借款人向贷款人借款,到期返还借款并支付利息的合同",符合借款合同的基本特征。结合新华信托公司系金融机构之事实,因此,《买入返售协议》的性质应当认定为金融借款合同。

(五)将来债权说

福建海峡银行股份有限公司福州五一支行诉长乐亚新污水处理有限公司、福州市政工程有限公司金融借款合同纠纷案确认了收益权为将来债权的观点。

相关案情简介:2005 年 3 月 24 日,福州市商业银行(后改名福建海峡银行股份有限公司)五一支行与长乐亚新公司签订《单位借款合同》,约定:长乐亚新公司向福州市商业银行五一支行借款3 000万元;借款用途为长乐市城区污水处理厂BOT项目;借款期限为13年,自2005年3月25日至2018年3月25日;还就利息及逾期罚息的计算方式作了明确约定。福州市政公司为长乐亚新公司的上述借款承担连带责任保证。同日,福州市商业银行五一支行与长乐亚新公司、福州市政公司、长乐市建设局共同签订《特许经营权质押担保协议》。上述合同签订后,福州市商业银行五一支行依约向长乐亚新公司发放贷款3 000万元。长乐亚新公司于2007年10月21日起未依约按期足额还本付息。

福州市商业银行五一支行作为原告诉请法院判令:长乐亚新公司偿还原告借款本金和利息,确认《特许经营权质押担保协议》合法有效,原告有优先受偿权等。被告长乐亚新公司和福州市政公司辩称:长乐市城区污水处理厂特许经营权,并非法定的可以质押的权利。

关于污水处理项目特许经营权能否出质问题,法院认为,污水处理项目特许经营权是对污水处理厂进行运营和维护,并获得相应收益的权利。污水处理厂的运营和维护,属于经营者的义务,而其收益权,则属于经营者的权利。由于对污水处理厂的运营和维护,并不属于可转让的财产权利,故讼争的污水处理项目特许经营权质押,实质上系污水处理项目收益权的质押。

法院认为,关于污水处理项目等特许经营的收益权能否出质问题,应当考虑以下方面:(1)本案讼争污水处理项目《特许经营权质押担保协议》签订于2005年,尽管当时法律、行政法规及相关司法解释并未规定污水处理项目收益权可质押,但污水处理项目收益权与公路收益权性质上相类似。《最高人民法院关于适用〈中华人民共和国担保法〉若干问题的解释》第九十七条规定,"以公路桥梁、公路隧道或者公路渡口等不动产收益权出质的,按照担保法第七十五条第(四)项的规定处理",明确公路收益权属于依法可质押的其他权利,与其类似的污水处理收益权亦应允许出质。(2)国务院办公厅2001年9月29日转发的《国务院西部开发办〈关于西部大开发若干政策措施的实施意见〉》(国办发〔2001〕73号)中提出,"对具有一定还贷能力的水利开发项目和城市环保项目(如城市污水处理和垃圾处理等),探索逐步开办以项目收益权或收费权为质押发放贷款的业务",首次明确可试行将污水处理项目的收益权进行质押。(3)污水处理项目收益权虽系将来金钱债权,但其行使期间及收益金额均可确定,其属于确定的财产权利。(4)在《中华人民共和国物权法》颁布实施后,因污水处理项目收益权系基于提供污水处理服务而产生的将来金钱债权,依其性质亦可纳入依法可出质的"应收账款"的范畴。因此,讼争污水处理项目收益权作为特定化的财产权利,可以允许其出质。

第五节 对接上市公司员工持股计划的资管产品的若干问题

员工持股计划是对员工进行长期激励的众多方法之一,主要表现为经营者和员工通过合法方式获得公司股权,并以公司股东的身份参与企业决策、分享利润、承担风险,从而勤勉尽责地为公司的长期发展服务,本质是"员工老板化",将劳动价值和资本价值结合起来。

近年来,我国上市公司纷纷推出员工持股计划。员工持股计划系指上市公司根据员工意愿,通过合法方式使员工获得本公司股票并长期持有,股份权益按约定分配给员工的制度安排。推进员工持股计划试点,不但有利于建立和完善劳动者与所有者的利益共享机制,改善公司治理水平,提高职工凝聚力和公司竞争力,而且为上市公司提供新的市值管理工具,有利于上市公司更好地开展市值管理工作。

实务中,员工持股计划可以交由信托公司、保险资产管理公司、证券公司、基金管理公司以及其他符合条件的资产管理机构(以下简称"资产管理机构")进行日常管理,促进专业机构投资者提供更加多样的投资产品和服务,优化市场结构。目前,市面上很多资产管理机构不断推出对接员工持股计划的信托计划或集合管理计划,其中涉及的法律问题值得探讨。

一、员工持股计划的法理基础

资产管理机构开发对接上市公司员工持股计划的集合管理计划,除了相关产品本身的管理规定外,还要重点遵守有关员工持股的规范依据。

法规依据主要是《中华人民共和国公司法》、《中华人民共和国证券法》、《关于进一步促进资本市场健康发展的若干意见》、《上市公司股权激励管理办法》、《股权激励有关事项备忘录1号》、《股权激励有关事项备忘录2号》、《股权激励有关事项备忘录3号》。

例如,2014年5月9日,国务院发布《关于进一步促进资本市场健康发展的若干意见》(即"新国九条"),指出"鼓励上市公司建立市值管理制度,完善上市公司股权激励制度,允许上市公司按规定通过多种形式开展员工持股计划",表明监管部门支持上市公司实施股权激励、员工持股的态度。

2016年7月13日,证监会发布《上市公司股权激励管理办法》,提到"股权激励是指上市公司以本公司股票为标的,对其董事、高级管理人员及其他员工进行的长期性激励。拟实行股权激励的上市公司,可以下列方式作为标的股票来源:(一)向激励对象发行股份;(二)回购本公司股份;(三)法律、行政法规允许的其他方式。"

此外,《关于上市公司实施员工持股计划试点的指导意见》明确,上市公司可以根据员工意愿实施员工持股计划,即通过合法方式使员工获得本公司股票并长期持有,股份权益按约定分配给员工。实施员工持股计划,相关资金可以来自员工薪酬或以其他合法方式筹集;所需本公司股票可以来自上市公司回购、直接从二级市场购买、认购非公开发行股票、公司股东自愿赠与等合法方式。

二、员工持股计划的基本要求

资产管理机构开发对接员工持股计划的集合管理计划要遵守的基本要求概括如下:

(一)员工持股计划的主要内容

员工持股计划的参加对象为公司员工(包括管理层人员),其资金来源可以通过员工的合法薪酬以及法律、行政法规允许的其他方式解决所需资金。员工持股计划可以通过以下方式解决股票来源:上市公司回购本公司股票;二级市场购买;认购非公开发行股票;股东自愿赠与;法律、行政法规允许的其他方式。

员工持股计划的持股期限和持股计划的规模要符合规定。每期员工持股计划的持股期限不得低于12个月,以非公开发行方式实施员工持股计划的,持股期限不得低于36个月,自上市公司公告标的股票过户至本期持股计划名下时起算;上市公司应当在员工持股计划届满前6个月公告到期计划持有的股票数量。上市公司全部有效的员工持股计划所持有的股票总数累计不得超过公司股本总额的10%,非经股东大会特别决议批准,单个员工所获股份权益对应的股票总数累计不得超过公司股本总额的1%。员工持股计划持有的股票总数不包括员工在公司首次公开发行股票上市前获得的股份、通过二级市场自行购买的股份及通过股权激励获得的股份。

(二)员工持股计划的管理

参加员工持股计划的员工应当通过员工持股计划持有人会议选出代表或设立相应机构,监督员工持股计划的日常管理,代表员工持股计划持有人行使股东权利或者授权资产管理机构行使股东权利。员工通过持股计划获得的股份权益的占有、使用、收益和处分的权利,在符合员工持股计划约定的情况下,可由员工自身享有,也可以转让、继承。参加员工持股计划的员工离职、退休、死亡以及发生不再适合参加持股计划事由等情况时,其所持股份权益依照员工持股计划约定方式处置。

上市公司可以将本公司员工持股计划委托给具有资产管理资质的信托公司、保险资产管理公司、证券公司、基金管理公司等其他符合条件的资产管理机构进行管理,但应当与资产管理机构签订资产管理协议。资产管理协议应当明确当事人的权利义务,切实维护员工持股计划持有人的合法权益,确保员工持股计划的财产安全。资产管理机构的义务规范主要是合约和法定的,其应当根据协议约定管理员工持股计划,同时应当遵守资产管理业务相关规则。

员工持股计划财产具有独立性和破产隔离效应,信托公司承担管理人的计划自不必说,就是委托财产,也与信托财产的独立性具有近似的法律效果。员工持股计划管理机构应当为员工持股计划持有人的最大利益行事,不得与员工持股计划持有人存在利益冲突,不得泄露员工持股计划持有人的个人信息。为此,员工持股计划管理机构应当以员工持股计划的名义开立证券交易账户。而且,员工持股计划持有的股票、资金为委托财产,员工持股计划管理机构不得将委托财产归入其固有财产。员工持股计划管理机构因依法解散、被依法撤销或者被依法宣告破产等原因进行清算的,委托财产不属于其清算财产。

(三) 员工持股计划的实施程序及信息披露

上市公司实施员工持股计划前,应当通过职工代表大会等组织充分征求员工意见。上市公司董事会提出员工持股计划草案并提交股东大会表决,员工持股计划草案至少应包含如下内容:员工持股计划的参加对象及确定标准、资金、股票来源;员工持股计划的存续期限、管理模式、持有人会议的召集及表决程序;公司融资时员工持股计划的参与方式;员工持股计划的变更、终止,员工发生不适合参加持股计划情况时所持股份权益的处置办法;员工持股计划持有人代表或机构的选任程序;员工持股计划管理机构的选任、管理协议的主要条款、管理费用的计提及支付方式;员工持股计划期满后员工所持有股份的处置办法;其他重要事项。

值得注意的是,在深化国有企业改革的大背景下,特别是对涉及国家安全及非竞争领域的国有企业来说,员工持股计划更是最佳"混改"手段,将激发国企经营活力,提升盈利能力与同行业民企看齐。根据规定,非金融类国有控股上市公司实施员工持股计划应当符合相关国有资产监督管理机构关于混合所有制企业员工持股的有关要求。而且,金融类国有控股上市公司实施员工持股计划应当符合财政部关于金融类国有控股上市公司员工持股的规定。

由于涉及员工福利和劳动者利益保护,且对公司整体发展关系重大,独立董事和监事会应当就员工持股计划是否有利于上市公司的持续发展,是否损害上市公司及全体股东利益,公司是否以摊派、强行分配等方式强制员工参加本公司持股计划发表意见。为了保证及时实施,避免"夜长梦多",对股价产生过度波动的影响,上市公司应当在董事会审议通过员工持股计划草案后的2个交易日内,公告董事会决议、员工持股计划草案摘要、独立董事及监事会意见及与资产管理机构签订的资产管理协议。

上市公司应当聘请律师事务所对员工持股计划出具法律意见书,并在召开关于审议员工持股计划的股东大会前公告法律意见书。员工持股计划拟选任的资产管理机构为公司股东或股东关联方的,相关主体应当在股东大会表决时回避;员工持股计划涉及相关董事、股东的,相关董事、股东应当回避表决;公司股东大会对员工持股计划作出决议的,应当经出席会议的股东所持表决权的半数以上通过。

一般地,持股计划彰显公司信心,对公司股价会产生积极影响,所以应尽快予以实施和及时披露。股东大会审议通过员工持股计划后2个交易日内,上市公司应当披露员工持股计划的主要条款。采取二级市场购买方式实施员工持股计划的,员工持股计划管理机构应当在股东大会审议通过员工持股计划后6个月内,根据员工持股计划的安排,完成标的股票的购买。上市公司应当每月公告一次购买股票的时间、数量、价格、方式等具体情况。上市公司实施员工持股计划的,在完成标的股票的购买或将标的股票过户至员工持股计划名下的2个交易日内,以临时公告形式披露获得标的股票的时间、数量等情况。员工因参加员工持股计划,其股份权益发生变动,依据法律应当履行相应义务的,应当依据法律履行;员工持股计划持有公司股票达到公司已发行股份总数的5%时,应当依据法律规定履行相应义务。

(四)员工持股计划的监管

除非公开发行方式外,中国证监会对员工持股计划的实施不设行政许可,由上市公司根据自身实际情况决定实施。上市公司公布、实施员工持股计划时,必须严格遵守市场交易规则,遵守中国证监会关于信息敏感期不得买卖股票的规定,严厉禁止利用任何内幕信息进行交易,否则,中国证监会将依法予以处罚。

三、员工持股计划的难点：资金来源

实务中，员工持股计划的主要资金来源如下：

其一，通过员工采取杠杆融资。三安光电、海普瑞、苏宁云商、美克家居、联建光电、阳光城等，均采取借道资管杠杆融资的方式推行员工持股计划。而此种大多通过高杠杆撬动的员工持股计划，虽可降低员工的持股投入，但也借此放大了收益或损失。以三安光电为例，三安光电员工持股计划设立后委托兴证证券资产管理有限公司管理，并设立鑫众1号集合计划，主要投资范围为购买和持有三安光电股票。该计划存续期为36个月，可展期。其员工持股计划启用了1∶2的杠杆，也就是说除了员工合法薪酬、自筹资金等作为次级份额外，持股的其他资金均为优先级份额。若市场面临下跌，次级份额的跌幅可能大于市场指数跌幅。

其二，控股股东在员工持股的资产管理计划里加上担保作用，即"杠杆＋担保"。此类方式最能够获得资产管理机构的认可。例如，卧龙电器员工持股计划中，由员工和控股股东共同设立资产管理计划，用资产管理计划购买公司股票。其中，资金来源上是由员工和控股股东1∶2配比，控股股东有保底，保底5％；同时设置激励目标，通过系数计算，达到0.6％系数后控股股东保证15％以上的收益。

其三，员工单独出资。上市公司采用准激励的方式，通过向本公司员工非公开发行股票，以实现员工以较低的价格取得本公司股票。例如，特瑞德员工持股计划。

其四，员工和公司共同出资。上市公司自己提取一部分激励基金，员工以一定的合法薪酬，按照一定的比例参与到员工持股方案中来；但员工也受到相应的约束，如广日股份员工持股计划中，上市公司提供75％的激励基金，员工自身提供25％的激励基金。

其五，上市公司按照一定设立条件全额汲取激励基金提供给员工，让员工买本公司的股票。如上海建工。

四、资产管理计划直接对接员工持股计划的产品架构

资产管理计划对接员工持股计划的基本模式为：设立资产管理计划用于员工激励，上市公司的控股股东进行大宗减持，同时该资产管理计划直接对接此部分减持的股票，或者上市公司直接委托资产管理机构从二级市场购买

股票。激励对象(管理层及其他员工,或者全体员工)购买该资管计划份额,用于购买份额的现金由大股东筹资和激励对象的自筹资金共同组成。

方案要点:增持人员(激励对象)的自筹资金由大股东统一代收,大股东在完成融资之后,以资产委托人身份,代表员工持股计划将筹资和员工自筹资金统一交付给金融机构,成立资产管理计划,委托基金管理公司对外进行杠杆融资,在托管银行监督下进行专业化投资管理。该资产管理计划原则上只能交易该上市公司股票。资产管理计划锁定期"2+N"年,自资产管理计划购入该上市公司股票当日起计算,锁定期满后资产管理计划将在6个月之内妥善完成清算。锁定期满后,每个参与员工持股计划的人员依据自身不同的考核系数及资产管理计划的实际回报率情况,可以获得不同的收益分配及保障,保障系数与公司绩效和个人绩效同时挂钩。资产管理计划设定各种保障措施,例如控股股东承诺回购收益权,或者在触发预警线和止损线之前进行补仓,或者为社会投资者的优先级份额提供担保。

此类方案的核心是由控股股东进行担保融资,并且融资资金直接参与认购;购买资产管理计划的资金可以是自筹资金和融资资金的结合。员工如果想获得更好的收益,需达到公司以及个人的业绩考核条件,达到条件后,按照预先设定的条款进行收益分配,由此将激励效果和公司成长与个人成长挂钩。此外,如果想加大激励力度,还可以将员工持股计划分为不同的次级份额,由激励对象购买底层份额,相当于增加了激励杠杆。

此类方案的优点在于:资产管理计划直接对接控股股东减持的股票,直接解决了股票来源问题;控股股东担保融资与自筹资金相结合,减轻了激励对象筹集现金的压力,并且有控股股东的资金做保障,为资产管理计划做增信;目前税法并没有严格规定资产管理计划的买卖是否交税,可以做免税处理。在此模式中,上市公司业绩、股价表现、个人绩效三者都是相互关联的,只有公司绩效、股价和个人绩效都能够达到约定位置之上才能获取最大的激励效果。对于激励对象的收益也有变相保底措施,这对于激励对象来讲,一方面可以积极地参与资产管理计划,另一方面内在的指标设计也激励员工更好地工作,以达到组织绩效和个人绩效的统一。

第六节 资管产品增值税政策分析及对策

《财政部、国家税务总局关于明确金融房地产开发教育辅助服务等增值税政策的通知》(财税〔2016〕140号,以下简称"140号文")出台后,在资管行业引起极大关注,资管行业对存量和增量项目如何进行税务处理及相关的定价模型、法律文本、财务、信息披露、信息系统改建、客户管理等各个互相关联的方面及连锁反应莫衷一是,本书拟对140号文及《财政部、国家税务总局关于资管产品增值税政策有关问题的补充通知》(财税〔2017〕2号,以下简称"2号文")等进行政策解读。

一、140号文涉及条款的法律解读

(一)金融机构增值税法规政策体系

目前金融机构增值税法规政策主要包括:

(1)《财政部、国家税务总局关于全面推开营业税改征增值税试点的通知》(财税〔2016〕36号)(以下简称"36号文")、《营业税改征增值税试点实施办法》、《销售服务、无形资产、不动产注释》(以下简称《注释》)、《营业税改征增值税试点有关事项的规定》、《营业税改征增值税试点过渡政策的规定》、《跨境应税行为适用增值税零税率和免税政策的规定》。

(2)《财政部、国家税务总局关于金融机构同业往来等增值税政策的补充通知》(财税〔2016〕70号)(以下简称"70号文")。

(3)《财政部、国家税务总局关于明确金融房地产开发教育辅助服务等增值税政策的通知》(财税〔2016〕140号)(以下简称"140号文")。

(4)《财政部税政司、国家税务总局货物和劳务税司关于财税〔2016〕140号文件部分条款的政策解读》(以下简称"官方解读")。

(5)《财政部、国家税务总局关于资管产品增值税政策有关问题的补充通知》(财税〔2017〕2号)(以下简称"2号文")。

(6)《财政部、国家税务总局关于资管产品增值税有关问题的通知》(财税〔2017〕56号)(以下简称"56号文")。

以上政策文件实际上是一个体系。其中36号文是基本的纲领性文件,落实了国务院营改增基本方案,对金融服务业增值税进行初步规定。但是,对于金融服务业征收增值税的若干操作细节仍然需要持续细化,目前此过程尚未完成。2016年6月30日实施的70号文规定了金融同业往来利息收入等问题。2016年12月21日及30日,财政部、国家税务总局发布了140号文及官方解读。140号文在对36号文相关规定进行细化的同时,明确了资管产品运营过程中发生的增值税应税行为以管理人为纳税人,并从2016年5月1日起执行。2017年1月11日,财政部、国家税务总局在2号文中明确,2017年7月1日(含)以后,资管产品运营过程中发生的增值税应税行为,以资管产品管理人为增值税纳税人，按照现行规定缴纳增值税。对资管产品在2017年7月1日前运营过程中发生的增值税应税行为，未缴纳增值税的，不再缴纳；已缴纳增值税的，已纳税额从资管产品管理人以后月份的增值税应纳税额中抵减。2018年1月1日生效的56号文规定了资管产品管理运营资管产品过程中发生的资管产品运营业务为增值税应税行为，暂适用简易计税方法，按照3%的征收率缴纳增值税。管理人应分别核算资管产品运营业务和其他业务的销售额与增值税应纳税额，未分别核算的，资管产品运营业务不得适用前述规定。管理人可选择分别或汇总核算资管产品运营业务销售额和增值税应纳税额。对资管产品在2018年1月1日前运营过程中发生的增值税应税行为，未缴纳增值税的，不再缴纳；已缴纳增值税的，已纳税额从资管产品管理人以后月份的增值税应纳税额中抵减。

（二）140号文涉及条款

总的来说，140号文既是对36号文相关规定的补充，又是对资管行业增值税缴纳的明确规范。

1. 关于"保本收益"的定义以及哪类产品缴纳增值税的问题

140号文第一条明确规定："金融商品持有期间（含到期）取得的非保本的上述收益，不属于利息或利息性质的收入，不征收增值税。《销售服务、无形资产、不动产注释》（财税〔2016〕36号）第一条第（五）项第1点所称'保本收益、报酬、资金占用费、补偿金'，是指合同中明确承诺到期本金可全部收回的投资收益。金融商品持有期间（含到期）取得的非保本的上述收益，不属于利息或利息性质的收入，不征收增值税。"

《注释》第一条第（五）项第1点是对贷款服务的界定："贷款，是指将资金贷与他人使用而取得利息收入的业务活动。各种占用、拆借资金取得的收入，包括金融商品持有期间（含到期）利息（保本收益、报酬、资金占用费、补偿金等）收入、信用卡透支利息收入、买入返售金融商品利息收入、融资融券收取的利息收入，以及融资性售后回租、押汇、罚息、票据贴现、转贷等业务取得的利息及利息性质的收入，按照贷款服务缴纳增值税。融资性售后回租，是指承租方以融资为目的，将资产出售给从事融资性售后回租业务的企业后，从事融资性售后回租业务的企业将该资产出租给承租方的业务活动。以货币资金投资收取的固定利润或者保底利润，按照贷款服务缴纳增值税。"

从以上规定可以看出，贷款服务不是仅仅看合同的形式。《合同法》第一百九十六条的规定："借款合同是借款人向贷款人借款，到期返还借款并支付利息的合同。"而税法则采取广义的定义或者说实质重于形式的方式来界定

"贷款服务"。

按照是否保本,理财产品分为两类:(1)保本的理财产品,包括固定收益和浮动收益,即本金没有收回风险。这类税务上被理解为一种资金占用收入,其取得的收益属于增值税征税范围,属贷款;(2)非保本的理财产品,可能亏、可能盈,这就是真正的投资收益,这个收益,不论何时取得,都不属于增值税征收范围。此类产品本质上与投资成立公司是一样的,分红、收回都不涉及流转税。信托计划/单一信托本身对投资者不得承诺保本或/和信托收益,私募基金以及券商、基金子公司等推出的资管产品也不得对投资者承诺保本或/和资产收益,因此,该类产品属于非保本的理财产品。

2. 资管产品持有至到期不属于金融商品转让,不缴纳增值税

《注释》第一条第(五)项第4点规定,"金融商品转让是指转让外汇、有价证券、非货物期货和其他金融商品所有权的业务活动;其他金融商品转让包括基金、信托、理财产品等各类资产管理产品和各种金融衍生品的转让。"该规定并没有明确规定是在到期前转让还是持有至到期转让。两种金融商品转让都属于贷款服务这个大税目,但适用的子税目不同,如果属于"贷款利息收入"要按照"各种占用、拆借资金取得的收入,包括金融商品持有期间(含到期)利息(保本收益、报酬、资金占用费、补偿金等)收入、信用卡透支利息收入、买入返售金融商品利息收入、融资融券收取的利息收入,以及融资性售后回租、押汇、罚息、票据贴现、转贷等业务取得的利息及利息性质的收入,按照贷款服务缴纳增值税",即全额按照取得利息收入纳税;如果属于"金融商品转让"则差额纳税(买入价减去卖出价),负差还可以在同一个纳税年度内结转。

140号文弥补了这个短板,第二条规定:"纳税人购入基金、信托、理财产品等各类资产管理产品持有至到期,不属于《注释》第一条第(五)项第4点所称的金融商品转让。"

由此,金融商品持有至到期,如为非保本理财产品,按投资及收回处理,不征增值税;如为保本的理财产品,按贷款征税,全额按照取得利息收入纳税,不能按照"金融商品转让"差额纳税。反之,凡到期前转让,属于转让金额商品。转让亏损可以与其他金融商品转让差额合并计算。

3. 关于将结息日起90天后发生的应收未收利息暂不缴纳增值税的规定拓展至"一行三会"批准成立并经营金融保险业务的机构

140号文第三条规定:"证券公司、保险公司、金融租赁公司、证券基金管理公司、证券投资基金以及其他经人民银行、银监会、证监会、保监会批准成立且经营金融保险业务的机构发放贷款后,自结息日起90天内发生的应收未

收利息按现行规定缴纳增值税,自结息日起 90 天后发生的应收未收利息暂不缴纳增值税,待实际收到利息时按规定缴纳增值税。"

官方解读第一条规定:"《营业税改征增值税试点过渡政策的规定》(财税〔2016〕36 号文件印发)中明确,'金融企业发放贷款后,自结息日起 90 天内发生的应收未收利息按现行规定缴纳增值税,自结息日起 90 天后发生的应收未收利息暂不缴纳增值税,待实际收到利息时按规定缴纳增值税'。财税〔2016〕140 号文件第三条中,将逾期 90 天应收未收利息暂不征税政策,扩大到证券公司、保险公司等所有金融机构。以上两条政策中的'发放贷款'业务,是指纳税人提供的贷款服务,具体按《注释》中'贷款服务'税目注释的范围掌握。"

本条款扩大了金融企业的扩围。关于金融企业超 90 天的应收未收利息暂不缴纳增值税的政策,在 36 号文的附件三规定了"上述所称金融企业,是指银行(包括国有、集体、股份制、合资、外资银行以及其他所有制形式的银行)、城市信用社、农村信用社、信托投资公司、财务公司"。140 号文对金融企业的范围进行了扩大规定。当然,所谓金融企业必须经"一行三会"批准,其他的非属"一行三会"批准的金融企业,如商务部批准的融资租赁公司、小贷公司则无法享受该优惠政策。本条款也是对以上金融机构的一个特殊照顾,结息日起 90 天以后,金融机构可以暂不交增值税,又可以对违约的借款人展开追偿程序。

4. 关于资管产品运营中的增值税纳税人

140 号文第四条规定:"资管产品运营过程中发生的增值税应税行为,以资管产品管理人为增值税纳税人。"

官方解读中关于 140 号文第四条的解读,"本条政策主要界定了运营资管产品的纳税主体,明确了资管产品运营过程中发生的增值税应税行为,应以资管产品管理人为纳税主体,并照章缴纳增值税。资管产品,是资产管理类产品的简称,比较常见的包括基金公司发行的基金产品、资管产品管理人的信托计划、银行提供的投资理财产品等。简单说,资产管理的实质就是受人之托,代人理财。各类资管产品中,受投资人委托管理资管产品的基金公司、资管产品管理人、银行等就是资管产品的管理人。原营业税税制下,对资管类产品如何缴纳营业税问题,《财政部、国家税务总局关于信贷资产证券化有关税收政策问题的通知》(财税〔2006〕5 号)已有明确规定。增值税和营业税一样,均是针对应税行为征收的间接税,营改增后,资管产品的征税机制并未发生变化。具体到资管产品管理人,其在以自己名义运营资管产品资产的过程中,可能发生多种增值税应税行为。例如,因管理资管产品而固定收取的管理费(服务费),应按照'直接收费金融服务'缴纳增值税;运用资管产品资产发放贷款取得利息收入,应按照'贷款服务'缴纳增值税;运用资管产品资产进行投资等,则应根据取得收益的性质,判断其是否发生增值税应税行为,并应按现行规定缴纳增值税。"

二、对策分析

(一)资管行业生态变量及应对原则

营改增的步步落实逐渐改变着资管行业的生态环境。140号文明确了"管理人"作为资管产品运营过程中应税行为的增值税缴纳人,并明确指出应税行为不仅包括管理人管理费,还穿透到底层资产中资管产品投资过程中产生的应税行为。增值税从过去"实际上的免税待遇"过渡到以管理人为主体的规范纳税,资管行业的整体成本将上升,收益率下降;最终需要融资人、投资人和管理人共同来承担。总体而言,对资管产品来说,除了管理人报酬外由于"受人之托、代人理财"的属性,透过资管资产本身承担税收的机制,作为投资的伴生物,税负转嫁到资金端,增加的税负不可避免导致投资人收益下降。对后续资管机构投资标的和投资方式的选择上存在引导作用,投资方式将向非保本型、浮动收益型倾斜,有利于进一步引导"卖者有责、买者自负"的理念,为打破刚性兑付创造逻辑前提。但不可否认的是,增值税新政策必然倒逼资管产品管理人梳理现有项目,对受140号文影响的项目采取文本修改、提前清算等补救措施,对后续新增项目,则在定价、合同文本、资金运用方式、业务方向等方面作出调整。

据此,既然税收政策已经明朗,资管行业应积极应对,不能消极等待。我们建议资管行业可采用如下应对原则:

第一,具体项目梳理与体系化的流程再造相结合。

第二,尽快摸底后区分存量与增量项目、通道与主动管理项目,按照不同的时间约束要素以及资金/融资方的可控性进行应对。增量项目应确定定价策略,注重战略层面;存量项目应个性化处理,偏重战术操作。通道类项目有项目实际主导方负责解决税务风险;主动管理类则由管理人负责分类应对。由于2号文给资管行业提供了缓冲期,要充分利用该期间。

第三,构建新的金融工具模型和定价策略,覆盖税收成本。

第四,防范现金流风险及投资者误解申诉等潜在风险。

(二)体系化的流程再造

140号文的应对是一个系统工程,涉及公司的各个条线的协调配合,我们建议公司就增值税问题成立专门工作组：

第一，立即摸底调查，做好增值税纳税的相关测算，重点测算存续主动类项目纳税情况，并分析对公司损益的影响。

第二，围绕新的金融工具模型和定价策略，业务流程调整，测算增加的工作量，如需要增加人员，人力部门配合。

第三，对资管项目进行成本测算，并对可能的收益扣减、融资人协调做好预案及落实。

第四，做好风险预案以及投资者问询的技术准备，传达到客户经理。

第五，内外部结合，尽快完善信息系统的改造和调试工作。

第六，做好与监管部门、财税部门、行业协会、同业机构、VIP客户的沟通。

（三）积极关注后续配套法规政策的出台

尽管140号文、2号文、56号文的出台，对于资管产品缴纳增值税进行了规定，但是对于增值税中所涉大量的操作细则尚不明确，资管行业仍需高度关注增值税所涉的后续细则出台，及时评估该等细则对于资管产品的影响，并在金融产品设计、相关合同文本、业务流程等方面适时调整。

（四）资管项目的税收处理

资管行业要积极做好信息披露与解释说明。资管产品财产按照承担税负后分配收益及本金，这是基本的原则。根据行业协会或者行业普遍采用的方式进行披露，但要做好对投资者的解释说明工作，并在期间管理报告及项目清算报告中加入税收影响的披露和分析，并开展积极应对策略，例如：

第一，修订资管合同范本及信息披露事项，明确扣除分配顺序，应优先扣除资管财产管理中产生的相应税费；包括但不限于增值税、印花税等税收成本由资管财产承担；税收法规政策变动风险由投资者承担；规范资管合同中固定管理人报酬的表述方式，增大固定收费，尽量缩小浮动剩余资管财产作为报酬的额度。

第二，积极构建新的金融工具模型和定价策略，充分考虑增值税要素，业务部门在与融资客户确定贷款成本时，需纳入增值税成本作为项目成本计算。

第三，贷款合同（及应税的其他合同例如收益权合同、资产回购合同等）中贷款利率应明确约定为含增值税或不含增值税利率，并明确开具利息发票的相关条款。

第四，其他进项合同（中介类合同、咨询服务合同等），做好开票预案，最大限度保护投资人利益。

第五章
互金产品的法律设计与政策边界

第一节　从 P2P 业务的视角对民间借贷司法解释的解读

2015 年 8 月 6 日,最高人民法院公布了《最高人民法院关于审理民间借贷案件适用法律若干问题的规定》(以下简称"《民间借贷司法解释》"或"《解释》",2015 年 9 月 1 日起施行),互联网金融是网络版的个人民间借贷,故该司法解释与互联网金融中的 P2P 关系比较紧密。本书将对这一司法解释中的重点规定和互联网金融的关系进行解读。

一、P2P 业务是否适用《解释》?

适用。根据《关于促进互联网金融健康发展的指导意见》的规定,"在个体网络借贷平台(P2P)上发生的直接借贷行为属于民间借贷范畴,受合同法、民法通则等法律法规以及最高人民法院相关司法解释规范。"《解释》第一条第一款开宗明义:"本规定所称的民间借贷,是指自然人、法人、其他组织之间及其相互之间进行资金融通的行为。"这个界定体现出了民间借贷行为特有的本质和主体范围,相互之间的借贷组合则涵盖互联网金融的 P2P、P2C、B2B、B2C 等多种形式。

二、P2P 业务与非法集资类罪的程序关联性如何?

先刑后民、刑民并行。具体可将民间借贷纠纷分为三大类:第一类,借贷涉嫌非法集资,应当驳回起诉,移送公安或检察机关;第二类,借贷与非法集资有关联,应当继续审理,如果必须以刑事案件审理结果为依据,则中止审理;第三类,不涉嫌非法集资,应当照常审理。

三、P2P 业务中的借款合同的生效要件如何？是否需等资金划入借款人银行账户那一刻才认定生效？

对 P2P 业务中的借款合同的生效要件,应该将《解释》第十四条与《合同法》第五十二条结合起来理解。对于民间借贷合同而言,其独有的无效事由是《解释》第十四条第（一）、（二）、（三）项规定的事由。其中,第（一）、（二）条无效的情形都是转贷牟利且借款人事先知情的,目的在于抑制投机,规范金融秩序。此外,《关于规范整顿"现金贷"业务的通知》规定:"设立金融机构、从事金融活动,必须依法接受准入管理。未依法取得经营放贷业务资质,任何组织和个人不得经营放贷业务。"因此,获得准入管理是借款合同生效的必要条件。

《解释》第九条规定:"具有下列情形之一,可以视为具备合同法第二百一十条关于自然人之间借款合同的生效要件:（二）以银行转账、网上电子汇款或者通过网络贷款平台等形式支付的,自资金到达借款人账户时;……"这里的账户包括但不限于银行账户,由于互联网金融的发展,第三方支付也是一种支付方式,而且新型支付方式也处于变革中,因此银行账户自无疑问,其他账户则依赖其是否具备合法的支付功能,并受限于进一步的解释甚至判例的确认。而《解释》第九条（四）规定:"出借人将特定资金账户支配权授权给借款人的,自借款人取得对该账户实际支配权时。"此规定一定程度拓宽了 P2P 在运用包括虚拟账户或受托支付甚至共管账户等情形下的贷款提供方式。

四、P2P 平台一旦担保,有效吗？

仅提供媒介服务的网络贷款平台提供者,无需承担担保责任。通过网页、广告明示或者有其他证据证明网络贷款平台的提供者为贷款提供担保,可以要求其承担担保责任。《解释》第二十二条突破了《担保法》关于担保合同书面形式的规定,采取了类似于悬赏广告的效力认定方式,承认了"公告式担保承诺"的效力。《网络借贷信息中介机构业务活动管理暂行办法》规定平台不得提供担保,但《解释》的规定使得平台担保陷入"合法不合规"的尴尬处境。

尚待明确的两个问题:一是在目前运用较为广泛的"风险备用金"模式项下,平台从自己收取的服务费中提取一定的风险准备金并明示用于进行违约贷款/产品的差额补足,是否受限于本条之规定;二是平台关联公司为平台借贷提供担保是否受限于本条规定。

五、P2P业务中如果借款人和实际用款人不一致,怎么处理?对P2B业务有什么启发?

《解释》第二十三条可以概括为"循名责实"的规则。其一,名义上的借款人必须承担还款责任;其二,根据"实际用途"作为判断原则,实际上的用款人也须承担责任。

该规定突破了合同的相对性,但其理论基础仍有待进一步探索。同时,《解释》并未明确在何种情况下应将其列为共同被告,何种情况下应将其列为第三人。

六、P2P业务中通过买卖实物来担保借贷债权,如何处理?

按民间借贷关系审理,告知当事人变更诉讼请求,拒绝变更的,驳回起诉。本规定否认了作为担保的买卖合同的可强制执行效力,否认了交易选择权担保的约定。

七、P2P业务中利率设置哪些可得到法院支持,哪些得不到支持?在利息之外规定违约金或费用是否合法?平台的中介费用和利息是否合并计算?

《解释》第二十六条规定:"借贷双方约定的利率未超过年利率24%,出借人请求借款人按照约定的利率支付利息的,人民法院应予支持。借贷双方约定的利率超过年利率36%,超过部分的利息约定无效。借款人请求出借人返还已支付的超过年利率36%部分的利息的,人民法院应予支持。"

《最高人民法院印发〈关于进一步加强金融审判工作的若干意见〉的通知》(法发〔2017〕22号)规定:"金融借款合同的借款人以贷款人同时主张的利息、复利、罚息、违约金和其他费用过高,显著背离实际损失为由,请求对总计超过年利率24%的部分予以调减的,应予支持,以有效降低实体经济的融资成本。规范和引导民间融资秩序,依法否定民间借贷纠纷案件中预扣本金或者利息、变相高息等规避民间借贷利率司法保护上限的合同条款效力。"

《关于规范整顿"现金贷"业务的通知》规定:各类机构以利率和各种费用形式对借款人收取的综合资金成本应符合最高人民法院关于民间借贷利率

的规定,禁止发放或撮合违反法律有关利率规定的贷款。各类机构向借款人收取的综合资金成本应统一折算为年化形式,各项贷款条件以及逾期处理等信息应在事前全面、公开披露,向借款人提示相关风险。

其中要关注"两线三区":两线即24%、36%;三区即司法保护区、自然债务区、无效区。从学理上看,利息作为本金债务的从债,其债权效力亦有请求力、诉请执行力和受领保有力之分。其中,约定利息超过年利率36%的部分,属于无效约定,即便债务人自愿支付也属于不当得利,应予返还。

出借人与借款人既约定了逾期利率,又约定了违约金或者其他费用,出借人可以选择主张逾期利率、违约金或者其他费用,也可以一并主张,但总计超过年利率24%的部分,法院不予支持。由此可见,平台中介费和利息予以合并计算。

八、P2P 平台开办 B2B 业务需要注意哪些特殊点?

法人之间的借贷必须是为生产、经营需要偶然为之,不能以此为常态、常业。《关于促进互联网金融健康发展的指导意见》规定:"个体网络借贷是指个体和个体之间通过互联网平台实现的直接借贷。"但"个体"是否包括法人并不明确。结合《解释》第一条之规定,基本可以明确 P2P 并不局限于自然人之间。

九、P2P 平台开办企业内部集资的产品需要注意哪些特殊点?

对资金用途的限制,必须"用于本单位生产、经营"。但"生产、经营"存在进一步解释的空间。

合同无效的情形包括:向其他企业借贷或者向本单位职工借贷又转贷牟利的,且借款人事先知道或者应当知道的,民间借贷合同应被认定为无效,没有"高利转贷"的限制。但如果是向本单位职工以外的其他自然人和其他单位借款并转贷牟利的,《解释》对其效力未作明确规定。

第二节 全国首例众筹融资案评析及对互联网众筹业务的影响

2015年9月15日下午,海淀人民法院就原告(反诉被告)北京飞度网络科技有限公司(以下简称"飞度公司")与被告(反诉原告)北京诺米多餐饮管理有限责任公司(以下简称"诺米多公司")居间合同纠纷一案进行公开宣判,该案为全国首例众筹融资案。此案涉及"人人投"平台,成为测试众筹案例有效性的样本,备受行业关注。

一、基本案情

2015年1月21日,飞度公司与诺米多公司签订《委托融资服务协议》,诺米多公司委托飞度公司在其运营的"人人投"平台上融资88万元(含诺米多公司应当支付的17.6万元),用于设立有限合伙企业开办"排骨诺米多健康快时尚餐厅"合伙店。协议签订后,诺米多公司依约向飞度公司合作单位"易宝支付"充值17.6万元,并进行了项目选址、签署租赁协议等工作。飞度公司也如期完成了融资88万元的合同义务。

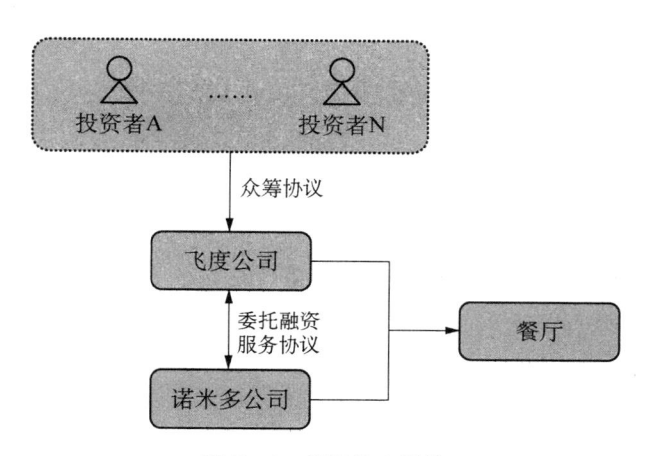

图 5-1 项目基本结构

在项目运行中,"人人投"平台发现诺米多公司存在提供的房屋系楼房而非协议约定平房、不能提供房屋产权证、房屋租金与周边租金出入较大等问题,且双方与投资人召开会议进行协商未果。2015年4月14日,飞度公司收到诺米多公司发送的解除合同通知书,通知自即日起解除《委托融资服务协议》,要求其返还诺米多公司已付融资款并赔付损失50 000元。同日,飞度公司亦向诺米多公司发送解约通知书,以诺米多公司违约为由解除了《委托融资服务协议》,要求诺米多公司支付违约金并赔付损失。

后双方均诉至法院,原告飞度公司诉请:(1)诺米多公司支付飞度公司委托融资费44 000元;(2)诺米多公司支付飞度公司违约金44 000元;(3)诺米多公司支付飞度公司经济损失19 712.5元。

反诉原告诺米多公司诉请:(1)飞度公司返还176 000万元并支付相应利息;(2)飞度公司赔偿诺米多公司损失50 000元。

二、案件审理

海淀法院于 2015 年 8 月 20 日公开开庭进行了审理。庭审过程中,飞度公司与诺米多公司均向法院提交了多份证据,就案件涉及的问题充分发表了意见,两位通过"人人投"平台投资该项目的投资人也作为证人出庭作证。

海淀法院在查明事实的基础上,认为案件核心争议主要为两方面:一、涉案《委托融资服务协议》的法律效力和合同主体之间法律关系的具体界定;二、双方当事人是否存在违约以及应承担何种违约责任。

就第一项争议,首先,法院认为确认《委托融资服务协议》法律效力的裁判依据应为现行法律、行政法规的效力性强制性规定,主要涉及我国《证券法》第十条规定。因本案中的投资人均为经过"人人投"众筹平台实名认证的会员,且人数未超过 200 人上限;结合中国人民银行等十部委出台的《关于促进互联网金融健康发展的指导意见》(以下简称"《指导意见》")等规范性文件精神从鼓励创新的角度,法院认为案件所涉众筹融资交易不属于"公开发行证券",其交易未违反上述《证券法》第十条的规定。

其次,虽然在 2016 年 4 月印发了《股权众筹风险专项整治工作实施方案》,但本案的审理日期为 2015 年 8 月,那时我国还未出台专门针对众筹融资的行政法规和部门规章,涉及的其他文件主要是上述《指导意见》、中国证券业协会发布的《场外证券业务备案管理办法》等,也均未对本案所涉及的众筹交易行为予以禁止或给予否定性评价。

再次,飞度公司的主体资质方面,在其取得营业执照、电信与信息服务业务经营许可证等手续的情况下开展业务,目前也无法律法规上的障碍。

于是,法院认定案中《委托融资服务协议》有效。

对于本案合同主体之间法律关系的具体界定问题。法院认为委托融资只是双方当事人整体交易的一部分,相对于项目展示、筹集资金等服务,飞度公司还提供信息审核、风险防控以至于交易结构设计、交易过程监督等服务,其核心在于促成交易。从该角度分析,双方当事人之间的法律关系主要系居间合同关系。

但法院同时说明,界定为居间合同关系是基于对该案争议的相对概括,但众筹融资作为一种新型金融业态,众筹平台提供的服务以及功能仍在不断创新、变化和调整当中,其具体法律关系也会随个案具体案情而发生变化。

就第二项争议,法院认为,案中合同不能继续履行的缘起为交易各方对融资项目经营用房的样态等问题产生的分歧。根据在案证据显示,飞度公司与投资人发现其确系楼房而非平房后,飞度公司认为诺米多公司存在信息披露不实,具有相应依据。因上述问题涉及房屋可能存在违章建筑等隐患,此事项又直接关系到众多投资人的核心利益,在诺米多公司已明确承诺其提供的重要信息真实、准确、完整的情况下,投资人与飞度公司有权要求诺米多公司进一步提供信息;"人人投"平台对项目方融资信息的真实性实际负有相应审查义务,其严格掌握审查标准也是对投资人利益的保护。此时,诺米多公司提供的相关证件仍难以完全排除可能的交易风险,直接导致交易各方信任关系丧失。故飞度公司依据《融资协议》第7.1条解除合同,具有相应依据。纵观合同履行的全部过程,诺米多公司应就合同的不能履行承担更大的责任。

三、判决

第一,被告北京诺米多餐饮管理有限责任公司于本判决生效之日起10日内给付原告北京飞度网络科技有限公司委托融资费用25 200元、违约金15 000元。

第二,反诉被告北京飞度网络科技有限公司于本判决生效之日起10日内返还反诉原告北京诺米多餐饮管理有限责任公司出资款167 200元。

第三,驳回原告北京飞度网络科技有限公司其他诉讼请求。

第四,驳回反诉原告北京诺米多餐饮管理有限责任公司其他反诉请求。

四、解析

本案法官通过法理分析以及适用法律认定众筹融资合同有效,对众筹行业的发展具有重要和积极意义,法官对众筹法律关系的认定对今后众筹产品的开发具有相当高的借鉴价值,具体如下:

(一)众筹协议不得违反我国效力性强制性规定,尤其是不得超越公募界限、进行非法集资

本案法官认为,众筹是否违反《证券法》第十条成为本案涉及的众筹协议是否有效的关键,因为《证券法》第十条是效力强制性规范。

《最高人民法院关于适用〈中华人民共和国合同法〉若干问题的解释(一)》第四条规定,"合同法实施以后,人民法院确认合同无效,应当以全国人大及其常委会制定的法律和国务院制定的行政法规为依据,不得以地方性法规、行政规章为依据"。《最高人民法院关于适用〈中华人民共和国合同法〉若干问题的解释(二)》(以下简称"《合同法解释(二)》")第十四条规定,"合同法第五十二条第(五)项规定的'强制性规定',是指效力性强制性规定"。

最高人民法院《关于当前形势下审理民商事合同纠纷案件若干问题的指导意见》（法发〔2009〕40号），强调正确适用强制性规定，稳妥认定民商事合同效力：

一是正确理解、识别和适用《合同法》第五十二条第（五）项中的"违反法律、行政法规的强制性规定"，关系到民商事合同的效力维护以及市场交易的安全和稳定。人民法院应当注意根据《合同法解释（二）》第十四条之规定，注意区分效力性强制规定和管理性强制规定。违反效力性强制规定的，人民法院应当认定合同无效；违反管理性强制规定的，人民法院应当根据具体情形认定其效力。

二是人民法院应当综合法律法规的意旨，权衡相互冲突的权益，诸如权益的种类、交易安全以及其所规制的对象等，综合认定强制性规定的类型。如果强制性规范规制的是合同行为本身，即只要该合同行为发生即绝对地损害国家利益或者社会公共利益的，人民法院应当认定合同无效。如果强制性规定规制的是当事人的"市场准入"资格而非某种类型的合同行为，或者规制的是某种合同的履行行为而非某类合同行为，人民法院对于此类合同效力的认定，应当慎重把握，必要时应当征求相关立法部门的意见或者请示上级人民法院。

根据《证券法》第十条第一款明确规定，"公开发行证券，必须符合法律、行政法规规定的条件，并依法报经国务院证券监督管理机构或者国务院授权的部门核准；未经依法核准，任何单位和个人不得公开发行证券"。该条是现行《证券法》关于证券发行的总规定，明确确立了证券公开发行必须经过核准的法定要求。在这一规定下，证券发行人如果希望豁免复杂、不确定的核准程序，只能通过被界定为"非公开发行"来实现。《证券法》第十条第二款对公开发行的界定做出了规定，列出了三种情况：向不特定对象发行证券的；向特定对象发行证券累积超过200人的；法律、行政法规规定的其他发行行为。

现行《证券法》规定核准制度是希望通过核准程序实现两个目的，一者是规范信息披露的范围，再者是通过对发行条件的规定，对发行人起到一定的筛选。尽管立法初衷在于维护金融安全，但核准制度同时也给发行人带来高昂成本，包括信息披露成本与为满足发行条件限制所带来的成本。此种高昂的成本很容易将中小企业的融资需求排除在核准程序之外，因为中小企业与创业企业根本就无法承受。

在我国现行《证券法》的规定下，中小企业或者创业企业为避免核准程序所带来的成本，并仍以证券发行为融资渠道，则只能选择非公开发行证券的模式。按照上述现行法作反面解释，非公开发行证券只有一种界定方式，即向特定对象发行累积不超过200人。

现行《证券法》并未对"特定对象"作出明确规定。理论上认为主要指代不需要证券法提供特殊保护、能够自我的投资者。主要包括三类人：第一，与发行人有特殊关系，足以保护自己的人；第二，有丰富投资经验，足以保护自己的人；第三，有足够财产，能够保护自己的人。

实践中，各国一般采用第三个标准——财富标准来界定非公开发行的对象，主要因为财富标准比较容易客观化，能为商业活动提供比较确定的标准。相比之下，特殊关系与投资经验这两个标准则过于主观化，需要在个案中具体分析，不确定性太强，发行人与监管者并无愿意采用。因此，尽管在《最高人民法院关于审理非法集资刑事案件具体应用法律若干问题的解释》（法释〔2010〕18号）中提到向亲友或者单位内部职工集资的不构成非法吸收公众存款罪，但其只是界定非罪的标准，并非合法性的标准，且在实践中如何认定亲友，也是极为模糊的概念，具有很大的不确定性。

中国目前并没有明确立法规定，以说明何种财富标准是合适的划分特定对象；并且，鉴于中国财产申报制度与个人信用体系的不完善，也很难确定某个投资者的收入与财产状况是否符合规定的财富标准。因此，实践中往往通过加入会员区别不特定并采取规定最低购买金额的方法来保证投资者符合合格投资者要求。以天使汇为例，其代表的股权众筹都对参与者进行了某种程度的限制。天使汇采取会员制，对投资者进行审核，没有证券投资经验的个人投资者被禁止参与，每个投资者的资金量必须达到一定的准入门槛，每个项目参与的投资者人数也严格限制，以免超过人数限制。

对于已经成立并运营的企业而言，由于《证券法》明确限定了中小企业股权众筹的投资者数量，而中小投资者能提供的资金量都不是很大，项目所能募集到的资金就会非常有限，这将使很多项目无法进行下去。为了突破股东人数的限制，筹得足够的项目资金，而不触及《公司法》与《证券法》的红线，国内股权众筹平台普遍采用的手段是"线上＋线下"两段式操作。即在线上展示项目信息，与潜在投资者达成意向后，操作转入线下。

目前，直接划定股权众筹红线的法律规定是《最高人民法院关于审理非法集资刑事案件具体应用法律若干问题的解释》（以下简称"《解释》"）的第六条，其来源于上述《证券法》第十条对公开发行证券的界定。资金提供者以获得投资收益为目的提供资金，在理论上属于证券法的管辖范围，向不特定对象转让股权或向特定对象转让股权超过200人的，属于公开发行证券，需要获得国家有关主管部门的批准。另一方面,我国《刑法》第一百七十九条规定的擅自发行股票、公司、企业债券罪中的构成要件之一是数额巨大、后果严重或者有其他严重情节,而不满足数额巨大、后果严重或者有其他严重情节的构成要件的擅自发行股票、公司、企业债券的行为可能构成我国《刑法》第一百七十六条规定的非法吸收公众存款罪。

《股权众筹风险专项整治工作实施方案》规定:"对于整治中发现以'股权众筹'等名义从事股权融资业务或募集私募股权投资基金的,积极予以规范。发现涉嫌非法发行股票或非法从事证券活动的,按照打击非法证券活动工作机制予以查处。发现涉嫌非法集资的,按照处置非法集资工作机制予以查处。"

实践中,中小企业与创业企业都不可能严格按照公开发行证券的要求来募集资金,故而"经国家有关主管部门批准"的条件便不能满足。为避免非法集资的法律风险,股权众筹就不能采用公开宣传的方式,且不能针对社会不特定对象,而只能选择非公开发行。

此外,股权的转让还要受《公司法》等法律法规的调整。《公司法》第二十四条规定:"有限责任公司由五十个以下股东出资设立。"即有限责任公司的股东数量不能超过50人的上限。投资者受让股权之后,自然就会获得公司股东的身份。因此,如果募集资金的公司是有限责任公司,即使其以私募方式募集资金,最终投资者的数量也不应超过50人。

借助合伙企业作为投资主体进行股权众筹,其实质就是通过合伙企业构建SPV平台进行持股的操作模式,可以在一定程度上规避《公司法》对股东人数的限制,有效扩大投资者范围,为筹资者与投资者创造更大的选择空间。对于创业者而言,鉴于投资款托管制度,投资者在认投项目时就需要将投资款转入托管账户,认投方可有效,这样可有效避免以前投资者轻易反悔的情况,大大提升创业者融资效率;而投资者存放在托管账户中的资金是分批次转入被投企业,大大降低了投资者的投资风险,投资者参与投资的积极性会大幅度提高,同样会大幅度提高创业者的融资效率。

但若加以深究,以SPV进行持股的合规性有待商榷。我国证监会于2014年8月21日发布并实施的《私募投资基金监督管理暂行办法》(以下简称《暂行办法》)的相关规定反映了监管部门的态度。《暂行办法》第十三条第二款规定:"以合伙企业、契约等非法人形式,通过汇集多数投资者的资金直接或者间接投资于私募基金的,私募基金管理人或者私募基金销售机构应当穿透核查最终投资者是否为合格投资者,并合并计算投资者人数。"另外,

《解释》的起草者也表明,《解释》第三条关于非法吸收公众存款罪人数的规定,"实践中大量存在以人传人等多层次的情况,对此,一般应当将不同层次的人累加计算"。由此可见,通过 SPV 持股是需要穿透核查最终投资者并合并计算投资者人数的,因此通过 SPV 持股形式规避对投资者的数量限制的有效性本身也尚需实践和司法检验。

综上,众筹关系的设立应充分考虑不要触碰效力强制性规定的红线,对《证券法》第十条要有敬畏之心。

股权型众筹的风险,可归纳为下列几条红线:

第一条法律红线:不向不特定对象发行股份;

第二条法律红线:不向超过 200 个特定对象发行股份;

第三条法律红线:不得采用广告、公开劝诱与变相公开方式发行股份;

第四条法律红线:对融资方身份及项目的真实性严格履行核查义务,不得发布风险较大的项目与虚假项目;

第五条法律红线:对投资方资格进行审核,告知投资风险;

第六条法律红线:不得为平台本身公开募股。

(二)众筹协议应遵守《指导意见》且不违反针对众筹融资的行政法规和部门规章

尽管涉及众筹的规定是间接的,甚至凤毛麟角,但应予以重视。

1. 关于《指导意见》对股权众筹的基本规范

股权众筹融资必须通过股权众筹融资中介机构平台(互联网网站或其他类似的电子媒介)进行。股权众筹融资中介机构可以在符合法律法规规定前提下,对业务模式进行创新探索,发挥股权众筹融资作为多层次资本市场有机组成部分的作用,更好地服务创新创业企业。

股权众筹融资方应为小微企业,应通过股权众筹融资中介机构向投资人如实披露企业的商业模式、经营管理、财务、资金使用等关键信息,不得误导或欺诈投资者。投资者应当充分了解股权众筹融资活动风险,具备相应风险承受能力,进行小额投资。

股权众筹融资业务由证监会负责监管。

2. 关于《场外证券业务备案管理办法》对股权众筹的基本规范

《场外证券业务备案管理办法》第二条规定:"场外证券业务是指在上海、深圳证券交易所、期货交易所和全国中小企业股份转让系统以外开展的证券业务,包括但不限于下列场外证券业务:……(十)互联网非公开股权融资;……"第三条规定:"证券公司、证券投资基金公司、期货公司、证券投资咨询机构、私募基金管理人从事本办法第二条规定的场外证券业务的，以及证券监管机关或自律组织规定应当在协会备案的机构（备案机构），应当按照本办法对其场外证券业务备案。备案机构新设全资子公司从事本办法第二条规定的场外证券业务的，应当作为变更事项报送相关信息，信息报送责任主体相应转移。"

3. 关于《股权众筹风险专项整治工作实施方案》对股权众筹的基本规范

《股权众筹风险专项整治工作实施方案》通过工作原则和工作目标、整治重点和要求、职责分工、时间进度和其他事项几方面来进一步规范股权众筹。根据国务院统一部署，适时发布股权众筹融资试点监管规则，启动试点。

（三）众筹平台的资质是众筹协议合法性的必要条件

对于众筹平台，我国目前尚未制定针对性的法规规章，所以这些模式被认为正处于发展的"三无时代"，即"无准入门槛、无行业规范、无监管机构"，这使得众筹平台的创建与普通公司注册并无大的区别，只需要根据《公司登记管理条例》《企业登记程序规定》等规定在工商管理部门进行注册，根据《互联网信息服务管理办法》《互联网站管理工作细则》等规定获得通信管理部门的相应许可或进行备案，并且完成计算机软件专项审批等流程。

《工业和信息化部关于发布〈电信业务分类目录（2015年版）〉的通告》（以下简称"《电信业务分类目录》"）B25 规定："信息服务业务是指通过信息采集、开发、处理和信息平台的建设，通过公用通信网或互联网向用户提供信息服务的业务。信息服务的类型按照信息组织、传递等技术服务方式，主要包括信息发布平台和递送服务、信息搜索查询服务、信息社区平台服务、信息即时交互服务、信息保护和处理服务等。"

《互联网信息服务管理办法》第三条规定："互联网信息服务分为经营性和非经营性两类。经营性互联网信息服务，是指通过互联网向上网用户有偿提供信息或者网页制作等服务活动。非经营性互联网信息服务，是指通过互联网向上网用户无偿提供具有公开性、共享性信息的服务活动。"第七条规定："从事经营性互联网信息服务，应当向省、自治区、直辖市电信管理机构或者国务院信息产业主管部门申请办理互联网信息服务增值电信业务经营许可证。"第八条规定："从事非经营性互联网信息服务，应当向省、自治区、直辖市电信管理机构或者国务院信息产业主管部门办理备案手续"。

综上，根据《互联网信息服务管理办法》《电信业务分类目录》等相关法律法规的规定，设立众筹平台并通过平台向上网用户有偿提供信息或者网页制作等服务的，属经营性互联网信息服务。国家对经营性互联网信息服务实行许可制度。故众筹平台应当取得 ICP 许可证,即《互联网信息服务增值电信业务许可证》。

由于目前众筹监管细则尚未出台,在国家(法律、行政规定及部门规章)层面,众筹平台公司的设立无需获得相关政府的特别审批/许可。在地方政府层面,若拟设立的众筹平台公司所在的地方政府金融办有特别规定的,则按其规定办理。

(四)强化信息披露的中立性,众筹平台应确保中介角色,确保众筹关系立足于居间合同

随着众筹模式在互联网时代的不断推广,单纯的投融资平台难以解决两端的风险问题,对筹资个人、企业的后续业务流程进行管理,促进相关信息的披露与项目运作的透明化,将是加强监管、有效风控的可期路径,也是激励筹资者、保护投资者,构建合规众筹生态的重要理念。

众筹平台应遵守中介角色,确保众筹关系立足于居间合同关系,目的是促成交易,而不是参与交易。因此,众筹产品涉及的出发点和过程控制,不能脱离自己中介的角色定位。

(五)众筹业务是创新业务,要及时关注规则的最新发展

法院对本案涉及的众筹融资交易整体上持支持和鼓励的态度,认定涉案合同有效,这与《指导意见》鼓励和支持互联网金融发展的指导思想相符,为众筹融资行业在我国的健康规范发展留下了空间。该案裁判结论是在客观把握个案案情、适度结合当下众筹行业发展现状的情况下,在依法依规的基础上所做的裁判。当前,包括众筹交易在内的互联网金融交易仍在快速发展变化当中,规则的形成也并非一蹴而就,有待于实践的进一步发展和检验。另外,众筹融资交易本身具有交易风险,交易各方应严守诚信,注重信息披露的真实、完整、准确,以便于投资人作出投资决策。各方需共同努力,强化行业内部和各交易主体的规则意识,共同促进众筹行业在我国的快速健康发展。

随着众筹平台的垂直化、专业化发展,相关的投融资标准将会进一步细化。以股权众筹为例,其大大降低了公众参与的门槛,但是无法改变投资具有风险的根本属性。投资初创企业的成功率低、回报时间长,是典型的高风险、高回报投资,因此有必要设定合乎法律要求或行业惯例的合格投资者准入门槛,具体的管制路径离不开相关细则的颁行以及行业自律的实践。可以预见,在制度环境进一步完善的大背景下,众筹融资模式的合规性要求会得到更多重视。

尽管互联网金融有其大数据、服务与技术优势,但鉴于其仍处于金融领域,存在信息不对称、中间成本、监管风险等问题,相当长的时间内不可能实现传统金融规范程度。在目前的发展阶段中,互联网金融只是将在线服务作为其运营的工具,落脚点还是在金融本身。因此,未来众筹行业监管将何去何从,在宏观上将取决于如何立足金融业又结合全新的监管模式制定行业监管规则。

(六)股权众筹风险专项整治实施方案的要点

证监会于 2016 年 4 月 14 日发布的《股权众筹风险专项整治工作实施方案》(以下简称《整治方案》)对规范互联网股权融资行为,惩治通过互联网从事非法发行证券、非法集资等非法金融活动,作出了明确的规定。整治的重点如下:一是互联网股权融资平台(以下简称"平台")以"股权众筹"等名义从事股权融资业务;二是平台以"股权众筹"名义募集私募股权投资基金;三是平台上的融资者未经批准,擅自公开或者变相公开发行股票;四是平台通过虚构或夸大平台实力、融资项目信息和回报等方法,进行虚假宣传,误导投资者;五是平台上的融资者欺诈发行股票等金融产品;六是平台及其工作人员挪用或占用投资者资金;七是平台和房地产开发企业、房地产中介机构以"股权众筹"名义从事非法集资活动;八是证券公司、基金公司和期货公司等持牌金融机构与互联网企业合作,违法违规开展业务。

《整治方案》同时明确了平台及平台上的融资者进行互联网股权融资限制,严禁从事以下活动:一是擅自公开发行股票;二是变相公开发行股票;三是非法开展私募基金管理业务;四是非法经营证券业务;五是对金融产品和业务进行虚假违法广告宣传;六是挪用或占用投资者资金。此外,对于证券公司、基金公司和期货公司等持牌金融机构与互联网企业合作开展业务的情况进行排查,持牌金融机构不得与未取得相应业务资质的互联网金融从业机构开展合作,持牌金融机构与互联网企业合作开展业务不得违反相关法律法规规定,不得通过互联网跨界开展金融活动进行监管套利。

对于整治中发现以"股权众筹"等名义从事股权融资业务或募集私募股权投资基金的,积极予以规范。涉嫌非法发行股票或非法从事证券活动的,按照打击非法证券活动工作机制予以查处。涉嫌非法集资的,按照处置非法集资工作机制予以查处。存在虚假陈述或误导性宣传行为的,依据相关法律法规进行处理。发布的网络信息内容违反相关规定的,按照互联网信息管理规定予以处理。挪用或占用投资者资金、欺诈发行等涉嫌犯罪行为的,依法追究刑事责任。

第三节　互联网金融之开放式定向受托投资管理业务的风险分析

有些互联网公司设立特设公司,开展开放式定向受托投资管理业务,由委托人通过互联网平台委托特设公司(以下简称"特设公司"或"受托管理公司")进行定向委托投资。受托管理公司将多个委托人的委托资金进行汇集,定向投资于约定的投资标的,包括公募基金等流动性好的产品,也可能投资于资管份额或者信托受(收)益权。此类业务中,委托人起投金额较低,1 000元、100元均有。鉴于互联网金融的强监管环境,此类机构如果未取得金融牌照从事该业务,将面临严重的法律风险。

一、公开募集的法律风险

关于公开募集的标准,我国相关立法通常将"面向不特定对象"和"面向特定对象但超过 200 人"作为判断标准。例如,《证券法》第十条规定,向不特定对象发行证券或向特定对象发行证券累计超过 200 人的为公开发行。《证券投资基金法》第五十条规定:"公开募集资金,包括向不特定对象募集资金、向特定对象募集资金累计超过二百人,以及法律、行政法规规定的其他情形。"中国人民银行、中央宣传部、中央维稳办、国家发展改革委、工业和信息化部、公安部、财政部、住房城乡建设部、工商总局、国务院法制办、银监会、证监会、保监会、国家网信办、国家信访局、最高人民法院、最高人民检察院《关于印发〈通过互联网开展资产管理及跨界从事金融业务风险专项整治工作实施方案〉的通知》(银发〔2016〕113 号)规定:"……具有资产管理相关业务资质,但开展业务不规范的各类互联网企业。重点查处以下问题:一是将线下私募发行的金融产品通过线上向非特定公众销售,或者向特定对象销售但突破法定人数限制……"

此类业务下,委托人的人数超过 200 人,属公开募集的产品。《中国人民银行、中国银行保险监督管理委员会、中国证券监督管理委员会、国家外汇管理局关于规范金融机构资产管理业务的指导意见》第十条规定:"公募产品主要投资标准化债权类资产以及上市交易的股票,除法律法规和金融管理部门另有规定外,不得投资未上市企业股权。公募产品可以投资商品及金融衍生品,但应当符合法律法规以及金融管理部门的相关规定。"若投资标的包括信托受益权、专项资产管理计划等私募产品,则根据《信托公司集合资金信托计划管理办法》第二十九条规定:"……机构所持有的信托受益权,不得向自然人转让或拆分转让。"在没有法律法规对非金融机构与委托人签订的委托理财合同进行专门规定的前提下,适用于《合同法》对委托合同的规定,受托管理公司作为定向委托投资的受托管理公司,信托受益权的实际持有人是委托人。参照 2014 年 4 月 16 日《中国信托业协会声明》,将"财商通投资(北京)有限公司"负责管理的"信托 100"网站界定为违反《中华人民共和国信托法》、《信托公司集合资金信托计划管理办法》的相关规定进行募集资金、销售信托产品,尽管这份声明仅为中国信托业行业协会所发,也从一定程度上反映了对"信托受益权拆分转让"的监管动向。据此,此类业务中受托管理公司汇聚委托人的委托资金投资于信托受益权等产品,存有被监管部门认定为拆分信托受益权的嫌疑。

二、变相吸收公众存款的风险

根据《非法金融机构和非法金融业务活动取缔办法》(以下简称"《取缔办法》")第四条和第九条的规定,未经中国人民银行批准变相吸收公众存款属于非法金融业务活动,经人民银行初步认定后,应当及时提请公安机关依法立案侦查。《取缔办法》第四条规定:"变相吸收公众存款,是指未经中国人民银行批准,不以吸收公众存款的名义,向社会不特定对象吸收资金,但承诺履行的义务与吸收公众存款性质相同的活动。"由此可见,在认定是否构成变相吸收公众存款的行为时,监管部门采取"实质重于形式"的原则,从该种行为是否针对社会不特定对象,是否履行与吸收存款性质相同的还本付息的义务等实质性要件判断,而不依赖于该种行为的表现形式是否以吸收存款的名义。

据此,此类业务中,(1)受托管理公司将委托资金混同使用,且无法做到委托资金和投资标的的一一对应;(2)委托理财属于风险和收益均由投资者承担的投资行为,因此,投资标的的具体情况和资金投向属于委托理财合同的重要内容,对于投资者判断投资风险作出投资决策具有重要作用,但此类业务中受托管理公司未向委托人披露投资标的详细情况;(3)此类业务未采取契约型基金且不符合民间委托理财的要求;(4)委托人的人数超过 200 人;(5)受托管理公司向委托人履行偿还委托本金及投资收益的义务,该等义务在实质上与还本付息义务相同。因此,此类业务可能存在被认定为非法吸收公众存款的风险。

三、非法经营行为的风险

根据《中华人民共和国刑法修正案(七)》第五条的规定,未经国家有关主管部门批准非法经营证券、期货、保险业务的,或者非法从事资金支付结算业务的,属于《中华人民共和国刑法》第二百二十五条非法经营罪项下的非法经营行为之一。

此类产品通过投资公募基金等金融产品的方式,从功能和效果上实现了货币基金等产品的交易实质,存在被认定为非法经营行为的可能。

四、资金池的风险

根据2014年4月21日中国银监会等多部委"处置非法集资部际联席会议"纪要的内容,监管部门要求P2P平台:(1)明确平台的中介性质,(2)明确平台本身不得提供担保,(3)不得归集资金搞资金池,(4)不得非法吸收公众资金。银监会对互联网金融的监管底线,既包括平台本身不得归集资金搞资金池,亦包括第三方不得通过平台归集资金搞资金池,且此类业务中,受托管理公司为互联网平台的关联方,因此特设公司不得通过互联网平台归集资金搞资金池。

根据《国务院办公厅关于印发互联网金融风险专项整治工作实施方案的通知》(国办发〔2016〕21号)规定,"P2P网络借贷平台应守住法律底线和政策红线,落实信息中介性质,不得设立资金池,不得发放贷款,不得非法集资,不得自融自保、代替客户承诺保本保息、期限错配、期限拆分、虚假宣传、虚构标的,不得通过虚构、夸大融资项目收益前景等方法误导出借人,除信用信息采集及核实、贷后跟踪、抵质押管理等业务外,不得从事线下营销。"

《中国人民银行、中国银行保险监督管理委员会、中国证券监督管理委员会、国家外汇管理局关于规范金融机构资产管理业务的指导意见》第十五条规定:"金融机构应当做到每只资产管理产品的资金单独管理、单独建账、单独核算,不得开展或者参与具有滚动发行、集合运作、分离定价特征的资金池业务。"

此类业务具备以下特征:(1)特设公司归集多个委托人的委托资金进行统一运作,委托资金与投资标的不能一一对应,(2)委托人可随时申请提取委托资金,因此委托资金的期限与投资标的的期限无法匹配;(3)投资标的包括公募基金等多种金融产品,因此投资标的不是具体的投资项目;(4)受托管理公司未向委托人披露所有的投资标的,以及投资标的的具体情况,因此委托资金的运作不透明。综上,此类业务符合资金池业务的诸多具体特征,有可能突破不搞资金池的监管底线。

五、关于互联网资产管理风险专项整治方案要点的相关内容

国务院办公厅关于印发《互联网金融风险专项整治工作实施方案》的通知(〔2016〕21号)关于"通过互联网开展资产管理及跨界从事金融业务"明确了下列监管要点:

一是互联网企业未取得相关金融业务资质不得依托互联网开展相应业务,开展业务的实质应符合取得的业务资质。互联网企业和传统金融企业平等竞争,行为规则和监管要求保持一致。采取"穿透式"监管方法,根据业务实质认定业务属性。

二是未经相关部门批准,不得将私募发行的多类金融产品通过打包、拆分等形式向公众销售。采取"穿透式"监管方法,根据业务本质属性执行相应的监管规定。销售金融产品应严格执行投资者适当性制度标准,披露信息和提示风险,不得将产品销售给与风险承受能力不相匹配的客户。

三是金融机构不得依托互联网通过各类资产管理产品嵌套开展资产管理业务、规避监管要求。应综合资金来源、中间环节与最终投向等全流程信息,采取"穿透式"监管方法,透过表面判定业务本质属性、监管职责和应遵循的行为规则与监管要求。

四是同一集团内取得多项金融业务资质的,不得违反关联交易等相关业务规范。按照与传统金融企业一致的监管规则,要求集团建立"防火墙"制度,遵循关联交易等方面的监管规定,切实防范风险交叉传染。

中国人民银行联合十六部委于2016年4月14日发布的《通过互联网开展资产管理及跨界从事金融业务风险专项整治工作实施方案》(银发〔2016〕113号)将重点查处无金融牌照开展互联网金融业务的互联网企业是否存在以下行为:持牌金融机构委托无代销业务资质的互联网企业代销金融产品;未取得资产管理业务资质但通过互联网企业开办资产管理业务;未取得相关金融业务资质但跨界从事互联网金融活动(不含P2P网络借贷、股权众筹、互联网保险、第三方支付、资产管理业务)。

具有资产管理相关业务资质的互联网企业不得从事以下行为:将线下私募发行的金融产品通过线上向非特定公众销售,或者向特定对象销售但突破法定人数限制;通过多类资产管理产品嵌套开展资产管理业务,规避监管要求;未严格执行投资者适当性标准,向不具有风险识别能力的投资者推介产品,或未充分采取技术手段识别客户身份;开展虚假宣传和误导式宣传,未揭示投资风险或揭示不充分;未采取资金托管等方式保障投资者资金安全,侵占、挪用投资者资金。而具有多项金融业务资质,综合经营特征明显的互联网企业,于各业务板块之间应建立防火墙制度,遵循禁止关联交易和利益输送等方面的监管规定。

《关于加大通过互联网开展资产管理业务整治力度及开展验收工作的通知》(整治办函〔2018〕29号)的要点包括:

第一,明确互联网资管业务属于特许经营业务。通过互联网开展资产管理业务的本质是资产管理业务。资产管理业务作为金融业务,属于特许经营行业,须纳入金融监管。

第二,明确未取得金融牌照不得从事互联网资管业务。依托互联网公开发行、销售资产管理产品,须取得中央金融管理部门颁发的资产管理业务牌照或资产管理产品代销牌照。未经许可,不得依托互联网公开发行、销售资产管理产品。

第三,明确"定向委托投资"、"收益权转让"等常见业务模式属于非法金融活动。未经许可,依托互联网以发行销售各类资产管理产品(包括但不限于"定向委托计划""定向融资计划""理财计划""资产管理计划""收益权转让")等方式公开募集资金的行为,应当明确为非法金融活动,具体可能构成非法集资、非法吸收公众存款、非法发行证券等。

第四,明确互联网资管业务存量的去化期限,未按期去化的纳入取缔类处置。未经许可,依托互联网发行销售资产管理产的行为,须立即停止,存量业务应当最迟于2018年6月底前压缩至零。对于未按要求化解存量的机构,应明确为从事非法金融活动,纳入取缔类进行处置,采取包括注销电信经营许可、封禁网站、下架移动APP、吊销工商营业执照,要求从事金融业务的持牌机构不得向其提供各类服务等措施。

第五,明确互联网平台不得为各类交易场所代销资产管理产品。互联网平台不得为各类交易场所代销(包括"引流"等方式变相提供代销服务)涉嫌突破国发〔2011〕38号文、国办发〔2012〕37号文以及清理整顿各类交易场所"回头看"政策要求的资产管理产品。

后 记

大资管行业是与时俱进的行业,也是金融创新和规范发展的荟萃之地。本书选择当下主流的信托、资管、证券化、互金理财等大资管产品进行结构剖析和法理论证,熔炼业务经验和多维思考,刍议监管机制的构建,尽可能反映大资管业务的前进步伐与监管的理念革新,力求融合实务性、原理性、专业性与前瞻性,服务于金融市场的改革开放和规范创新。

本书著者:周天林,北京大成(上海)律师事务所高级合伙人、法学博士;石峰,北京大成(上海)律师事务所律师、注册会计师、税务师、评估师;贾希凌,华东政法大学经济法学院副教授、法学博士。

本书是大成律师金融资管团队持续参与金融资产管理市场法律服务的集体经验和总结,在此特予谢意。何伟律师经办了大量的信托和资管项目,他服务于信托业和证券业的丰富经验与实务见解对本书贡献良多。徐川律师在金融资管产品法律服务领域有大量的操作案例与创新思路,尤其在资产证券化和商业银行资管业务方面,极大提升了本书的操作性,特别鸣谢。本书也整合了刘玲律师对金融资管、资产证券化、并购重组及基金法律服务方面的深刻理解和实战心法,使本书能够最大限度地反映现实、贴近一线。本书的完成也离不开团队其他律师在信托、资产证券化、资管、银行、互联网金融、证券等法律实务的持续积累和积极创新,在此对胡蓉、王婧颖、冯秋艳、任玥、贾倩茹、陈建刚、李慧佳、毛映亚等律师的专业贡献深表谢意。

多年来诸多银行、信托公司、证券公司、基金公司、基金子公司等客户和实操人员对我们一如既往的信任与支持,支撑我们攻坚克难,不断进步,借此机会,特致谢忱。

特别感谢上海远东出版社领导及本书责编程云琦先生的辛勤付出,他们的努力使本书得以尽快付梓。

我们努力遵从法理,力求贴近资管实践,但因时间和水平所限,本书错漏难免,恳请读者批评指正。欢迎读者与我们互动交流(联系人周天林,13916102459,tianlin.zhou@dentons.cn 或 1376605025@qq.com)。

著者
2018 年 7 月